최고의 부는 어디서 오는가

AS GODS AMONG MEN

Copyright ⓒ 2023 by Princeton University Press
All rights reserved.

No part of this book may be reproduced or transmitted in any form or by any means, electronic or mechanical, including photocopying, recording or by any information storage and retrieval system, without permission in writing from the Publisher.

Korean translation copyright ⓒ 2025 by MIRAEBOOK PUBLISHING CO.
Korean translation rights arranged with Princeton University Press
through EYA Co.,Ltd

이 책의 한국어판 저작권은 EYA Co.,Ltd를 통해 Princeton University Press와 독점계약한 '미래의창'에 있습니다.

저작권법에 의하여 한국 내에서 보호를 받는 저작물이므로 무단전재 및 복제를 금합니다.

부의 한계를 넘어선 슈퍼리치 본격 탐구서

최고의 부는 어디서 오는가

귀도 알파니 Guido Alfani 지음 | 최정숙 옮김

미래의창

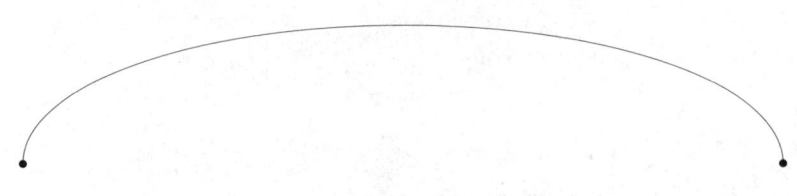

서문

오늘날 서구 사회는 부자들에게 사로잡혀 있다. 그들이 누구이며, 어떻게 부자가 되었으며, 어떻게 행동하는지 혹은 잘못된 행동을 하는지 등에 대해 많은 이들이 촉각을 곤두세운다. 존경받고 치켜세워지고 또 동시에 비난받고 멸시받는 부자들, 특히 초부유층은 시민 사회에서 점점 더 큰 논의 대상이 되고 있다. 그들 중 일부는 유명 인사가 되기도 하는데, 새로운 커뮤니케이션 기술과 소셜 미디어의 확산으로 그렇게 되기가 그 어느 때보다 쉬워졌다.

    중세 시대와는 너무도 많은 것이 달라진 듯하다. 당시에는 과도한 물질적 자원의 축적은 본질적으로 죄악이며 심지어 완벽한 (기독교) 사회와 기관들, 특히 정치 기관들의 올바른 기능까지 손상시킨다고 여겨졌기 때문에 부자들은 부유해 보이지 말아야 했고, 적어도 자신의 부를 다 드러내 보이지는 말아야 했다. 중세의 일부 평론가들이 주장했듯이, 만약 그들에게 '동등한' 정치 기관 접근권까지 주어졌다면 초부유층은 사실상 '인간들 사이에서 신처럼' 행동했을 것이고, 이는 분명히 바람직하지 않았다.

하지만 실제로 얼마나 많이 달라졌을까? 과거와 마찬가지로 오늘날에도 부자들이 그토록 많은 논의 대상이 되고 있다는 사실 자체가 그들이 과거와 마찬가지로 지금도 역시 사회에서 적절한 자리를 찾거나 배정받기 위해 고군분투하고 있다는 것을 시사한다. 이처럼 표면적으로는 감춰져 있으나 찾아보면 곧 분명히 드러나는 과거와 현재 사이의 연결고리를 보여주는 것이 이 책의 주 목적이다.

이 책은 단순히 부자나 초부자들의 삶과 행동에 대한 이야기도 아니고, 그들에 대해 개인적으로 느끼는 매력이나 혐오감에 따라 좌우되는 책도 아니다. 그저 모든 시대에 걸친 부자들의 전반적인 역사를 살펴보고자 하는 시도일 뿐이다. 많은 실례들이 제시될 것이고 일부 특별한 인물들의 삶에 대한 간략한 이야기가 포함될 텐데 그런 이야기들은 과학적 설명에 도움이 되고 유익할 뿐 아니라 꽤 재미있기도 하다. 또한 이 책에서 이야기되는 실례들은 전반적이고 체계적인 논의와 함께 제시될 것이다.

세월이 흐르며 많은 것이 변했다. 오늘날의 부자들은 분명 고전 고대(고대 그리스와 로마 시대 - 옮긴이)의 부자들은 말할 것도 없고 중세 시대의 부자들과 똑같은 방식으로 부를 축적하지 않았다. 일론 머스크는 앨런 더 레드(앨런 루퍼스Alan Rufus의 별명. 그에 대한 상세한 내용은

3장 참조 - 옮긴이)가 아닌 것이다. 하지만 우리가 답을 찾고자 하는 부자들에 대한 질문들은 과거나 현재나 대체로 같다. 필자와 같은 경제·사회 역사가를 포함해 사회과학의 관점에서는 이런 공통된 질문들 때문에 중세부터 현재까지의 기간을 체계적으로 훑어보고 고전고대까지 자주 들여다보는 광범위한 분석 노력이 중요한 것이다. 그리고 더 깊고 본질적인 질문들을 다루고자 한다면 이러한 접근 방식은 필수적이다. 시대를 초월하는 연속성은 어떤 것일까? 오늘날 부자들이 과거의 부자들과 비슷한 점은 무엇일까? 그 유사점들은 전 시대를 통틀어 만연한 부자들의 존재 자체에 대한 사회적 불안감을 더 잘 이해하는 데 어떻게 도움이 될까? 그에 답하기 위해 우리는 역사적 접근 방식을 취해야 한다. 첫째, 역사적 맥락에 주의를 기울이지 않을 경우, 이른바 배와 사과를 비교하는 우를 범할 수 있기 때문이다. 둘째, 과거를 특히 장기적 관점에서 보지 않으면 우리가 탐구해야 할 더 적절하고 흥미로운 주제 중 일부는 인식조차 하지 못하게 될 것이기 때문이다.

이 책은 부자들에 '반대하는' 책이 아니라 그들에 '대한' 책이다. 그들의 현재 행동에 대해 비난을 가하거나 관심을 끌기 위해 사회적 불만을 이용하고자 하는 의도는 없다. 이 책은 그보다, 과거의 부자들이 누구였는지에 대한 순수한 탐구심에서 비롯되었으며, 경제적 불평등의 장기적 추세에 대한 좀 더 전반적인 학문적 관심에서 탄생했다. 특히 산업화 이전 시대의 부자들이 특정 범주로 적절한 학문적 연구 대상이 된 적이 거의 없다는 갑작스러운 깨달음이 서서히 야심 찬 프로젝트로 발전하는 데 영향을 미쳤다.[1] 이 프로젝트가 야심 차다고 인정한 만큼, 그러면 왜 좀 더 야심 찬 책이 되지 않았는지, 즉 왜 서구 부자들에 대한 역사 대신 전 세계 부자들의 역사를 다룰 순 없었는지 궁금해할 수도 있다. 그 주된 이유는 서구 사회가 부자들을 인식했고 지금도 인식하고 있는 방식, 그들에게 부여한 역할, 그들에게 기대한 행동 등에 역사적 연속성이 있다는 가설을 위해서는 서구의 부자에 초점을 맞추는 것이 직접적인 요건이기 때문이다. 이러한 연속성은 서구 문화에 깊이 뿌리를 내리고 있으며 중세 이후로 기독교에 의해서도 형성된 바 있다. 두 번째 이유는 내가 아는 한 세계 다른 지역에는 특별히 부자들에 대한 실질적인 문헌이 존재하지 않기 때문이다. 예를 들어, 동아시아의 부자들에 대한 전반적 역사를 읽을 수 있다면 최고로 흥미로울 것이고 퍼즐을 완성하는 데 도움이 되어 궁극적으로 세계 역사로 이어질 수도 있을 것이다. 하지만 현재로서는 문서화가 더 잘 된 서구에 초점을 맞춰야 하며, 여기에는 지리적·문화적 축에 따라 정의된 대로 유럽, 북미 및 그 외 유럽의 문화를 물려받은 기타 '서구의 분파'들이 포함된다.

부자에 대한 역사 연구

이 책의 결정적 특징은 부유한 특정 개인, 가문, 혹은 사회 계층('특권' 계층까지도 포함), 부의 불평등이 아니라 오직 풍요로움을 기준으로 분류된 사회 경제 집단으로서의 부자들 혹은 부유층에 그 초점을 맞춘다는 것이다. 전자의 연구 대상들은 부유층보다 훨씬 더 자주 학자들의 관심을 끌었다. 따라서 이 책에서 시도하려는 것과 그 연구들과의 차이점 및 연관성을 간략히 설명하는 것으로 시작할 필요가 있다.

부유한 개인, 가족 또는 가문에 대한 연구는 역사 문헌에 많이 찾아볼 수 있다. 결국 가장 부유한 사람들이 모든 나머지 사람들과 차별화되는 것은 그들이 훨씬 더 많은 양의 문서를 남기는 경향이 있다는 점이다. 그 차이는 먼 과거로 갈수록 더 크게 벌어진다. 그러나 그런 연구들이 비교의 성격을 띠는 경우는 매우 드물며, 그런 경우에도 사례 연구 전반에 나타나는 공통점 분석과 더 큰 그림을 보는 해석보다는 대상 인물에 대한 세부 사항과 역사적 맥락 설정을 선호하는 경향이 있다. 물론 그것이 이 귀중한 자료들의 한계라는 말은 아니며 단지 내가 이 책에서 시도하는 것과는 목적이 다를 뿐이라는 점을 밝히는 바다. 이 책은 유용한 역사적 세부 사항과 사례들을 제공해주는 중요한 자료로써 그 문헌들을 활용하고 있다.[2]

사회 계급에 관한 문헌은 근대 사회뿐만 아니라 산업화 이전 사회에도 적절한 관심을 기울였다는 장점이 있지만, 분석 대상과 주요 연구 질문 면에서 우리의 연구와는 차이가 있다. 우선 전통적으로 사용된 '계급'의 정의는 단순히 부자가 상위에 있는 경제적 위계보다 훨씬 더 복잡한 사회적·정치적·문화적 위계를 반영하는 경향이 있다. 이 문헌의 상당 부분, 특히 장기적인 분석과 관련된 부분은 1970년대나 1980년대까지 다수의 유럽 국가에서 인기를 끌었던 마르크스주의 경제사학파에 의해 만들어졌다. 이들 학파는 특정한 연구 과제를 공유했는데, 시간에 따른 생산수단의 소유자를 밝히고, 특히 산업화 이전 시대에는 소규모 소유자들의 점진적인 재산 박탈을 통해 '프롤레타리아화'를 촉진한 역사적 과정을 밝히며, 이와 함께 부르주아의 부상을 설명했다. 이러한 연구는 귀족, 부르주아, 농민이라는 매우 광범위한 계급 구분으로 이어졌고, 때로는 성직자도 따로 구분했다. 하지만 이런 종류의 계급 정의는 본 연구에 유용하지 않은데, 이는 가구나 개인 수준의 경제적 불평등 연구에도 유용하지 않은 것과 같은 이유다. 예를 들어, 모든 귀족이 부자가 아니었다는 것은 잘 알려진 역사적 사실이며(3장 참조), 역사를 통틀어 '부르주아'의 구성원이 정확히 누구였는지 구분하려는 대부분의 시도는 강한 비판을 받았다. 이로 인해 1991년 소련이 붕괴되기 이전부터 이미 이러한 특정한 역사 연구 방향은 쇠퇴했다.[3]

이 책에서 부자를 정의하는 유일한 조건은 그들의 부유함이다. 그들은 귀족일 수도 평민일 수도 있다. 교육을 잘 받았을 수도 있고 완전히 무식할 수도 있다. 도시 주민일 수도 있고 시골 주민일 수도 있으며, 그들이 소유한 것은 주로 토지일 수도 있고 자본일 수도 있고, 그 외의 것일 수도 있다. 역사 속에서 이렇게 다양한 특성을 지닌 부자들이 시기별로 얼마나 많이 등장했는지, 그들이 어떻게 부를 축적했는지, 부의 구성은 어땠는지, 어떤 종류의 사회적·정치적·경제적 자원에 대한 특권과 혜택을 누렸는지 등의 변화는 이 책에서 두루 조명될 것이다.

다시 말해, 부자를 단 하나의 특징 즉, 부유함으로만 구분되는 사회 집단으로 보고 다른 모든 특징은 변주 가능한 것으로 본다면, 장기적 발전에 대한 계급 기반 연구의 경직성을 피하고 이러한 변화를 실질적인 방식으로 들여다볼 수 있다.[4]

최근 몇 년 동안 부의 불평등에 대한 연구가 왕성하게 이루어졌다. 2008년 세계 금융위기로 촉발된 불황 이전에는 경제적 불평등에 대한 연구가 상대적으로 미비했으며, 장기적 추세를 다룬 몇 안 되는 연구 조사들은 대개 부가 아닌 소득에 대한 것이었다. 서구 전역에서 대불황의 시작은 시민 사회로 하여금 위기 직전 높은 수위에 다다른 경제적 불평등을 더 날카롭게 인식하게 만든 기폭제가 되었다. 앞으로 논하겠지만, 그것은 또한 수면 아래 숨어 있던 사회에서 부자의 역할에 대한 문제들을 수면 위로 끌어올렸다. 경제학자 토마 피케티의 저서『21세기 자본』이 부를 담론의 중심으로 이끌어낸 것도 이런 맥락에서였다.

피케티는 자본에 의한 고수익이 소득과 부 모두에서 불평등을 지속적으로 증가시킨다는 설득력 있는 주장을 펼쳤다. 게다가 그는 자본에 의한 고수익은 자본을 더 많이 소유한 사람들(부자들)이 근로소득과 자본소득을 합한 총소득 피라미드를 지배하게 만들어, 높은 급여를 받는 사람들조차 애초에 자산이 없으면 상대적 지위를 중간 수준 이상으로 끌어올리는 것이 점점 더 어려워질 것이라고 주장했다. 소득 불평등에서 부의 불평등으로 주의를 돌리면 경제 성장이 모든 사람들을 위한 기회와 혜택을 만들어낼 것이라는 낙관적인 견해에 의문을 갖게 된다. 그리고 그것은 우리의 관심을 복잡하고 논란의 여지가 있는 문제들로 되돌려놓는다. 예컨대, 특정 사회의 경제적 계층을 결정하는 데 있어서 상속재산의 역할, 또 사회의 모든 구성원들이 받아들일 수 있는 공평한 경쟁의 장을 보장하기 위해 재정 제도가 할 수 있거나 어쩌면 해야 하는 역할 등으로, 그 모든 문제들은 이 책

의 여러 부분에서 심도 있게 논의될 것이다.[5]

피케티와 그의 공동 저자, 또 최근 수십 년 동안 불평등에 대해 연구해온 다른 많은 학자들이 수행한 작업의 중요한 특징은 장기적인 흐름에 초점을 맞춘 것이다. 부와 소득 집중의 역사적 진행을 관찰해야만 불평등 변화의 근본적 동인을 진정으로 이해할 수 있으며, 서구 국가들이 현재 경험 중인 상황을 포함하여 특정 상황의 불평등 정도를 예외적인 것으로 여겨야 하는지(아니면 아닌지)를 평가하고, 우려할 이유가 있는지 여부를 판단할 수 있기 때문이다. 그러나 최근까지 여기서 말하는 '장기'란 실제로는 산업혁명 이후부터를 의미했다. 왜냐하면 그 이전 시대의 부나 소득 불평등 추세를 재구성하려는 시도를 한 사람들이 거의 없었기 때문이다.

다행히 대불황이 시작되기 전에도 일부 연구팀들은 산업화 이전 시대의 경제적 불평등에 대한 새로운 데이터를 부지런히 수집했다. 그것들은 대부분 부에 대한 데이터인데 앞으로 1장에서 논의하겠지만, 그 시대에 입수할 수 있는 역사적 자료들에서는 소득보다는 부의 분배를 훨씬 더 직접적으로 볼 수 있기 때문이다. 적어도 일부 지역, 특히 중부와 남부 유럽의 경우 이 연구는 14세기까지 거슬러 올라가기도 해, 우리가 전반적인 불평등 역사를 보는 방식에 상당한 변화를 가져왔다. 이 모든 새로운 데이터는 이 책에 매우 중요하다. 예를 들자면 각 시기와 장소에 따라 전체 부의 어느 정도가 최상위에 집중되어 있는지, 또 특정 환경에서 얼마나 많은 이들을 '부자'로 간주할 수 있는지 등을 살펴봄으로써 후속 분석을 위한 토대를 마련할 수 있기 때문이다.[6]

이 책과 경제적 불평등의 역사에 대한 최근 문헌들의 목적 사이에는 분명히 강력한 연관성이 있지만, 특정 사회 집단으로서의 부자들에 대한 연구는 좀 다르고 어떤 면에서는 더 광범위한 관점을 제공한다. 소득이나 재산 분배에 관한 연구는 수량화와 동질적인 불평등 측정의 시계열 재구성 그리고 불평등의 원인과 사회경제적 영향의 해석에 초점을 맞추는 경향이 있다. 반면 부자에 대한 연구는, 물질적 자산이 아닌 사람에 대한 연구이므로 더 강한 질적 측면과 역사적 맥락에 대한 기반이 필요하다. 이러한 연구도 수량화가 필요하지만, 그 성격이 다소 다르다. 예를 들어, 부자들이 얼마나 부유했는지에 대한 연구에서 그들이 누구였는지 그리고 역사를 통해 그들 사이에서 지배적이었던 사회적·경제적 그리고 가능한 문화적 특징을 고려해야 될 때 특히 그렇다. 하지만 이런 종류의 수량화는 유용한 문서가 상대적으로 적기 때문에 수행하기는 매우 어렵다.

지난 수십 년 동안 '부자 리스트' 발표가 확산되며 부유층을 연구하는 작업이 상당히 쉬워졌지만 19세기 후반 이전의 기간에 대해서는 그와 같은 자료가 없는 형편이다. 지금까지 부자에 대한 소수의 체계적인 연구가 기본적으로 19세기 초반에 시작된 산업화 이전의 긴 기간을 간과할 수밖에 없었던 것도 바로 그 때문이다. 이 책은 그러한 한계를 극복하고 산업화 이전 기간을 좀 더 최근 시대와 동급으로 다루고자 한다. 실제로, 급증하는 경제적 불평등에 대한 연구가 보여줬듯이 매우 장기적인 관점을 취하면 과거와 현재에 대한 우리의 인식이 근본적으로 바뀌고, 그렇지 않으면 가려진 채로 남을 사회의 모습을 관찰할 수 있게 해준다.[7]

부자에 대한 이전 연구의 두 번째 한계는 국가 간 비교가 부족하다는 점이다. 이전 연구들은 서구의 특정 지역, 특히 미국에 초점을 맞추는 경향이 있었다. 부자들에 대해 최초로 현대적이고도 과학적인 연구를 한 것으로 여겨지고 있는 러시아 출신 미국 사회학자 피티림 소로킨Pitirim Sorokin은 이미 1925년에 특정 사회 집단으로서의 '부유한 사람들wealthy men'들에 대한 연구가 거의 전무하다시피 한 현실을 지적한 후[8] 미국의 백만장자와 억만장자에 초점을 맞추었다. 이후 미국 부자들에 대한 많은 연구들이 뒤를 이었는데, 이는 도금 시대(1865년부터 1893년까지 이어진, 미국 자본주의가 급속하게 발전한 28년간의 시대를 말한다. - 옮긴이) 말기부터 초부유층이 미국에 예외적으로 집중되어 있던 현실과 함께 현대사회에서 좋든 나쁘든 그들의 역할에 대해 비정상적일 정도로 큰 관심을 반영한 것이기도 했다. 미국 부자들에 대한 초기의 광범위한 견해 중에는 억만장자 앤드류 카네기와 경제학자 소스타인 베블런Thorstein Veblen에 대한 것도 포함되어 있는데, 두 인물은 이 책에서 여러 번 언급될 것이다.

부자들에 대해 이렇게 미국에 초점이 맞춰진 것은 미국이 다른 서방 국가들, 특히 유럽 국가들과는 다른 역사적 경로를 가졌던 결과인 듯하지만, 유럽과 미국 간의 문화적·사회적·경제적 차이는 늘 선제적으로 과장된다는 위험이 있다. 실제로 이 책에서는 그 차이가 분석과 논의의 대상이 될 것이다. 미국을 제외하고 부유층이 체계적으로 연구된 또 다른 서방 국가는 영국인데, 이는 역사학자 윌리엄 D. 루빈스타인William D. Rubinstein이 데이터 수집에 상당한 노력을 기울인 덕분이다. 하지만 비교 연구는 지난 수십 년만 다루고 있으며, 사회적

으로 공개된 부자 리스트에 기반한 소수에 제한되어 있다.[9]

이전 연구들의 세 번째 한계는 초부유층에 지나치게 초점을 맞추고 있다는 점인데, 이는 대체로 부 분포의 최상위층만을 포함하는 부자 리스트에 지나치게 의존한 결과다. 물론 그들이 특정한 활동 영역에서 (경제보다는 정치에서 더욱 더) 과도한 영향력을 행사할 잠재력을 갖고 있기 때문에 초부유층에 각별한 주의를 기울이는 것은 의심할 여지없이 필요한 일이다. 하지만, 예를 들어 그들이 부를 획득한 방식에 대해 내릴 수 있는 결론은 분석 대상을 '그저' 부자인 정도의 계층으로까지 확대할 경우 달라질 수 있다는 사실 또한 분명하다. 이 책은 바로 이를 위해 노력하고자 하며, 또 그것이 가능할 때마다 더 좁게 혹은 더 넓게 정의한 부자들, 예를 들어 부 분포의 상위 5%, 1% 또는 0.1%에 속하는 계층에 대해 비교 분석할 것이다.

이전 연구들의 네 번째 한계는 앞에서 언급한 소로킨의 말에서 알 수 있다. '부유한 사람들'에 대한 연구에서 여자들의 자리는 거의 찾아보기 힘들다는 점이다. 유감스럽게도 이 한계는 더 극복하기 어렵고, 인정하건대 이 책 역시 대부분 남자들에 대한 고찰이다. 여성들도 사례로 등장하고 가능한 한 분석에 포함되어 있기는 하지만, 부는 대개 남자들의 수중에 있고 남자들이 관리했다. 5장에서 보게 되겠지만, 비교적 최근까지 법 체제는 여자들이 경제 분야에서 '활동'하는 것을 쉽게 허용하지 않았다. 그런 맥락에서 여자가 가계 자산을 관리할 정식 자격을 얻을 수 있는 최상의 기회는 미성년 자녀를 둔 과부가 되는 것이었다. 실제로 근대 초기부터 과부들은 금융과 그 외 몇 가지 경제 부문에서 중요한 역할을 해왔다. 그 외에 여성들이 상인,

기업가 가문 또는 재벌가 등에서 한 역할은 우리가 입수한 역사적 문서와 이를 기반으로 한 연구에서 별로 드러나 있지 않다.

  이 책은 이와 같은 기존 연구의 한계를 인식하고, 역사 속 부의 집중과 부유층의 역할을 분석한다. 역사 전반에 걸쳐 부자란 누구인지, 어떻게 부자가 되었는지, 그들은 사회에서 어떤 역할을 수행했으며 어떠한 비판을 받아왔는지를 구조적으로 설명하고자 했다. 특히 부의 세습화와 금융화가 현재의 불평등 문제를 어떻게 악화시키는지를 분석하며, 이는 단지 경제적 문제가 아니라 민주주의 자체에 대한 위협이 될 수 있다는 점에 대해서도 이야기하고자 했다.

차례

서문 / 4

1부 소수의 손에 쥐어진 부
1장 • 부는 무엇이며, 얼마가 있어야 부자인가 / 21
2장 • 부의 집중과 부자의 규모 / 51

2부 부자가 되는 길
3장 • 부의 상속자들: 새로운 귀족의 탄생 / 87
4장 • 새로운 부의 동력: 혁신과 기술 / 123
5장 • 부자가 되는 지름길: 금융업 / 179
6장 • 부자들의 딜레마: 저축과 소비 / 233
7장 • 부의 정상을 향하여 / 265

3부 부자의 사회적 역할

8장・부의 집중이 사회적 문제가 되는 이유 / 305
9장・후원자, 자선가, 기부자 / 341
10장・초부유층과 정치 / 375
11장・위기의 시대와 부자: 흑사병부터 코로나19까지 / 417

맺음말 / 463
감사의 말 / 469
주 / 473
도표 출처 및 참고문헌 / 527

1부

소수의 손에 쥐어진 부
In the Hands of the Few

1

부는 무엇이며, 얼마가 있어야 부자인가

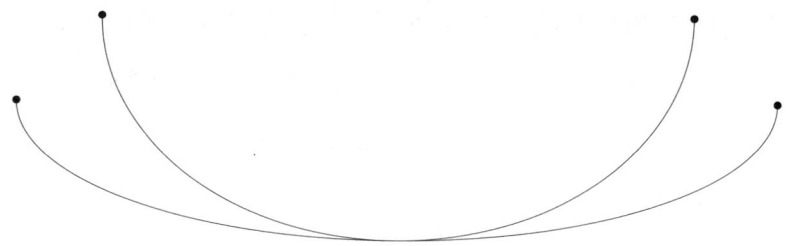

예나 지금이나 모든 인간 사회에서 사람들은 '부'라는 개념에 대해 직감적으로 이해한다. 하지만 그들이 부라고 여기는 것은 정해진 것이 아니다. 부유한 사람은 많은 가축을 소유한 사람일까, 아니면 자신의 활동에 필요한 정교하고 구하기 힘들거나 그렇지 않으면 '귀중한' 장비를 소유한 사람일까, 아니면 도심에 아파트를 줄줄이 소유하고 있는 사람일까, 혹은 마지막으로 상당하지만 무형의 금융 자산을 소유한 사람일까? 대부분의 사회에서 부자들의 자산은 일반적으로 여러 가지가 섞여 있지만 그 주요 구성 요소는 시대에 따라 다르다.

이런 책에서는 부를 정의하는 것이 불가피한 첫 번째 단계이며, 바로 다음에는 어떤 이들을 부자라고 간주할 수 있는지를 정의하는 두 번째 단계가 뒤따르게 된다. 어떤 사회든 부에 대해 직감적으로 이해하는 것과 마찬가지로 또 누가 부자에 속하는지도 대체로 알아볼 수 있다. 이는 역사를 통틀어 부는 항상 불균등하게 분배되어 왔고, 각기 다른 부의 구성 요소들에 대한 불균등한 접근성을 살펴봄으로써 부자를 상대적 의미에서 적절히 정의할 수 있기 때문이다.

상품과 서비스에 대한 절대적 접근성 측면에서 볼 때, 오늘날 서구 사회의 대다수 시민들은 먼 옛날 조상들에 비해 '부유하다'고 여길 수 있다. 하지만 이는 부자를 특정 경제적·사회적 범주로 연구하는 데는 별로 도움이 되지 않는다. 이론적인 사례로나 가능한 초평등주의 사회를 제외하고는 모든 인간 사회에는 부자와 빈자가 있다. 역사를 통해 부의 구성과 분포를 분석하는 일은 중세 문서에서 현대의 부에 대한 설문조사와 '부자 리스트'에 이르기까지 제한된 자료에 의존하는 복잡한 작업이다. 이러한 자료들이 제기하는 어려움을 논의하는 것이 이 장의 세 번째이자 마지막 단계다.

시대에 따른 부의 정의

부란 무엇일까? 우리는 인류학 연구를 통해 자산을 소유한다는 것이 사회마다 각기 다른 의미와 결과를 갖는다는 것을 알고 있다. 멜라네시아의 트로브리안드Trobriand 군도에서 의례적인 교환 체계로 사용되는 '쿨라kula'의 예를 살펴보자.

전체 둘레가 수백 킬로미터인 섬들의 고리를 따라 두 가지 물건이 서로 반대 방향으로 이동하는데, 붉은 조가비 목걸이는 시계 방향으로, 흰 조가비 팔찌는 시계 반대 방향으로 이동한다. 이 물건들은 실질적 용도가 없고 내재적 가치도 비교적 제한되어 있다. 그렇다면 그 목걸이와 팔찌를 보유한 사람들에게는 그것이 부의 일부로 간주되어야 할까? 그 가치는 어떻게 평가해야 할까? 한편, 쿨라는 그 거래 고리를 따라 정기적으로 유통되어야 하기 때문에 아무도 쿨라를 영구적으로 보유할 수는 없다. 따라서 누군가가 쿨라를 '소유'한다는 것은 (키톰^{kitom}이라고 알려진 귀중품처럼 일시적으로 유통에서 제외되는 비교적 예외인 경우를 빼고는) 맞는 말이 아니다. 그런가 하면 쿨라는 대강 순위가 매겨져 있어 흥정하지 않고 인식된 가치에 따라 교환이 이루어져야 한다. 따라서 처음에 얼핏 보면 쿨라 교환을 통해 유통되는 물건들은 단지 가치 평가가 이루어진다는 사실 때문에 값지게 여겨진다고 말할 수 있다.

그러나 더 깊이 들여다보면 쿨라는 그 보유자들에게 대단한 개인적 명예의 원천이 되고, 그것들을 거래하는 것은 개인적 명성을 쌓는 것으로 이어진다는 것을 알게 된다. 따라서 쿨라 거래에 포함된다는 것은 다른 경제적(그리고 관계적·정치적 등의) 자원에 접근할 수 있는 특권을 갖게 된다는 의미다. 어차피 쿨라가 이동할 때는 흔히 다른 물건들도 함께 가지고 가 맹렬한 흥정을 통해 물물교환을 하곤 한다. 이러한 관점에서, 쿨라를 보유하거나 혹은 그 거래에 정기적으로 참여한다는 것은 그 관련자들에게는 언제든 부의 일부라고 볼 수 있으며, 따라서 그것이 불균등하게 분배되고 소수의 손에 집중된다는 것은 놀라운 일이 아니다.[1]

소수의 사람들로 이루어져 있고 대부분의 이들이 직접 대면하며 상호작용하는 소규모 사회에 대한 최근의 연구는 부를 세 가지 부류로 구분했다. 물질적, 관계적, 인적(체력, 실용적 기술, 지식 등) 부가 바로 그것이다. 이 관점에서, 쿨라 거래는 교환되는 물건 자체에도 가치가 있기 때문에 물질적 부와도 어느 정도 관련이 있지만 관계적 부에 가장 확실하게 연결되어 있다고 볼 수 있다. 농경 및 목축 사회에서는 물질적 부가 가장 중요한 반면, 수렵채집 사회의 경우에는 인적 부가 지배적이며, 관계적 부가 바싹 그 뒤를 따르고, 물질적 부는 거의 중요하지 않다. 7장에서 살펴보겠지만, 이것이 농경 및 목축 사회가 수렵채집 사회보다 훨씬 더 불평등의 정도가 심한 이유이기도 하다. 물질적 부는 한 세대에서 다음 세대로의 이전이 더 쉽기 때문에 시간이 흐를수록 더 많이 축적된다.[2]

부가 무엇인지를 정의하는 데 따르는 이러한 어려움이 '원시적인' 사회에만 해당한다고 생각할 수 있는데 실제로는 그렇지 않다. 그 문제는 오늘날처럼 경제적으로 앞선 서구 사회에서도 마찬가지로 존재한다. 실제로 경제 이론은 부에 대해 완전히 설득력 있는 정의를 아직 내놓지 못한 상태다. 우선 모든 경제 자원의 분배를 고려하고자 하면 일부 경제학자들이 제안했듯이 부의 정의에 인적 부를 포함해야 하며, 아마도 기본적으로 인적 자산과 관계적 자산을 합친 사회적 부도 포함해야 할 것이다. 하지만 실제로 대부분의 연구는 '비非인적 자본'에만 초점을 맞추는데, 이는 물질적 부(부동산과 금융 자산)를 말한다. 이에 대한 한 가지 이론적 근거는 물질적 부는 쉽게 사고 팔 수 있지만 인적 부는 (비록 노예 시장이 있었던 특정 역사적 상황에서는 일부

가능했던 적이 있기는 했지만³) 그렇지 않다는 점이다. 물질적 부를 선택한 또 다른 그리고 더 중요한 이유는 그것이 아주 현실적이기 때문이다. 시장성이 없는 부는 어떤 사회에서든지 관측하고 평가하기 어렵다. 따라서 이 책에서도 물질적 부에 초점을 맞추겠지만, 정치적 권력을 포함한 인적 및 사회적 부와의 연결 및 상호 작용도 가능한 상세히 살펴볼 것이다.

물질적 부의 개념은 '순자산', 즉 자산에서 부채를 뺀 가치와 밀접하게 연결되어 있다. 이 연구에서는 비교 연구를 하고 장기간을 다루고자 하기 때문에 순자산이 부에 대한 가장 명백하고 효과적인 정의로 보일 수 있으며 실제로도 그렇다. 하지만 현실적으로 순자산을 판정하는 데 기여하는 실제 요소들은 관측 가능성에 따라 정의되는 경향이 있다는 점부터 우선 분명히 하고자 한다. 경제학자 예스퍼 로인Jesper Roine과 다니엘 발덴스트롬Daniel Waldenström이 적절하게 정리한 바와 같이, 현대 산업사회와 후기 산업사회에는 관측과 평가가 어려운 다음의 세 가지 주요 '문제성 자산'이 있다.

(1) 연금 및 사회 보장 자산(더 정확히 말하자면 미래에 지급받을 권리에 대한 현재 가치). 이는 일반적으로 시장성이 없고, 다른 소비 형태로 자유롭게 전환할 수 없으므로 '사유재산'으로 정의하는 데는 논란의 여지가 있다.

(2) 자동차, 가구 또는 의류 등의 내구소비재. 이것들은 보통 과세 평가에서 빠져 있어 관측되지 않지만 전반적으로 상당한 가치가 있을 수 있다. 예를 들어, 1810년부터 현재까지 스웨덴에서 내구재 가치는 총 비금융 자산의 10~20%를 차지했을 것으로 추정된다.

(3) 국외 자산. 이는 국내 과세 산정에서 누락되는 경향이 있으며 세무서의 눈을 피해 숨기는 것이 비교적 용이했다. 경제가 선진화·세계화되며 자본 이동성이 더 높아진 오늘날에는 아마도 더 쉬워졌을 것이다.[4]

현대사회에 대한 연구에서 우리가 마주치는 문제는 가정할 수 있는 총 순자산의 모든 구성 요소를 실제로 관측할 수 없다는 것인데, 정도는 덜할지 모르지만 이는 산업화 이전 사회 연구에서도 마찬가지다. 우리는 아주 오랜 옛날로 거슬러 올라갈수록 사용할 수 있는 정보가 별로 없을 거라는 생각을 하곤 한다. 그러나 부에 대해서만 고려하면 중세 후기와 근대 초기 사회들이 현재의 평균적인 서구 국가보다 훨씬 더 부 측정과 평가에 집중했던 것으로 보인다. 이는 부가 개인 과세의 주요 항목이라는 간단한 이유 때문이었다. 특히 19세기 후반부터 과세 대상이 부에서 소득으로 이동하기 시작하며 소득 수준과 분배에 대한 연구에 사용할 수 있는 정보는 증가했지만, 부의 수준과 분배에 대한 정보는 그에 비해 감소했다. 또한 부에 대한 정보가 비교적 풍부한 지역과 역사적 시기가 있다 하더라도 세금 부과 목적으로 기록된 부의 구성 요소가 각기 다를 수 있다는 문제는 남아 있다. 그래도 서구 전역에서 중세 시대부터 근대 초, 또 그 이후까지, 개인 소득세의 확산과 일반화가 상황을 완전히 바꿔놓을 때까지는 몇 가지 규칙이 발견되었는데, 그중 가장 중요한 것은 부동산이 과세 대상으로서 부의 주요 구성 요소가 되었다는 점이다. 남부 및 중부 유럽에서 가계에 국가 재정 부담을 배분하는 주요 기준이 됐던 재산세 기록에서는 늘 토지와 건물이 기록 품목의 대부분을 차지했는데,

그럴 만한 이유가 있었다. 부의 구성 요소를 대부분 관측할 수 있는 매우 드문 경우에도 부동산이 모든 재산 중 항상 압도적인 비중을 차지했기 때문이다.

예를 들어, 1427년 피렌체 공화국(토스카나)에서 특단의 노력을 기울여 모든 가계의 재정 상태를 완벽하게 파악하기 위한 평가 조사를 했을 때, 부동산은 전체 부의 53.4%를 차지했고, 동산(사업 투자 포함)은 29.5%, 공공 채권은 17.1%를 차지한 것으로 나타났다. 그러나 이러한 국가 평균치조차도 부동산이 이보다 훨씬 더 부의 보편적 구성 요소라는 현실을 온전히 반영하지 못했다. 1427년 피렌체는 세계에서 가장 부유한 도시 중 하나였고 또 대륙의 주요 금융 허브 중 하나였으므로 당시로서는 엄청난 액수의 금융 자본을 보유하고 있었다. 하지만 이는 거의 전적으로 도시에 사는 극소수에게 집중되어 있었다. 토스카나 인구의 대부분이 거주하는 시골에서는 부동산이 전체 부의 90.6%를 차지했고, 동산은 9.3%였으며, 공공 채권에 대한 투자는 0.1%로 매우 미미한 수준이었다. 토스카나 시골의 재산 구조는 중세 후기 서구 전역의 일반적인 상황을 잘 반영하고 있으며, 적어도 주요 도시들을 제외하고는 그랬다.[5]

당시 유럽의 농촌 지역에서 부자들은 항상 넓은 토지를 장악하고 있었다. 하지만 초부유층이 상당한 금융 자본을 소유하고 있던 도시에서도 그들은 동시에 주요 부동산 소유자들이었으며, 화려한 도시 저택뿐만 아니라 도시를 둘러싸고 있는 시골에도 그들 소유의 농장과 땅들이 흩어져 있었다. 소유하고 있는 동산과 부동산 간의 상관관계를 측정할 수 있는 드문 경우들을 보면 시골 지역에서는 부동산 비중이 항상 지극히 높아 1524~1525년 영국 버킹엄셔 에일즈베리 Aylesbury의 3개 소 행정구의 상관관계 계수는 0.98이었고, 금융 자본이 가장 풍부한 도시 지역에서도 부동산 비중은 상당히 높게 나타나, 1427년 피렌체는 0.64였다.[6]

실제로 산업화 이전 유럽에서 부에 대한 과세가 부동산에 집중된 경향이 있다는 사실은(영국은 부분적으로 예외였다) 당시 사회들이 가계의 재정 능력을 판정할 때 정말 중요하게 생각했던 것이 무엇인지를 말해준다. 이는 절대적 의미에서뿐만 아니라, 더욱 중요하게는 상대적 의미에서도 그러했다. 대부분의 경우 재산세 기록은 사전 결정된 금액을 각 가구에 배분하는 데 사용되었고, 각 가구는 자신들의 평가 재산에 비례하여 세금을 내야 했기 때문이다. 1847년까지도, 파리처럼 크고 중요한 도시에서도, 심지어 초부유층(당시 금액으로 재산이 100만 프랑 이상)의 재산 구조만 보더라도 부동산은 귀족 재산의 66%, 부르주아 재산의 51.3%를 차지했다. 유럽 대륙의 또 다른 대도시인 밀라노에서는 19세기 후반까지도 백만장자들의 재산에서 부동산의 비중이 귀족의 경우 83%, 비귀족의 경우 약 60%였으며, 특정 부류에 따라 약간의 변수가 있었다. 파리에서는 20세기 초가 되어서야 부동산이 백만장자들의 재산 비중에서 상대적 중요도가 줄어들었다는 증거를 볼 수 있다. 1911년에 부동산은 귀족 재산의 37.4%를 차지했고 부르주아의 경우 재산의 25.6%로 떨어졌다. 양 집단 모두 주식(정부 채권과 산업 주식 포함)이 총 재산의 거의 50%를 차지했다.[7]

이 같은 자료만으로는 산업혁명 이전 시대에 우리가 주로 볼 수 있는 것이 부의 특정한 한 가지 요소(부동산)일 뿐이기는 하지만 그렇다고 해서 특정 지역과 시기에 누가 부자였는지를 적절하게 식별하거나, 사회의 나머지 사람들과 비교해 그들이 전체 경제 자원에 대해 행사한 대략적인 장악력 수준을 알아보기 어려울 정도는 아니다. 물론 현대에는 상황이 다르며 21세기에 가까워질수록 더욱 그럴 것이다. 이동 가능한 부, 특히 금융 자산이 대규모 자산의 지배적인 구성 요소가 되는 추세 때문이다. 가장 최근 추산인 2020년 자료에 따르면, 금융 자산이 미국에서는 전체 부의 73.2%, 네덜란드에서 61.2%, 영국에서 55.5%를 차지했다. 그 외 주요 유럽 국가들에서는 그 비중이 대개 이보다 적었고, 유럽 대륙 평균은 45.7%였다.[8]

부(또는 순자산)의 주요 구성 요소가 산업화 이전 사회에서 산업화 사회, 더욱이 산업화 이후 사회로 옮겨감에 따라 변한다는 사실은 인식하고 있어야 하지만, 그렇다고 해서 그것이 역사 전반에 걸친 부자들에 대한 연구는 물론이고, 우리가 각 시대에 따른 부의 분배를 의미 있게 비교하는 것에 방해되지는 않는다. 오히려 그런 변화는 개인이 부자가 되는 주요 경로의 변화를 반영하며, 이에 대해서는 이 책의 2부에서 다룰 것이다. 실제로, 만약 우리가 예를 들어 로마에서 가장 부유한 사람으로 알려진 마르쿠스 리키니우스 크라수스Marcus Licinius Crassus와 미국의 제프 베이조스처럼 시간상 멀리 떨어진 개인들의 부의 수준을 직접 비교하려고 든다면 문제가 될 것이다. 역사적 비교 연구를 위해서는 부자에 대한 가장 적절한 정의가 절대적인 것이 아니라 상대적이어야 하는 것도 바로 그 이유 때문이다.

부자란 누구인가

특정 사회에서 부자라고 말할 수 있는 사람은 누구일까? 앞에서 '쿨라' 거래에 대해 이야기한 바 있다. 쿨라 무역의 주역들은 부유한 걸까? 분명 그렇다. 부에 대한 정의에 물질적 부뿐 아니라 관계적 부(또는 사회적 자본)까지 포함된다면 말이다. 하지만 우리의 초점은 물질적 부에 있기 때문에 이 책에서는 물질적 부를 풍부히 가진 사람을 부자로 정의해야 할 듯하다. 전 역사에 걸쳐 '물질적으로' 부유한 사람들 중 많은 이들이 아주 좋은 인맥을 가지고 있었고 상당한 정치적 권력을 가지고 있었지만 그렇다고 해서 모든 부자들이 다 그런 특성을 가졌다고 가정하는 것은 맞지 않다. 가상의 예를 들어, 찰스 디킨스의 소설, 『크리스마스 캐럴』의 주인공인 스크루지를 생각해보자. 그는 매우 부유했지만 그만큼 불행하고 외로웠으며, 조카 외에는 가족이 없었고 의지할 친구들도 없었다. 사실 우리가 내린 부의 정의는 그를 통해 물질적(경제적) 자원에 대한 특권적 접근권과 다른 종류의 자원에 대한 특권적 접근권 사이의 연관성을 탐구할 수 있다는 것이 장점이다. 부가 정치적 권력으로 가는 길인가, 아니면 정치적 권력이 부로 가는 길인가? 이런 종류의 질문이 이 책에서 반복될 것이다.

부자는 값진 소유물을 가진 사람이다. 하지만 얼마나 값진 것을, 얼마나 많이 가지고 있어야 할까? 다시 말해, 부자라고 말할 수 있으려면 얼마나 부유해야 할까? 이 질문에 대한 답은 처음 생각했던 것보다 덜 명확하며, 사회과학자들, 특히 경제학자와 경제사학자들 사이에서 장기적으로 부를 바라보는 방식에 대한 중요한 의견 차이로 직결된다. 한편, 많은 학자들이 각기 다른 사회에서 통용되는 부의 수준을 직접 비교하려고 시도했다. 하지만 여기에는 많은 문제점들이 있다. 우선 우리가 특정 편의 설비에 얼마나 쉽게 접근할 수 있는지의 여부를 가지고 본다면, 적어도 과거(예컨대 산업화 이전 시대)의 대다수 사람들은 오늘날과 비교해 훨씬 가난했다는 결론을 내릴 수 있다. 경제학자 브랑코 밀라노비치Branko Milanović는 이에 대해 다음과 같이 설명했다.

> 말하자면, 이런 것이다. 인공 조명이나 음성 녹음의 예를 들어보자. 율리우스 카이사르가 밤새 책을 읽고, 밤에 궁전을 돌아다니고, 좋아하는 노래를 들으려면 수백 명의 근로자(노예)들이 밤새도록 횃불을 들고 있거나 그가 좋아하는 아리아를 불러야 했을 것이다. 매일 밤 그렇게 했다면 카이사르조차도 얼마 지나지 않아 재산이 바닥을 드러냈을 것이다 (아니면 노예들이 들고 일어났을 수도 있다). 하지만 오늘날은 그와 같은 여흥을 즐기는 데 들어가는 비용이 아주 적고, (하룻밤에 2달러 정도로) 심지어 하찮은 수준이다. 그 결과, 어떤 사람들은 오늘날의 물질적 기준으로 측정하면 카이사르가 가졌던 부가 아주 작을 수밖에 없다고 결론내린다. 카이사르 시대의 사람들은 분명히 오늘날의 사람들보다 가진 게 훨씬 더 적었으며, 지금 세상은 이전과 비교도 할 수 없을 정도로 부유하다는 것이다.[9]

밀라노비치가 이런 논리에 문제가 있다고 지적한 것은 카이사르가 사실 매우 부유했기 때문이다. 동시대 사람들이 그를 부유하다고 여긴 것은 경제적 자원에 대한 그의 지배력이 평균적인 로마인들보다 훨씬 컸기 때문이다. 그는 오늘날 우리가 당연시하는 특정 편의 설비를 사용할 수 없었지만, 그것은 그가 부유하지 않았기 때문이 아니라 해당 기술이 존재하지 않았기 때문이었다. 일반 대중들이 사용할 수 있는 특정 물품과 서비스가 시대에 따라 어떻게 바뀌었는지 살펴보는 것은 분명 유용하다. 하지만 각기 다른 사회에서 개인들의 부를 비교하기 위해 동일한 물품과 서비스를 대입하는 것은 공정하지 않다. 보다 정확한 비교를 위해 '객관적인' 부의 기준을 찾으면 된다고 생각한 이들이 있었다. 윌리엄 페티William Petty와 리처드 캔틸론Richard Cantillon과 같은 근대 초기 중상주의자들은 물건을 생산하는 데 필요한 토지와 노동력의 양이 그 기준이 될 수 있다고 생각했다. 또한 이후 애덤 스미스는 노동력만이 기준이 되어야 한다고 주장했다.

밀라노비치는 자신의 저서『부자와 빈자The Haves and the Have-Nots』에서 스미스의 접근 방식을 따랐으며, 부자들을 그들이 지배할 수 있는 노동력의 양에 따라 정의하고 비교했다. 그 결과에 따르면 2010년경 멕시코의 통신 재벌 카를로스 슬림Carlos Slim이 세계에서 최고 부자였으며, 아마도 역사상 가장 부유한 사람이기도 했을 것이다. 밀라노비치의 평가에 따르면 그는 아마도 카이사르 시대에 가장 부유한 로마인이었던 마르쿠스 리키니우스 크라수스보다 약 14배 더 부유했다.[10] 그러나 밀라노비치가 인정했듯이 이러한 접근 방식에는 함정이 가득하다. 아주 다른 방식으로 이루어진 사회들을 비교할 때 흔히 발생하는 문제들은 사실 해결이 불가능하기 때문이다. 예를 들어, 많은 사람들의 노동을 통제할 수 있는 능력은 합리적으로 인정할 수 있는 개인적 부보다는 정치적 권력에서 비롯되었을 가능성이 높다. 결론적으로, 개인의 부에 대한 절대 비교는 비교적 유사한 사회들(예를 들어, 오늘날의 서구 민주주의 사회)을 살펴볼 때나 합리적이며, 시공간적으로 멀리 떨어져 있고 특성이 다른 사회들로 가면 그 유용성이 급격히 떨어진다.[11]

19세기 미국 금융가 J. P. 모건의 부를 14세기 피렌체 은행가 코시모 데 메디치의 부와 비교하는 것은 매우 흥미로운 주제이며, 틀림없이 일반 대중의 호기심을 불러일으키기는 하겠지만 부자에 대한 연구에는 그다지 유용하지 않다. 우리가 부자들에 대해, 그들의 특성 및 사회에서의 역할에 대해 답하고자 하는 데 관련된 거의 대부분의 과학적 질문들은 시대를 통틀어 그들의 부의 수준을 직접 비교하는 것을 필요로 하지 않는다. 우리가 정립하고자 하는 것은 특정 사회와 특정 시점에 누가 부자로 간주될 수 있는가다. 다시 말해, 우리는 두 가지 중요한 의미에서 절대적이 아니라 상대적인 정의에 관심이 있다. 특정 사회적 환경에 따라 상대적일 수 있으며, 또 부자들이 속한 사회의 다른 구성원들과 비교하여 상대적이라는 것이다. 그리고 우리에게 익숙한 부의 규모에 대한 가장 일반적인 척도(예를 들어, 상위 1%의 부 점유율 등)가 본질적으로 상대적이라는 점도 도움이 된다.[12]

그러나 이러한 척도를 논의하기 전에 또 다른 측면을 명확히 하는 것이 중요하다. 부의 상대적 척도에 초점을 맞추는 것은 분배에 초점을 맞추는 것을 의미한다. 모두가 평등한 사회에서는 원칙적으로 누구나 풍부한 자원과 자산을 가질 수 있으므로 상대적 의미에서는 그 누구도 부자가 아니다. 이는 부유층이 존재한다는 것 자체가 가치 있는 자산의 분배에 어느 정도의 불평등이 내재해 있다는 것을 의미한다. 그러나 경제학의 특정 학술적 전통은 바로 이 불평등에 초점을 맞추는 것을 적극적으로 피하려고 함으로써 데이비드 리카도에서 칼 마르크스에 이르기까지 분배를 분석의 중심에 두었던 고전 경제학자들과 극명한 대조를 이뤘다. 밀라노비치가 비판한 종류의 담론이 발전할 수 있었던 것이 바로 그런 학술적 전통과 관련이 있다. 그러나 최근 몇 년 동안, 특히 2008년 대불황의 시작으로 서구 전역에서 불평등에 대한 인식이 고조되며 그 같은 논리는 강력한 학문적 반발에 부딪혔다. 지금은 누구나 밤에 책을 읽고, 걷는 동안 음악을 들을 수 있는 반면 로마인들은 둘 다 할 수 없었다는 이유만으로 오늘날 서구 사회에서는 모두가 부자라고 진지하게 주장할 사람이 과연 어디 있겠는가? 이러한 반응의 중요한 측면은 이전에는 소득에 집중하며 등한시되었던 부에 대한 관심이 되살아났다는 것인데, 이미 서론에서 논했듯이 소득에만 집중하는 것은 균형 있는 과학적 선택이라 할 수 없다.[13]

    부자에 대한 최상의 정의가 상대적이라는 것을 명확히 한 만큼, 다음 과제는 가능하다면 부자와 나머지 사람들 간의 경계를 어디에 둘 것인가에 대한 대체적인 합의를 파악하는 일이다. 실제로 가장 많이 쓰이는 접근 방식은 인구의 상위 10%, 5% 또는 1% 등 부 분포의 상위 계층을 살펴보는 것이다. 이는 '상대적' 척도다. 왜냐하면 한 사회의 평균적 부의 수준이 어떻든 늘 누군가는 분포도의 맨 위에 위치할 것이기 때문이다.[14] 실제 연구를 위한 실용적 관점에서 볼 때, 부자를 분포도의 일정 퍼센트에 속하는 사람들로 정의하면 그들이 어떻게 구성되어 있는지를 볼 수 있다. 단, 한 가지 경고할 것이 있으니, 퍼센트를 더 높이거나 낮출 경우 부유층 구성원들이 상당히 달라질 수 있다는 점이다. 본 연구에서 상위 5%보다 더 넓은 퍼센트 범위를 고려하지 않는다면 바로 그 이유 때문이며, 사용 가능한 정보가 허락하는 경우에 한해서 그보다 상위 혹은 하위 계층의 특성도 비교하고 있다.[15]

흥미로운 사실은 시대를 초월하여 비교할 때, 부자들의 절대적인 재력보다는 부자 분포도에서 상위를 차지하고 있는 구성원들을 비교하는 것이 훨씬 더 수월하다는 것이다. 예를 들어, 부의 분포에서 상위 백분위에 속하는 사람들의 부의 원천을 살펴봄으로써 중세에서 현재에 이르기까지 큰 부를 이루는 주요 경로로 금융이 점진적으로 부상하고 있음을 관측하고 대략적으로 정량화할 수 있다. 물론 충분히 자세한 역사적 자료가 있느냐 하는 문제가 있기는 하다. 추가로, 부자를 상위 백분위에 속하는 사람으로 정의하면 그들이 누구였는지에 대한 분석과 각기 다른 역사적 상황에서 그들의 부 점유율이 어느 정도였는지에 대한 분석을 쉽게 결합할 수 있다. 부의 불평등에 대해 연구하는 학자들의 노력을 가장 많이 이끌어낸 것이 바로 이 두 번째 목적이었다. 그런 이유로, 특히 산업화 이전 시대 부자들의 부 점유율에 대한 증거는 비교적 풍부하다.[16]

부자를 상위 백분위에 속하는 사람으로 정의하는 것은 많은 이점을 제공하지만, 단점도 상당수 있다. 가장 큰 단점은 각기 다른 시대에 얼마나 많은 수의 부자들이 있었는지를 의미 있게 비교할 수 없다는 점이다. 상위 백분위를 기준으로 부자를 정의할 경우 이 접근법의 구조적 특성 때문에 부자의 절대적인 숫자는 항상 전체 인구의 일정 비율이 될 수밖에 없다. 즉, 인구가 증가하면 부자의 수 또한 자동으로 증가하여 인구통계학적 발전만 반영하게 되는 것이다. 이 문제를 해결하기 위해서는 일종의 '인원수' 지수, 즉 특정 분계선(부자 기준선) 위에 있는 사람들의 수를 셀 수 있는 지수가 필요하다.[17] 이 접근 방식은 절대적 혹은 상대적 빈곤 기준선을 사용하는 빈곤 연구에서 사용하는 방식과 매우 유사하다. 절대적 부자 기준선을 설정하는 것은 학계나 시민 사회에서 그 위치에 대한 합의가 없었기 때문에 까다로운 작업이다.

최근 네덜란드의 한 연구는 2018년에 실시된 사회학 설문조사를 기반으로 네덜란드인들은 평균적으로 총 재산이 220만 유로를 넘는 가구를 '부유하다'고 생각하지만, 개별적 답변을 살펴보면 100만에서 300만 유로 사이에 넓게 퍼져 있음을 볼 수 있다. 유감스럽게도 다른 서구 국가에 대해서는 비교할 만한 심층 연구가 없어 보이며, 연구 관계자들은 자신들의 결과가 맥락에 따라 크게 달라진다고 인정했다. 네덜란드와 구조적으로 다른 복지 국가 시스템을 가진 나라의 시민들이라면 어떻게 답변했을까? 또한 220만 유로라는 부자 기준선은 너무 높을 수 있다는 점도 주목해야 한다. 2005~2014년에 대한 최근 독일 연구 조사에서는 순자산이 100만 유로를 초과하는 가구를 '고액 순자산층'으로, 50만에서 100만 유로 사이 가구를 '부유층'으로 간주했다.[18]

다행히 앞서 논의한 이유 때문에 우리는 주로 절대적이 아니라 상대적인 부자 기준선을 정의하는 데 관심이 있다. 현대사회에 대한 연구에서 가장 일반적인 부자 기준선은 중간 소득의 2배(200%)다. 소득과 자산의 분포 간에는 본질적인 차이가 있기 때문에 자산 기준의 부자 기준선을 소득 기준과 같은 수준으로 설정해서는 안 된다. 자산은 최대값과 최소값 사이의 차이가 훨씬 더 큰 편이며 대체로 최대값의 규모가 더 큰데, 이는 자산이 소득보다 집중되는 경향이 더 큰 것을 반영한다. 하지만 일반적으로 현대사회 부의 분포를 설명하는 쓸 만한 데이터가 부족한 관계로 부를 기준으로 한 상대적 부자 기준선의 적절한 위치를 논하는 연구는 거의 없는 실정이다. 그러나 간혹 상대적 부를 기준으로 부자 분포를 추정하려는 시도가 있더라도 산업화 이전 사회를 대상으로 한다는 사실은 별로 놀랍지 않다. 특히 적절한 부자 기준선은 자산 중간값의 10배(1,000%)인 것으로 보인다. 그렇게 하면 부자 분포는 전체 인구의 1%에서 10% 사이로 추산되는데, 이는 보통 부자들의 부 점유율을 연구할 때 사용되는 상위 백분위 수와 매우 유사하다.[19]

앞에서 언급한 상대적 측정은 2장에서 체계적으로 사용될 것이다. 여기서는 부자들의 분포와 전체 경제 자원에 대한 그들의 영향력에 관해 이용 가능한 정량적 증거의 개요를 설명하고자 한다. 이는 추가적인 수량화가 필요할 때마다, 예를 들어 부자들의 구성(7장)과 관련하여 책 전체에서 계속해서 참고가 될 것이다. 하지만 많은 경우 이용 가능한 정보는 최상위 부유층에 관한 것이다. 때로는 이들이 더 작은 백분위수(예: 재산 분포의 상위 0.01%)로 정의되기도 하지만, 더 자주는 관련 역사적 통화로 측정된 재산(예: 1892년 미국 달러)이나, 더 드물게는 오늘날의 통화로 환산된 절대적 기준으로 설정된다. 《포브스》

의 '억만장자 리스트' 같은 다양한 '부자 리스트'가 이런 경우인데, 이런 자료들은 19세기부터 일부 서구 국가에서 확인할 수 있었으며, 최근 수십 년간 특히 널리 퍼졌다. 이러한 정보는 이번 연구에 매우 가치가 있으므로 활용될 것이지만, 특정한 절대 기준을 채택함으로써 관련 인구의 어떤 백분위가 선별되는지 되도록 명확히 하고자 한다. 그러나 잊지 말아야 할 점은 부자 리스트는 이 책에서 사용되는 많은 역사적 데이터 출처 중 하나일 뿐이라는 점이다.

부와 부자 연구를 위한 역사적 자료

기록 보관소를 뒤지고 수백 년 전에 누군가 손으로 쓴 문서의 원본을 훑어보는 데 익숙한 역사가와 경제사학자들은 그동안 알려진 바 없고 수 세대의 학자들이 축적한 지식에 따르면 존재할 수도 없는 그런 자료를 발견할 때 느끼는 스릴을 알고 있을 것이다. 바로 그런 일이 약 20년 전 추운 겨울 아침에 이 책을 쓰던 내게 일어났다. 그것은 내가 이탈리아 북서부 피에몬테에 위치한 작은 도시 이브레아Ivrea의 도시 기록 보관소를 정기적으로 방문하던 중에 도서관 목록에 인구조사로 분류되어 있는 1613년도 문서 열람을 신청했을 때였다. 이 시기는 중세 또는 근대 초 유럽의 공공 행정당국이 시민이나 백성에 대해 알 수 있는 단순한 목적의 인구 기록에 관심을 갖기 훨씬 전이었으므로 그런 자료가 존재한다는 것을 믿기 힘들었다. 그런데 큰 가죽 장정 형태의 그 문서는 실제로 존재하고 있었고, 기록 보관소 카탈로그에 날짜도 정확하게 표기되어 있었다. 이 문서는 단순한 인구조사가 아니라 그 이상을 보여주는 것으로, 이브레아의 모든 가구 명부와 함께 봉토, 방앗간, 제빵용 화덕이나 제조용 가마를 포함한 부동산, 채권, 경제 활동, 직업, 자본, 사무실, 가축 및 비축 식량 등에 대한 세부 정보를 담고 있었다.[20] 다시 말해, 주민들은 자신들이 보유한 자산의 모든 구성 요소들에 대한 세부 정보를 제공할 것을 요구받았으며 대체로 그에 따랐다.

물론 번쩍인다고 다 금이 아니듯이 이 역사적 자료를 실제로 연구에 적용하는 것은 보기보다 더 복잡하다. 크로체 비앙카 여관을 운영했던 안토니오 레시아라는 사람이 암말 4마리와 돼지 1마리를 소유하고 있었고, 밀 14자루와 와인 1,000리터(자료에 와인 재고가 투자 자산으로 분류되어 있는 것을 보면 이는 아마도 여관 운영을 위한 것인 듯하다)에 달하는 상당한 양의 비축 식량을 보유하고 있었다는 사실을 발견하는 것이 아주 흥미롭기는 하지만, 이 자산들에 대한 금전적 가치는 전혀 표시되어 있지 않다. 다행히도 안토니오의 부동산과 함께 채권과 채무는 적절하게 평가되어 있었는데 그의 순부채는 125스쿠디 scudi로 적자 상태였다(스쿠디는 중세부터 19세기까지 이탈리아를 비롯한 여러 유럽 국가에서 통용되었던 화폐 스쿠도 Scudo의 복수 형태를 말한다. - 옮긴이). 1613년 피에몬테의 '인구조사'는 본 연구의 주요 자료로 사용하기는 어렵지만 초기 근대 사회의 모든 부의 구성 요소들에 대한 개관을 제공한다는 점에서 귀중한 자료이며, 따라서 이 책 전반에서 때때로 실례나 통찰 자료로 사용될 것이다. 사실, 이 자료는 경제적 자산의 역사적 분배에 대한 내 개인적 관심을 일깨웠을 뿐 아니라 산업화 이전

환경에서 누가 부자였는지에 대한 각별한 관심을 불러일으키는 데도 크게 기여했다. 그러니 어떤 의미에서는 이 예상치 못한 발견이 이 책의 탄생에 기여한 셈이다.

하지만 이 장의 목적을 위해 반드시 답해야 할 질문이 있다. 이 자료는 왜 보존되어 있었으며, 왜 이전에는 학자들에게 알려지지 않았을까? 이브레아의 기록 보관소에 보존된 실물 문서는 원본이 완성된 후 제작된 사본이었다. 이 문서에는 사보이아 공국Sabaudian State 의21 중앙 당국이 앞에서 말한 정보를 수집하여 주도인 토리노로 보내라고 요구하며 피에몬테의 모든 지역사회들에 보낸 서신이 포함되어 있다. 따라서 이브레아에서 발견된 문서는 공국에 소재한 모든 가구들의 총 재산에 대해 자세한 정보를 수집하고자 했던 역사적으로 매우 예외적인 대규모 작업에 대한 지역적 결과물이다. 놀랍게도 이전까지는 그러한 시도가 있었다는 것이 현대 학자들에게 전혀 알려지지 않았는데 그 이유는 간단했다. 토리노의 중앙 기록 보관소에서 관련 자료를 찾기 위해 빈틈없이 검색했지만 1613년 '인구조사'에 대한 정보는 마치 그런 게 존재한 적이 없었던 것처럼 전혀 발견되지 않았던 것이다. 수년 후, 이탈리아 북부의 부의 분배에 대한 대규모 연구의 일환으로 피에몬테의 지역 기록 보관소에 대한 체계적인 조사를 한 결과, 다른 사례들을 찾게 되었다. 추가로 몬칼리에리Moncaliere 와 수사Susa라는 두 개 도시와 토리노 일부에 대해 토리노로 보내졌다가 완전히 사라져버린 원본의 사본들이 발견된 것이다.22

국가 중앙 기록 보관소에 기록이 남아 있지 않고 추가 정보도 찾을 수 없다는 사실은 이 대규모 계획이 실패로 끝났음을 의미한다.

그래서 재빨리 의도적으로 잊혀진 것이었다. 이와 관련된 정보가 일부 도시에서만 발견되었다는 사실은 실패의 이유가 지역사회들이 중앙 정부에 협력하기를 꺼렸기 때문이라는 점을 강력히 시사한다. 그리고 그들이 토리노에 보내야 했던 정보의 성격으로 볼 때, 그들이 협조를 꺼렸던 것은 그 요청이 애초에 예외적인 기여금의 형태로 시작되는 일종의 세금 부과를 위한 준비로 보였기 때문일 가능성이 매우 높다. 중앙 당국에서 보낸 편지에 '공작에게 바칠 보조금'을 언급하고 있었는데, 근대 초기 과세 제도의 특징은 예외적인 '특별' 세금이 '일반' 또는 연간 세금이 되는 경향이 있었다. 다시 말해, 지역사회들은 대체로 공작에게 재정적 지원금을 낼 의향은 있었지만 중앙 정부가 지역 주민들의 전반적인 재정 능력에 대해 너무 많은 것을 알게 될까 봐 우려했던 것으로 보인다.[23]

'인구조사'의 실제 동기가 미래 과세 기반을 구축하는 데 있다면, 이는 1427년 토스카나 카타스토Catasto(이탈리아에서 세금 징수를 위해 개발된 토지 및 재산 조사 시스템 - 옮긴이)의 목적과 정확히 일치한다. 1613년 피에몬테의 '인구조사'는 학계에 거의 알려지지 않은 반면, 카타스토는 국가 전체의 부의 구성 요소들을 포괄적으로 기록했다는 점에서 중세 후기 유럽의 대표적인 역사 자료로 평가받고 있다. 주목할 만한 점은 15세기 초 피렌체가 2세기 후의 토리노보다 지역사회에 대한 통제력이 훨씬 더 강했다는 사실이다. 그러나 이러한 뛰어난 국가 역량에도 불구하고, 피렌체 공화국의 광범위한 세제 개혁 시도는 실패로 돌아갔다. 토스카나의 첫 재산 상태 조사 이후, 피렌체는 부동산 이외의 전반적인 재산 기록을 작성하겠다는 야심을 신속히 철회했다. 부동산이 가장 쉽게 관찰하고 측정할 수 있는 부의 형태였던 것은 그것을 숨기기가 불가능했기 때문이다. 결과적으로 1427년의 카타스토는 특별한 가치를 지닌 단일 자료로 남게 되었다.

중세 말기부터 이탈리아 전역은 물론, 스페인 북동부에서 베네치아 공화국의 아드리아 해 영토에 이르는 남부 유럽과 중부 유럽 대부분에서 부동산은 직접 과세의 핵심 기반이었으며, 재산 기록부에 대체로 통일된 방식으로 기록되었다. 이처럼 부동산은 산업화 이전 시대의 다양한 환경에서 관측 가능한 것과 불가능한 자산의 최소 공통분모 역할을 수행했다. 주된 차이점은 교역, 사업, 수공예 활동에 투자된 자본(이탈리아에서는 '예술 자본'으로 불림)의 기록 여부 정도였다. 부의 분배에 관한 장기적 추세 연구가 축적되면서 이러한 자료들의 강점과 한계가 분명해졌다. 특히 주목할 만한 장점으로는 시공간을 초월한 높은 비교 가능성과, 이 장의 '시대에 따른 부의 정의' 부분에서 논의했듯이, 당시 부의 주요 구성 요소들에 대한 신뢰할 만한 포괄적 정보를 제공한다는 점을 들 수 있다. 더욱이 앞서 언급했듯이, 부동산의 분배는 동산의 분배와 밀접한 상관관계를 보이는 것으로 확인된다.

이러한 재산 산정의 한계는 과세 대상 재산을 소유하지 않은 무산 가구들이 완전히 빠져 있다는 점이다. 그러나 작은 과수원이나 포도밭처럼 약간의 재산이라도 소유한 가구들은 모두 기록되어 있다. 무산자가 산정에 포함되는 비교적 예외적인 경우에 그 비중이 전체 가구의 3~7%로 아주 적게 나타나는 이유도 바로 그 때문이다. 이는 무산자를 포함한 측정치는 무산자를 제외한 측정치보다 전체적 불평등 수준이 약간 더 높게 나타나는 경향이 있기는 하지만 실제로 양쪽에서 측정된 불평등 수준이 매우 유사할 것임을 의미한다. 상위 백분위에 포함되는 부자들의 부 점유율과 같이 이 책에서 부자를 분석하는 데 사용되는 양적 척도는 분포도의 하단에 작은 왜곡이나 한계가 있더라도 크게 영향을 받지 않는다. 이에 대해서는 2장에서 몇 가지 수치적 예를 제공할 것이다. 추정치는 시간이 흘러도 거의 변하지 않는 편이기 때문에,[24] 운이 좋을 경우 14세기 초까지 거슬러 올라가 18세기 중반 또는 19세기 초까지 이어지는 매우 긴 시계열의 정량적 지표를 재구성할 수 있게 해준다. 그러나 그 이후로는 현대식 토지대장 시스템이 유럽 전역으로 확산되면서 중단되고 말았다.[25]

재산세 기록은 산업화 이전 불평등에 대한 최근 연구에서 가장 많이 사용되는 역사적 자료이지만, 북유럽 지역에서는 아주 드물거나 아예 없기도 하다. 저지대 국가들(주로 현재의 네덜란드, 벨기에 그리고 룩셈부르크를 포함하는 지역 – 옮긴이)의 경우, 불평등 연구에 체계적으로 사용되는 역사적 자료는 각 가구 주택의 임대 가격 기록이다. 그러나 현재 문헌에 근거한 주택의 임대 가격 분포는 부의 분포보다는 소득 분포를 더 밀접하게 반영하며 (물론 산업화 이전의 맥락에서 그 두 가지는 서로 밀접히 연결되어 있다고 예상할 수 있다) 따라서 우리의 목적에는 그다지 유용하지 않다. 저지대 국가들에 대해서는 좀 더 산발적인 자료에 의존해야 하지만 그래도 그것들이 토지 분배에 대한 정보를 제공하고 있어 남부 및 중부 유럽에 대해 사용하는 자료와 상당히 비슷하다고 할 수 있다.[26]

더 광범위한 유럽 지역 간 비교에서 두드러지는 또 다른 북부 지역은 영국이다. 영국에서는 1207년부터 동전과 유통 자본, 가구, 가축 등을 포함한 동산movable wealth에 직접세(민간인 보조금)가 부과되었다. 영국의 중앙정부 과세제도는 중세 유럽의 기준으로는 예외적으로 '통일화'된 모습을 보였다. 1290년경부터 영국의 꽤 많은 주들에 그런 자료들이 보존되어 있어, 1348년 여름 흑사병이 영국에 도달하기 직전 수십 년 동안의 부의 분배를 탐구할 수 있었다. 16세기 초반에 대해서도 대체로 비슷한 성격의 자료들이 남아 있으며, 특히 1524~1525년의 '튜더 보조금Tudor subsidies'이 눈에 띈다. 흥미롭게도, 이 16세기 자료들은 예상 세수입을 토지, 임금, 동산이라는 세 가지 과세 대상 중에서 선택해 계산하게 되어 있었으며, 국가에 가장 높은 세수입을 보장하는 대상을 기준으로 각 가구에 세금이 부과되었다. 대다수 가구들은 동산(워릭셔에서는 최대 88%)에 대해 세금이 부과되었으며, 토지에 대한 것은 아주 소수로 워릭셔에서는 3.3%였고 관측 수치 중 최하는 도싯Dorset의 0.8%였다. 대개 세수입이 제일 높은 재산만 기록되었으므로 각 가정의 세 가지 과세 대상 중 한 가지에 대한 산정액만 남겨진 기록을 통해 볼 수 있다. 하지만 버킹엄셔 에일즈베리의 3개 소 행정구처럼 매우 예외적인 경우에는 토지 평가액이 아주 체계적으로 동산과 함께 나란히 기록되어 있다. 자산 분배에 있어 이 두 가지 자산 간의 상관관계는 거의 완벽한 것으로 나타났다. 그 때문에 우리는 유럽 대부분 지역의 부 분배에 대해 총자산(부동산과 동산의 합계) 대신 부동산을 사용할 수 있는 반면, 영국의 경우에는 동산을 같은 목적으로 사용할 수 있다.[27]

민간인 보조금과 튜더 보조금 자료의 주요 한계는 세금 부과 면제 기준이 비교적 높은 수준으로 설정되었고 기준에 못 미치는 가구들은 기록되지 않았다는 점이다. 이로 인해 최악의 경우 (또 중세 민간인 보조금의 경우 체계적으로) 전체 인구의 절반 이상이 누락될 수 있기 때문에 우리가 관측한 부분으로 전체 사회에 대한 지표를 추정하기 위해서는 특정 통계 기법을 적용해야 한다. 또 다른 문제는 1524~1525년 이후에는 기록의 신뢰도가 점점 떨어져서 민간인 보조금 자료의 유용성이 급격히 감소한다는 점이다. 1662년에 도입된 새로운 과세 제도인 '난로세hearth tax'도 부의 분배를 탐구하기에는 적합하지 않은 것으로 판명되었다. 이 새로운 과세 제도에 따르면, 각 가구는 집안에 있는 모든 벽난로에 대해 개당 고정된 금액을 세금으로 지불해야 했다.[28]

이처럼 부의 분배 연구를 위해 영국의 과세 자료를 사용하는 것은 본질적으로 어려움이 있으므로 다른 종류의 참고자료를 고려할 수 있다. 특히 사법 절차에 따라 법적으로 인정하는 사망자의 유언장을 기록한 유언 검인 목록은 비교적 광범위한 인구 계층의 동산에 대한 표본 조사를 가능하게 하며, 영국의 경우 근대 초기 전체를 다룰 수 있다. 현재까지 이 자료를 가장 잘 활용한 경우는 경제사학자인 피터 린더트Peter Lindert의 작업이었다. 그는 유언 검인 목록과 부동산 소유권에 대한 단서를 사용하여 1670년에서 1875년 사이 영국과 웨일즈의 부자 상위 1%와 5%의 부 점유율을 추정했다.[29] 유언 검인 목록은 1774년 미국 독립전쟁 직전의 부 불평등을 추정하는 데도 사용되었으며,[30] 최근에는 1750~1900년 스웨덴과 핀란드 같은 스칸디나비아 국가의 부 분포를 재구성하는 데 사용되었다.[31]

유언 검인 목록은 미래 연구에 분명히 도움이 될 만한 매우 유망한 방법이지만 몇 가지 명백한 한계도 있다. 첫째, 특히 근대 초기 기준에 맞는 유언 검인 목록의 전국적 표본을 만들어내려면 보관 기록들에 대한 방대한 연구가 필요하다. 둘째, 이게 가장 중요한 점인데, 그런 표본들은 (지역 또는 국가 차원의) 인구 전체를 포함할 수 없으므로 재산세 기록만큼 완전한 자료를 제공하지 못하게 된다. 중요한 문제는 유언 검인 목록이 표본 추출과 관련하여 각별한 난제를 제기한다는 점이다. 왜냐하면 그런 자료들은 대체로 인구 중 최상위 부유층을 최하위 빈곤층보다 훨씬 더 잘 반영하기 때문이다. 또, 특정 기간에 사망한 사람들의 부의 분배에서 그 이전 시기의 생존 코호트를 특징 짓는 가상의 분포를 얻어내기 위해서는 연령, 성별, 사회경제적 지위에 따른 사망률을 가정해야 한다.[32]

그럼에도 유언 검인 목록이 재산세 기록보다 나은 점은 18세기와 19세기를 매끄럽게 연결할 수 있다는 점이다. 이는 서구 전역에서 산업화가 시작된 특히 중요한 시기다. 19세기에는 유산세(또는 상속세[33]) 자료가 더 나은 대안으로 제기되었는데, 적어도 이 세금이 조기에 도입되었고 보편적으로 아니면 거의 보편적으로 사용되었던 국가들, 예를 들어 프랑스 같은 곳에서는 그랬다. 프랑스에서는 1791년 혁명 국민의회에서 유산세가 제정되었고 그 이후 계속 유지되어왔다. 때문에 프랑스는 19세기 부의 분배와 부유층 구성원들에 대해 현재 가장 우수하고 체계적인 정보를 보유하고 있는 유럽 국가다.[34] 유감스럽게도 다른 국가들은 보편적 유산세를 훨씬 나중에 도입했는데 영국의 경우는 1894년, 미국은 1916년이 되어서야 도입했다. 이탈리아는 좀 더 빠른 편으로 1862년에 국가 통일 직후에 이를 도입했는데, 통일 전 국가들 중에서도 일부는 이미 수십 년 동안 프랑스 모델을 따르고 있었다.

19세기 후반부터 유산세의 확산과 국가 행정당국이 개인들의 신고를 바탕으로 편찬한 일람표는 양질의 데이터 사용을 확대하는 데 큰 도움을 주고 있다. 보편적인 것과 거리가 멀기는 하지만, 그래도 20세기에 관련된 부의 불평등과 상위 계층의 부 점유율에 대한 정보는 19세기의 산발적 정보보다 훨씬 우수하다.[35] 게다가 최근에는 지속적으로 점검되고 업데이트되는 훌륭한 국제 데이터베이스가 있으므로 그에 의존해 필요한 추정치의 대부분을 얻을 수 있다. 특히 20세기와 21세기에 대해서는 세계 불평등 데이터베이스WID, World Inequality Database가 사용되었으며,[36] 가장 최근 기간에 대한 것은 연간 글로벌 부 데이터북GWD, Global Wealth Databooks과 특정 국가에 대한 추가 학술 저작물을 일부 결합시켰다.[37] 20세기에는 부의 분배에 대한 뛰어난 조사들이 많이 있기 때문에 최근 기간의 자료들에 대해서는 더 이상 자세히 논의하지 않겠다. 단 부자 리스트는 제외다.[38]

부자 리스트에 대해 간략히 논하기 전에 몇 가지 추가 설명이 필요하다. 우선 관측 단위에 대한 우려가 있을 수 있다. 대부분의 재산 관련 세금과 마찬가지로 중세와 현대 초기의 재산세, 또 가장 최근의 설문조사에 기반한 부의 분배에 대한 추정치(통계적 목적으로 수행)는 모두의 부 평가 단위로 '가구'를 사용한다. 반면에 상속세나 유산세는 개인의 재산에 관한 것이다. 재산 분배와 관련해 장기적 분석을 위한 대부분의 데이터는 가구에 대한 것이기 때문에 이 책에서도 선호하는 분석 단위로 가구가 사용될 것이다. 이는 이론적으로도 적합한데, 부동산의 경우처럼 공식적으로는 한 사람이 소유한 재산에서 모든 가구 구성원들이 혜택을 누릴 수 있기 때문이다. 그리고 개인 재산에 대한 정보만 있는 경우 이에 대해서는 명확히 명시할 것이다. 이에 따른 데이터의 부분적 비동질성은 자료의 특성에 따른 것이며, 이는 대다수 부의 분포 비교 연구에서 널리 알려져 있는 측면이다. 그렇다 해도 예를 들어, 20세기 스웨덴과 미국에서처럼, 실제 상위층의 부 점유율을 보면 가구를 대상으로 하든 개인을 대상으로 하든 상당히 유사한 대비를 보여주는 경향이 있다.[39]

국가와 시대를 막론하고 모든 과세 자료에 대해 고려되는 또 다른 일반적인 문제는 조세 회피 및 탈세 수준이다. 이는 정량화하기 어렵지만, 일부 부의 구성 요소, 특히 산업화 이전 환경에서 주요 구성 요소였던 부동산은 숨기거나 크게 잘못 평가하는 것이 상대적으로 어려웠다. 산업화 이전 시대에, 특히 남부 및 중부 유럽에서는 중앙 정부가 지역사회에 고정된 국가 세금을 부과하면, 지역사회 주민들의 재산 평가 비율에 따라 세금이 산정되어 분배되었다. 이 경우 산정의 공정성을 유지하기 위해 고도의 사회적·행정적 통제가 있었다. 불공정한 세금 분배가 발생하면 각 지역의 주민들이 항의하거나 공개적인 반란이 일어나기도 했기 때문이다. 재산세 회피 및 탈세는 19세기부터 증가 추세인 것으로 나타났다. 예를 들어, 오늘날의 글로벌 경제에서는 조세 피난처나 다른 방법을 통해 동산을 숨기기가 더 쉬워졌다. 또한 각 가구 또는 개인이 내야 할 세금액을 중앙 정부의 세무 당국이 직접 책정할 경우, 남들이 내야 할 세금에 대한 사회적 통제가 약화되는 경향이 있다. 자신에게 할당된 세금과 다른 사람이 내는 세금과의 연관성에 대한 인식이 약해지기 때문이다. 이 책의 목적상 제시한 정량적 증거에 대해 세금 회피와 탈세가 미치는 영향은 제한적일 뿐이라고 추정하지만, 동시에 사회의 최상위 부유층 또는 초부유층이 전략적 기부나 자선 활동을 포함하여 세금을 피할 기회가 더 많을 가능성에 대해서는 (특히 9장과 10장에서) 충분히 논의될 것이다.[40]

과세 자료와 부 조사에서 나오는 정보는 소위 부자 리스트에서 나오는 정보와 통합될 것이다. 전부는 아니지만 그런 리스트 대부분은 주요 신문이나 잡지에서 만들어 발표하는 것이다. 국제적으로 가장 인정받고 가장 포괄적인 부자 리스트는 《포브스》에서 매년 발표하는 세계 억만장자 리스트다. 연구자들은 2001년부터 현재까지의 기간을 커버하는 총서인 '포브스 억만장자 데이터베이스'를 사용했으며, 본 연구에서 고찰한 마지막 호는 2021년도 자료다. 잘 정립된 국가별 리스트로는 영국의 《더선데이 타임즈》와 독일의 《매니저 매거진》에서 매년 발행하는 리스트가 있다. 《포브스》는 또한 미국 한정으로 '포브스 400' 부자 리스트를 발행한다. 그러나 '포브스 400'은 진입 기준이 더 높기 때문에 세계 억만장자 리스트만큼 포괄적이지 않다. 2021년 '포브스 400' 부자 리스트에서 제일 자산이 적은 축에 속하는 미국 부자들이 보유한 순자산은 각기 29억 달러였다. 미국의 경우 19세기 부자 리스트도 몇몇 존재하는데, 예를 들어 《뉴욕트리뷴》이 1892년에 발행한 '백만장자' 리스트가 있다. 이 부자 리스트들은 부 피라미드의 제일 꼭대기에 있는 사람들의 특성에 대한 유용한 정보를 제공하며 따라서 관련 분석들을 구체적으로 설명하는 데 유용하다. 이 책에서 부자 리스트들은 초부유층 구성원들의 부의 원천과 성격(상속 또는 자수성가, 산업/상업, 금융 또는 부동산 등)을 논하는 데 사용될 것이다.

부자 리스트의 데이터에는 많은 한계가 있으며 가장 큰 한계는 공개적으로 기록된 자료만으로는 리스트에 포함되어야 할 사람을 식별하는 데 어려움이 있고, 그들의 자산 평가에 불가피하게 고도의 추정이 개입될 수도 있다는 점이다.[41] 그러나 한계에도 불구하고 부자 리스트는 시간이 흐름에 따라 질이 향상되는 것으로 보이며 점점 더 사회과학 연구에 유용한 정보 자료로 인정받고 있다. 특히 학자들이 보관 자료에 근거해 짜맞춘 부자 리스트 같은 경우에는 더욱 더 그렇다. 대표적으로 경제사학자 윌리엄 D. 루빈스타인의 『영국 자산가 인명 사전』이 있으며, 이 책은 여러 권으로 된 대작으로, 완성될 경우 1808년에서 1914년 사이에 사망한 영국인 중 최소 10만 파운드를 남긴 모든 사람을 포함할 예정이다. 이와 함께 또 다른 학술적 리스트들이 7장에 나오는 양적 분석과 책의 다른 부분에서 질적 증거를 제공하는 데 사용될 것이며, 여기서 상세히 논할 수 없었던 다양한 다른 역사적 자료들(개인 서신, 연대기, 가계 예산 등)도 사용될 것이다. 이제 각 정의들을 자료에 적용해 역사상 얼마나 많은 사람이 부자였고 그들의 부 점유율은 어땠는지에 대해 첫 번째 이야기를 시작해보도록 하겠다.[42]

2

부의 집중과
부자의 규모

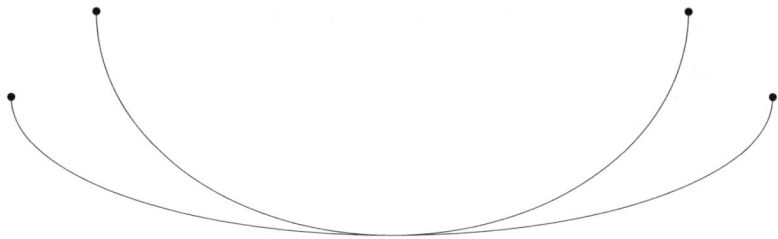

선사시대부터 오늘날까지 인류 역사를 통틀어 어느 정도의 경제적 불평등은 모든 인간 사회의 특징이었다. 자원을 집중하고 재분배하는 과정이 없었다면 분명 복잡한 사회는 존재할 수 없었을 것이다. 인간 문명의 초기 단계에서, 예컨대 메소포타미아의 '비옥한 초승달' 지역에 관개 수로망을 파서 전체 농부들의 토지 생산성을 개선하는 것처럼, 남들보다 더 많은 것을 달성할 수 있는 능력은 동시에 불평등을 키웠다. 따라서 부와 자원에 대한 전반적인 접근성에서 누군가는 모든 나머지 사람들보다 우월하다는 사실은 자명하다.

　진정한 역사적 질문이자 오늘날 우려의 원인이 되기도 하는 것은 이 경제적 엘리트들이 얼마나 큰 몫을 자기들 손아귀에 틀어쥘 수 있었는가다. 현재 우리가 얻을 수 있는 역사적 자료에 의하면, 부가 소수에게 집중되는 과정은 고대 바빌론에서 중세를 거쳐 오늘날까지 거의 쉬지 않고 진행되어왔음을 알 수 있다. 그리고 일시적 정지가 일어났을 때는 14세기의 흑사병이나 20세기의 세계대전같이 인류 역사상 가장 파괴적인 대참사들이 발생했다는 우려스러운 특징이 있다.

이 장에서는 최근에 이용 가능해진 장기간에 걸친 부의 집중에 대한 정보의 개요를 제공하고 이를 새로운 증거와 통합하고자 한다. 1장에서 논의한 '부자'의 정의를 바탕으로 상위 1%와 5%가 소유한 부의 점유율을 살펴보는 것으로 시작한다. 인류 역사를 통해 불평등 수준이 변동을 겪은 원인에 대한 논쟁이 진행 중인 만큼 널리 알려진 추세에 대해서는 간략히 논하기로 한다. 이 장의 마지막 부분에서는 다른 접근 방식을 취하여 부자를 부 분포 상단의 고정된 백분위나 특정 부자 기준선 위에 있는 사람들로 정의하지 않고 분포도 중간값에 대한 상대적 위치를 기준으로 설정하기로 하는데, 이를 통해 다른 질문들을 할 수 있다. 역사상 얼마나 많은 사람들이 부자였을까(중간값의 최소 10배)? 그리고 그들의 비중은 전반적인 부의 불평등과 함께 어떻게 변화했을까? 여기에서 제시되고 논의되는 증거들은 책의 2부와 3부에서 탐구할 부자로 가는 주요 역사적 경로와 부자들의 사회적 지위 변화를 탐구할 기반을 제공할 것이다.

흑사병(혹은 그 이전)부터 미국 독립혁명까지

선사시대에서 시작해 살아남은 소수의 수렵채집인 부족에 이르기까지 소위 원시 사회의 불평등을 탐구한 최근 연구들을 살펴보면, 끼니를 연명하는 수준을 겨우 넘기는 삶을 살았던 비교적 단순한 사회에서도 경제적인 불평등 현상이 발견된다. 상속 제도를 통한 부의 집중은 세대를 거쳐 불평등을 재생산하고 심화시키는 핵심 역할을 했고, 이 인류 역사의 변함없는 측면은 농업이 도입되어 물질적 부, 특히 토지와 가축의 상대적 중요성이 상속 가능성이 덜한 다른 부의 요소보다 커짐에 따라 강화되었다. 그 후 불평등은 초기 정부 기관의 발달과 최초의 국가 출현과 함께 더 심화되었다.[1]

고대의 불평등을 관측하고 측정하는 것은 고전고대시대 이후부터는 다소 수월해진다. 로마가 지배한 지역에서 부의 집중 현상은 기원전 2세기에서 기원후 1세기까지 꾸준히 증가한 것으로 보이며, 이 기간 최고 재산의 규모는 400~500만 세스테르티우스(고대 로마에서 사용된 동전 - 옮긴이)에서 3~4억 세스테르티우스로 80배 증가했다. 네로 황제(기원후 54~68년 통치) 당시에는 여섯 명이 대략 오늘날의 튀니지와 리비아 해안에 해당하는 아프리카 지방의 약 절반을 소유했다고 한다(적어도 황제가 그들의 재산을 몰수하기 전까지는 그랬다). 그 당시 최고 부자는 아마도 그리스 노예 출신이었던 마르쿠스 안토니우스 팔라스Marcus Antonius Pallas였을 것이다. 그는 제국 정부의 최고위직에 올라, 클라디우스 황제와 네로 황제 휘하에서 재무 장관을 지냈다. 로마 역사가 타키투스에 따르면, 팔라스의 개인 재산은 3억 세스테르티우스로 아우구스투스 황제 당시 황가가 소유했던 2억 5,000만 세스테르티우스보다 많았다. 그리고 네로 황제가 팔라스를 독살하고 그의 재산 대부분을 몰수하도록 지시할 때까지는 아마 네로보다도 재산이 많았을 것으로 추정된다. 그리고 공화국 말기에 엄청나게 부유한 것으로 알려졌던 마르쿠스 리키니우스 크라수스의 소유 재산은 2억 세스테르티우스였다. 그는 기원전 60년에 율리우스 카이사르, 그나이우스 폼페이우스와 힘을 합쳐 제1차 삼두정치를 구축하며 자신의 막대한 부를 기반으로 정치적 우위를 점하고자 했다. 추산에 따르면 크라수스의 자산에서 나오는 연간 수입은 로마인 3만 2,000명을 부릴 수 있을 정도였다고 한다.[2]

선사시대와 고전고대시대에 부의 집중도를 적절하게 측정하는 것은 남아 있는 문서 및 고고학적 자료의 한계로 인해 매우 복잡하다. 사실 전반적인 부의 불평등이나 상위 백분위에 속한 부자들의 점유분에 대한 수치는 존재하지 않는다.[3] 우리가 몇몇 지역에 대해 가지고 있는 최초의 양질 추정치들은 중세의 것으로 1장에서 서술한 바와 같이 재산세 기록을 근거로 한 것이다. 이탈리아는 아마도 이전 시대들에 대한 문서화가 가장 잘 된 유럽 지역으로, 통일 이전 이탈리아의 주들에 대한 연구가 많았던 것은 우연이 아니다. 오늘날 토스카나의 대부분을 포함하는 중세 피렌체 공화국은 1347~1352년의 흑사병 창궐 이전에 대한 정보를 가지고 있는 몇 안 되는 지역 중 하나다.

전염병이 돌기 전인 1300년경, 프라토Prato 시에서는 부유층 상위 1%가 전체 부의 29.2%를 소유했고, 분석 범위를 상위 5%로까지 확대하면 부유층의 점유율은 55.3%로 나머지 95%가 가진 것을 다 합친 것보다 많았다. 농촌 지역에서는 부의 불평등이 다소 낮았다. 예를 들어, 포지본시Poggibonsi라는 마을에서는 상위 1%와 5%의 소유 지분이 각기 전체의 19.9%와 39.2%였다. 이탈리아의 또 다른 지역인 사보이아 공국(현재의 피에몬테에 해당)의 도시들에서는 전염병 이전 상위 1%의 추정 점유율이 22.3%였고, 상위 5%는 47.4%였다. 이러한 측정치들을 상대적으로 보자면, 2020년 이탈리아 전국의 상위 1%는 전체 부의 22.2%를 소유했고, 상위 5%는 40.4%를 소유했다.[4]

이탈리아, 어쩌면 유럽 대부분 지역에서 오늘날 부의 집중도는 흑사병 이전 시기와 크게 다르지 않다. 이는 현대사회가 중세보다 덜 불평등할 것이라는 가정이 반드시 옳지는 않다는 점을 시사하는 것으로 그 자체가 흥미로운 발견이다. 하지만 그렇다고 부자들의 부 점유율에 발생했던 장기적인 변동 상황들을 이것으로 덮어버릴 수는 없다. 흑사병은 지난 1,000년 동안 관측된 두 차례의 격동 중 하나를 야기했다(앞으로 살펴보겠지만, 로마제국의 쇠퇴와 몰락이 이보다 앞서 첫 번째 격동을 촉발했으며 그 규모는 비교적 컸다). 약 6세기 만인 1347년에 유럽으로 돌아온 전염병은 그로 인한 사망률(유럽과 지중해 인구의 4분의 1에서 2분의 1이 사망)뿐만 아니라 인류 역사에 막대한 파급력을 끼친 매우 중대한 사건이었다.[5] 거기에는 엄청난 규모의 부와 소득 재분배도 포함된다. 부의 재편 현상은 전염병 이전 부의 불평등이 만연하던 모든 지역에서 나타났다. 피에몬테 도시들에서는 전염병 직후 몇 년 사이에 상위 1%의 점유율이 5%p 이상 감소했다. 토스카나 도시들의 상위 1%는 타격이 더 커 같은 기간 동안 감소율이 18%p를 넘었다.

부자들의 점유율 하락은 상위 5%를 고려하면 더욱 커져 피에몬테에서는 그들이 장악했던 전체 부의 약 8%, 토스카나에서는 23% 이상을 잃었다.

남부 프랑스처럼 비교적 이른 시기의 정보를 얻을 수 있는 지역에서도 비슷한 현상이 나타났다. 툴루즈 시의 상위 1%는 1335년에 전체 부의 24%를 소유했지만, 1398년의 점유율은 겨우 10.8%였다. 2년 사이에 상위 5%의 점유율은 더 극적으로 감소해 52.7%에서 불과 29.8%가 되었다. 소득 불평등 역시 감소한 기미가 보이는데, 특히 저지대 국가에서 그랬다. 전염병이 실질 임금 상승을 촉발했다는 사실은 이미 널리 알려진 사실이므로, 흑사병 이후의 불평등 감소는 어느 정도 예상할 수 있는 일이었다. 이는 소득 불평등뿐만 아니라 부의 불평등도 감소시켰다. 시장에 평소보다 훨씬 많은 부동산이 나와 있는 상황에 실질 임금 상승으로 더 많은 사람들이 자산을 취득할 수단을 얻었기 때문이었다. 대량 사망으로 세습 재산이 붕괴되며 부동산 가격이 저렴해진 것도 부분적 이유였다.[6]

불평등 감소는 그 후 수십 년 동안 계속되었다. 〈그래프 2.1〉은 통일 이전의 여러 이탈리아 국가들의 장기적(1300~1800) 부 점유율 추세를 독일 및 영국과 비교해 보여주고 있다. 예를 들어, 독일을 살펴보자. 독일에서 상위 5%와 1% 부자들의 점유율은 1350년의 41%와 21%이었던 것이 1450년에는 각기 35.1%와 16.8%로 크게 감소했다. 유감스럽게도 흑사병 이전 독일의 부의 분배에 대한 정보는 없지만, 이탈리아나 프랑스와 마찬가지로 전염병 전에는 부의 불평등이 훨씬 더 높았을 것이라고 가정하는 것이 전적으로 타당하다.[7]

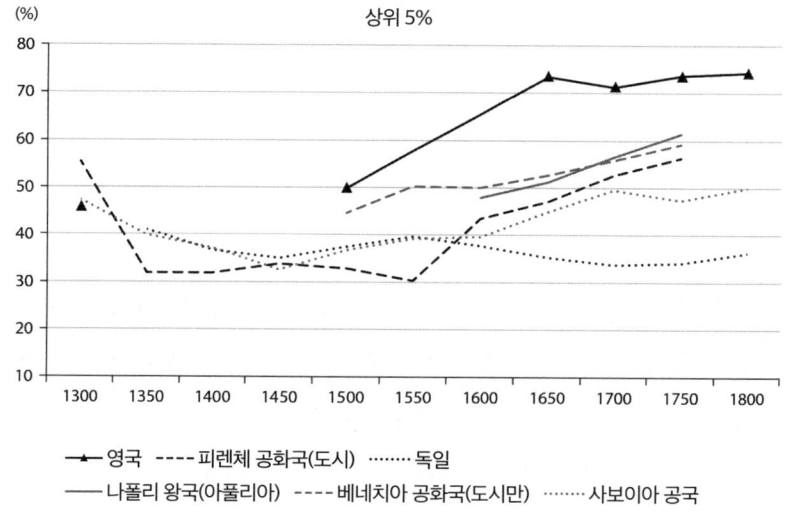

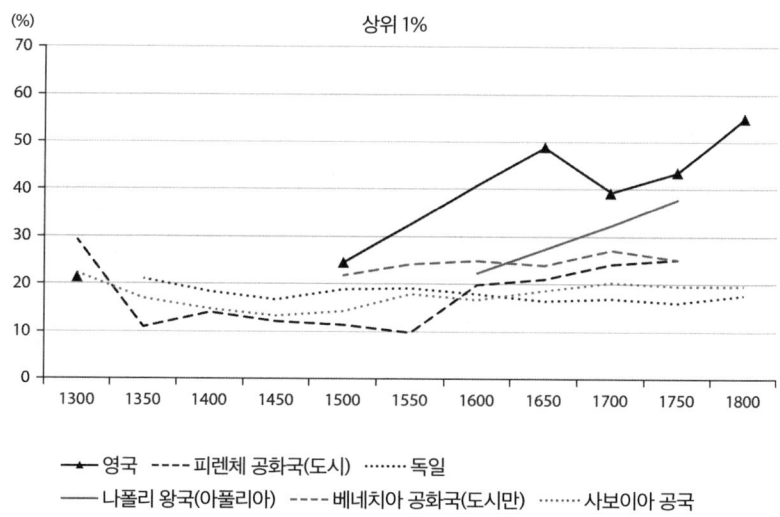

그래프 2.1. 유럽 부자들의 부 점유율에 대한 장기적 추세(1300~1800)
참고: 영국의 경우, 1500년까지 수치는 동산에만 해당되고 그 후에는 모든 재산에 대한 것이다. 그 외 다른 국가들의 수치는 재산세 기록에 근거했다(자세한 논의는 1장 참조).

전염병으로 인해 오랜 불평등이 감소한 결과, 15세기 상반기까지 유럽의 대부분 지역은 예외적으로 낮은 수준의 부의 불평등을 경험한 것으로 보이며, 그 후에 나타나는 것보다는 분명 훨씬 낮았다. 〈그래프 2.1〉에서 알 수 있듯이, 16세기에서 18세기까지는 상위 5%의 점유율이 증가 추세를 보였다(독일 제외).

상위 1%도 마찬가지지만, 일부 지역에서는 가장 부유한 계층의 점유율 증가가 18세기에 둔화된 것으로 보인다. 장기적인 자료를 분석해보면, 사보이아 공국과 피렌체 공화국 모두에서 상위 5% 부자들의 점유율이 전염병 이전 수준에 도달한 것은 18세기에 이르러서였고, 1%의 점유율 회복은 그보다 더 늦었다. 전반적으로 근대 초기 부 불평등의 증가 추세는 스페인과 프랑스 남부에 걸쳐 있는 다양한 지역사회에서도 발견된다. 유일한 (부분적) 예외는 독일이었는데, 그들은 17세기에 파괴적인 30년 전쟁(1618~1648)과 1627~1629년의 끔찍한 전염병의 결과로 두 번째 불평등 감소 국면을 겪었다. 11장에서 상세히 논하겠지만 이는 독일 부자들에게 악영향을 미친 아주 특별한 상황이었다.[8]

현재 유럽 북부에 대한 정보는 유럽 중부와 남부에 비해 더 제한적인데, 이는 주로 세금 제도의 차이 때문이다. 가장 속속들이 연구된 사례는 영국으로, 경제사학자 피터 린더트의 근대 초 유산에 대한 선구적 작업과 함께 13세기 후반에서 16세기 초에 대한 풍부한 과세 자료를 기반으로 한 최근 연구 덕분이다.[9] 동산을 반영하는 초기 추정치가 총자산(순자산)을 반영하는 후기 추정치와 의미 있게 연결될 수 있다고 가정한다면, 영국에서도 근대 초기 첫 몇 세기 동안 부자들의 부 점유율이 상당히 증가했을 거라는 가설이 가능하다. 18세기에 들어 속도가 둔화하기는 했지만 증가세는 계속되었다. 이 추세는 특히 상위 1% 계층에서 두드러져, 그들의 부 점유율은 1500년경 24.1%였고(1300년경에는 21.5%), 1650년에는 48.9%로 두 배로 증가했으며, 18세기 말에는 마침내 54.9%까지 도달했다. 근대 초까지 영국의 불평등은 비교적 높았지만 그래도 이탈리아나 독일과 비슷했는데, 17세기부터는 가장 높은 수준으로 두드러지게 나타났다.

영국과 유럽 대륙 지역 간의 차이에는 두 가지, 혹은 그 두 가지를 결합한 설명이 가능한데, 하나는 기술적인 것이고 다른 하나는 역사적인 것이다. 기술적 설명은 두 지역에서 사용된 '부의 종류'와 추정치가 적용된 인구 범위의 차이에 관한 것이다.

첫째, 이탈리아와 독일 추정치의 '부'는 기본적으로 부동산(토지와 건물)인데, 그것이 산업화 이전 맥락에서 부의 주요 구성 요소이기는 하지만 그렇다고 순자산을 결정하는 유일한 결정 요소는 아니었고 당연히 동산과 일치하는 것도 아니었다. 그렇다 해도, 확보한 자료에 따르면 토지의 분포와 동산의 분포는 상관관계가 높아 둘을 직접 비교할 수 있을 뿐만 아니라, 둘을 별도로 보더라도 그 분포가 대략적으로 전체 부의 분포를 나타낸다고 할 수 있다.

둘째, 인구 적용 범위와 관련해 영국의 수치는 국가의 전체 가구 수를 반영하도록 작성된 반면 이탈리아와 독일의 수치는 무산 가구들을 빼고 표준화했다. 무산 가구들의 자산 지분은 0이므로 그들을 제외하면 자동적으로 상위 백분위 부자들의 부 점유율이 낮아진다. 이러한 수치 왜곡이 분명 영국과 다른 지역 간에 나타난 차이를 부분적으로 설명할 수는 있지만 무산 가구는 보통 전체 가구의 3~7% 정도의 소수로 그로 인한 왜곡은 제한적이다. 독일의 경우, 무산 가구를 포함한 상위 계층 점유율 추정치 자료를 찾아볼 수 있는데, 1500년경(무산 가구가 전체 가구의 2%) 추정치에 무산 가구를 추가하면 상위 1%의 부 점유율이 18.8%에서 19%로 증가하고, 상위 5%의 부 점유율은 37.5%에서 37.7%로 증가한다. 한편 1800년경(무산 가구 비율이 전체 가구의 7.3%) 추정치에 무산 가구를 추가하면 상위 1%의 부 점유율은 17.6%에서 17.9%로, 상위 5%의 점유율은 36.3%에서 36.7%로 올라간다.[10]

이렇게 볼 때, 기초 데이터의 불균질성은 영국과 이탈리아 또는 독일의 불평등 수치 간에 나타난 상당한 차이 중 극히 일부만 설명한다고 추정하는 것이 타당해 보인다. 반면 역사적 설명은 이 지역들의 상대적 개발 수준(그에 따른 전체 부)을 기반으로 하기 때문에 더 신뢰할 만하다. 가장 최근에 재구성한 자료에 따르면, 영국의 1인당 GDP는 18세기 초에 이미 중북부 이탈리아와 독일의 GDP를 앞질렀고, 산업혁명이 전개되면서 그 격차는 더욱 벌어졌다. 원칙적으로 1인당 GDP가 높아질수록 대규모의 불평등한 자원 재분배가 이루어진다. 이는 정상적인 국가에서는 누구나 최소한의 생존 수단을 보장받아야 하고, 그것이 소수의 손에 집중될 수 있는 전체 자원의 비율 상한선을 정해주기 때문이다. 이것이 최근 도입된 '불평등 추출 비율 inequality extraction ratio' 접근법의 이론이다. 이 개념은 소득에 대한 것이지만 부의 분배와도 연결된다. 소득 불평등은 시간이 지나면서 저축과 상속이라는 장치를 통해 부의 불평등을 만들어낼 것이기 때문이다(6장에서 논의). 그러므로 18세기 영국은 그저 그만큼의 불평등을 감당할 수 있을 정도로 부유했다는 이유로 유럽 본토보다 더 불평등했을 수도 있다. 이를 또 다른 방식으로 보자면 대서양 교역 확장과 산업혁명으로 시작된 영국의 예외적인 경제적 역동성이 대담한 사람들에게는 부자가 되고 이미 부유한 사람들에게는 더욱 부유해질 수 있는 풍부한 기회를 제공했다는 점을 고려할 수 있다. 이렇게 개인이 비교적 쉽게 부자가 될 수 있는 환경은 또한 상위 백분위 부유층의 상대적으로 높은 부 점유율로 이어졌다.[11]

영국 외의 북유럽에 대해서는 단편적인 정보만 남아 있다. 특히, 근대 초기의 남부 저지대 국가들(대략 오늘날의 벨기에에 해당)의 경우, 다양한 사례 연구에서 부의 집중이 중북부 이탈리아에서와 유사한 수준으로, 장기적으로 불평등이 증가하는 추세를 보인 것으로 추정된다.[12] 스코틀랜드는 1770년 상위 1% 부자들의 부 점유율이(부동산만 해당) 약 27%로 추산되었으며, 이 역시 중북부 이탈리아와 비슷하다. 스웨덴의 경우 최근 추산에 따르면 1750년 상위 1% 부자들의 점유율이 43%로 영국과 비슷한데 핀란드는 그 비율이 63.2%로 가장 높다(스웨덴과 핀란드 수치는 둘 다 순자산을 말한다).[13] 마지막으로 유럽 외에 미국에서 혁명 직전인 1774년 부의 불평등 추산치를 보면, 아직 미 연방의 주에 포함되지 않은 지역의 상위 1%는 전체 부의 16.5%를, 상위 5%는 약 41.1%를 소유하고 있었다. 이처럼 초기 단계에서 미국이 대부분의 유럽 국가들보다 훨씬 덜 불평등했다는 것은 흥미로운 역사적 사실이다. 하지만 이 상대적 위치는 20세기 들어서면서 뒤집히게 된다.[14]

근대의 부 집중 현상

근대 초기에 나타난 부의 집중이 증가하는 경향은 19세기에도 계속되었다. 현재 얻을 수 있는 데이터에 따르면 부의 불평등은 제1차 세계대전 직전에 사상 최고치에 도달했다. 19세기 동안 부의 분배에 대한 연구가 가장 폭넓게 실시된 나라인 프랑스에서 전쟁 직전 몇 년 동안 상위 1%의 점유율은 54~56% 범위에서 움직였는데, 이는 우리가 정보를 얻을 수 있었던 첫해인 1807년의 44.4%보다 최소 10%p 더 높은 수치다. 20세기 초, 프랑스 같은 유럽 대륙 국가는 여전히 미국보다 부의 분배가 훨씬 더 불균등했다. 1913년, 미국 상위 1%는 전체 부의 46.6%를 소유하고 있었던 데 반해 프랑스의 상위 1%는 1세기 전과 거의 같은 수준의 부를 누렸다. 실제로 그 해에 미국은 거의 모든 유럽 국가들보다 부의 불균형이 덜 심했다. 1913년 영국에서 상위 1%의 점유율은 66.6%, 1914년 네덜란드에서는 56.5%, 1908년 스웨덴에서는 53.8%였다. 우리가 정보를 가지고 있는 유럽 국가 중에서 노르웨이만이 최상위 부유층의 부 집중도가 미국보다 낮아 1912년 상위 1%의 점유율이 37.2%를 보였다. 그러나 가장 불평등이 낮은 사례는 다른 북미 국가인 캐나다에서 보고되었는데, 이곳에서는 1902년 (온타리오 지역의 경우) 상위 1%가 전체 부의 36.4%를 소유했다.[15]

북미는 혁명 직전과 마찬가지로 그 후에도 계속해서 상대적으로 평등한 상황이 두드러졌으며, 이는 〈표 2.1〉에서 확인된다. 그러나 19세기 동안 미국 또한 불평등이 증가한 것으로 나타났다. 1870년 미국 상위 1%의 점유율은 26.7%였는데, 이는 1913년에 보고된 46.6%보다는 상당히 낮았지만 1774년의 추정치인 16.5%보다는 훨씬 높았다. 유감스럽게도 그 중간 시점들에 대한 추정치는 없지만 장기적으로 봤을 때 전반적인 추세는 부자들의 수중에 부가 점점 더 집중되는 쪽으로 향하고 있었다는 추정이 무리가 없어 보인다. 앞서 언급한 세 시기(1774, 1870, 1913)를 선으로 연결하면 〈그래프 2.2〉와 같은 추세를 볼 수 있는데, 이는 프랑스의 불평등 증가세가 둔화됨에 따라 미국과 프랑스 간의 불평등 격차가 시간이 지나며 줄어드는 경향을 명확히 보여준다. 스웨덴처럼 우리가 정보를 가지고 있는 일부 유럽 국가에서도 불평등이 미국과 비슷하게 증가하는 경향이 발견되었다. 그러나 19세기에 부의 집중도가 가장 높았던 곳은 영국으로, 18세기 데이터에서 이미 확인되었던 증가 추세가 계속 이어지고 있음을 알 수 있다. 영국의 상위 1%의 부 점유율은 1810년에는 54.9%, 1875년에는 61.1%, 1900년에는 70.7%였다.[16]

두 차례의 세계대전과 그 사이의 혼란스러운 시기는 서구 국가 전반에 걸쳐 최상위 부유층들이 소유한 부의 점유율이 매우 크게 감소하는 결과를 가져왔다. 이는 〈그래프 2.2〉와 〈표 2.1〉 양쪽에서 모두 확인할 수 있다(제1차 세계대전 동안 중립을 지켰고 불평등 감소가 1930년대 중반이 되어서야 심화되기 시작한 스웨덴은 다소 다른 흐름을 보이는 것에 유의하라). 캐나다, 미국 그리고 19세기 또는 20세기 초부터의 자료를 얻을 수 있는 국가들을 포함한 일부 유럽 국가들에 대한 자료가 나와 있는 〈표 2.1〉에서 상위 1%와 5%의 점유율은 1850년부터 2000년까지 50년 주기로 표시했고 2020년 것도 기록했다.

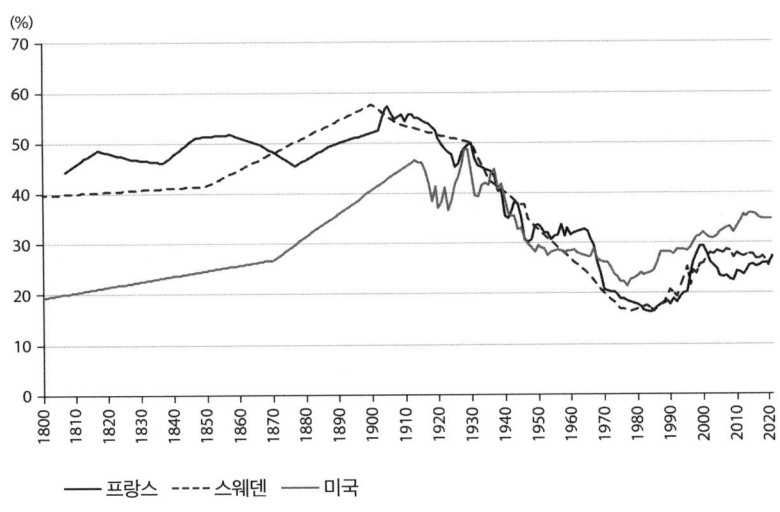

그래프 2.2. 프랑스, 스웨덴, 미국의 상위 1%의 부 점유율(1800~2021)

예를 들어, 1900년에서 1950년 사이에 영국에서는 상위 1%가 국가 전체 부에 대한 장악력을 27.7% 잃었다. 영국의 감소세가 가장 눈에 띄긴 하지만, 사실상 거의 모든 곳에서 상위 1%의 전체 부 점유율이 16~20% 줄어들었다. 당초부터 비교적 평등했던 캐나다와 노르웨이, 또 중립국이었던 스위스에서만 상대적 부의 평등화 과정이 덜 심했다. 그러나 이는 거대한 세습 자산들이 전쟁으로 인한 극심한 인플레이션, 1920년대의 주식 시장 붕괴로 인한 금융 자산 피해 그리고 전쟁, 특히 제2차 세계대전으로 인한 물리적 자산 파괴, 해외 부동산과 투자 손실 등으로 인해 손상을 입은 것이지 부가 위에서 아래로 이전된 데 따른 것이 아니었다. 흥미롭게도 전간기는 미국이 마침내 유럽 대륙의 부 불평등 수준을 따라잡은 시기이기도 하다.[17]

제2차 세계대전이 끝난 후 약 30여 년 동안 부의 불평등(또한 소득 불평등) 수준은 비교적 낮게 유지되었고, 많은 경우 특히 유럽 대륙에서는 더욱 감소했다. 이 추세는 1970년대 말에서 1980년대 초에 종료되었는데, 부분적으로는 서구 국가 전반의 세금 개혁 때문이기도 하다.

이때는 또 영어권 국가와 다른 서방 국가들 간의 분배 역학에 차이가 나타나기 시작한 시기이기도 하다. 상위 1%의 소득 점유율을 살펴보면 영어권 국가들은 20세기에 'U자형' 곡선을 따랐으며, 상위 1%의 소득 점유율은 1980년 이후 빠르게 증가해 (미국과 영국에서는 1980~2007년에 약 135% 증가) 마침내 제1차 세계대전 이전 수준에 도달하거나 접근했다는 것이다. 대조적으로 유럽 대륙 국가들은 적어도 2010년경까지는 소득 불평등 증가세가 훨씬 낮은 'L자 모양' 경로를 따랐다고 했다.[18] 부에 대해서도 비슷한 분배 역학의 차이가 나타났다고 했는데 적어도 미국에 초점을 맞추면 그랬다. 미국에서는 2000년에 상위 1%가 전체 부의 32%를 소유하며 스위스를 제외한 모든 유럽 대륙 국가들보다 불평등해졌다. 그러나 다른 영어권 국가에서는 그렇지 않았는데, 예를 들어 캐나다와 영국에서는 상위 1%가 전체 부의 22.9%와 18.5%를 소유했으며, 이는 당시 서구 기준과 비교하면 중간 수준이었다. 상위 1%가 전체 부의 29.3%를 소유한 프랑스에 비하면 훨씬 더 '평등'했으며, 상위 1% 점유율이 각기 14%와 17.2% 수준이었던 독일이나 이탈리아보다는 훨씬 불평등했다. 분석 범위를 상위 5%로 확대해도 같은 결론을 내릴 수 있다(표 2.1 참조). 미국의 상대적으로 불평등한 상황은 좀 더 최근 추정치를 보면 확인된다. 2020년에 상위 1%는 전체 부의 35.3%를 소유했고, 상위 5%

	상위 1%						상위 5%					
	1800	1850	1900	1950	2000	2020	1800	1850	1900	1950	2000	2020
유럽												
덴마크			46.3 (1908)	29.6	27.2 (1996)	23.5			78.0 (1908)	56	53 (1996)	43
핀란드	68.9	74.4	50.2	19.4 (1967)	21.2	28.5	85.2	89.2	76.1	46.8 (1967)	40.2	48
프랑스	44.4 (1807)	51.1 (1847)	52.5 (1902)	33.7	29.3	22.1						41.8
독일	17.6		46.7 (1899)	22.8 (1953)	14 (2002)	29.1	36.3				36 (2002)	50.4
이탈리아	32.7				17.2	22.2	66.7				36.4	40.4
네덜란드			54.0 (1894)	34.0 (1951)	22.2	20.4			79.0 (1894)	60.0 (1951)	43.6	40.5
노르웨이			37.2 (1912)	34.6 (1948)	19.6	27.7			69.2 (1912)	62.4 (1948)	37	48
스웨덴	39.7	41.5	57.6	32.8	21.9	34.9*	61.6	66.8	76.4	60.6	44.4	59.6
스위스			46.7 (1913)	37.8 (1949)	34.8 (1997)	28			73.6 (1913)	65.7	58 (1997)	51
영국	54.9 (1810)	61.1 (1875)	70.7	43	18.5	23.1	74.3 (1810)	74.1 (1875)			30.0	43
북아메리카												
캐나다			36.4 (1902)	28.7	22.9 (1999)	23.8			65.1 (1902)		42.3 (2005)	43.6
미국	16.5 (1774)	26.7*** (1870)	46.6 (1913)	29.6	32	35.3	41.1 (1774)	49.4*** (1870)			57.7 (2001)	63.2

표 2.1. 유럽 및 북미 상위 1% 및 상위 5%의 순가계자산 점유율(1850~2020)

참고: 50년을 기준으로 자료를 묶었으며, 실제 연도가 기준점과 다를 경우 괄호 안에 표기했다.

* 2020년 스웨덴의 경우, 상위 1%의 부유층이 보유한 부의 비율에 대한 주정치는 금로벌 부 데이터북(GWD)이 34.9%, 세계 불평등 데이터베이스(WID)가 25.5%로 훨씬 높게 나타난다. 이 책에서는 상위 5%의 부유층 비율을 제공하지 않는 GWD의 한계로 인해 WID의 수치를 채택하였다. 단, 《그래프 2.2》에서는 WID의 수치가 사용되었다. ** 영국의 1900~2000년 수치는 가구 단위가 아니라 개인 단위의 부를 기준으로 한다. *** 총자산을 기준으로 한 수치다.

는 63.2%를 소유했다. 그러나 거의 모든 곳에서 최상위 부유층의 점유율은 2007~2008년 금융 위기와 그에 따른 대불황에도 불구하고 2000년에서 2020년 사이에 크게 증가했다. 실제로, (코로나 19를 포함한) 가장 최근 발생한 위기 상황에서 부자들은 대단한 회복력을 보였는데, 이는 5장과 11장에서 자세히 논의할 것이다.

미국이 예외적인 것은 인구 중 초부유층이 차지하는 비중이 상대적으로 높아서이며, 이는 부의 분포에서 점점 더 작은 단위인 상위 0.1%와 0.01%에 초점을 맞춰도 분명하게 드러난다. 유감스럽게도 이런 종류의 부 점유율 자료가 있는 나라는 극소수다. 〈그래프 2.3〉은 가장 긴 기간의 자료를 가지고 있는 덴마크, 노르웨이와 미국을 비교했다. 우리는 여기서 또 다시 상대적 위치의 반전을 보게 되는데, 미국은 1960년대 후반부터 비교 그룹에서 가장 불평등한 국가가 되었고 여기서 만들어지는 U자 모양의 경로는 상위 1% 또는 5%를 볼 때보다 더 뚜렷해진다.

사실, 1914년 미국에서는 상위 1%가 전체의 44.1%를 소유했고, 상위 0.01%는 9.2%를 소유했다. 1980년에는 그들의 점유율이 급격히 감소하여 각기 24.3%와 2.6%로 내려갔다. 상위 1%가 잃은 전체 부 점유율의 20%p 중 약 3분의 1은 상위 0.01%들의 몫이었다는 의미다. 하지만 최상위 부자들이 20세기 초반 부 집중 감소의 주요 '피해자'였다면, 1980년대에 시작되어 오늘날까지 지속되고 있는 물질적 자원 분배 불평등 증가의 주요 수혜자 역시 그들이었다. 2010년까지 미국에서 상위 0.01%의 부 점유율은 10.8%로 노르웨이(4.9%)의 두 배가 넘었다. 2005년에는 미국이 7.4%, 노르웨이는 4.7%, 스웨덴

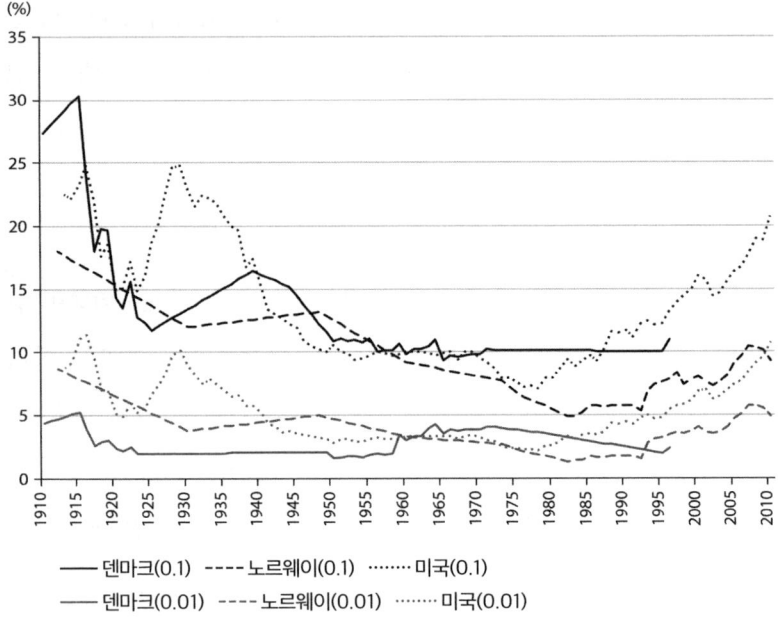

그래프 2.3. 덴마크, 노르웨이, 미국에서 상위 0.1%와 0.01%의 부 점유율(1910~2010)

은 3.7%, 스페인은 1.4%였다.[19]

부의 집중의 장기적 역학관계에 대한 이 개요의 결론으로, 서구 국가들이 최근 수십 년 동안 점점 더 불평등해지고 있는 가운데, 전 세계적인 부의 집중도는 그보다 훨씬 더하다는 사실을 상기시키고자 한다. 2020년 유럽 전체에서 상위 1%와 5%는 전체 부의 각각 29.4%와 52.7%를 소유했고, 북미 전체에서는 그 수치가 각각 34.8%와 62.1%로 증가했다. 하지만 전 세계 인구를 살펴보면 상위 1%가 전체 부의 거의 절반(44.9%)을 소유한 것으로 나타났으며, 상위 5%의 점유율은 70.1%로 증가했다.[20]

부의 집중이 (거의) 항상 증가하는 이유

일부 지역에 대해 재구성된 장기 추세를 지난 2세기에 해당하는 증빙 자료들과 연결해보면, 긴 역사 속에서 부의 불평등은 지속적으로 증가하는 뚜렷한 경향이 나타나는 것을 알 수 있다. 최근 700년이 넘는 기간 동안, 상위 1%의 점유율 감소에 나타나는 상당한 부의 불평등 감소 사례는 〈그래프 2.4〉에서 분명히 알 수 있듯이, 대규모 재앙, 특히 14세기의 흑사병과 20세기의 양대 세계대전 이후에나 감지할 수 있다. 중세와 근대 초기 이탈리아의 특징이었던 전반적인 추세는 경제학자 토마 피케티가 프랑스, 스웨덴, 영국의 데이터를 사용하여 추산한 19세기와 20세기 유럽의 '평균치'로 이어진다. 영국도 포함된 것은 근대 초기 자료가 일부 있기 때문이고, 미국의 자료가 북미를 대표한다. 흥미로운 점은 1800년 무렵 이탈리아와 유럽 평균 간의 불평등 격차(각각 상위 1%의 부 점유율이 32.7%, 51.4%)가 상위 10%를 기준으로 보면 거의 사라진다는 사실이다. 피케티에 따르면 1810년경 유럽 상위 10%는 전체 부의 82%를 보유하고 있었고, 우리 연구의 추정에 따르면 1800년 이탈리아 상위 10%는 전체 부의 79%를 보유하고 있었다. 그러나 가장 중요한 발견은, 19세기 유럽에서 상위 1%, 5%, 10%의 부유층이 차지하는 부의 비율이 증가한 속도가, 1550년부터 1800년까지 이탈리아에서 나타난 부의 집중 속도와 거의 동일했다는 점이다.[21]

    장기적 추세에서 나타나는 불평등 증가의 대단한 연속성은 그 원인에 대해 수많은 관심과 의문을 불러일으킨다. 장기적 부(또한 소

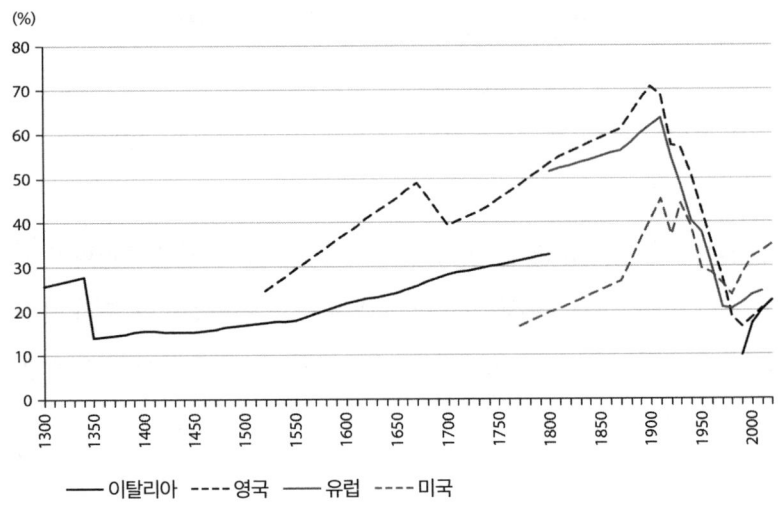

그래프 2.4. 유럽 상위 1%의 부 점유율(1300~2020)
참고: '이탈리아' 수치는 사보이아 공국, 피렌체 공화국, 나폴리 왕국(아풀리아) 및 베네치아 공화국의 평균치다(추정치는 무산층을 포함시키기 위해 조정). 1500년 이전에 대해서는 피렌체와 사보이아 공국에 대한 정보만 있다. '유럽' 수치는 프랑스, 영국, 스웨덴의 평균이며, '영국' 수치는 1875년까지는 잉글랜드(1670년 이후 웨일즈 포함)만을 나타낸다. 데이터 표시 구간은 10년 간격이다.

득)의 불평등 증가의 깊은 원인에 대한 현재의 논쟁에 대해 여기서 속속들이 설명하는 것은 불가능하고, 간략한 개괄과 함께 유용한 배경 정보를 제공하는 정도면 충분할 것이다.[22] 여기서 언급되는 요인 중 일부는 다른 장에서 자세히 설명될 것이며, 최상위 계층의 부 집중 증가와 더 뚜렷한 관계가 있는 요인들에 각별히 초점을 맞추게 될 것이다.

고려해야 할 첫 번째 측면은 부의 평등화를 가져오는 대재앙의 파급력이다. 많은 학자들이 20세기에 대해 이야기하면서 이 점을 지적했다. 특히 무엇보다도 세계대전이 자산(물리적·재정적)의 파괴를 통해 부의 불평등 감소를 야기했는데, 이는 앞에서 논의되었다. 따라서 불평등 감소는 위에서 아래로 재분배된 결과가 아니라 단순히 부자들의 부가 축소된 것으로 손실만 발생했을 뿐 그로 인해 득을 본 사람은 없었다. 하지만 일부 재분배도 일어나기는 했다. 서구 국가에서 이는 소득세 확대, 상당한 상속세 인상과 함께 세제의 누진성이 전반적으로 증가한 것과 관련이 있다. 누진세 제도에서 더 많이 벌거나 소유한 사람은 적게 벌거나 소유한 사람보다 더 높은 실질 세율을 적용받기 때문이다. 중요한 세제 문제에 대해서는 추후에 다시 살펴보겠다. 게다가 전쟁으로 인한 극심한 인플레이션은 (종전 후 몇 년 동안) 공공 부채를 억제하는 데 결정적이었다. 하지만 공공 부채는 대부분 최상위 부유층(투자할 자본이 있는 계층)이 소유하고 있었기 때문에 이 과정은 '인플레이션을 통한 자산 수용'이나 마찬가지였다.[23]

흑사병의 경우는 여러 면에서 세계대전의 경우와 완전히 달랐다. 물리적 자산과 금융 자산의 파괴는 최악의 경우에도 최소한에 그쳤다. 파괴된 것은 인적 자본, 즉 사람들이었다. 이는 이 장의 앞 부분에서 간략하게 논했던 메커니즘을 통해 '평등화' 효과를 발했으며, 11장에서 심도 있게 논의할 것이다. 흑사병이 불평등을 감소시켰다는 사실은 '1300~1800년, 이탈리아와 유럽 전역의 경제적 불평등'을 다룬 나의 연구에서 중요한 발견이었으며, 이는 전염병 이후 부의 불평등이 증가한다는 이전의 통념을 뒤집었다.[24] 후에 이 발견은 역사가 발터 샤이델Walter Scheidel에 의해 일반화되었는데, 그는 5세기 로마 제국의 붕괴와 9세기 후반 중국 당나라의 붕괴에서 20세기 세계대전에 이르기까지, 인류 역사의 과정에서 대규모 폭력 사태(전쟁, 혁명, 국가 혹은 문명의 붕괴)와 그 외 특별히 심각한 전염병 같은 재앙만이 불평등의 뚜렷한 감소로 이어질 수 있다고 주장했다.[25] 그러나 이 해석은 너무 극단적인데, 평시에도 평등한 재분배를 촉진할 수 있는 제도(특히 상속 및 세금 제도)를 통해 불평등 수준과 추세를 조정할 수 있는 인간의 능력을 과소평가하는 것으로 보이기 때문이다. 하지만 제도를 어떻게 설계하느냐에 따라 그것이 오히려 불평등한 재분배를 조장할 수도 있고(산업화 이전 사회의 경우에 그랬다) 심지어 재앙이 가져오는 평등화를 방해할 수 있다는 것도 인정해야 한다.[26]

샤이델은 국가 건설과 엘리트가 지배하는 정치 권력의 발전을 역사 전반에 걸친 점진적 부 집중의 원동력으로 지적하면서도, 초점은 불평등 증가보다는 불평등 감소 원인에 더 맞춰져 있는 듯하다. 장기적 불평등 증가에 대한 최근의 또 다른 포괄적 설명도 같은 문제를 안고 있다. 경제학자 브랑코 밀라노비치의 '쿠즈네츠 파동'이라는 역사적 순환 이론인데, 즉 불평등이 증가했다 감소하는 단계가 번갈아 나타난다는 것이다. 밀라노비치의 관점에서는 현재 우리가 경험하고 있는 불평등 증가 단계도 언젠가는 반전되어 역U자 형태를 그릴 것이다. 만약 현재 진행 중인 단계까지 포함한다면, 〈그래프 2.4〉에서 총 세 번의 파동을 완전히 또는 부분적으로 확인할 수 있다. 그러나 쿠즈네츠 파동 이론의 문제는 파동이 발생했는지 여부가 아니다. 역사적 증거는 파동이 있었음을 강력히 보여주고 있지만 그것들이 역사의 '필연적' 진행은 아니었기 때문이다. 흑사병이 유럽과 지중해 경제의 내부적 발전 때문이 아니라 우연히 발생했던 것처럼 말이다. 게다가 불평등 감소 단계가 있다고 해서 부(또한 소득)의 집중이 시간이 지남에 따라 심화되지 않는다는 뜻은 아니다. 적어도 산업화 이전 시대에는 그렇지 않았다. 1800년경 이탈리아에서 상위 1%의 부 점유율은 거의 33%에 달했는데, 이는 흑사병 전의 최고치인 23~25%보다 상당히 높았다. 또 가장 최근 추세는 많은 국가에서 머지않아 부의 불평등이 다시 제1차 세계대전 전 수준에 도달할 수 있음을 시사하고 있다. 특히 미국이 그런 경우에 해당하는데, 이는 미국이 20세기 초에 상대적으로 평등한 상황이었기 때문에 더욱 그렇게 보이는 것이기도 하다.[27]

그렇다면 장기적인 불평등 증가를 일으키는 요인은 무엇일까? 각 기간과 영역에 대해 이 모든 과정을 설명할 수 있는 단일 요인은 없어 보인다. 1955년, 경제학자 사이먼 쿠즈네츠 Simon Kuznets(러시아 출신 미국 경제학자. 국민소득이론과 국민소득통계의 권위자로 1971년 노벨 경제학상을 수상했다. - 옮긴이)가 발표한 논문에 제시된 이론은 오랫동안 큰 영향력을 발휘했다. 그는 소득 불평등이 산업화 과정 초기에는 상승 국면으로 시작해 역U자 경로를 따라갔다고(이른바 '쿠즈네츠 곡선') 분석하면서 이 경로는 경제 발전, 특히 노동력이 전통적인 (농업) 부문에서 선진 (산업) 부문으로 이동한 데 따른 결과라고 주장했다. 이에 따르면 서구 국가들은 18세기 후반과 19세기에 불평등이 증가했고 20세기 어느 시점부터 불평등은 감소했다. 쿠즈네츠 가설은 소득 불평등에 대한 것이었지만 부에도 적용될 수 있다. 서구에 대한 연구 조사 결과를 보면 산업혁명 동안 부의 불평등이 역U자 경로를 그렸는데, 불평등은 두 차례의 세계대전 이후 감소했다. 이는 〈그래프 2.4〉에도 분명히 나타난다. 그러나 쿠즈네츠의 주장이 서구 국가들의 불평등이 따라간 역사적 경로에 대한 서술로 아직 유효하다 해도, 더 광범위한 의미에서는 이제 적용 불가능하다는 것이 증명되었다. 이는 쿠즈네츠 곡선의 좌측(긴 산업화 이전 기간)을 봐도 그렇고 또 우측(1980년경부터 현재까지)을 봐도 그렇다.[28]

산업화 이전 시대에 대하여 쿠즈네츠는 1800년경, 아니면 빠르면 1750년경 이전에는 불평등이 비교적 낮았고 시간이 지나면서도 안정적이었음을 암시했지만 사실은 그렇지 않았다. 광범위한 지역에 대해 근대 초기의 불평등 증가를 측정하기 위해 가장 먼저 북부 저지대 국가(대략 오늘날의 네덜란드에 해당)에 초점을 맞추었고, 이 과정에서 불평등 증가 국면이 16세기부터 시작하여 산업화 과정 내내 쉬지 않고 계속되었다는 증거를 발견했다. 이 현상은 처음에는 '쿠즈네츠'식 설명에 따라 산업화 이전 경제 성장의 결과로 해석되었다.[29] 그러나 소득과 부 양쪽 모두에서 장기적 불평등 추세에 대한 정보가 늘어나자 곧 상황이 더 복잡해졌다. 근대 초기에 많은 유럽 지역에서 불평등이 경제 침체 또는 쇠퇴 단계에서도 증가하는 것으로 나타났기 때문이다. 예를 들어, 17세기 사보이아 공국에서 그랬고, 17세기와 18세기에는 피렌체 공화국, 베네치아 공화국, 나폴리 왕국, 남부 저지대 국가들에서도 마찬가지였다. 따라서 근대 초기 북부 저지대 국가처럼 특정 기간과 지역에서 경제 성장이 불평등 증가를 촉진했을 수는 있지만, 더 이상 전반적 과정을 설명할 수 있는 유일한 요인으로 받아들일 수 없게 되었다.[30] 그러자 도시화와 인구 증가부터 일반적으로 '프롤레타리아화'라고 불리는 영세 소유권 침식의 복잡한 사회경제적 과정, 제도적 변화, 특히 재정-군사 국가의 부상에 이르기까지 수많은 요인들이 검토되었다.

일부 요인이 적어도 특정 시대에는 주요한 역할을 했다 하더라도 장기적 불평등 증가에 대해 단일한 통합 원인을 찾는 것은 아마 답이 아닐 것이다. 대신, 산업화 이전 시대에 불평등 증가의 필연적 원인은 없었지만 충분 원인은 여러 가지가 있었다. 이는 그중 하나가 작동을 하면 (나머지 원인들은 없는 경우에도) 불평등이 증가하는 경향이 있다는 것을 의미한다. 이 충분 원인에는 경제 성장, 인구 변동, 제도 변화(역진세의 증가), 프롤레타리아화(영세 소유권의 위기) 등이 포함된다. 불평등 증가의 근원을 이런 방식으로 바라보면 긴 산업화 이전 기간에는 불평등이 증가하는 것이 감소하기보다 훨씬 쉬웠기 때문에 관성에 따라 불평등 증가가 중단 없이 계속될 수 있었다는 또 다른 결과를 도출할 수 있다. 실제로 앞서 언급한 대규모 재앙만이 (일시적으로) 불평등을 멈출 수 있었다.

산업화 이전 시기 불평등 증가의 원인에 대해 심층적으로 논하는 것은 이 장의 목적을 넘어서는 것이다. 하지만 한 가지 좀 특별한 주의를 요하는 것이 있으니 바로 재정-군사 국가의 부상이다. 이는 계속 증가하는 전쟁과 방위 비용을 대기 위해 훨씬 더 큰 세금 부과 능력을 갖춘 '근대' 국가의 점진적인 등장을 말한다. 16세기부터 현저히 강화된 이 과정은 1인당 재정 부담의 상당한 증가로 연결되었고 각국의 경제 상황과 관계없이 유럽 전 지역을 끌어들였다. 왜냐하면 자국을 보호하거나 국경 밖 외부에 자신들의 힘을 투사하기 위해서는 모두가 같은 게임을 해야 했기 때문이다. 1인당 재정 부담 증가가 시간이 지남에 따라 불평등을 더 증가시킬 수 있었던 이유는 산업화 이전의 과세 시스템에 있었다. 이 시대의 과세 제도는 사회 최상층에 있는 사람들이 내는 실질 세율이 최하위 사람들이 내는 세율보다 낮은, 그것도 상당히 낮은 역진세였기 때문이다. 이는 조직적 특권 체제의 결과로 귀족을 평민보다, 도시 주민을 농촌 주민보다 우대하는 등의 문화뿐 아니라 법과 제도에까지 뿌리 박혀 있었다. 역진제 하에서는 세후 불평등이 세전 불평등보다 더 커지고, 세금 압박이 클수록 세전과 세후 분배의 차가 커진다. 물론 소득 불평등이 커지면 시간이 지남에 따라 저축과 투자를 통해 부의 불평등도 더 늘어난다(6장 참조). 따라서 재정-군사 국가의 부상과 관련된 1인당 세금의 증가는 소득과 부 양쪽 모두에서 불평등 증가의 공동 원인이라고 할 수 있다.[31]

19세기 후반과 20세기 첫 십 년 사이의 어느 시점에서인가 과세 시스템은 불평등을 전반적으로 증가시키는 역진제에서 불평등을 감소시키는 누진제로 전환되었다. 이 중대한 전환에 대한 구체적인 연구가 없기 때문에 그 정확한 시점은 불분명하다.[32] 이를 통해 우리는 전간기의 불평등 감소를 가져온 요인에 세금 개혁도 포함되어야 한다는 힌트를 얻게 된다. 그리고 제2차 세계대전 동안 과세 시스템의 누진성은 그 전이나 그 이후에 다시 경험할 수 없는 수준으로까지 올라갔다.[33] 더 중요한 것은 과세를 통한 재분배가 전후 수십 년 동안 불평등 증가세를 소강 상태로 만든 주요 원인으로 보인다는 점이다.

1975년, 근로소득에 대한 최고 세율은 영국은 83%, 미국은 70%, 이탈리아는 72%, 프랑스는 60%, 독일은 56%, 캐나다는 47%였다. 25년 후, 일련의 긴 세금 개혁이 끝나고 나자 상황이 역전되어 최고 세율이 프랑스는 61%, 독일은 60%, 캐나다는 54%, 이탈리아는 51%, 미국은 48%, 영국은 40%가 되었다. 재산 분배에 직접 영향을 미치는 유산세와 상속세의 최고 세율도 비슷한 패턴을 따랐다. 1980년 최고 세율은 영국(75%), 미국(70%), 독일(35%), 프랑스(20%) 순이었지만 2013년에는 프랑스의 세율(45%)이 가장 높았고, 영국(40%), 미국(35%), 독일(30%)이 그 뒤를 따랐다. 여기서 세금 개혁의 이유와 가능한 장점들에 대해 논하는 것은 힘들지만, 점진적인 과세 시스템 간소화와 최고 세율 인하가 불평등 확대를 위한 비옥한 토양을 제공했다는 점은 강조해야겠다. 어떤 의미에서 이들 세제 개혁은 전반적으로 누진 성격이 덜한 과세 시스템으로 이어져 세후 불평등을 줄이는 효과가 감소하기도 했고 또한 임금 협상에서 같은 회사 내의 임금 격차를 확대하는 움직임에 더 많은 혜택을 줌으로써 불평등 확대를 유발하는 데 일조했다.[34]

물론 과세 체제의 변화가 부의 집중을 증가시킨 유일한 요인이라는 이야기는 아니다. 산업화 이전 시기에 대해 논하며 원인이 한 가지라는 식으로 설명해서는 안 된다는 주장을 했는데 이는 현대에 대해 논의할 때도 유효하다. 1700년부터 현재까지 미국의 불평등에 대한 최근의 연구에서 경제사학자인 피터 린더트와 제프 윌리엄슨[Jeff Williamson]은 1970년대 후반부터 (소득) 불평등 증가를 촉진하는 다양한 동반 원인들을 확인했다. 거기에는 앞에서 언급한 세금 개혁과 복지국가 제한 등을 이끌어낸 정치적 변화 외에도 기능 중심의 기술 변화, 국제 무역에서의 경쟁 증가, 교육 수준의 불균형 증가, 금융 부문의 부상 등이 포함된다. 이들 요인 중 일부는 2부에서 탐구할 것이다.

세금 개혁과 세금 구조 간소화가 다시 많은 서구 국가에서 (미국에서 이탈리아까지) 정치적 논쟁의 중심이 되었지만, 부와 소득 불평등이 이미 역사적으로도 고점 수준에 있는 현재와 같은 시기에는 세금 시스템 변경이 분배에 끼칠 수 있는 영향에 각별한 주의를 기울이는 것이 중요해 보인다. 이는 책 전반에서 반복되는 주제가 될 것이다.[35]

시대에 따른 부자의 증감

지금까지 상위 백분위에 속한 부자들의 점유율은 사회의 나머지 사람들과 비교해 그들의 상대적 위치가 어땠는지에 대한 감을 얻기 위해 사용되었다. 사실, 상위 5% 또는 1%의 점유율이 증가하면 부가 더 소수의 손에 집중될 뿐만 아니라 부유층은 경제적·사회적 (그리고 아마도 정치적·문화적) 자원에 대한 전반적인 지배력에서 모든 나머지 사람들과 점점 더 차이가 벌어지는 경향이 있다. 그러나 우리가 부유층을 분석하여 얻는 그림은 불완전할 수밖에 없다. 그런 지표들은 특정 지역과 기간에 얼마나 많은 사람들이 부자였는지는 말해주지 않기 때문이다. 이 다른 측면을 탐구하기 위해 우리는 부자를 구분하는 상대적 정의를 보다 확장했는데, 그들은 재산이 적어도 중간 수준의 10배 이상인 사람들이다. 원칙적으로, 부자의 기준은 그보다는 더 높게 설정되는 것이 일반적이다(예를 들어, 중간값의 50배). 하지만 우리가 선택한 기준에 따른 부자 비율은 우리가 지금까지 한 분석에서 사용한 상위 백분위에 근접하는 편이라 유용하다.[36]

이는 〈그래프 2.5〉에서 명확히 확인할 수 있으며, 이 그래프에는 영국을 제외하고는 〈그래프 2.1〉에 이미 나왔던 국가들이 모두 포함되어 있다.[37] 1500년 피렌체 공화국을 제외하고는 16세기 중반까지 부자 비중은 1%에서 6% 사이로 유지되었다. 1600년경이 되면서부터 이탈리아 전역에서 부자 비율이 증가하기 시작했다. 예를 들어, 1500년경 베네치아 공화국에서 부자는 인구의 2.8%였는데, 1600년에는 7.1%, 1700년에는 9.3%, 1750년에는 12%였다. 흥미롭게도 이러한 부유층 증가 현상은 피렌체 공화국에서 더 두드러지게 나타났고 사보이아 공국에서는 그보다 덜했다. 유럽의 다른 지역 중 이렇게 체계적으로 탐구할 수 있는 유일한 곳이었던 독일은 두 가지 면에서 이탈리아 국가들과는 달랐다. 첫째, 상위 백분위 부자들의 부 점유율에서 독일은 대륙의 다른 지역과 비교하면 17세기부터 다른 경로를 따른다. 부유층의 비율이 성장하는 대신 1600년 3%에서 1700년에는 1.2%로 세기 내내 감소하는 추세를 보이는데, 이는 30년 전쟁으로 인한 파괴가 직접적인 영향을 미쳤다. 이 전쟁은 부자들에게 큰 피해를 주었을 뿐만 아니라(이는 최상위 부유층의 부 점유율에 반영됨) 전반적인 부의 양극화를 재편하여 평균치에서 아주 멀리 떨어진 극단의 부자들과 극단의 빈곤층을 나란히 감소시켰다.[38]

만약 30년 전쟁을 겪지 않았다면 독일은 아마도 19세기 초에 훨씬 더 불평등했을 테고 부자의 숫자가 훨씬 더 많았을 것이다. 이 끔찍한 전쟁이 근대 초에 독일이 다른 모든 유럽 지역과 다른 이유를 설명하는 데 틀림없이 도움이 되기는 하지만, 부자 비중에 관한 한 독일은 훨씬 이전 시대부터 달랐던 것으로 보인다. 이미 중세부터 독

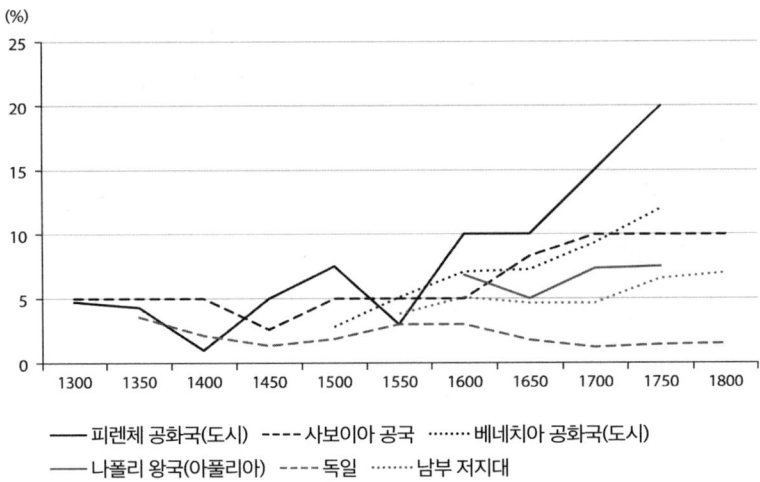

그래프 2.5. 부자 비율의 장기적 추세(1300~1800)
참고: 부자 기준선은 분포도 중간값의 10배로 설정되었다. 소득 분포 정보만 있는 남부 저지대 국가의 경우에는 부자 기준선이 중간값의 5배로 설정되었다.

일은 이탈리아에 비해 부자가 비교적 적었지만 동시에 〈그래프 2.1〉에 나왔듯이 상위 5%의 부 점유율은 비슷했고, 상위 1%의 부 점유율은 오히려 더 높았다. 이에 대해서는 중간값 위에 있는 사람들이 비교적 소수의 개인들(기본적으로 '1%')을 제외하고는 중간값에 가깝게 몰려 있는 경향이 있다고 설명할 수 있다. 이 소수의 부자들은 적어도 1600년까지는 전체 부 중 특별히 막대한 금액을 수중에 움켜쥐고 있었지만 그 후 전쟁으로 상당한 재산을 잃었다. 그러나 이 설명은 독일의 부 분배가 당초부터 그런 특성을 가지게 된 이유에 대해서는 아무것도 말해주지 않기 때문에 완전히 만족스럽지는 못하다. 부분적으로 이는 사보이아 공국과 피렌체 공화국의 도시 부 분포를 독일 전체의 부 분포와 비교한 데서 비롯된 것이다. 도시의 부 분포는 더 양극화되는 경향이 있었고, 시골에 비해 매우 가난한 가구와 매우 부유한 가구의 비율이 더 높았다. 하지만 이탈리아에 대한 전체 부 분포를 보더라도 차이는 여전히 남아 있다. 예를 들어, 1500년 독일에서 부자가 인구의 1.9%였을 때, 사보이아 공국의 부자 비율은 전체로는 2.7%, 도시에서는 5%였고, 피렌체 공화국은 전체로는 4.8%, 도시에서는 7.5%였다. 이 차이는 지금까지 간과되어왔는데, 독일과 다른 유럽 지역 간의 이런 구조적 차이의 이유를 밝히기 위해서는 향후 연구가 필요하다.

〈그래프 2.5〉는 또한 남부 저지대 국가들의 추세를 보여준다. 이 사례는 부가 아닌 소득에 대한 데이터이기 때문에 특별히 주의해서 해석해야 하지만(따라서 부자 기준선은 중간값의 5배로 더 낮게 설정되었다[39]), 전반적인 추세는 이탈리아와 일치한다. 이는 독일의 사례가 예외적으로, 남부 및 북부 유럽 지역과 비교해도 남다르다는 것을 확인해준다. 마지막으로, 이탈리아의 상대적 움직임에 대해 알아보자면, 근대 초기에 경제적으로 가장 앞선 지역들을 포함하여 이탈리아의 많은 지역에서 경제 침체가 시작되었다. 피렌체 공화국은 16세기부터, 베네치아 공화국의 경우 17세기 중반부터 그랬다. 근대 초기가 끝나갈 무렵, 사보이아 공국만이 상당한 경제적 역동성을 보였다. 그곳에서는 18세기 초부터 1차 산업이 붐을 일으켰고, 농업 부문에도 강력한 혁신이 일어났다. 두 부문 모두에서 새롭게 도입된 실크 산업이 누에 사육에서 실크 실과 직물 생산에 이르기까지 핵심 역할을 했으며, 이는 또 금융 부문의 확장을 촉진했다.

〈그래프 2.5〉에 나오는 이탈리아 북서부의 사보이아 공국과 다른 통일 이전 국가들 간의 차이에 대한 추가 증거는 도시화율에서도 나타난다. 17세기부터 모든 곳에서 (피렌체 공화국 경우에는 더 일찍부터) 도시화율이 감소하는 것으로 나타났는데 사보이아 공국만 예외였다. 그곳에서는 주민이 5,000명 이상인 도시에 거주하는 인구 비율이 1650년의 22.5%에서 1800년에는 26.1%로 증가했다. 이를 통해 부자들의 비율이 경제 성장과는 아무런 관련이 없다는 점을 알 수 있는데, 일찍부터 상대적으로 쇠퇴의 길로 들어선 피렌체 공화국은 이탈리아에서 근대 초기에 부자 비율이 가장 크게 증가한 지역이다.

경제가 급성장하고 있던 사보이아 공국에서는 부자 증가 추세가 훨씬 더 느렸으며, 경제 성장이 강화된 18세기에는 특히 더 그랬다. 경제 성장이 평균 소득과 부를 증가시키는 경향이 있기는 하지만 그 분배 형태는 다양한 요인들에 의해 조성되며, 그것들이 합쳐져 얼마나 많은 이들이 성장의 혜택을 받을지를 결정한다. 사보이아 공국에서는 혜택이 비교적 공평한 방식으로 분배된 것으로 보인다. 피렌체 공화국에서는 경제 성장이 없었음에도 불구하고 부유한 엘리트층이 빈곤층을 점점 더 착취함으로써 자신들의 상대적 지위를 향상시켰다. 이 같은 현상은 '부자'의 수가 증가함에 따라 더 악화되었다. 파티에서 배고픈 손님의 수는 계속 늘어나는데 케이크 사이즈는 계속 줄어든다고 상상해보라. 곧 나머지 사람들한테는 부스러기나 돌아갈 것이다.[40]

불행히도 현대에 대해서는 산업화 이전 시대에 대해 사용했던 것과 같은 종류의 완전한 부의 분포 관련 자료가 없고, 따라서 같은 방식으로 부자 비율을 추정하는 것이 불가능하다. 우리가 가진 것은 특정 기준액 이상에 얼마나 많은 사람들이 분포되어 있는지, 말하자면 달러 기준 백만장자나 억만장자들이 얼마나 있었는지에 대한 정보 정도다. 이런 종류의 정보는 7장에서 시대별로 부자가 되는 중요한 경로에는 어떠한 것들이 있는지 수량화하기 위해 광범위하게 사용될 것이다. 그러나 여기서는 전체 인구 중 극소수에 대한 정보만 있는 편이기 때문에 그다지 주목할 만하지 못하다. 2012년이 되면서부터 인구 중 더 광범위한 계층에 대한 추정치가 나오기 시작했다. 그해에 순자산이 100만 달러 이상인 사람은 유럽 성인 인구의 1.6%, 북미 성인 인구의 4.5%였다(미국만은 4.7%). 양 대륙 사이에 나타나는 뚜렷한 차이는 서유럽에만 초점을 맞추면 현저히 줄어들어 (달러 기준) 백만장자가 영국에서는 인구의 3.3%, 이탈리아에서는 2.4%, 독일에서는 2.2%였다. 프랑스는 4.8%로 미국을 약간 앞지르기까지 했다. 그러나 2020년까지 미국 대륙과 서유럽 간의 격차는 크게 벌어져 (달러 기준) 백만장자가 미국은 인구의 8.8%, 캐나다는 5.6%였지만 프랑스는 4.9%, 영국은 4.7%, 독일은 4.3%, 이탈리아는 3%에 불과했다. 당시 모든 서구 국가 중에서 스위스(14.9%)와 호주(9.4%)만 미국보다 높았고 룩셈부르크는 정확히 대등했다. 미국과 캐나다 그리고 다른 많은 유럽 국가, 특히 영국과 독일에서는 최근 몇 년 동안 금융위기, '대불황' 및 팬데믹에도 불구하고 백만장자 비율이 증가한 것으로 나타났다.[41]

우리가 어떻게 정의하든 21세기에 부자가 특별히 많아진 요인과 그들이 현재 온갖 종류의 충격에 대해 남다른 회복력을 갖게 된 원인에 대해서는 이 책의 여러 부분에서 논의될 것이다. 여기서는 그것이 불평등이 커지는 상황에서 발생했다는 점을 강조하고자 한다. 많은 정치가들, 또 많은 경제학자들이 그렇게 주장하고 싶어 함에도 불구하고 경제 성장이 '모든 배를 띄우는 밀물'은 아닌 것이다. 더 넓은 역사적 관점에서, 흔히 정치적 엘리트이기도 한 경제 엘리트들이 경제 성장이 없을 때도 전체 경제 자원에 대한 지배를 확대하는 능력을 보면, 모든 시대에 걸쳐 부자가 되는 통로가 전부 능력과 장점을 통해 만들어진 것은 아니라는 사실을 극명하게 일깨워준다.

개인의 부 축적에 대해서도 인간의 경험은 다각적이므로 신중하게 고려해야 한다. 확실히 어떤 역사적 국면에서는 경제적 기회가 비교적 풍부했고 부자가 되는 것이 더 쉬웠다. 〈그래프 2.5〉에 제시된 증거는 근대 초기가 중세보다 재산 축적에 비교적 유리했음을 시사한다. 이는 대서양 무역로의 개통에서 산업혁명의 시작에 이르기까지 경제적 변화와 혁신이라는 중요한 국면과 관련되어 있다. 좀 더 최근에도 비슷한 국면이 보이는데, 예를 들어 20세기 후반의 컴퓨터 및 정보 시대의 시작이 바로 그것이다. 그러나 부를 축적할 수 있는 방법은 많이 있으며, 실제로 새로운 부자가 등장하기 위해 경제 성장 혹은 새로운 경제적 기회의 출현이 필요 조건은 아니다. 앞으로 살펴볼 2부의 목표는 전체 역사를 통해 개인이 부자가 된 다양한 경로를 알아보는 것이다.

2부

부자가 되는 길
The Paths to Affluence

3

부의 상속자들: 새로운 귀족의 탄생

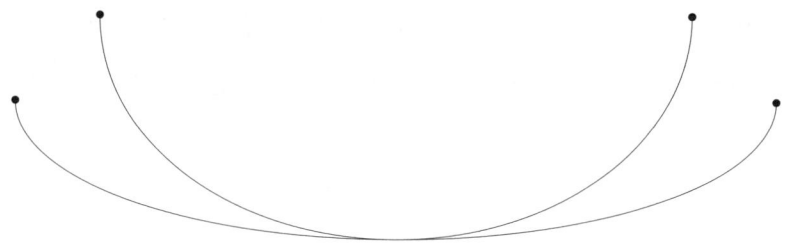

수 세기에 거쳐 부는 점점 더 집중되는 경향이 있고 부자 계급은 점점 더 늘어났다. 이 발견은 그 자체로 중요하다. 가진 부로 인해 사회의 다른 사람들과 차별화된 만큼 모든 부자와 초부유층에게는 틀림없이 무엇인가 공통점이 있을 것이기 때문이다. 그러나 부는 항상 같은 방식으로 축적된 것이 아니다. 그러니 부자를 더 부유하게 만들고 부자의 수가 늘어나게 만들었던, 우연히 발생하는 아주 중대한 변화는 그들의 재산이 형성된 방식과도 분명 관련이 있을 것이다.

부자들은 탁월한 (혹은 그저 운이 좋은) 기업가였는가? 아니면 위대한 금융가 혹은 귀족이었는가? 그들의 부는 대체로 스스로 일군 것인가, 아니면 물려받은 것인가? 이것들이 이제 우리가 답을 찾고자 하는 질문들이다. 왜냐하면 부유층 구성원들의 배경, 직업, 사회적·법적 지위는 사회에서 그들의 역할에 중요한 영향을 미치기 때문이다.

우선 큰 자산가가 되는 몇 가지 경로를 구분해보는 것으로 시작해보자. 제일 먼저, 우리의 집단적 사고에서 아마도 부자들의 원형으로 자리잡고 있으며 자신의 가치 때문이 아니라 출생에 의해 특권적 지위를 얻은 이들, 즉 귀족을 살펴보자. 이 장의 끝으로 가면 분명해지겠지만, 중세에는 귀족의 일원이 되는 것이 오늘날과 같은 의미가 아니었고 그 지위와 부의 관계는 흔히 생각하는 것보다 훨씬 더 복잡하고 다양했다.

귀족의 1차적 정의

귀족이라는 개념은 직감적으로 알 수 있을 것 같지만 복잡한 문제들이 여러 겹 겹쳐 있다. 따라서 몇 가지 정의로 분석을 시작하는 것이 적절하다. 가장 제한된 개념의 귀족에서부터 시작해보자.

귀족은 세습된 작위 또는 그 외 대물림하는 명예의 상징물을 보유한 특권적 사회 집단으로 정의할 수 있다. 이 정의는 귀족의 두 가지 특징으로 이어지는데, 다른 사회 집단에 비해 공식적으로 인정된 '특권'을 누린다는 사실과 높은 지위를 대를 이어 물려받는 세습성이다. 세습은 모든 인간 사회에서 공식적 혹은 비공식적으로 늘 가장 엄격하게 관리되는 사안 중 하나이기 때문에, 귀족 작위를 여러 세대에 걸쳐 물려주려면 특정한 제도적 틀이 필요하다. 또 오늘날 많은 서구 국가에서 귀족제가 폐지되었다는 점을 감안할 때, 귀족의 존재 자체도 마찬가지다. 그러나 우리의 정의에서 귀족이 반드시 부자여야 할 필요는 없다.[1]

우리가 정의하는 귀족은 더 광범위한 개념인 귀족주의의 한 가지 특성일 뿐이다. 독일 사회학자 막스 베버의 이론에 따르면, 귀족제는 부나 경제적 자원 지배력이 아니라 명성이나 명예와 같은 비경제적 자격에 기반한 높은 사회적 지위, 특정한 특권 향유, 군사적·정치적으로 권력을 집중시킬 수 있는 능력으로 정의된다.[2] 귀족의 개념과 마찬가지로 귀족제의 실질적 특성은 때와 장소에 따라 크게 달랐다.[3] 실제로 고대부터 오늘날까지의 서구 역사에 모두 적용되는 정의를 찾자면 귀족제에 필요한 단 한 가지 특성은 귀족 구성원들에게 특권을 부여하는 높은 사회적 지위다.[4] 따라서 귀족 계층은 간단히 '높은 지위와 특권을 가진 사회 집단'으로 정의할 수 있으며, 그중 세습 귀족이 가장 분명한 예다.

귀족이 되는 데 부가 필수 조건이 아니라는 것을 강조하는 중요한 이유는 역사적으로 빈곤한 귀족의 사례가 많기 때문이다. 베버는 근대 초부터 지주 귀족(그는 이를 '세습 영주 patrimonial lords'라고 불렀다)의 경제적 지위가 새로운 집단들에 의해 도전받기 시작했을 때 암묵적이거나 심지어 노골적인 타협이 이루어지는 경향이 있었다고 지적했다. 지주 귀족은 타협을 통해 자신의 경제적 지배권 중 일부를 포기하는 데는 동의했지만 대신 세금 면제를 포함한 다양한 법적 및 경제적 특권을 보장받곤 했다. 초기에는 이 암묵적 합의로 귀족의 정치 권력 통제권이 유지되었지만, 대부분의 지역에서 시간이 지남에 따라 그 통제권 역시 약화되는 경향을 보였다.[5] 이런 방식으로 유럽 역사를 묘사하는 것이 중요한 역사적 과정을 포착하기는 한다. 그러나 우리는 귀족들이 일률적으로 경제적 쇠퇴를 겪은 것은 아니며, 대개 매우 부유한 사람들이 지속적으로 신진 귀족 대열에 합류했다는 사실도 알고 있다. 실제로 영국처럼 귀족제가 아직 존재하는 나라에서는 귀족들이 부자와 초부유층의 중요한 구성원으로 남아 있다.[6]

세습 귀족을 귀족 계층의 가장 좋은 예로 여길 수 있다면 왜 굳이 그 두 가지를 구분해야 하는지 궁금해할 수 있다. 그 이유는 현재 세습 귀족의 존재를 인정하지 않는 일부 국가와 미국처럼 세습 귀족의 존재를 인정한 적이 없는 드문 경우에는 지위가 높은 특권 계층, 즉 귀족적 계층의 존재에 대해 논할 필요가 있기 때문이다. 또한 오늘날에는 새로운 '국제 귀족 계층'의 부상 가능성에 대한 우려가 커지고 있다. 이는 현재 막대한 부에 이르는 경로에 대해 많지만 적절한 질문들을 야기하기 때문에 매우 중요한 문제다. 따라서 우리는 현대의 귀족적 계층에 주의를 기울일 것이지만, 그에 앞서 서양 역사 전반에 걸쳐 귀족층에 합류하거나 귀족으로 태어나는 것이 개인이 부유해질 가능성에 어떻게 영향을 미쳤는지를 먼저 역사적으로 개괄하기로 한다.

중세 유럽의 봉건귀족

1066년 9월 말, 브르타뉴를 다스리는 유돈Eudon 백작의 아들 앨런은 희망에 부풀어 영국 해안을 바라보았다. 루퍼스Rufus 혹은 붉은 수염 색깔 때문에 '더 레드The Red'로 알려진 앨런은 침략군을 이끌고 영국 해협을 건너갈 계획이던 사촌 노르망디 공작 윌리엄의 부름에 응했다. 그는 형제 브리앙과 함께 아버지 유돈 백작이 윌리엄의 군대에 합류시키기 위해 보낸 병사 5,000명, 함대 100척으로 구성된 부대에 소속되었다. 앨런은 이 원정에 매우 의욕적이었는데, 아버지의 작위는 형에게 승계될 예정으로 자신이 물려받을 가능성이 매우 낮았기 때문이다. 그는 상속법의 제약 때문에 여섯 형제들과 자원과 명예를 두고 경쟁해야 했을 고향 브르타뉴보다 이국 땅에서 자신의 지위를 향상시키고 재산을 모을 기회가 훨씬 더 크다는 것을 잘 알고 있었다. 실제로, 앨런은 1066년 10월 14일 사우스 서식스의 언덕에서 벌어진 헤이스팅스 전투에서 침략군의 좌익 사령관으로서 중요한 역할을 한 것으로 보인다.

 헤이스팅스 전투는 색슨 군대가 격파되고 그들의 왕 해럴드가 전장에서 사망함으로써 노르만족과 그 동맹군에게 결정적인 승리를 안겨주었다. 윌리엄이 웨스트민스터 사원에서 잉글랜드 왕 대관식을 준비하는 동안, 앨런 루퍼스도 포상으로 캠브리지셔의 많은 마을들을 하사받았는데 그중에는 과부가 된 해럴드 왕의 왕비로부터 빼앗은 마을도 여러 개 포함되어 있었다. 이로 인해 앨런은 부자가 되었지만 이는 시작에 불과했다. 윌리엄을 따라 바다를 건너왔지만 약탈

품만 챙겨 노르망디로 돌아간 다른 사람들과 달리 앨런은 그곳에 정착하기로 했다. 머지않아 앨런의 형제인 브리앙도 영국을 떠났지만 그는 남아서 정복을 완수하는 데 점점 더 중요한 역할을 했다.

시간이 흐르면서 그는 반란 진압 전문가가 되었다. 그 시작은 1069년으로, 앨런은 정복자들이 부과한 터무니없이 높은 세금에 반발해 반란을 일으키고 해럴드의 아들들이 이끄는 군대와 합류한 엑서터 시를 토벌하는 데 참여했다. 또한 그는 1069년 여름부터 1072년까지 윌리엄 군대에 합류하여 북부 잉글랜드의 귀족들과 덴마크 동맹군을 상대했다. 원정 후에 그는 이른바 '북부 약탈Harrying'이라 불리는 잔혹한 탄압 작전에도 참여했는데, 이는 폭력과 기근을 야기했고, 이로 인해 10만 명 이상의 사망자가 발생한 것으로 추정된다. 저항하던 색슨족 귀족들이 밀려나자 윌리엄은 자신의 충성스러운 추종자들에게 '명예 포상' 혹은 영지를 하사했다.

앨런의 상승 가도에서 정점을 찍은 사건은 199개 이상의 영지를 포함하여 리치먼드 영지를 하사받은 것이었다. 앨런은 즉시 전략적이고 쉽게 방어할 수 있는 위치에 리치먼드 성을 짓기 시작했고, 이곳은 앨런의 영지를 상징하는 랜드마크가 되었다. 그의 영지는 그 후 수년 동안 계속해서 늘어났는데, 주로 윌리엄과 그의 후계자인 윌리엄 2세에 대한 잦은 반란에서 일찍부터 승자 편에 설 줄 알았던 앨런의 능력 덕분이었다. 1080년대에 이르자 앨런 루퍼스는 의심할 여지없이 영국에서 가장 부유한 사람 중 한 명이었다. 본질적으로 정보의 한계 때문에 그저 참고 정도만 할 수 있는 수준이지만, 추정에 따르면 그의 막대한 토지에서 나온 수입은 당시 잉글랜드 국민 총 순소득의 약 7.3%에 달한 것으로 추정되며 앨런은 아마도 영국에서 살았던 사람 중 가장 부자였다고 볼 수 있다(보통 군주는 이런 종류의 순위에 포함되지 않는다). 중요한 사실은 정복왕 윌리엄의 초기 동료 중 여러 명이 최근 작성된, 영국 역사를 통틀어 최고 부자들을 꼽는 리스트에 여전히 등장하고 있다는 점이다.7

앨런 루퍼스의 사례는 부유층과 초부유층 귀족이라고 해서 누구나 다 그 재산을 물려받은 것은 아니라는 중요한 점을 부각시킨다. 앨런이 귀족으로 태어나기는 했지만 시간을 더 거슬러 올라가면 지주 귀족 제도가 막 만들어지고 있는 단계였던 시기와 닿게 된다. 유럽에서는 로마 시대에도 귀족이 있었다. 원래 소수의 로마 명문가의 후손으로 알려져 있던 이들은 명백한 세습 귀족이었고, 초기 공화정에서 공직을 독점했으므로 우리의 정의에 부합한다.8 흥미롭게도 기원전 4세기 후반에 등장하여 공화정 말기와 제국에서 점차 중요해진 신 귀족 집단을 지칭하는 '노빌리타스nobilitas'는 구 로마 귀족 계급보다는 훨씬 더 개방적인 집단이었다.9 그러나 이 사회계급 체제는 기원후 5세기부터 제국과 함께 무너졌고 각 지방 로마 총독들의 시종, 또 구 제국의 국경 내에 정착한 '야만인' 인구의 족장 출신인 다양한 귀족들로 대체되었다.10

앨런 루퍼스 시대에 있었던 세습 귀족의 출현은 초기 국가의 출현과 밀접하게 연관되어 있으며 특히 국가 행정부의 발달과 관련이 있는데, 이는 (완전히 혹은 부분적으로) 군주의 가계와 일치했다. 이런 맥락에서 공직자들은 영구적이고 세습되는 지위를 얻기 위해 노력했고 중세 초기 국가들의 불안정성은 그들에게 도움이 되었다. 카롤링

거Carolingian 시대에 '백작count'(라틴어로는 comes)은 황제를 수행하던 재판관이었다. 12세기에는 다른 위원회, 지방 총독 그리고 그들의 대표로 '자작viscount'이 등장했다. 제국의 국경 지방은 '후작marquesse'에 의해 통치되었다.[11] 시간이 지나면서 이 과정은 통치자와 가신 사이의 관계가 보다 면밀하고 법적으로 정의된 규율에 의해 통제되는 '봉건귀족'을 낳았다. 이런 사회·경제 시스템은 12세기 프랑스에서 이미 인지할 수 있었으며 이후 중세 기간 내내 계속 발전했다. 이에 병행하여 사회를 기도하는 사람(성직자), 싸우는 사람(귀족), 노동하는 사람(평민 또는 '제3신분')이라는 별도의 계급 또는 '신분'으로 구분하는 개념도 형성되었다.[12]

유럽 봉건귀족의 출현과 뿌리내리기에 대한 더 이상의 자세한 논의는 이 책의 목적에서 벗어난다. 중요한 것은 능숙한 행정가나 용감한 군사 지도자처럼 대부분은 아니더라도 많은 경우에 아마도 특정 개인의 역량이나 능력 덕분에 획득했을 높은 지위가 시간이 흐르며 어느 시점에서인가 세습 대상이 되었다는 점이다. 지나치게 단순화할 위험이 있기는 하지만, 귀족 가문의 창시자는 자신의 지위를 만들어낸 반면 후손들은 단순히 그것을 물려받았기 때문에 본질적으로 다르다고 말할 수 있다. 귀족제가 부를 향한 경로로 문제의 소지가 되는 것은 거의 전부는 아닐지라도 대부분의 경우 그것이 부자 귀족들에게 쉬운 길이었고 아마도 과도한 지출과 지나치게 위험한 행동을 삼가는 것을 제외하고는 특별한 역량이나 태도를 요하지 않았다는 점이다. 하지만 물론 이는 전체의 일부일 뿐이다.

귀족 계급에 속하는 것이 부자가 되는 데 유리한 것은 상속뿐 아니라 특별한 기회에 접근할 수 있었기 때문이기도 했다. 이 같은 현상은 중세 봉건제도 환경에서 매우 분명하게 나타난다. 귀족들은 정치 체제를 강력하게 장악하고 있어 실질적인 강제 수단들을 통제하고 있었으며, 사회 하위층으로부터 최대한의 공물을 짜냈고 이를 이용해 결과적으로 자신들의 (또 후손들의) 부를 증가시켰다.[13] 게다가 귀족들은 중세뿐만 아니라 근대 초기 내내 보수가 좋은 무관 직책에 특권적으로 접근할 수 있었는데, 이는 군대 규모와 국가 군사 지출 수준의 확대와 관련이 있었다.[14]

지주 귀족제가 일종의 세습 지위로 발전함에 따라 귀족의 지위(그리고 부)는 신의 의도에 따른 것이기 때문에 후손에게 정당하게 대물림된다는 개념도 발전했다. 다시 말해, 특권과 봉건적 유산의 세습은 당연히 불평등으로 이어졌지만 그것이 신의 계획에 따른 것이라고 믿어졌기 때문에 문제로 인식되지 않았던 것이다. 예컨대 법적으로 명확한 신분이 존재하던 사회였으므로 사회가 구조적으로 불평등한 것도 받아들여지는 상황이었다.[15] 베버는 이를 세습 카리스마 hereditary charisma라고 표현했는데, 카리스마 있는 개인을(예를 들어, 왕조의 창시자) 인정하는 데서 더 나아가, 개인적 카리스마나 그 외의 다른 미덕이 전혀 없을지라도 세습을 통해 획득한 지위의 합법성을 인정하는 상황을 말한다.[16] 8장에서 살펴보겠지만, 중세 유럽에서는 전반적으로 귀족의 특권적 지위를 인정했기 때문에 초부유층 귀족의 존재가, '죄 많은' 초부유층 평민들과 비교해 사회적으로 훨씬 덜 문제시되었다. 이는 심지어 그 평민이 스스로 재산을 일군 경우에도 그러했다.

근대 초기부터 나폴레옹 시대의 귀족

어떤 의미에서 유럽 봉건귀족의 황금기는 15세기에 이미 막을 내렸다. 귀족 계층 내부의 불평등이 심화되며 내부 갈등이 고조되었고, 이는 집단으로서의 효과적인 행동력을 약화시켰다. 또한 부르주아지를 비롯한 다른 계급과의 경쟁이 치열해지면서, 상·하위 귀족 및 신·구 귀족 간의 균열이 더욱 깊어졌다. 이러한 변화는 유럽 전역에서 다양한 양상으로 나타났는데, 프랑스의 사례가 특히 주목할 만하다. 중세부터 이어진 '대검 귀족 noblesse d'épée'(봉건귀족의 전통을 지닌 기사에서 유래한 귀족)은 새롭게 부상한 '법복 귀족 noblesse de robe'의 성장에 위협을 느꼈다. 법복 귀족은 의회나 지방 법원의 관직을 매입하여 귀족의 지위를 획득한 평민 출신들로, 근대 초기에는 이러한 직책의 매매와 세습이 가능했으며 이는 1789년 프랑스 혁명이 발발하기까지 지속되었다. 문제를 더 복잡하게 만든 것은 많은 법복 귀족들이 막대한 부를 바탕으로 영지를 구매해 지주가 되고 자신들의 이름에 새로운 영지명을 추가했다는 것이다.[17]

프랑스 크로자 가문의 사례를 살펴보자. 알비 Albi 출신의 상인 앙투안 크로자 1세 Atoine 1 Crozat는 가문에서 처음으로 귀족이 되고자 하는 야망을 품은 사람이었다. 1652년 첫 번째 아내가 죽은 후 그는 랑그독의 툴루즈로 이사했고, 그곳에서 빠르게 성공하여 상인뿐만 아니라 은행가로서도 활동을 시작했다. 그 후 그는 16세기 후반 종교 전쟁 중에 파괴된 바르테카브 영지를 할인된 가격인 1만 리브르에 사들였다. 새롭게 얻은 '바르테카브와 프레제르빌 영주 seigneur de Barthecave et Preserville'라는 칭호는 그의 재혼에 도움이 되었고, 이번에는 지역 귀족과 결혼했다. 귀족의 지위를 획득했다는 것을 보여주기 위해 앙투안 1세는 칼을 차고 귀족처럼 행동하기 시작했다. 그는 바르테카브 성을 복원했고 심지어 자기 가문을 위한 새로운 족보까지 만들어냈다. 하지만 그는 결국 선을 넘고 말았다. 기존의 구 귀족들은 그의 졸부 같은 행태에 불쾌감을 드러냈고, 랑그독 총독은 앙투안 1세에게 '귀족직 사칭'에 대해 반복적으로 벌금을 부과했다. 그럼에도 그는 후에 자신의 후손들이 따라갈 길을 미리 그려놓았다. 그의 후손 가운데 가장 유명했던 인물 역시 '앙투안'이라는 이름을 가졌으며, 그는 훗날 프랑스 역사에서 손꼽히는 중요한 인물로 자리매김하게 된다.

아들인 앙투안 2세도 상인이자 은행가로 활동했으나 아버지보다 훨씬 더 큰 부를 이루었다. 그는 세금징수관으로 시작하여 1689년에 보르도 전체를 총괄하는 세무관이 되었다. 그의 진짜 성공은 해외무역에 관여하게 되면서부터였는데, 처음에는 생 도맹그의 담배 작물에, 그 다음에는 노예 무역에 투자했고, 1701년에는 모든 스페인 식민지에서 무역에 대한 독점권을 획득했다. 마침내 1712년에 그는 당시 프랑스 식민지였던 루이지애나에서 15년간의 무역 독점권을 부여받았고, 이를 위해 루이지애나 회사를 창설했다.

1714년에 앙투안 2세는 자신의 지위를 높이고 귀족 신분을 강화하기 위해 티에르 자작령 Barony of Thiers을 20만 리브르에 매입하고 생 파르조 공국 Duchy of Saint-Fargeau을 50만 리브르에 매입했다. 공국을 매입했다고 해서 공식적으로 공작 칭호를 사용할 수 있는 것은 아니었지만, 생 파르조 공국의 영주라고 불릴 수는 있었다. 하지만 곧 곧

경에 처해 1715년 공국을 매각해야 했기 때문에 그 호칭으로 불린 것은 잠시에 불과했다. 그는 이후 110만 리브르라는 엄청난 금액을 투자해 샤텔 영지를 매입했다. 그 투자에는 그만한 가치가 있었는데, 얼마 지나지 않아 앙투안 2세는 왕실에 돈을 빌려준 대가로 늙은 왕 루이 14세에게서 샤텔 후작이라는 작위를 받아내는 데 성공했다. 그 시점에 앙투안 2세는 프랑스에서 가장 부유한 사람이었고, 유명한 작가이자 프랑스 계몽주의의 일원인 볼테르는 그를 '크로자 크로이소스Crozat Cresus'라고 불렀다(리디아의 왕 크로이소스는 서구 문화에서 엄청난 부의 상징이 되어 "크로이소스만큼 부자"라는 문구로 유명하다. - 옮긴이). 하지만 그에게 부여된 모든 영예에도 불구하고, 귀족들은 여전히 앙투안 2세를 그의 아버지와 마찬가지로 신흥 부자로 여겼다. 가문 귀족화 전략은 계속되어 좀 더 확고한 귀족 가문과의 계획적인 혼인으로 이어졌고, 3대에 가서는 드디어 성과를 거두어 앙투안 2세의 자녀들은 프랑스 귀족 사회에 그런대로 잘 융합된 것으로 보인다.[18]

    우리의 관점에서 보면, 근대 초 귀족 사회의 전형적인 상황은 두 가지 의문으로 이어진다. 첫째, 새로운 구성원, 특히 당시 신흥 귀족의 대다수를 이루고 있었던 부유한 평민들이 귀족 사회에 어느 정도나 파고들어갈 수 있었을까? 둘째, 부유한 평민은 고작 자기 이름에 작위를 붙이기 위해 왜 엄청난 비용을 감수하려 했을까? 유럽 전역에서 부유한 평민의 귀족 사회 진출을 제한하려는 시도는 끊임없이 이어졌다. 봉건귀족이 경제적·정치적 권력을 강력하게 장악한 적이 없다는 점에서 유럽 정치 체제에서 비교적 드문 사례였던 베네치아 같은 상업 공화국에서도 그런 경향은 뚜렷하게 나타났다. 1297년 베네치아의 주요 정치기구인 대평의회의 독점적 참여권을 가진 귀족 멤버들을 명확하게 구분할 필요가 있다는 의견이 대두되었고, 곧 대평의회 참여 자격이 있는 사람들의 목록이 작성되었다. 1323년부터는 세습 원칙이 확립되어 대평의회 회원의 후손들만이 가입이 허용되었다. 이런 식으로, 대평의회 회원 자격은 베네치아 통치 귀족과 나머지를 가르는 실질적 경계선이 되었다(통치 귀족 사이에서는 더 이상의 공식적인 계급이 없었다).[19]

이처럼 엄격하고 제한적인 규칙들은 시간이 지나면서 이탈리아 전역에서 공고히 자리 잡게 되었지만 새로운 멤버, 특히 아주 큰 부자들이 도시 귀족 사회에 편입되는 것을 막지는 못했다. 17세기 베네치아 공화국에서 우리는 파두아의 잠벨리Zambelli 가문이나 베로나의 오톨리니Ottolini와 제노비Zenobi 가문과 같이 부유한 지방 가문의 사례를 많이 발견할 수 있다. 이들은 상업 활동을 통해 막대한 부를 획득한 후에 귀족 계급에 편입될 수 있었다.[20] 이는 1646년에 도입된 법률 때문에 가능했는데, 그에 따르면 10만 두카트에 달하는 엄청난 금액의 입회비를 내야 했지만 그 외에 추가적인 제한은 거의 없었다.[21] 다른 이탈리아 지역, 예를 들어 밀라노 같은 곳에서는 귀족 계급의 일원이 되는 것이 베네치아보다 다소 쉬웠는데, 그 과정을 제한하는 규정들이 엄격하게 적용되지 않았기 때문이다. 사실, 밀라노 사회의 정점인 통치 귀족 사회로 이어지는 길을 따르기 위해 절대적으로 필요한 유일한 요건은 재산이었던 것으로 보인다.[22]

엄청난 입회비를 지불하고 도시 귀족 사회에 들어가는 것 외에도 유럽의 많은 지역에서 부자들은 그저 영지를 사들여 거기에 연결되어 있는 칭호를 취득했다. 그리고 때로는 군주의 재정적 필요를 충족하기 위해 새로운 영지가 만들어지기도 했다. 예를 들어, 1618년에 이탈리아 북서부의 사보이아 공국에서는 1613~1617년의 1차 몬페라트Montferrat 왕위계승전쟁으로 고갈된 샤를 에마누엘레 1세 공작의 금고를 보충하기 위해 다수의 새로운 영지가 만들어졌고 그에 따르는 작위들이 매각되었다. 18세기 프로이센에서도 군사 활동과 군대 유지에 필요한 자금을 충당하기 위해, 왕들은 대략 은 7킬로그램에 해당하는 400탈러라는 엄청난 금액을 받고 부유한 평민들에게 귀족 작위를 수여했다.[23]

귀족 신분을 사들이는 방법 외에 평민들은 다른 방법으로도 귀족이 될 수 있었는데, 그중 한 가지는 국가에 봉사하여 귀족으로 추대되는 것이었다. 앞에서 언급한 프랑스 법복 귀족의 경우를 그런 사례로 볼 수 있으며 그 관행은 이미 널리 퍼져 있었다. 예를 들어, 스페인의 펠리페 5세는 통치 기간(1700~1746) 동안 장관들과 국가 고위 행정부 관리 200명 이상에게 새로운 작위(지주)를 내려 귀족으로 만들었으며, 또한 실질적인 권리는 거의 없는 일반 귀족직도 대거 부여했다.[24] 또 다른 방법은 귀족과의 혼인이 있다. 이는 약간 불안정한 귀족 자격을 확고히 하고 후손의 사회적 지위를 향상시키는 데 도움이 되었다. 크로자 가문의 사례가 그 대표적 예라고 볼 수 있다.

이 두 가지 방법, 즉 국가에 봉사를 하거나 귀족과의 혼인을 통해 귀족이 되는 것은 둘 다 부와 밀접하게 연결되어 있다. 첫째, 고위 행정부에서 경력을 쌓는 것은 그 자체가 큰 부를 얻는 경로가 될 수 있기 때문이다(이에 대한 자세한 논의는 4장 참조). 둘째, 재산 때문이 아니라면 존경받는 귀족 가문이 무엇 때문에 평민과 혼인 관계를 맺었겠는가? 근대 초기에 가난해진 구 귀족 가문들은 새로운 자원의 수혈이 필요했고, 그토록 경멸했던 신흥 부자들과 좋은 관계를 맺어야 했다. 이는 오직 자신들의 지위 상실을 막기 위해서였다.

근대 초 프랑스 왕가의 돈줄 역할을 했던 성공적인 두 금융가, 피에르 자케Pierre Jacquet와 프랑수아 사바티에François Sabathier의 사례를 보자. 그들은 평민이면서 고위 귀족과 결혼한 금융가로서 매우 드문 사례다. 그들의 아내인 앤 드 솔-타반Anne de Saulx-Tavanne과 마리-루시 샤스테니에Marie-Lucie Chasteignier의 지참금은 빈약하기 그지없었는데, 전자는 3만 리브르가 전부였고 후자는 '상속받을 가능성'뿐이었다. 이는 각 14만 6,000리브르와 24만 3,000리브르(이 금액 중 20만 리브르는 프랑수아가 죽은 후에 지불되는 것이기는 했지만 말이다)의 결혼 비용을 요구받았던 신랑측에 비하면 너무나 적은 금액이었다.[25]

부유한 평민들이 귀족이 되기 위해 감당해야 했던 대가를 생각하면 그들이 왜 그렇게 엄청난 대가를 기꺼이 지불하려고 했는지 궁금할 것이다. 귀족이라는 개념은 산업화 이전 유럽의 부유층과 초부유층에게 분명 강력한 심리적 매력을 발휘했을 것이다. 마치 배타적 클럽에 가입하는 것과 비슷한 매력이다.[26] 19세기와 20세기의 미국처럼 귀족이 법으로 인정되지 않았던 특정 사회적 맥락에서 유럽의 귀족 혈통과 관계를 맺고 특히 귀족 신부나 신랑과 결혼하는 것은 미국 경제학자 소스타인 베블런이 말한 '과시적 소비'의 특정한 형태일 수 있다. 그는 과시적 소비에 대해 높은 사회적 지위를 과시하기 위한 단순한 목적을 위해 특별히 비싼 재화를 소비하는 것이라고 말했

다(과시적 소비는 6장에서 더 자세히 논의된다).[27]

하지만 유럽에서는 적어도 20세기 초반까지 부자들이 귀족 작위를 사회적 인정을 얻는 수단으로 봤으며, 부를 얻은 지 얼마 되지 않을수록 이런 경향이 강했다. 그러나 우리의 관점에서 더 중요한 것은 귀족이 되는 것이 더 많은 사업의 기회를 열어주는 것으로 보인다는 점이다. 프랑스 크로자의 사례가 명백히 보여주듯이 공공 행정과 국가에 대한 봉사 영역에서 특히 그랬다. 물론 귀족 작위는 일정한 의무를 수반했으며, 이러한 의무가 오히려 사업 활동을 제한하기도 했지만, 그럼에도 불구하고 근대 초기에는 귀족의 일원이 되는 것이 큰 부를 향한 근본적인 길이었다는 사실에는 변함이 없다. 단순히 조상의 봉건적 재산을 상속받을 수 있기 때문만이 아니라 이미 부유한 평민이 더욱 부유해지는 데도 도움이 되었기 때문이다.

유럽 대륙 전역에서 귀족이 되고 싶어 하는 부유한 평민들의 열망은 1789년 프랑스 혁명이 퍼뜨린 새로운 이념이 확산된 후에도 사라지지 않았다. 사실상 프랑스 귀족의 상대적 지위를 상당히 손상시키고 법복 귀족의 확산을 종식시킨 혁명 초기의 열기에도 불구하고 나폴레옹 치하의(1801~1814) 프랑스 제국 수립은 프랑스에서뿐만 아니라, 이탈리아 등지에서도 새로운 귀족화 물결을 일으켰다. 이는, 막스 베버가 이미 강조한 바와 같이 새로운 '평등주의' 민법(나폴레옹 법전이라고도 함)이 제정한 대로 상속 순간에 강제적 영지 분할을 행사함으로써 구 귀족을 없애고 동시에 제국 정부를 지지하는 신 귀족을 만들어내기 위한 의식적인 노력의 일환이었다.[28]

나폴레옹이 몰락하고 왕정 복구가 시작된 후, 부르봉 왕조는

(1815~1830) 나폴레옹이 그랬던 것처럼 열성적으로 새로운 (그리고 충성스러운) 귀족을 만들어내려 했고, 통치 왕조에 더 큰 물질적 도움을 줄 수 있는 집단에서 그들을 선택했다. 이때 아주 부유한 사람들은 다시 한 번 최우선 순위로 떠올랐다. 7장에서 살펴보겠지만, 이것이 19세기 초반 프랑스 초부유층 사이에서 귀족 비중이 상당히 증가한 이유다. 1850년대 후반이 되어서야 귀족이 쇠퇴하는 경향이 나타나는데,[29] 이는 1789년 이후 이미 크게 축소된 귀족의 특권이 1848년 혁명과 제2공화국 수립으로 완전히 제거된 직후였다. 세습 작위는 1870년까지 법으로 계속 인정되었다. 그 후 프랑스에서 (우리 정의에 따른) 귀족은 종식되었고 귀족 작위는 이름의 장식품으로만 남게 되었다. 시간이 지나면서 많은 유럽 국가들이 프랑스의 예를 따랐지만 일부 국가들에서는 공식적으로 인정된 귀족이 오늘날까지 남아있다.

20세기 이후, 새로운 귀족의 등장

서구 대부분 지역에서 귀족은 더 이상 존재하지 않는다. 미국은 귀족제를 없앤 첫 국가로, 1788년 비준된 미국 헌법은 연방 또는 주 정부가 '귀족 작위'를 부여하는 것을 명시적으로 금지했다.[30] 프랑스는 1870년에 귀족제를 완전히 폐지했다. 오스트리아, 헝가리 및 합스부르크 제국의 분열로 태어난 신생 국가들과 독일, 폴란드도 제1차 세계대전 이후 공화국이 되면서 귀족제를 폐지했다. 이탈리아는 제2차 세계대전 이후 폐지했고, 불가리아와 루마니아처럼 소련의 영향권에 들어간 일부 동유럽 국가들도 마찬가지였다.

그 외의 유럽 국가들, 특히 북유럽의 많은 국가들은 여전히 입헌군주제를 유지하고 있으며, 따라서 형식적인 귀족제 역시 계속 존재하고 있다. 벨기에, 영국, 덴마크, 스웨덴, 네덜란드 그리고 남부 유럽의 스페인이 그런 경우다. 하지만 영국을 제외한 거의 모든 곳에서 현행 헌법은 귀족의 실질적인 법적 특권을 인정하지 않는다. 북미에서 캐나다의 경우는 다소 특이하다. 캐나다는 영국의 왕을 군주로 인정하지만 1917년 '니클 결의안Nickle Resolution'이 통과되면서 군주가 캐나다 시민에게 영국의 세습 영예(귀족 작위 또는 세습 귀족 작위)를 수여하지 않도록 요청했다. 이 결의안은 정식 법률로 제정되지는 않았지만, 이후 캐나다 정부 정책의 기준으로 기능하며, 귀족제의 종식을 확정짓는 역할을 했다.[31]

한편 귀족제가 강력하고 오랜 전통을 가진 나라에서 귀족들은 여전히 부유층의 중요한 구성원인 반면, 초부유층 사이에서 그들의 지위는 하락세를 보이고 있다. 일단 영국에서는 확실히 그렇다. 1990년에는 100대 최고 부자 중 15%가 지주 귀족 출신이었지만 2005년에는 4%에 불과했다.[32] 《선데이 타임즈》의 2020년 부자 리스트에 따르면, 그 수치는 지금까지 안정적으로 유지되고 있다(영국 귀족 중 최고 부자는 부자 리스트에서 당당히 10위를 차지한 웨스트민스터 공작으로, 그의 세습 재산은 103억 파운드(132억 달러)에 이른다).[33] 여기서 귀족들이 여러 세대에 걸쳐 부를 보존할 수 있었던 (또는 없었던) 방식에 대해 좀 더 설명할 필요가 있다.

귀족의 부를 영속시키는 데 중요한 것은 상속을 규정하는 법률이다. 특히, 재산의 분산을 피하기 위해서는 일종의 재산 분할이 불가능한 상속 제도가 필요하다.[34] 이미 언급했듯이, 프랑스와 다른 유럽 지역에서는 19세기 초에 (예전의) 봉건 재산에 대한 분할 가능 상속 제도가 도입되면서 구 귀족들의 부를 그대로 보전하는 것이 어려워졌다. 이 과정이 1804년 나폴레옹 법전의(각 자녀에게 상속재산을 나눠줘야 하며, 그 금액은 지정된 하한선 이하로 내려갈 수 없었다) 도입과 밀접하게 연결되어 있었기 때문에 이탈리아, 저지대 국가 및 독일 일부 지역과 같이 프랑스 제국의 영향을 어느 정도 받은 유럽 지역과 다른 지역 사이에 차이가 생겼다는 것은 분명하다.

나폴레옹 전쟁 당시 프랑스의 최대 라이벌이었던 영국을 먼저 살펴보자. 영국에서는 유효한 유언이 없는 경우, 살아 있는 자식 중 제일 큰 아들이 더 큰 몫을 받고, 귀족의 경우 봉건 영지도 장자 몫에 포함시키는 '장자상속제'가 11세기 노르만 정복 이후 1925년까지 기본 규칙으로 유지되었다.[35] 게다가 작위 상속은 아들을 우선시하는 장자상속제를 따르기 때문에 고위 귀족 또는 '작위'(공작, 후작, 백작, 자작, 남작 포함) 귀족들은 오늘날도 이 규칙이 유효하게 적용된다.[36] 이론적으로 현대 영국 귀족은 모든 자녀에게(아들 딸 구분 없이) 공정한 상속분을 줄 수 있지만, 실제로는 아들인 작위 상속자가 아버지 유산의 대부분을 받는 경향이 있다.

부자와 초부자 사이에서 귀족들이 살아남기 위해서는 상속에 어느 정도 차별을 둘 수밖에 없었는데, 문제는 그것만으로는 충분하지 않았다는 점이다. 많은 귀족 가문들이 품위 유지를 위한 막대한 생활비로 인해 빚을 지지 않으려면, 끊임없이 새로운 재산의 유입을 필요로 했다는 사실이 이를 잘 보여준다. 게다가 20세기 영국에서는 대규모 토지 소유에 일정 기간 제약을 가하는 법률까지 시행되었기 때문에, 이러한 부담은 더욱 심화되었다.[37]

영국 귀족들은 가세가 기울면 재정 문제를 해결하기 위해 외국인을 포함하여 부유한 평민과 결혼하는 선택을 하곤 했다. 이런 경향은 특히 농산물 가격 하락과 비교적 높은 노동 비용이 결합되며 대규모 영지 소유주들이 대거 파산 위기에 몰렸던 1880년대 들어 두드러졌다. 그런 상황에서는 평민과 결혼하는 것이 토지나 귀중한 미술 수집품을 처분하는 것보다 나은 대안으로 보였던 것이다. 이를 보여주는 지표는 궁정에 소개되는 평민 출신 여성의 비율로, 그 수치가 1841년에 약 10%에서 세기말에는 50% 이상으로 증가했다. 이들 중 다수는 부유한 미국 산업가의 딸들이었다.

이러한 흐름은 유럽 대륙에서도 비슷하게 나타났다. 예를 들어, 1895년 벨 에포크Belle Époque(아름다운 시대, 19세기 말부터 20세기 초까지 서유럽, 특히 프랑스가 예술·문화적인 번영을 누렸던 시기 - 옮긴이) 시대의 핵심 인물이자 세련미와 취향의 대가로 유명한 프랑스 후작 보니 드 카스텔란Boni de Castellane과 뉴욕 철도 재벌 제이 굴드Jay Gould의 딸인 안나 굴드의 결혼을 살펴보자. 이는 프랑스 귀족이 미국 상속녀와 결혼한 최초의 사례였으므로 대서양 양쪽에서 엄청난 반향을 일으켰다. 또 후에 따라온 이혼(1906)도 결혼만큼 화제를 불러일으켰는데, 보니가 안나의 상속재산 중 약 1,000만 달러(2020년 기준 약 2억 9,700만 달러)를 이미 탕진한 상태였던 것이다.[38]

부유한 평민과의 결혼을 통해 새로운 재산을 수혈하지 않고도 재산을 잘 유지해온 귀족의 경우 재산을 잘 관리했기 때문이기도 했지만, 그중 일부는 산업혁명과 그 후의 발전이 제공한 새로운 기회에서 덕을 볼 수 있었기 때문이기도 하다. 앞서 언급한 웨스트민스터 공작이 속했던 그로스버너Grosvenor 가문처럼 아마 약간의 행운도 있었을 것이다. 이 가문은 조상이 노르만 정복까지 거슬러 올라가는 다른 가문에 비하면 비교적 최근에 귀족이 된 경우였다. 체셔의 고위 판사를 거쳐 나중에는 의회 의원으로 활동한 리처드 그로스버너는 1622년에야 준남작이 되었다. 이 가문은 1674년 토마스 그로스버너가 에버리 영지의 젊은 상속녀와 결혼하면서부터 부자의 길로 들어섰다. 에버리 영지는 피커딜리 북쪽의 소위 '100에이커'(현재 런던의 메이페어 지역 대부분)와 '파이브 필드'(벨그라비아와 핌리코)를 포함하고 있었다. 이 지역은 당시에는 습지와 늪지대로 이루어져 있었지만 지금은 세계에서 가장 비싼 땅값을 자랑한다. 그로스버너 가문은 1874년 빅토리아 여왕으로부터 웨스트민스터 공작 작위를 수여받았다. 이후 런던의 급속한 확장으로 그로스버너 가문의 상속인들은 19세기 중반부터 영국 초부유층에 속하게 되었으며 수년 동안 최고 부자의 자리를 유지했다. 도시, 특히 런던에서 토지 가격 폭등으로 엄청난 이득을 얻은 영국의 다른 초부유층 귀족 가문으로는 카도간Cadogan가(백작), 포트만Portman가(자작), 하워드 드 월든Howard de Walden가(남작) 등이 있다.[39]

일부 서구 사회에서 상당수의 부유한 귀족들이 대를 이어 살아남은 것 외에, 부자들에 의해 귀족제가 더욱 공고화되는 훨씬 더 일반적인 과정도 진행되었다. 이 과정에는 귀족제를 강력히 거부했던, 미국과 같은 선구적인 나라들도 포함되어 있다. 19세기 중반에 알렉시 드 토크빌Alexis de Tocqueville은 미국의 '공화 민주주의'는 사회적 유동성이 높고 엘리트 계층이 개방적이며 부와 권력이 명확하게 분리되어 있고 교육의 대중화를 이룸으로써 귀족제를 막는 사회적 위계가 특징이라는 견해를 밝혔는데,[40] 이는 지나치게 낙관적이었던 것 같다.

많은 연구에 따르면 미국에서는 부유한 가문이 확고히 자리 잡자마자, 귀족의 모든 특징을 지닌, 명확히 구별되는 집단이 형성되는 경향이 나타났다. 19세기 동안, 이는 특히 보스턴을 시작으로 동부 해안의 대도시들에서 두드러졌다. 보스턴의 최고 부자들 중 다수는 독립전쟁이 발발하기 약 50년 전부터 두각을 나타내기 시작한 상인 가문 출신이었다. 예를 들어, 아모리Amorys와 캐벗Cabots 같은 가문들이 있었는데, 그들은 가족 중심의 무역 회사를 설립하여 사업적 관행과 부를 대대로 전수하는 데 유리한 구조를 만들었다.[41]

19세기 첫 수십 년 동안, 보스턴의 부유한 엘리트층은 섬유제조업으로의 산업 다각화에도 불구하고, 급성장하던 경쟁 도시 뉴욕에 비해 훨씬 더 보수적인 경향을 보였다. 역사학자 프레데릭 C. 자허Frederic C. Jaher는 다음과 같이 주장했다.

보스턴과 달리 뉴욕의 상업 및 금융업계는 장기적인 가문 중심의 영속성을 발전시키지 못했다. 19세기 내내 뉴욕 인구가 급증한 결과, 뉴욕의 구 엘리트층은 매우 빠른 사회적·경제적 변화 속도에 직면했고, 대도시의 지도자급 자리들을 채우는 데 필요한 인원을 자체 구성원들 사이에서 충원할 수 없었다. 보스턴의 주요 가문들이 비교적 느린 성장 속도 덕분에 여러 세대에 걸쳐 안정적으로 운영될 수 있었던 반면에, 뉴욕에서는 성장으로 인한 좀 더 풍부한 기회들이 부와 지위, 권력을 추구하는 새로운 사람들을 불러들였다.[42]

분명 뉴욕 경제 엘리트들의 매우 개방적인 특성과 상대적으로 풍부한 사회적 상승 기회는 특권을 이용해 자신들의 지위를 유지하는 귀족제의 발전을 어느 정도 억제했고, 이는 토크빌이 깊은 인상을 받은 미국 사회의 특징이기도 했다.

그러나 이것이 미국 엘리트층이 형성된 유일한 방식은 아니었다. 미국 남부를 포함해 여러 지역에서는 독립 이전의 '거대 농장' 소유 엘리트 구성원들 중 일부가 새로운 산업가들과 섞이는 등의 방식으로 살아남았고,[43] 더 보수적이고 가문 중심의 태도가 이미 나타나기 시작한 곳은 보스턴만이 아니었으며, 필라델피아의 경우도 마찬가지였다.[44] 더욱이 19세기 말에는 뉴욕에서도 부유층 중에서 자수성가한 사람이 드물어졌고, 그저 큰 재산을 상속받고 점점 더 귀족 집단의 일원처럼 행동하는 사람들로 교체되었다. '상속'은 귀족적 부의 기본 요소로 귀족 집단의 형성뿐 아니라 귀족 집단으로의 진입을 촉진했다. 막대한 재산은 또한 오래된 가문들과의 결혼을 촉진하고, 문화 및 자선 활동과 기관으로 쉽게 들어갈 수 있는 통로 역할을 했는데, 이는 가문 창시자에서 '니커보커Knickerbocker'나 '브라민Brahmin'으로 가는 대표적인 통과 의례였다('니커보커'와 '브라민'은 각각 뉴욕과

보스턴의 전통적인 상류층을 나타내는 용어다).[45]

그러나 동부의 다른 오래된 도시들과 비교할 때, 뉴욕 엘리트층은 새로운 멤버들에게 항상 더 개방적이었고 어느 정도 더 유한 반응을 보였다. 이는 1880년대와 1890년대에 재산·태생·스타일을 기준으로 이른바 귀족 집단을 좀 더 사회적으로 응집시키려는 노골적인 시도가 있었음에도 불구하고 그랬다. 흥미롭게도 그 과정은 알바 어스킨 스미스 밴더빌트Alva Erskine Smith Vanderbilt와 캐롤라인 셔머혼 애스터Caroline Schermerhorn Astor 같은 여성들이 주도했다. 캐롤라인 애스터는 이 귀족 집단을 '포 헌드레드Four Hundred'(캐롤라인 애스터의 살롱에 초대되던 뉴욕 상류층 인사 400명을 일컫는다. - 옮긴이)라고 명명했으며, 이들 중 유서 깊은 니커보커 가문 출신이 가장 큰 그룹이었지만 이들도 힘을 가진 소수일 뿐이었다. '포 헌드레드'의 유일한 공통점은 막대한 부였으며, 그중 약 50%는 상속이나 결혼을 통해 획득된 것이었다.[46]

어떤 의미에서 동부의 부자 귀족제의 등장은 봉건제도의 장치들은 없지만 노르만 정복 이후 영국에서 확립된 신 귀족 계급의 이야기와 매우 유사하다. 가문의 창시자들은 영웅적인 업적과 대담한 기회 포착이 특징이었던 반면, 그 후손들은 시간이 흐르면서 점점 더 선조들의 특징과 멀어져갔다. 그들이 높은 지위를 주장할 수 있는 유일한 근거는 상속만이 유일한 시점이 찾아오며, 부유층 가문의 발전 과정에서 그들의 높은 사회적 지위가 '능력'에 의한 것이라고 생각하기 어려운 순간이 도래하기 마련이다. 이는 초부유층의 존재가 왜 사회적 우려를 불러오는지를 이해하는 데 중요하다. 19세기 동부의 귀족제 사례는 또한 새로운 '글로벌 귀족'의 출현에 대한 현재의 우려를 이해하는 데도 도움이 된다. 그러나 그 문제에 초점을 맞추기 전에, 귀족에 대한 더 좁은 개념으로 돌아가 귀족과 부의 복잡한 관계에 대해 몇 가지 추가적인 측면을 논하는 것이 중요하다.

귀족과 부에 대한 추가 고찰

서구 역사 전반에 걸쳐, 출생에 의해서든지 아니면 작위를 얻든지 귀족이 되는 것은 부를 얻는 중요한 길 중 하나였다. 그러나 귀족 집단 전체를 관찰하면 모든 귀족들이 다 특별히 부유했던 것은 아니라는 사실을 인정하지 않을 수 없다. 실제로 일부는 상당히 가난했다.[47] 예를 들어, 스페인 이달고^{hidalgo}(스페인의 작위 없는 하위 귀족 - 옮긴이)가 그런 경우로, 그들에게는 대개 부유한 조상이 없었고 단지 과거에 무어인 이베리아 왕국이었던 지역을 가톨릭 왕조가 '재정복'했을 때 대규모로 이루어진 귀족화의 최종 수혜자들이었을 뿐이다. 그러나 가난에 시달리는 이달고조차도 자신들의 지위를 대단히 여기고, 자신들보다 물질적으로 훨씬 더 사정이 나음에도 최근에 귀족이 된 사람들을 멸시하곤 했다. 이러한 상황은 역사적 사건들로 인해 대규모로 귀족 지위가 수여된 유럽의 여러 지역에서 반복되었다. 15세기와 16세기에 폴란드 왕들이 영토 확장을 원활하게 하기 위해 귀족 지위를 수여했던 것도 그런 경우였다.[48]

조상의 재산을 탕진했거나, 아니면 불운한 사태로 인해 재산이 증발해버려 가난해진 귀족들도 있다. 1645년에서 1669년까지의 긴 전쟁 끝에 베네치아 공화국이 오스만 제국에 크레타 섬을 뺏긴 후, 그곳에 있는 영토를 포기할 수밖에 없어지자 베네치아로 몰려들었던 가난한 귀족들의 물결을 생각해보라. 이처럼 가난해진 귀족들은 특정 사회 집단을 형성하게 되었는데, 베네치아의 바르나보티barnabotti (몰락한 귀족 계층 - 옮긴이)가 바로 그런 경우다. 이 귀족들은 더 이상 이렇다 할 세습 재산이 없었음에도 불구하고 여전히 대평의회에서 의석을 유지했다.

본인의 방탕과 인생의 각종 변화 외에도 구체제에서는 귀족이 재산을 유지하는 데 각종 어려움이 따르기도 했다. 품위를 위해 매우 비용이 많이 드는 생활 수준을 유지해야 했지만, 천하다고 여겨지는 직업이나 활동은 금지당했기 때문이다. 이 두 가지가 '귀족답게 살기 vivere more nobelium'를 위한 본질적 요건이었고 귀족들은 지위와 특권을 잃지 않기 위해서 이를 충족해야 했다.[49] 다시 말해 귀족답게 보이는 것은 귀족 노릇을 하거나, 아니면 앞서 앙투안 크로자 1세 경우에서 잘 보았듯이 귀족이 되기를 열망하기만 해도 필요한 조건이었다. 예를 들어, 사회 계급 사이의 경계가 이전보다 좀 더 엄격해진 17세기와 18세기의 주요 교황령 도시에서 귀족으로 살려면 시내에 개인 예배당이 딸린 저택, 시골 별장이나 적어도 사냥용 산장과 가족 묘지를 소유하고, 한 가지 이상의 세습재산신탁과 그 외 성직의 수혜자여야 하며, 일체의 수공예나 천한 직업에 종사하는 것을 삼가야 했다.[50] 그러나 물려받은 재산을 손상시키지 않고 그런 생활 방식을 유지하는 것은 점점 더 어려워졌다. 근본적으로 귀족답게 사는 데 필요한 지출은 증가하는데 토지에서 얻는 수입은 이를 따라잡기 어려웠고, 귀족들이 다른 활동을 통해 수입을 보충할 기회는 매우 제한적이었기 때문이다. 프랑스 역사가 롤랑 무스니에Roland Mousnier는 이렇게 지적했다.

> 문제는 신사가 선택할 수 있는 직업이 많지 않으며 대부분이 파산을 초래한다는 점이다. 신사에게 진정 어울리는 직업인 군대나 함대, 혹은 궁정이나 정부 고위직에서는 신사가 버는 것보다 지출이 더 많았다. 일부 신사들, 특히 중간층과 하층 귀족들은 사법직에 진출한다. 하지만 이들은 귀족 전체에서 소수에 불과했다. 이 직책들이 정의와 왕에 대한 봉사라는 존엄성을 지니고 있다 해도 어느 정도 '부르주아적 성격'에 물들어 있기 때문이다.[51]

빈곤한 귀족들은 생계를 유지하기 위해 약간 의심스럽지만 부르주아적인 것과는 거리가 먼 활동에 의존하기도 했다. 예를 들어, 앞서 이야기한 베네치아의 바르나보티처럼 공직에 오를 때마다 부패를 일삼거나 대공의회에서 자신의 표를 팔기도 했다. 이는 점점 더 이 중요한 기관의 내부 운영에 영향을 미쳤으며, 주로 소수의 매우 부유한 귀족들에게 유리한 방향으로 작용했다.[52]

귀족의 생활 방식은 너무 비용이 많이 들어, 때로는 최근에 귀족으로 승격된 부유한 가문조차 감당 못할 정도였다. 프랑스 보베지Beauvaisis 출신의 트리스탕 가문은 17세기 초반부터 지역 행정부 직책을 맡았으며, 귀족들에게 대출을 해주며 부유해졌다. 불운한 귀족들이 빚을 갚지 못하면, 트리스탕 가문은 그들의 토지와 영지를 차지했다. 18세기 초, 그들은 왕의 공증인과 비서라는 중요한 직책을 사들여 공식적으로 귀족 지위를 획득했다. 곧이어 에즈, 쥐비니에, 베르드렐Hez, Juvignies, Verderel의 영주가 된 니콜라 트리스탕Nicolas Tristan은 신분 사다리에서 더 높은 곳으로 올라갈 때가 되었다고 판단했다. 그는 자신의 가문이 전통적으로 맡아오던 직책들을 버리고, 군에서 직책을 얻었고 본격적인 귀족적 생활 방식을 받아들였다. 하지만 1762년, 그의 재정은 심각한 파탄에 이르렀고, 결국 그는 자기 가문이 여러 세대 전 다른 귀족들에게 가했던 것과 똑같은 운명을 맞이했다. 빚을 갚기 위해 가문의 영지를 팔 수밖에 없었던 것이다.[53]

그러나 이는 동전의 한 면일 뿐이며, 다른 한편에서는 귀족이 되는 데 성공한 부유한 평민 가문에 새로운 기회가 열렸다. 이는 앞서 이야기한 심리적 요인들(특권적 사회 엘리트에 속하게 되는 매력과 소수만이 누릴 수 있는 것을 구매하는 즐거움)보다도 더 강력한 매력을 발해 많은 이들이 값비싼 귀족 지위 획득의 길에 나서게 했을 가능성이 있다. 이미 보았듯이, 보통 귀족들의 몫이었던 국가와 왕실 행정의 최고위 직책을 얻는 것은 더욱 더 부유해질 수 있는 훌륭한 기회를 제공했다. 그러나 이미 부유한 평민들에게 더 매력적으로 보였던 것은 정치 체제의 일원이 되는 것이었다. 그러면 제한된 정보에 접근할 수 있고 금융 활동에 수반하는 위험을 어느 정도 통제할 수 있는 것만으로도 새로운 기회를 창출할 수 있었다. 귀족이 산업에 투자하는 것은 보통 부적절하다고 여겼지만 국가에 자금을 빌려주는 것은 다른 문제로 받아들여졌기 때문이다.[54]

예를 들어, 영국의 경우 산업혁명이 진행되면서 귀족들이 자본가들에 비해 상대적으로 재정적 지위를 잃는 것이야 어쩔 수 없었지만 그래도 공공 부채에 투자함으로써 비용이 많이 드는 (그리고 반쯤은 의무적인) 소비 습관을 감당해야 하는 문제를 해결할 수 있었다.[55] 공공 부채에 대한 투자는 베네치아 공화국 같은 국가에서는 더욱 좋은 기회였다. 그곳의 정치 체계는 통치 귀족들에게 어느 정도 실질적인 공공 재정 관리권을 주거나 아니면 최소한 문제가 생길 경우 미리 경고를 받을 수 있도록 했기 때문이다. 베네치아 공화국이 군사 강국인 오스만 제국과의 반복적이고 엄청난 비용이 드는 전쟁에도 불구하고 채무불이행이 전혀 없었던 것은 우연이 아니다. 채무불이행의 책임을 져야 할 사람들이 바로 국가에 자금을 빌려준 사람들이기도 했기 때문이다.[56]

좀 역설적이게도, 유럽 대륙의 부유한 평민들의 관점에서 보면 19세기에는 귀족이 되는 게 경제적으로 더 큰 이익이 될 수 있었다. 당시는 프랑스 혁명으로 고취되고 나폴레옹에 의해 법제화된 개혁이 확산된 후라 모든 곳에서 귀족 계층이 전반적으로 쇠퇴한다고 여겨지던 시기였다. 실제로 귀족들은 많은 특권을 상실했지만 동시에 많은 의무에서 해방되기도 했는데, 특히 격에 안 맞는 활동이나 투자는 하지 말아야 한다는 의무에서 자유로워졌다. 다시 말해, 그들은 이제까지 비귀족 엘리트 계층, 특히 미국 귀족주의자들만 누릴 수 있었던 이점을 점차적으로 얻게 되었다. 이는 막스 베버가 완벽하게 설명한 바와 같이, '명문가' 집단에 들어가게 되면 부수적으로 유리한 결과가 따라오기 때문이다. 현대에는 기업과 행정부에서 고위·고액 연봉의 자리에 더 쉽게 접근할 수 있고, 더욱 중요한 것은 재정적·경제적 목

표를 촉진하는 데 유용한 사회적 인맥을 형성할 수가 있다.[57]

이는 독일 지역에서도 마찬가지였는데, 나폴레옹이 아우스터리츠 전투에서 승리하고 신성로마제국이 종말을 맞은 1806년 이후 귀족의 산업 활동 참여에 대한 공식적인 금지 조처가 해제되었다. 많은 구 귀족들은 여전히 사회적으로 용인되는 전통적인 활동 영역을 고수했지만 새로 귀족이 된 이들은 보다 자유롭게 행동할 수 있었다.[58] 이 문제는 1871년 독일 통일 이후 더욱 중요해졌다. 지위와 정치 권력을 얻기 위해서는 귀족 신분보다는 부를 갖는 것이 더 중요했던 함부르크 같은 한자 도시의 경제 엘리트들은 제국이라는 새로운 환경이 제공하는 기회들을 활용하기 위한 방안을 모색해야 했다. 이는 황제와 직접 관계를 맺거나 황실 인사들과 연결망을 구축함으로써 더 효과적으로 해결할 수 있었다. 하지만 이 문제는 단순히 한자 도시들만의 문제가 아니었다. 독일 전역의 사업가들은 이제 지역 정치 인맥에만 의존할 수 없게 되었고, 베를린이라는 귀족적 분위기가 강한 새 수도에 자리 잡은 새로운 권력자들과 관계를 구축해야 했다.

그러나 왕실에 접근하는 것은 평민들에게 매우 어려운 일이었다. 19세기 말과 20세기 초에 활동했던 은행가 칼 폰 데어 하이트Karl von der Heydt는 자신의 회고록에 이렇게 썼다.

> 우리는 부르주아 계층의 일원이라 궁정에서 배제되었는데, 이는 우리가 궁정 사회, 즉 고위 귀족, 외교사절단, 최고 궁정 관리들 그리고 아주 부유한 귀족 가문들로 구성된 그 배타적인 집단에 낄 수 없다는 것을 의미한다.[59]

칼 폰 데어 하이트는 이러한 장벽을 극복하기 위해 귀족 지위를 얻는 데 성공했다. 이러한 추세는 1850년대 또는 1860년대부터 심화되었다. 19세기 중반 프로이센에서 새로 귀족이 된 사람들 중 6~7%이던 기업가 비율이 황제 빌헬름 2세의 통치 기간(1888~1918)에는 14~15%로 증가했다. 이들 신흥 귀족 중 40.5%는 산업계(특히 군수 산업) 출신이었고, 29.7%는 무역업계, 29.1%는 금융업계 출신이었다(나머지는 알려지지 않음).[60] 독일의 사업 엘리트들은 귀족층과 결합하는 데 상대적으로 관심이 덜했다는 주장도 있었는데, 이는 아마도 그들 중 유대인들이 많아 자기들만의 귀족적 엘리트를 형성하려 한 때문이었을 수도 있다.[61] 그렇다 해도 신흥 귀족 중 기업가, 특히 산업가의 비중 증가는 전 유럽적인 추세였던 듯하다. 예를 들어, 영국에서 1868~1880년에는 그들의 비율이 11.5%였고 1900~1909년에는 40.9%로 정점에 이르렀다.[62] 그러나 영국의 경우, 적어도 빅토리아 시대에는 귀족들이 자신들에게 맞는 조건으로 새로운 사업 기회에 참여하려는 의지가 상대적으로 강했다는 점이 아마 가장 두드러진 특징인 듯하다. 이에 대해서는 다음 장에서 더 자세히 다루기로 한다.

'글로벌 귀족'의 등장

귀족주의 발전에 귀족 계급에 대한 법적 인정이 필수적인 조건은 아니며, 19세기 미국에서 등장한 귀족주의가 그 적절한 예다. 바로 그 점에서 우리는 일종의 '글로벌 귀족' 등장에 대한 최근의 우려를 이해해야 한다. 이 글로벌 귀족층은 기능적으로 분배 측면에서는 과거의 국가 귀족층과 유사하지만 지리적으로 훨씬 더 광범위하게 작용하며 세계적인 활동 양상을 보인다. 이에 대해 사회과학자 스티븐 헤이슬러Stephen Haseler는 1990년대 후반에 "신 글로벌 자본주의는 신 글로벌 귀족층, 즉 주로 가문을 기반으로 하는 계층 또는 세습적 계급을 탄생시켰고, 이들은 다양한 장치를 통해 막대한 사유 자본의 축적을 지배하고 있으며, 상속을 통해 점점 더 많은 재산을 축적하고 있다"고 주장했다. 그러나 헤이슬러는 이 신흥 글로벌 귀족이 과거 귀족들만큼 굳건히 자리잡은 것이 아니며 그 정도로 배타적이지도 않다는 점은 인정했다.[63] 이러한 우려, 그중에서도 특히 노동보다 상속이 부의 축적 수단으로 점점 더 중요해지고 있다는 우려는 오늘날 자본주의의 한계와 위험성에 대한 최근의 논의들, 특히 토마 피케티가 제기한 문제의 핵심 주제이기도 하다. 상속은 부자 연구에서 중요한 주제로, 이 책에서도 반복해 나올 것이다. 우리는 이미 귀족제의 역사적 발전에 있어 상속의 중요성을 이야기했다. 오늘날 서구 대부분 지역에서 전체 재산 중 상속재산의 비중이 점점 더 늘어나고 있다는 징후가 많이 나타나고 있는 만큼, 새로운 귀족제가 발전할 수 있는 비옥한 토양이 마련되고 있는 듯하다.[64]

하지만 귀족들에게는 단순한 부 이상의 것이 있다. 따라서 새로운 글로벌 귀족이 부상하고 있는지를 묻는 것이 부의 불평등이 증가하고 있는지를(2장에서 보았듯이 증가하고 있다) 묻는 것과 완전히 같은 것은 아니다. 다른 요소들, 예컨대 배타적인 집단 내에 존재하는 어느 정도의 사회적 결속, 사회적 접촉, 또 공통된 견해와 목표에서 생겨나고 지속적으로 강화되는 그러한 사회적 관계도 작용한다. 이러한 경향을 뒷받침하는 신호들은 곳곳에서 관찰된다. 예를 들어, 자녀를 차세대 엘리트들이 다니는 소수의 최고 명문교(그리고 이후 대학은 미국의 아이비리그나 영국의 옥스퍼드와 케임브리지 같은 명문 대학)에 보내는 엘리트 교육의 관행이 지속되고 있는 것을 생각해보라. 1950년대에 미국의 사회학자 찰스 라이트 밀스 Charles Wright Mills가 주장했듯이 명문교에 다니고 배타적인 클럽의 일원이 되는 공통적인 경험은 미국의 '권력 엘리트' 층 내에서 사회적 및 심리적 유대감을 형성하는 데 중요한 역할을 했다.[65]

더 최근에는 영국에서 '올드 보이' 문화가 지속되고 있다는 증거가 제시되었다. 예를 들어, 1861년 클래런던 위원회가 '명문교'로 지정한 9개 엘리트 학교로 이루어진 클래런던 Clarendon 학교 출신 학생들은 다른 학교 출신보다 명망 있는 직위를 차지할 가능성이 94배 더 높은 것으로 추정되었다. 흥미롭게도, 최근 영국 총리였던 데이비드 캐머런과 보리스 존슨은 클래런던 학교 중 가장 명망 높은 이튼 칼리지 출신이며 리시 수낙도 역시 클래런던 학교인 윈체스터 칼리지 출신이다. 이는 최근 몇십 년 동안 교육 개혁으로[66] 일어난 변화에도 불구하고 그렇다. "재능, 능력, 노력"이라는 새로운 구호를 채택하여 불평등을 은폐할 수는 있지만, 영국과 미국 및 서구 세계 전역에서 불평등을 초래하는 엘리트 학교들의 영향력을 완전히 막지는 못하는 것이다.[67]

개혁이 가져온 변화로 엘리트 교육 기관들이 다양한 배경을 가진 학생들에게 개방되었는데 이는 부유한 외국인들에게 자녀를 서구 엘리트 문화에서 교육시킬 수 있는 기회를 제공했다. 코로나19 위기가 시작되기 직전인 2020년 초, 영국 전체 기숙학교의 기숙생 중 약 43%는 해외에 거주하는 비영국인 부모의 자녀였다(이민자 자녀는 통계에 포함되지 않았다). 이는 관련 데이터가 처음으로 나온 2007년의 31%에서 크게 증가한 수치였다. 2020년, 외국인 학생의 46%는 중국 본토와 홍콩에서 왔으며, 바로 다음인 독일은 한참 뒤처진 6%였다. 그러나 클래런던 학교에서는 외국인 학생 비율이 상대적으로 낮았던 것으로 보인다. 정확한 수치를 알 수는 없지만, 2019년 이튼 칼리지에서 영어를 추가 언어로 선택한 학생 수로 판단하면 6% 미만이었다.[68] 아이비리그를 대표하는 예일대학교에서는 지난 10년 동안 외국인 학생 수가 50% 이상 증가했다. 2019~2020학년도에 외국인 학생은 전체 등록 학생의 22%를 차지했으며, 그중 중국 학생이 32%로 압도적으로 많았고, 그 다음으로 캐나다(8.4%), 인도(7.7%), 한국(5%), 영국(4.6%) 순이었다. 물론 오늘날 엘리트 교육 기관의 학생들이 모두 다 특권층 출신은 아니며, 학생들의 국제적 이동성은 일반적으로 매우 긍정적인 발전이다. 하지만 동시에, 명문 교육 기관에서 비서구권 학생들이 점점 더 많아지고 있다는 사실은, 과거 국가 귀족제의 계승자로 글로벌 귀족 계층이 형성되고 있음을 보여주는 것이라고 할 수도 있다. 명문 교육 기관은 또한 다음과 같은 이점을 제공한다.

<u>스포츠, 문화 참여, 취향 등, 귀중한 교과 외 활동에 대한 관심과 훈련을 배양하는 수단 중 하나다.</u> 이러한 성향과 훈련이 반드시 엘리트층 진입을 보장하는 것은 아니지만 그 길로 향하는 길을 매끄럽게 해준다. 초박

빙의 경쟁 상황에서 자격과 경험이 비슷한 지원자들을 구별하기 위해 비공식적인 문화 적합성이 활용되는 경우에는 특히 더 그렇다.[69]

이렇게 성공으로 가는 '탄탄대로를 닦는 것'이 바로 글로벌 귀족 계층의 부상에 대한 우려가 타당한 이유다. 과거의 국가 귀족 계층과 마찬가지로, 오늘날의 글로벌 귀족 계층에 속하게 되면 몇 가지 실질적 특권을 얻을 수 있다. 예를 들어, 매우 부유한 가문 출신이거나 적절한 학교와 대학을 다닌 특정 배경 때문에, 또 사회 엘리트층처럼 보이고 인식된다는 이유로 동등하거나 심지어 더 나은 자격을 가진 경쟁자들을 제치고 고위직에 우선적으로 선발되는 것이다. 이런 상황에서 '능력'이란 말은 그저 갖다 붙이기 편한 허울에 불과하다.

부유층과 초부유층이 자신들만의 귀족 계층을 만들거나, 아니면 옛 귀족들과 같이 이미 확립된 귀족 집단에 합류하려는 추세가 심한 부의 불평등 상태가 바로 사회적 우려를 불러일으킬 수 있는 이유 중 하나인데, 이는 이 책의 3부에서 자세히 논의하기로 한다. 하지만 부자들이라고 해서 모두가 어마어마한 부자집에서 태어난 것은 아니며, 전부 귀족적 특권을 이용해 재산을 쌓은 것도 아니다. 실제로 서구 역사는 자신의 능력으로 막대한 부를 쌓은 뛰어난 사람들의 사례로 가득하다. 이제는 그들에게 주목할 차례다.

4

새로운 부의 동력: 혁신과 기술

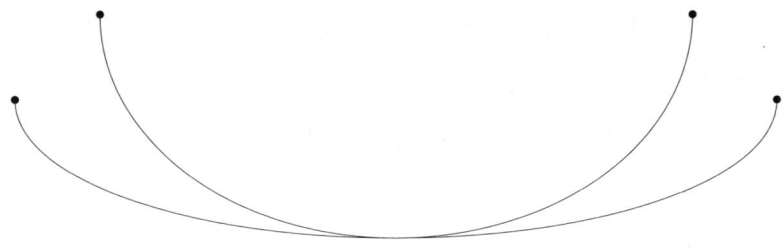

서구 역사는 남다른 기량 그리고 거의 예외 없이 약간의 행운 덕분에 부의 피라미드의 정점에 오른 뛰어난 인물들로 점철되어 있다. 역사를 살펴보면 능력이나 역량, 용기에 의지해 부를 축적할 수 있는 경로가 분명히 있었다. 이는 개인이 부를 축적할 수 있는 모든 경로 중에서 오늘날 가장 논란이 적은 경로라고 할 수 있는데, 과거 사회에서도 그랬던 것은 아니다.

    이 장은 혁신을 이루었거나 아니면 시장, 경제 구조, 기술의 변화로 인해 생긴 새로운 기회를 정확히 알아볼 줄 아는 능력 덕분에 부자가 된 인물들에 초점을 맞추고 있다. 그러나 경제적으로 야망을 품은 개인들에게 열리는 기회가 모든 시대에 동일했던 것은 아니었다. 그 때문에 우리는 중세부터 시작하여, 대서양 무역로가 열리면서 완전히 새로운 상황을 만들어낸 근대 초기로 이동한 후, 마지막으로 엄청났던 산업혁명 시대로 나아갈 것이다. 귀족 가문과 마찬가지로 상인 또는 기업가 가문의 경우도 큰 자산가 가문에서 태어났다고 해서 본인이 꼭 훌륭한 자질을 갖고 있는 것은 아니었다. 다시 말해, 창업 세대 이후로는 가문의 거대한 부가 점점 더 능력과는 관계가 없어진다. 바로 이것이 전 세계적으로 초부유층에 대한 반감이 쌓이는 주요 이유 중 하나이므로, 이 문제에 대해서는 각별한 주의를 기울일 것이다. 이 장의 마지막에서는 컴퓨터 시대의 시작과 새로운 정보 기술의 도래로 급속히 부자가 될 기회가 열렸지만 동시에 많은 국가에서 불평등이 뿌리내리게 된 최근의 사례를 살펴본다.

이 장을 시작하기 전에 기업가 정신은 혁신과 밀접하게 연결되어 있다는 점을 상기하고 싶다. 적어도 오스트리아 출신 경제학자 조지프 슘페터가 처음 소개하고 유행시킨 견해를 따른다면 그렇다. 슘페터에 따르면, 기업가는 혁신을 경제 과정에 적용하려는 의지와 능력을 갖고 있는 사람이다. 이는 발명을 상품으로 전환시키거나 새로운 상업로를 개척하거나 아니면 단순히 생산 과정이나 사업 조직 형태를 개선하는 것일 수도 있다. 그러나 새로운 것을 창조하기 위해서 기업가는 많은 경우 기존의 것을 파괴해야 하며 슘페터는 이를 '창조적 파괴'라고 불렀다.[1] 바로 이것이 사회는 기업가적 혁신가들의 부상에서 틀림없이 혜택을 보는 반면, 그 과정에서 피해자가 나오는 이유다. 이 장에서 그 과정을 살펴보도록 하겠다.

부유한 죄인들: 상인과 무역기업가

어떤 시대에는 기업가 정신과 혁신을 통해 부자가 될 기회가 다른 때보다 더 풍부했다. 유럽 역사를 살펴보면 로마제국은 기술과 상업 혁신에 특별히 유리한 환경을 제공하지 않았다. 게다가 로마제국의 속주들이 생산하고 소비하는 물품들이 다 획일화되는 경향이 있어 장거리 무역이 활발하지 않았다. 가는 곳마다 자신들이 선호하는 채소와 나무를 심으려 한 로마인들의 유명한 습성을 생각해보라. 예를 들어, 포도나무와 올리브나무 재배는 와인과 식용유 같은 관련 제품의 대규모 수출입을 억제했다. 또한 무역에 종사하는 사람들은 사회적 비난을 받았고 대규모 무역상들조차 정도는 덜 했지만 마찬가지였다. 그러나 예외는 있었고, 몇몇 원로원 의원들은 '평판이 좋지 않은' 상업 활동을 하기 위해 대리인을 사용하거나 그랬다는 의심을 받기도 했다. 그렇지만 때와 장소에 따라 어느 정도 편차가 있었음을 고려해야 하며 제국 환경이, 예를 들자면 통일된 대규모 시장, 공통 통화 및 언어와 같은 상업에 상당히 유리한 조건을 제공하기도 했다는 점을 간과해서는 안 된다. 이런 이유로 제국이 몰락하고 그 경제 및 상업 체계가 무너지자 기업가로 부를 쌓는 것은 더욱 어려워졌고 최상위 부유층은 대개 귀족 계층이 차지하게 되었다.[2]

11세기부터 이른바 중세 '상업혁명'이 시작되며 상황은 서서히 변하기 시작했다. 과거 로마제국의 중심지였던 이탈리아와 동지중해 지역의 비잔틴 영역에서 시작된 새로운 상업 경제는 곧 유럽 전역으로 확산되었다. 이 이야기에서 중요한 역할을 한 것은 아말피, 제노바, 피사, 베네치아와 아드리아 해 건너편의 라구사 같은 중요한 무역 도시들을 중심으로 성장한 이탈리아의 '해양 공화국'이었다. 한 세기 정도 후에는 상업·방위 연합체인 한자동맹 소속 북유럽 도시들도 마찬가지 역할을 했다. 이렇게 당시의 일반적인 상태와는 다른 매우 특수한 사회적·경제적·문화적 환경에서 일부 대담한 사람들은 사업적 기회를 포착하고 이익을 얻는 방법을 고안해낼 수 있었다. 11세기 파비아Pavia 출신의 한 작가는 이에 대해 "(베네치아) 사람들은 밭을 갈지 않고, 씨를 뿌리지도 않으며, 포도를 수확하지도 않는다"며 놀라워했다. 그중에서도 큰 부호로 올라설 수 있었던 사람들은 국제 무역을 전문으로 하는 상인들이었고, 프랑스 역사가 페르낭 브로델Fernand Braudel에 따르면 이들은 서양 자본주의의 초기 출현에 중요한 역할을 한 바로 그 경제 엘리트층이었다.[3]

경제 엘리트층은 정치적·제도적 관점에서 보면 예외적인 장소에서 특히 번영했다. 시간이 지나면서 귀족과 중요한 특성을 공유하는 도시 귀족층을 형성하기는 했지만, '상인 공화국'은 분명 중세 봉건제도 체제에 속하지 않는다. 한자동맹 '자유 도시'들을 포함하여 중세 상업 도시들의 특수한 성격을 초부유층에 초점을 맞춘 관점에서 바라보면 우리는 다소 놀라운 결론에 도달하게 된다. 소득과 부의 불평등이 무한정으로 커진 곳은 농업 경제와 봉건적 구조가 우세했던 대륙의 주요 지역이 아니라 바로 이들 상업 도시였다는 사실이다. 막스 베버도 이 점을 예리하게 지적했다. "봉건제도는 명확하게 구분된 권리와 의무를 통해 전체 경제를 안정시키는 효과를 가질 뿐만 아니라 개인적인 부의 분배에도 안정적인 영향을 미친다."[4] 다시 말해, 봉건제도가 고도의 경제적 불평등을 고착시키기는 했지만, 그럼으로써 신흥 집단들의 야망을 속박하여 사회 전반의 경제적 격차가 한층 더 커지지 못하게 방지하는 역할을 했던 것이다.

그러나 베버는 다른 한쪽 면은 보지 못한 것 같다. 평민 부유층은 귀족이 없었다면 생겨날 수 없었다. 상업혁명이 시작된 것은 바로 귀족들의 필요를 충족시키기 위한 것이었기 때문이다. 높은 운송비 때문에 중세의 장거리 무역은 값나가는 상품이어야 이익이 났는데 11세기나 12세기에 그에 대한 수요는 거의 독점적으로 지배층과 그들의 직속 부하들(관료, 고위 관리, 장교 등)에게서 발생했다. 이들의 사치품 소비 욕구가 장거리 무역망의 최초 출현으로 이어졌으며 무역로는 대개 로마 시대에 사용되었던 경로를 따랐다. 사치품 중 대부분은 남유럽에서 생산되었으며, 베네치아의 고급 유리 제품처럼 일부는 이탈리아의 독점 품목이었다. 다른 상품들, 특히 후추나 이국적인 향신료는 레반트Levant와 북아프리카에서 조달해야 했으나 그것들도 남유럽 상인들의 중개를 통해야 했다. 또한 흰 빵과 포도주를 원하지만 밀이나 포도를 재배하기 어려운 북부 유럽 귀족의 경우처럼, 귀족들이 선호하는 식료품은 또 다른 무역의 필요를 만들었고 재빠른 상인들에게 새로운 기회를 제공했다.[5]

그래서 비교적 경제적으로 자유로웠던 주요 무역 도시들에서 유능하고 대담한 사람들은 엄청난 부를 쌓을 수 있었으며, 그들은 동시대 사람들과 비교해 프랑스 신학자 니콜 오렘Nicole Oresme의 표현대로 "인간들 사이에서 신과 같은" 존재가 되었다. 그러나 상업혁명이 제공한 기회에도 불구하고 중세는 기업을 통한 부의 축적에 우호적인 시대가 아니었다. 중세 기독교 신학에 따르면, 부자들은 모두 탐욕으로 인해 영원한 저주를 받게 될 죄인들이었다. 이는 매우 부유한 사람들의 존재가 사회에서 불러일으키는 문화적 불안감을 이해하는 데 중요한 문제다. 즉, 중세 시대에 평민들이 큰 부를 축적하는 것에 대해 상당한 문화적 저항이 있었다는 이야기다.[6] 이는 귀족들에게는 문제가 되지 않았다. 그들은 평민들을 다스리고 자원에 접근할 특권을 인정받았기 때문이다. 그러나 부유한 상인들, 특히 다음 장에서 논의하게 될 멸시의 대상이던 부유한 은행가들은 상업혁명의 초기에는 비정상적인 존재로 여겨졌다.[7]

엄청난 부에 대한 문화적·종교적 압박은 중세 상인 및 기업가 가문의 많은 이들에게 심한 정신적 부담이 되어 일부는 회개하고 소유 재산을 전부 또는 일부 포기하기도 했다. 이 가운데는 유명해지거나 경배의 대상이 된 이들도 있다. 가장 대표적인 예는 이탈리아 아시시의 부유한 상인 가문 출신인 성 프란체스코다. 그는 청빈과 기도의 삶을 추구하기 위해 아버지의 재산을 포기하고 탁발 수도회를 창설했다. 성 프란체스코는 20대의 젊은 나이에 삶의 방식을 급격히 바꾸었지만 다른 이들은 때로는 비양심적인 방식을 통해 기업가로 성공을 거둔 후에야 비슷한 결정을 내렸다.

11세기 말 영국 월폴의 가난한 농민 가정에서 태어난 핀클의 고드릭Godric of Finchale 사례를 살펴보자. 그의 출신은 너무 미천하여 처음에는 해안가를 뒤지며 난파선에서 표류한 잡동사니 가운데 쓸 만한 물건을 찾는 일을 했다. 그러다가 마을에서 행상을 시작하면서 신분 상승 사다리에 첫 발을 디뎠다. 그러나 진정한 전환점은 여기저기 시장을 돌아다니며 장사를 하는 행상인 무리에 합류하면서 시작되었다. 남아 있는 기록에 따르면 고드릭은 남달리 유능하고 성공한 상인이었으며, 곧 큰 돈을 모아 국제 무역이라는 큰 사업에 달려들어 영국, 플랑드르, 덴마크 연안을 따라 항해하며 무역을 했다.[8] 일부 자료에 따르면 그는 해적 행위에도 연루되었을 가능성이 있다. 1102년 제1차 십자군 원정 중에 예루살렘의 초대 왕인 볼드윈Baldwin을 도운 영국의 해적 고더릭Goderic이 바로 그일 수 있다는 이야기가 있는데, 이는 확실하지 않다. 성공이 절정에 이르고 엄청난 부를 이룩한 후, 그는 기독교에 귀의했다. 고드릭은 린디스판Lindisfarne 성지를 방문하고 성 커스버트St Cuthbert의 환영을 본 후 다시 가난한 삶을 선택했다고 전해진다. 그는 전 재산을 자선단체에 기부하고 핀클리에서 은자 생활을 시작했다. 그는 곧 성인으로 인정받았고 성 프란체스코와 마찬가지로 동물들에 대한 자비로움으로 명성을 얻었다.[9]

성 프란체스코와 성 고드릭의 사례는 중세에 상업으로 거대한 부를 쌓는 데 수반되는 불편함을 보여준다. 그러나 이들은 예외적인 경우로, 성공한 상인들 대부분은 자신들의 경제적 성공, 후손들에게 물려줄 재산 축적 그리고 내세에 대한 두려움을 어떻게든 조화시키는 방법을 찾아냈다. 그 대표적인 사례로 프라토Prato 출신의 상인 프란체스코 디 마르코 다티니Francesco di Marco Datini가 있다. 그의 경제 활동은 그가 남긴 방대한 개인 기록 덕분에 잘 알려져 있는데 이 기록에는 13만 통의 업무용 서신, 500권의 회계 장부 그리고 수천 건의 기타 문서가 포함되어 있다.

1335년에 중산층 가정에서 태어난 다티니는 1348년 흑사병으로 고아가 되었다. 식료품 소매업자로 아마 대부업도 했을 그의 아버지는 프란체스코에게 작은 집 한 채, 땅 한 뙈기 그리고 47플로린의 재산을 남겼다. 15세의 프란체스코 다티니는 물려받은 땅을 150플로린에 팔고 프라토를 떠나 남프랑스 아비뇽으로 갔다. 당시 사람들이 보기에는 틀림없이 매우 대담하고 심지어 경솔하기까지 한 행동이었다. 당시 아비뇽은 교황청이 있던 중요한 무역 중심지로, 이탈리아와 플랑드르 상인들이 교류하는 장소였다. 다티니는 10년이 채 안 되어 잘 자리를 잡았고 다른 토스카나 상인들과 합자 회사를 결성해 금속, 무기 및 갑옷 무역을 전문으로 했다. 그의 성공을 엿볼 수 있는 한 예로, 1367년 토로 디 베르토와 합자 계약을 갱신할 때 양측이 자본금으로 각각 2,500플로린을 투자한 것을 들 수 있다. 아비뇽에 있던 다티니의 상점들은 다양한 상품들을 거래했고 곧 옷감, 향신료, 실크까지 취급했다. 다티니는 또한 프랑스의 고급 에나멜을 피렌체로 수출하기 시작했으며 수익성이 좋은 종교화 무역도 개발했다. 다티니는 아비뇽 본부에서 프로방스, 카탈로니아 그리고 로마, 나폴리 등 많은 이탈리아 도시들 너머까지 뻗어 있는 두터운 사업 네트워크를 관리했다. 그러나 교황 그레고리우스 11세가 로마로 돌아가자 아비뇽에서 30년 넘게 살았던 다티니도 고향 토스카나로 돌아가기로 결정했다.

이탈리아에서 다티니의 사업은 더욱 번창했다. 그는 직물 시장으로 과감히 진출하여 프라토에 제조 공장을 세우고, 피렌체의 양모 제조업자와 상인 조합인 아르테 델라 라나$^{Arte\ della\ Lana}$에 가입했으며, 외국산 양모와 원단을 수입하여 현지에서 가공한 뒤 유통하는 사업을 시작했다. 1386년에는 피렌체 시내에 창고를 개설하고 현지 상인들과 회사를 설립하여 명품과 대량 소비재의 도매 및 유통에 집중했다. 다티니는 가능할 때마다 사업을 다각화했다. 섬유 부문에서는 실크 거래도 시작했고 피사, 제노아, 바르셀로나, 발렌시아를 포함한 다양한 도시로 사업을 확대했다. 이 신중한 다각화 전략은 다티니 사업의 특징이었던 것으로 보인다. 그는 새로운 기회를 잡기 위해 대담하게 움직일 줄도 알았지만 동시에 위험을 기피하는 성향이 강하여 점진적인 확대 전략을 선호했다. 그의 회사들은 각자 독립체로 운영되었으며 다티니는 위험이 거의 없다고 여겨지는 경우에도 어김없이 모든 상품에 보험을 들었다. 그의 사업 관행은 당시로서는 혁신적인 것이라 진정한 슘페터식 기업가라 할 수 있었고 많은 이들에게 영향을 미쳤다. 실제로 다티니는 새로운 회사 형태인 파트너십 시스템을 발명했거나 아니면 적어도 처음으로 장려한 사람 중 하나로 추정된다. 이 시스템은 회사 소유주를 무한 책임으로 인한 재정적 파탄으로부터 보호하는 동시에 여러 시장으로 쉽게 다각화할 수 있게 한다.[10]

다티니는 1410년 사망하는 순간까지 쉴새없이 일하며 재산을 늘려갔고 1403년에는 피렌체에서 열 손가락 안에 드는 부자가 되었다. 그의 보잘것없는 출신과 피렌체의 부의 수준을 고려하면 이는 대단한 성취였다. 그러나 다티니에게는 본인이 죽은 다음에 사업을 이어갈 아들이 없었는데, 아마도 그런 상황 때문에 영원한 구원을 위한 장기 투자에 더 쉽게 지갑을 열었을 수 있다. 그는 자기가 죽은 후 아내의 생활비로 연간 100플로린을, 딸에게는 1,000플로린을 남겼지만 유산 대부분은 빈민병원 재단에 기부되었다. 그의 유산 총액은 거의 10만 플로린에 달했는데, 이는 그가 처음 물려받은 자산의 500~600배에 달했다. 다티니는 1,000플로린이라는 훨씬 적은 금액이기는 하지만 그래도 스페달레 델리 인노첸티Spedale degli Innocenti라는 피렌체 최초의 고아원 설립에 기여함으로써 자선 활동에서도 혁신가적인 면모를 보였다.[11]

프란체스코 디 마르코 다티니가 사망 시 행한 자선 활동은 그 규모가 남다르기는 했지만 중세 상인들 사이에서는 아주 흔한 관행의 일환이었으며 근대 초기와 그 이후에도 어떤 형태로든 계속되었다. 사실 이는 영원한 저주의 대상이 될 위험과 부 축적에 대한 욕망 사이에서 균형을 잡기 위한 의식적인 시도로 역사학자 새뮤얼 K. 코언Samuel K. Cohn의 표현을 빌리자면 적절한 "내세 전략"이었다.[12]

그러나 다티니의 이야기는 중세 말기에 부자가 되는 경로의 특성을 이해하는 데 더 많은 도움을 준다. 어떤 의미에서는 '흑사병'이 그를 가족에 대한 의무와 사회적 제약에서 해방시켰다고 볼 수 있다. 그 때문에 그는 일찍이 부모의 재산을 상속받을 수 있었고, 부모 외에 삼 형제 중 두 명도 전염병으로 사망하여 유산을 나눌 필요도 없었으며, 망설임 없이 프랑스로 이주할 수 있었다. 흑사병 이후 수십 년 동안 사회경제적 상황은 새로운 가문이 정치적·경제적으로 성공하기에 유리했다.[13] 상업혁명 전성기에 번성했던 부자 가문의 후손들이 흑사병으로 상당한 피해를 입은 반면 다티니는 비교적 개방적인 사회 구조 덕분에 혜택을 보았다.[14] 이는 2장에서 논했듯이 전염병 이후 일어난 급격한 부 불평등의 감소 상황과 일치한다. 흑사병이 야기한 사회 및 경제 구조의 변화와 소비 습관의 변화는 혁신이 더 쉽게 도입될 수 있는 환경을 조성했다. 예를 들어, 14세기 후반부터 루카나 볼로냐 같은 이탈리아 도시들에서 일어난 실크 산업의 붐은 흑사병이 만들어낸 새로운 상황과 명확히 연결되어 있다.[15] 이제 근대 초기, 흑사병이 풀어놓은 변화의 힘을 적절히 이용해 풍성한 결실을 맺은 사람들의 이야기로 넘어가보자.[16]

기회의 신세계

중세 시기 유럽과 지중해 무역망의 점진적인 확장은 대서양 무역로가 열리면서 국제 무역의 붐을 일으켰다. 초기에는 포르투갈과 스페인의 탐험가 및 무역상들이 중요한 역할을 했다. 양국이 추구하는 목표는 각기 달랐다. 포르투갈은 15세기 내내 아프리카를 돌아서 가는 해로를 개척하려 애썼다. 유럽 전역에서 수요가 높은 귀한 향신료의 원산지에 도달해 이탈리아 상인들(특히 베네치아인)을 제치고 북유럽 향신료 시장의 주요 공급자가 되고자 했던 것이다. 한편 스페인은 지름길을 찾는 데 뛰어들었다. 콜럼버스가 제안한 대로 대서양을 건너 중국에 도달함으로써 이익도 챙기고 이웃이자 잠재적 경쟁자인 포르투갈을 이기기 위해서였다. 이 두 가지 계획은 15세기 말에 모두 성취되었다. 1492년에 콜럼버스는 카리브 해의 히스파니올라Hispaniola에 도착했고, 1498년에 바스코 다 가마는 인도의 칼리컷Calicut에 도착했다. 이로써 남유럽 상인들은 새로운 무역의 선두주자가 되었다.[17] 중요한 것은 초기 대서양 무역로 사업에서 이탈리아인들이 배제되지 않았다는 점이다. 어쨌든 콜럼버스는 제노바 출신이었으며 다수의 신세계 초기 탐험 지원금도 대부분 이탈리아에서 제공되었다.

그러나 곧 북유럽의 경제 주체들이(네덜란드와 이후에는 영국까지) 경쟁에 참여했고, 시간이 지나며 그들은 계속 커지는 파이의 큰 덩어리를 자기들 몫으로 챙길 수 있었다. 이 과정에서 그들은 특권적 무역회사라는 큰 혁신을 이루었는데, 그 시작은 1602년에 설립된 네덜란드 동인도 회사 VOC, Vereenigde Oostindische Compagnie였다. 이 회사들은 새로운 무역로로 생긴 상업 기회를 이용하기 위해서 설립되기도 했지만 '선두주자'인 포르투갈과 스페인에 비해 뒤늦게 뛰어들었기에 그동안 잃어버린 시간을 만회하기 위한 목적도 있었다. 이 회사들은 특정 무역로 사용이나 특정 상품 무역에 대한 독점권 같은 특권을 가졌으며, 함대와 군대를 유지하고 유럽 밖에서 획득한 기지와 영토를 통치하는 등의 국가와 유사한 권한도 부여받았다. 이 특권 회사들은 부유층에 새로운 투자 기회를 제공했고 특히 귀족들은 '부르주아' 활동으로 손을 직접적으로 더럽히지 않으면서도 주주로 투자에 참여할 수 있었다.[18]

이 새로운 상황은 경제적 또는 일신상의 위험에 맞설 수 있는 대담한 사람들에게 부자가 되는 새로운 길을 열어주었다. 예를 들어, 1587년 네덜란드 북부의 항구 도시 호른 출신으로 비교적 평범한 가정에서 태어난 네덜란드 상인 얀 피터르스존 쿤 Jan Pieterszoon Coen을 생각해보자. 양조업자로 시작해 후에 상업으로 진출한 그의 아버지는 무역의 새로운 황금 시대가 도래하고 있음을 잘 이해한 듯했다. 그는 아들을 로마로 보내 7년 동안 플랑드르-이탈리아 가문인 비셔스 가문에서 견습을 받게 했다. 쿤은 그곳에서 남유럽에서 사용되던 회계 및 무역 기술, 특히 그 당시 북유럽보다 더 발전된 복식부기를 배우게 되었다. 네덜란드로 돌아온 쿤은 VOC가 야심 차게 계획하고 있던 동인도 지역으로의 원정에 참여할 준비가 되어 있었고, 1607년에 보조 상인으로 합류했다. 당시 쿤이 감수했던 일신상의 위험을 헤아리기 위해서는 네덜란드를 떠나 VOC가 조직한 초기 동인도 원정에 나선 사람들의 사망률이 (한 추산에 따르면) 거의 50%에 달했다는 사실을 생각해보면 될 것이다.[19] 하지만 쿤의 첫 번째 여행은 성공적이었고, 1612년에는 선임 상인으로 두 번째 여행을 떠날 준비가 되었다.

쿤의 빠른 승진은 그의 개인적 능력이 대단했기 때문이기도 하지만 VOC의 급속한 확장 때문이기도 했다. 그 덕분에 쿤은 1615년에 서부 자바의 반탐Bantam에서 VOC의 무역 및 농장 사업을 전담하는 책임자가 되었다가 곧이어 회사의 총책임자가 되었고, 마침내 1617년에는 30세의 나이로 동인도 총독이 되었다. 총독으로서 그는 VOC의 상업적·경제적 확장을 위해 전반적인 전략을 계획하고 실행할 책임이 있었으며, VOC의 군사력을 관리하는 임무도 맡았다. 이는 이 국제 무역의 새로운 황금 시대가 분쟁으로 가득했기 때문인데, 현지 권력가, 이전 포르투갈 영토의 잔당들뿐만 아니라 점점 더 야심 차게 덤벼드는 영국의 경쟁자들과도 대적해야 했다. 쿤은 VOC가 아시아 생산자로부터 향신료를 직접 확보해야 하며, 경쟁자들을 무역에서 강력하게 배제하고, 유럽인들에게 손해를 끼치며 원주민들에게 이득을 줄 수 있는 원산지 가격 상승을 방지해야 한다고 주장했다. 이는 소수의 수익성 높은 상품, 특히 정향, 메이스 그리고 가장 수익성이 높은 육두구에 집중하게 만들었다. 육두구는 원산지가 인도네시아 반다 제도Banda Islands였으며 요리용 향신료뿐만 아니라 전염병 예방을 포함하여 의료용 약재로도 많이 찾는 품목이었다. 육두구는 반다 제도 외부에서는 재배될 수 없었기 때문에 VOC는 관련 무역 전체를 장악할 수 있었고, 이를 통해 막대한 이익을 얻었다. 17세기 초 유럽에서의 육두구 판매 가격은 원산지 가격의 약 840배 정도였던 것으로 추산된다.[20]

얀 피터르스존 쿤은 두 차례에 걸쳐 동인도 총독을 역임했다. 그 몇 년 사이 그는 유럽으로 돌아가 유력한 가문 출신 여성인 에바 멘트와 결혼했는데, 이는 아마도 동인도로 돌아가기 전에 사회적 지위를 공고히 하고 정치적 영향력을 강화하기 위한 목적이었던 듯하다. 실제로 쿤은 VOC의 최고 통치 기구인 17인 이사회Heeren XVII와 지속적으로 충돌하며 자신의 의견을 관철시키기 위해 애썼다. 이 기구는 아주 부유하고 이미 확고히 자리를 잡은 가문 출신들로만 구성되어 있었고, 아무리 유능하더라도 신흥 부자들에게 늘 그렇듯이 그들은 쿤을 무시했다. 게다가 일부는 쿤이 VOC의 이익을 도모하기 위해 동인도에서 자행한 무자비한 행동에 우려를 나타내기도 했다.[21]

근대 초기 상업 및 식민지 확장의 '어두운 면'에 초점을 맞추기 전에, 그것이 만들어낸 다양한 부의 경로부터 더 자세히 살펴볼 필요가 있다. 초기 세계화 단계와 연결된 국제 무역의 급격한 증가로 인해 '무역 증가, 구매력 증대, 소비, 근로 윤리, 제도적 변화 및 혁신의 선순환'이 촉발되며 유럽 경제를 크게 자극했다.[22] 우선 독립 무역상으로 아니면 특권 회사의 직원으로 대서양 무역에 직접 참여할 수 있는 기회가 있었다. 장거리 무역로에 대해서는 특권을 부여받은 회사들이 독점적 권리를 가지고 이를 집행했기 때문에 쿤의 경우처럼 VOC 같은 회사의 직원이 되는 것이 가장 흔한 방법이었다.

특권 회사의 직원에게는 높은 급여와 함께 개인적인 무역, 부패, 절도 등의 방법을 통해 추가 수익을 얻을 수 있는 기회가 많았기 때문에 대개 수입이 아주 좋았다. 명목상 월급은 겨우 700플로린인 일개 VOC의 총독이 1,000만 플로린을 벌어들일 수 있었던 것도 그런 방법을 통해서였다. 이렇게 자기 주머니를 채울 기회는 회사 조직의 바닥에서 꼭대기로 올라갈수록 점점 늘어났으며, 이러한 관행이 만연해 있었기에 많은 사람들이 수년 동안 끔찍한 생활 조건을 견뎌야 함에도 특권 회사의 배에서 가장 하찮은 직책이라도 기꺼이 맡으려 한 것이었다. 그러나 투자할 자본이 있는 사람들은 굳이 암스테르담이나 런던의 안락한 생활을 포기하지 않아도 특권 회사의 혜택을 누릴 수 있었다. 예를 들어, VOC는 설립 이후 평균 18%의 연간 배당금을 지급했다. 물론 파산한 특권 회사들도 많았으므로 위험도 존재했지만 신중하고 운이 좋은 투자자들은 몇 년 만에 자산을 몇 배로 불릴 수 있었다.[23]

남들이 수고해 얻은 것을 간단히 약탈한 이들도 있었다. 16세기와 17세기에는 위험을 감수할 가치가 있어 보이면 상인이 해적으로 변하는 일이 종종 있었다. 그 외에도 상업 및 식민지 확장으로 발생한 충돌과 유럽 내 분쟁의 여파로 국가에서 해적선이나 사략선(정부로부터 적선을 공격해 나포할 권리를 인정받은 개인 소유의 무장 선박 - 옮긴이)에 '나포 허가서'를 발급하는 관행이 확산되기도 했다. 이 허가서는 해적 행위를 합법화하는 것으로, 허가서를 지닌 선박은 적국 선박을 공격하고 그 배와 화물을 전리품으로 차지할 수 있었다.[24] 이들은 평화시에도 비전투 선박들을 자주 약탈했다. 일부 사략선 선장은 엄청난 부자가 되었는데, 영국의 프랜시스 드레이크 경 Sir Francis Drake이 대표적이었다. 평범한 농부의 아들로 태어난 그는 사략선 선장이 되어 1570년대부터 1590년대까지 스페인 선박과 해안 도시를 약탈했다. 그의 가장 성공적인 작전은 금 36킬로그램, 은 26톤을 포함한 보물 상자들을 잔뜩 싣고 마닐라 항로를 가고 있던 스페인의 '보물선' 누에스트라 세뇨라 데 라 콘셉시온 호 Nuestra Señora de la Concepción를 나포한 것이었다.[25] 2008년 《포브스》가 발표한 '최고 수입을 올린 해적'이라는 다소 별난 리스트에 따르면, 드레이크가 해적 활동으로 벌어들인 수입은 1억 1,500만 달러(2020년 기준 약 1억 3,800만 달러)에 달해 역사상 두 번째로 성공한 해적이 되었다. 1위는 18세기 초에 활동한 영국 해적 '블랙 샘' 벨라미 'Black Sam' Bellamy로, 그는 미국 대서양 연안에서 스페인과 프랑스 선박 나포를 전문으로 했으며, 그의 평생 수입은 2020년 기준으로 1억 4,400만 달러에 달했다.[26]

    번창하던 해적 사업은 문제의 소지가 많았지만, 그 당시로서는 대서양 항로가 개방되면서 활짝 꽃을 피운 여러 기업가적 활동 중 한 가지였을 뿐이다. 통틀어 '침략'이라고 표현할 수 있는 이 약탈적 행위들은 세 가지 종류로 구분할 수 있는데, 해적 행위, 원주민 착취 그리고 노예제가 바로 그것이다.[27] 유럽인들 간의 충돌이었던 해적 활동과 달리 원주민 착취와 노예제는 유럽이 세계의 지배 세력으로 부상한 방식을 냉철하게 보려는 최근의 재해석 시도와 밀접한 관련이 있다. 역사학자 케네스 포메란츠Kenneth Pomeranz의 유명한 저서 『대분기The Great Divergence』(2000)가 대표적인 예다. 이 책에서는 이러한 행위들이 각기 어떻게 부의 경로를 만들어냈는지를 간략히 조명하고자 하며, 우선 원주민 착취부터 얘기해보겠다.

동인도에서의 무자비한 활동으로 심지어 상급자들조차 눈살을 찌푸리게 했던 얀 피터르스존 쿤의 경우를 살펴보자. 그는 원주민들이 자신의 뜻을 따르지 않거나 네덜란드 사람들에게 잘못을 저지른 것으로 보이면 가혹한 처벌을 서슴지 않았다. 가장 잘 알려진 사례는 인도네시아 자카트라(지금의 자카르타)를 파괴하고 원주민을 추방한 사건이다.[28] 1621년에는 반다 제도 원주민들을 공격했는데, 그들이 네덜란드와의 계약을 위반하고 영국과 무역을 했기 때문이었다. 패배한 원주민들에게 도저히 지킬 수 없는 조건을 요구해 인구의 90% 이상이 사망했고, 1,000명 정도의 생존자 중 800명은 자바로 강제로 이주되었다. 그 후 부족한 노동력은 아시아 노예들을 수입하여 보충했다. 질병으로 사망한 원주민들도 있었겠지만, 네덜란드가 반다 제도에서 저지른 행동은 인종 청소라고 해도 과언이 아닐 정도였다. 쿤은 오랜 기간 동안 잊혀져 있다가 19세기 말부터 네덜란드 역사에서 영웅적인 인물로 그려졌는데, 최근 몇 년 동안 많은 논란의 대상이 되고 있는 것도 바로 그 때문이다.[29]

원주민 착취는 스페인과 포르투갈이 주도한 유럽 확장의 첫 단계부터 시작되어 모든 식민지에서 반복적으로 발생했다. 콘키스타도르conquistadores(스페인 정복자)들은 대부분 가난한 배경 출신이었으며 그들이 당초에 그렇게 위험한 탐험과 정복 여행에 참여할 준비가 되어 있었던 것도 그 때문이었다. 그들은 어떻게 해서든 신대륙에서 큰 돈을 벌고자 했는데 이를 가장 쉽게 달성할 수 있는 방법은 원주민을 착취하는 것이었다. 스페인 엑스트레마두라 지방 출신의 대표적인 모험가 프란시스코 피사로Francisco Pizarro의 사례를 보자.

 2급 귀족의 사생아로 태어났지만 문맹이었던 피사로는 20대 후반인 1502년에 아메리카로 떠났다. 본격적인 성공을 거두기까지는 시간이 좀 걸렸지만 일단 성공의 길에 올라타자 그야말로 극적인 일이 벌어졌다. 1532년, 그는 엄청난 병력 차이에도 불구하고 잉카 제국의 황제 아타우알파Atahualpa를 포로로 잡는 데 성공했다. 엄청난 몸값을 요구한(아타우알파는 풀려나기 위해 85입방미터의 금과 그 두 배에 달하는 은을 약속했다고 전해진다) 피사로는 가짜 재판을 열어 그를 무자비하게 처형하고 스페인 왕실을 위해 페루 전체를 점령하며 잉카 문명을 종식시켰다. 동시에, 피사로는 형제들과 함께 가능한 한 많은 페루의 부와 자원을 개인적으로 장악하려 했다. 이후 피사로와 알마그로 가문 간의 불화로 피사로와 그의 오랜 동료 디에고 데 알마그로Diego de Almagro가 목숨을 잃자, 스페인 왕실은 피사로 가문의 신대륙 재산 대부분을 몰수하려 했다. 그러나 피사로 가문은 페루에서 얻은 수입 대부분을 스페인에 재투자해왔기에 상당한 재산을 유지할 수 있었다. 특히 프란시스코의 동생 에르난도 피사로는 후손들이 존경받는 스페인 상류층의 일원이 될 수 있는 기반을 마련하는 데 관심이 많았다. 그래서 그는 가문의 유산을 대대로 유지하기 위해 자신의 아들을 수혜자로 하는 장자상속권을 만들었다. 실제로, 1629년에 이름이 역시 프란시스코였던 피사로 가문의 일원이 카스티야 후작이 되었고 신대

류에 남아 있던 재산에 대한 가문 청구권을 포기하는 대가로 상당한 연간 수입을 받게 되었다.[30]

스페인 콘키스타도르들의 이야기는 정복, 귀족화 그리고 부의 축적 과정이 3장에서 이야기한 사례들, 즉 노르만 족이 잉글랜드를 정복한 이후 부자가 된 과정과 놀라운 유사성을 보여준다. 그러나 여기서 강조해야 할 점은 원주민을 대상으로 한 초기 약탈은 신대륙 착취의 극히 작은 부분에 불과했다는 것이다. 이러한 착취는 수세기 동안 다양한 제도를 통해 계속되었다. 그중 하나가 스페인의 엔코미엔다encomienda 제도로, 이는 유럽인 식민지 감독관인 엔코멘데로encomendero들에게 특정 원주민 집단에 금, 물품 또는 노동 형태로 공물을 부과할 수 있는 권한을 부여했다. 실제로 시간이 지나고 착취할 자원이 고갈되면서 사람, 즉 노동력이 가장 가치 있는 자원이 되었다. 후기 콘키스타도르였던 베르나르도 바르가스 마추카Bernardo Vargas Machuca는 17세기 초에 "스페인 사람은 아무리 자연환경이 훌륭하고 금과 은이 풍부하더라도 사람이 살지 않는 땅에서는 정착하거나 살지 않는다. 그들이 정착해 사는 곳은 인디언들이 있는 곳이다"라고 기록했다.[31]

그러나 아메리카의 인구 붕괴로 인해 곧 원주민들이 부족해졌다.[32] 이는 약탈의 세 번째이자 마지막 형태인 노예제를 촉진하는 중요한 역할을 했다. 여기에서는 두 가지 측면을 고려해야 한다. 우선 유럽 식민지에서는 노예 사용이 광범위하게 퍼져 있었다. 피사로 가문의 사례로 돌아가면, 에르난도 피사로는 막 발견된 포토시의 은광 개발을 관리하게 되었고, 광산의 힘든 일들을 시키기 위해 1536년부터 흑인 노예들을 수입했다.[33] 대부분 아프리카 출신인 노예들은 곧 아메리카의 유럽 농장 어디에서나 볼 수 있게 되었으며, 신흥 식민지 엘리트들과 유럽에 있는 그들의 친척들을 부유하게 만드는 데 중요한 역할을 했다. 좀 더 제한적이기는 했지만 동아시아 식민지에서도 노예제는 있었다. 얀 피터르스존 쿤은 중요한 생산 지역에서 다루기 힘든 원주민들을(반다 제도 경우를 기억해보라) 노예로 대체하는 것이 더 유리하다고 생각하여 노예제를 장려하려 했으나, 그 지역의 많은 원주민 정부들이 이를 혐오스럽고 부도덕한 행위라고 여겨 반대해 노예제 촉진은 제한적인 성공을 거둘 수밖에 없었다.[34]

다음으로, 근대 초기 대부분 동안 노예 무역 자체가 수익성 있는 사업이었다는 점이다. 16세기에서 19세기 사이 최소 1,200만 명의 아프리카 노예들이(그중 약 150만 명은 항해 중 사망) 아메리카로 이송되었고, 추가로 아시아 식민지로 보내진 노예들도 약 600만 명이었다. 이 노예 무역은 처음에는 15세기에 포르투갈 상인들이 유럽으로 노예를 수입하기 위해 설립한 네트워크를 바탕으로 이루어졌다.[35] 이 새로운 기회를 통해 포르투갈이 제일 먼저 막대한 이익을 거뒀으며, 16세기 내내 대서양 노예 무역을 독점했다. 그러나 17세기 초부터 네덜란드, 영국, 프랑스가 뛰어들어 자신들의 식민지에 직접 노예를 공급하는 동시에 근대 초기 내내 규모가 상당했던 포르투갈의 수입 중 일부를 차지하려 했다.[36] 스페인 식민지에서 노예 무역 독점권을 획득한 프랑스 상인이자 금융가인 앙투안 크로자 2세 Antoine II Crozat의 사례는 이미 3장에서 이야기했다. 특히 영국은 17세기 중반 이후 매우 성공적인 노예 무역국으로 자리 잡았는데, 이는 유럽 내 설탕 수요 급증과 맞물려, 노예 노동력에 크게 의존하던 안틸레스 제도의 농장

생산량이 증가한 덕분이었다.[37]

물론, 아메리카와 아시아로 향하는 대서양 무역로가 열리면서 생긴 새로운 부의 기회가 모두 착취를 기반으로 한 것은 아니었다. 게다가 새로운 기회에서 이익을 얻은 모든 사람들이 오늘날 관점에서 문제 소지가 있거나 혐오스럽게 여길 만한 행위에 직접적으로 관여한 것도 아니었다. 또 그런 행위들은, 특히 유색인종 처우에 대해 지금보다 기준이 훨씬 낮았던 과거 유럽인들의 관점에서는 별 문제가 되지도 않았다. 그렇다 해도, 이러한 '어두운 면'이 강했다는 사실은 변하지 않는다. 역사가 케네스 앤드루스Kenneth Andrews가 영국에 대해 시사한 바와 같이 무역, 약탈, 정착(원주민들로부터 강제로 빼앗은 땅까지 포함)은 모두 밀접하게 얽혀 있는 행위의 한 부분이었다. 특히 케네스 포메란츠는 한 발 더 나아가, 노예제와 비유럽 지역 착취가 서유럽이 부흥의 길로 들어서게 만든 근본적인 요소였다고 주장한다.[38] 앞으로 살펴보겠지만, 이는 서양이 19세기부터 급격한 발전을 이루게 된 이유는 대부분 혁신의 결과이며, 자신의 경제적 상황을 개선하려는 야심찬 기업가들의 노력의 결과라고 주장하는 관점과 직접적으로 배치된다. 본격적으로 이 시기에 대해 다루기에 앞서, 근대 초기 구세계(유럽과 그 주변)에서 새롭게 열렸던 부의 기회에 대해 먼저 살펴볼 필요가 있다. 이 기회들은 유럽의 신대륙 진출에 의해 간접적인 영향을 받았다.

구세계의 새로운 기회

신대륙 자원의 경제적 활용이 부를 축적할 수 있는 길이 되면서 양심의 가책 없이 이익만을 추구하는 비윤리적인 사람들을 끌어들였고, 많은 이들로 하여금 문제가 될 만한 행위에 의존하게 만들었다. 반면, 구세계의 발전은 현대적 성공의 이상에 더 부합하는, '능력'에 기반한 부를 이룰 기회를 제공했다. 근대 초기에 접어들면서, 대규모 광업, 어업 그리고 복잡하고 다양한 섬유 산업과 같은 일부 산업 부문은 놀라운 변화를 겪었고, 열정적인 기업가들에게 풍부한 성공 기회를 제공했다.

예를 들어 어업, 그중에서도 특별히 북유럽에서 '산업화한' 대규모 청어 어업의 발전을 살펴보자. 이 분야에서는 심해 어선인 헤링버스herring buss(청어잡이 어선) 발명이라는 중요한 혁신이 막대한 이윤을 가져다주었다. 청어잡이 어선은 15세기에 네덜란드 조선소에서 개발되었으며, 이는 수 세기에 걸친 오랜 개선 과정 끝에 나온 결과였다. 네덜란드 어부들은 염장 청어를 국내 시장뿐 아니라 중세 내내 품질과 맛이 더 좋은 남부 스웨덴산 청어가 지배하고 있던 발트 해 지역에도 공급하기 위해 애써왔다.[39] 기본적으로 청어잡이 어선은 가공 시설을 갖춘 선박이었으며, 이는 포경선과 함께 오늘날 냉동 시설을 갖춘 어류 가공 선박의 시조라 할 수 있다. 헤링버스는 이전 선박들보다 바다에 더 오랜 기간(한 번 출항하면 5주에서 8주 동안) 머물 수 있었으며, 선상에서 바로 생선을 가공할 수 있었다. 이는 생선을 빠르게 손질하고 절이는 데 필요한 추가적인 기술 혁신도 필요로 했다. 그 덕분에 배는 항구에서 더 멀리 떨어진 곳에서 어업 활동을 할 수 있었고, 청어가 점점 줄어들고 있었던 해안 근처에서 벗어나 청어 떼를 찾아 북해를 자유롭게 돌아다닐 수 있었다.

헤링버스의 개발은 15세기로 거슬러 올라가지만 관련된 여러 기술 혁신을 완성하기 위해서는 많은 개선이 필요했다. 그리고 이 새로운 부문의 원활한 작동을 위해서는 사업 조직 및 자금 조달 면에서 추가 혁신이 필요했다. 특히 도시 자본가들이 집단으로 특정 선박에 공동 투자하는 합자 형태의 자금 조달은 개인 투자자들의 위험을 줄여주었다. 또한 품질 관리 감독 같은, 업계에 대한 제도적 지원도 등장했다. 이 복잡하고 점진적인 과정은 16세기 후반이 되어서야 완료되었다. 이후 헤링버스 수는 급증했고, 17세기 초에는 정점에 달해 네덜란드에서만 약 500척의 청어잡이 어선이 운영되었다. 그 결과 청어 생산량이 16세기 중반과 비교했을 때 거의 4배가량 증가하며 네덜란드 공화국은 청어 시장 독점의 기반을 마련하는 데 성공했고 이는 17세기 말까지 계속되었다.[40] 대부분의 어업 회사들은 헤링버스를 한두 척만 소유하고 있었기 때문에(일부는 최대 10척까지 보유) 이 분야에서 활동하는 사업가의 수는 꽤 많았다. 염장 청어를 거래하면 직접 생산하는 것보다 더 큰 이익을 거둘 수 있었고, 당시 청어가 발트 해 지역에서 네덜란드의 주요 수출품이었다는 점을 고려하면 이 작은 '청어 혁명'이 부자가 되는 기회를 얼마나 확산시켰는지 분명해진다.[41]

네덜란드 어업 발전 사례는 산업혁명이 시작되기 훨씬 전부터 기술 혁신이 지니고 있던 변화의 힘을 보여주는 대표적인 예다. 또 다른 좋은 예는 13세기 이탈리아에서 발명된 비단 방적기다.⁴² 어업 산업에서 설명한 것처럼, 기술 혁신은 사업 관행, 노동 조직 및 관련된 제도적 틀 등 추가적인 혁신이 병행되어야 온전히 활용될 수 있다. 이런 종류의 혁신은 국가의 힘과 영향력이 크게 증가하고 그에 따라 관료제가 확장되는 근대 초기의 중요한 역사적 발전 과정에서 이익을 얻으려는 사람들의 성공에도 크게 기여했다.

근대 초기에는 국가 기관에서 고임금 직책을 맡아 부를 쌓을 수 있었을 뿐만 아니라 국가가 다양한 업무들을 외주화하는 과정에서도 많은 기회가 있었다. 그중 중요한 기능은 세금 징수였다. 실제로 징세 청부업자들은 근대 이전 유럽 사회에서 늘 최상위 부유층의 일원으로 등장하며, 이는 다음 장에서 더 자세히 다루기로 한다. 또 다른 경우로, 국가는 민간 기업가들이 개발한 혁신적인 서비스를 이용하기도 했는데 그중 일부는 시간이 지나면서 국가 전략상 매우 중요하다고 판단되어 결국 공공 영역으로 흡수되기도 했다. 우편 서비스가 바로 그런 경우였다. 현대적인 우편 서비스는 이탈리아의 타소^Tasso 가문이 개발했는데, 이들은 시간이 흐르며 매우 존경받고 부유한 독일 귀족계급의 일원으로 인정받아 투른 운트 타시스^Thurn und Taxis 가문이 되었다.

1459년, 이탈리아 롬바르디아 북부의 작은 마을 코르넬로에서 태어난 프란체스코 타소는 유럽 우편 서비스 역사에서 핵심적인 인물로 평가받는다. 그의 가족은 베네치아 공화국에서 민간 우편 서비스를 제공하는 코리에리 회사^Compagnia dei Corrieri를 설립해 우편 업무를 제공해왔으며, 프란체스코 타소는 가족이 이전 수십 년 동안 축적한 전문성을 바탕으로 사업을 확장했다. 타소 가문의 다른 분파인 산드리Sandri 가문은 로마 교황청에 유사한 서비스를 제공했다. 그의 형 이안네토Iannetto는 1489년 신성로마제국 황제였던 합스부르크 왕가의 막시밀리안 1세의 우편 서비스 책임자가 되었고, 미지급된 서비스 비용에 대한 보상으로 카린티아 지역의 광산과 봉토를 받았다. 이후 광업은 타소 가문의 중요한 부업으로 남게 된다. 하지만 가족 사업을 완전히 다른 차원으로 끌어올린 인물은 프란체스코였는데, 그는 유럽 대륙 전역의 우편 서비스 방식을 근본적으로 개혁했다.

1501년 프란체스코 타소는 브뤼헤에서 신성로마제국 황제 막시밀리안의 아들, '미남왕 필립Philip the Handsome'의 우편국장 겸 대장으로 임명되었으며, 이는 유럽 대륙을 넘나드는 우편 시스템 발전의 중요한 전환점으로 여겨진다.[43] 처음에는 저지대 국가와 부르고뉴 지역의 우편 서비스를 재편하라는 요청을 받았으며, 프란체스코 타소는 민간 계약자로 활동했다. 1505년, 필립이 아내 후아나를 통해 카스티야 왕(필립 1세)이 된 직후 새로운 계약이 체결되었다. 이 계약에 따라 프란체스코는 브뤼셀의 중앙 우체국과 스페인의 남부 도시 그라나다 그리고 그 사이에 있는 프랑스의 여러 도시들에 우편 연결망을 확보해야 했다. 드디어 인스브루크에 있는 황제의 궁정과도 우편 연결이 수립되었다. 16세기 유럽에서 서로 얽혀 있지만 지역적으로 분산되어 있던 합스부르크 왕가의 특성이 대륙을 가로지르는 새로운 형태의 정규 우편 서비스의 필요성을 확고히 했다는 점을 강조해야겠다. 1516년, 우편 서비스는 이탈리아까지 확대되었는데 이 또한 합스부르크 왕가가 그 지역으로 진출한 것과 연관이 있다. 1505년의 계약에 따라 프란체스코는 연간 1만 2,000플랑드르 리브르의 수당을 받았으며, 그 대가로 고품질의 우편 서비스를 제공했다. 당시 우편물이 브뤼셀에서 인스브루크까지 도달하는 데는 5일, 그라나다까지는 15일이 걸렸고, 겨울에는 각각 6일과 18일이 걸렸다.[44]

프란체스코 타소는 매우 유능한 우편 사업가임이 증명되었고, 1515년 막시밀리안 황제는 그에게 새로운 봉토와 궁정 백작이라는 영예로운 칭호를 부여했다. 타소 가문은 이제 고위 귀족으로 나아가는 결정적인 발걸음을 내디딘 것이었다. 프란체스코는 1518년에 직계 후손 없이 사망했지만 그의 자리는 회사에서 일하던 가족의 일원 중 조카 조반니 바티스타 타소가 이어받았고 이후 여러 세대를 걸쳐 계승되었다. 타소 가문이 제공하는 우편 서비스는 계속 확장되었으며, 여러 지역 정부들과 맺은 계약을 통해 새로운 우편 노선을 개설하고 관리하며 우편 부문에서 수세기 동안 반독점적인 지위를 유지했다. 우편 서비스는 처음에는 통치자와 국가 고위 관리들에게만 제공되었으나 17세기 초가 되면서 타소 회사가 정한 요금을 지불할 능력만 있으면 누구나 이용할 수 있게 되었고, 이는 사업 범위의 확장으로 이어졌다. 17세기 신성로마제국 황제 루돌프 2세가 모든 우편 서비스를 제국의 특권으로 규정하고 타소 가문에게 독점권을 부여하자 가문은 권력의 정점에 이르게 되었다. 이는 황제가 제국의 다른 귀족들에 대한 우위를 강화하기 위한 조처이기도 했다.

현대적인 관점에서 보면 좀 이색적인 사건을 통해 상황은 타소 가문에 더 유리해졌다. 1615년에 제국 우체국장의 지위가 라모랄 타소와 그의 후손들에게 봉토로 하사된 것이다. 이는 중세 봉건제도가 근대의 필요에 따라 변형된 사례라고 볼 수 있다.⁴⁵ 1624년, 타소 가문은 제국 남작으로 지위가 더욱 격상되었다. 그 무렵 타소 가문은 귀족 신분을 공고히 하고 독일 엘리트층에 더 잘 통합되기 위해 가문의 이름을 투른 운트 타시스로 변경했다. 이는 밀라노의 고대 롬바르드 가문인 델라 토레della Torre 가문의 이름을 차용한 것으로 좀 의심스럽지만 그들은 자신들이 그 가문의 후손이라고 주장했다. 1682년, 투른 운트 타시스 가문은 제국 공작이 되었고, 1754년에는 신성로마제국에서 최고위 정치 기구인 제국 의회에까지 진입했다. 그 후 몇십 년 동안 중부 유럽에서 우편 서비스에 대한 타시스 가문의 지배력은 계속되었다. 19세기의 새로운 정치적 상황으로 인해 지배력이 약화되긴 했지만, 그들의 우편 서비스는 1866년 프로이센-오스트리아 전쟁 중 투른 운트 타시스 가문의 본부가 있던 프랑크푸르트가 프로이센에 점령될 때까지 유지되었다. 이 가문은 지금도 여전히 독일에서 가장 부유한 가문 중 하나로 남아 있다.⁴⁶

　　타소 또는 투른 운트 타시스 가문의 사례는 부의 축적이 어떻게 높은 지위와 정치 권력으로 이어지는지를 보여주는 좋은 예다. 그들 가문은 공식적으로 최고 귀족층에까지 받아들여졌다. 이는 또한 뛰어난 개인의 능력이 수세기에 걸쳐 가문의 부를 보장할 수 있음을 보여준다. 타소 가문의 경우, 사업 정신이 오랜 기간 가문의 정체성으로 자리잡았으며, 이는 각종 외부 상황으로 인해 전통적 가업을 더 이상 이어가지 못하게 만들 때까지 지속되었다. 하지만 이러한 부유한 가문들의 역사적 발전 과정은, 그들이 축적한 부 가운데 과연 얼마만큼이 개인의 능력에 기인한 것인지를 판단하고자 할 때 여러 복잡한 문제를 야기한다. 그러나 이 문제를 본격적으로 논의하기에 앞서, 우리는 먼저 서양 역사에서 '혁신'이 가장 활발하게 일어났다고 여겨지는 시기, 즉 산업혁명에 집중할 필요가 있다.

기술의 혜택: 산업혁명 시대의 부

근대 초기에 기술과 사업 조직 혁신이 이미 전체 산업 부문을 변화시켰고, 그 과정에서 예비 기업가들에게 훌륭한 기회를 제공했다면, 산업혁명이 시작되고 기술 변화의 속도가 크게 증가하면서 대담한 혁신가들에게는 훨씬 더 좋은 상황이 펼쳐졌다. 일반적으로는 18세기 중반 영국에서 시작된 것으로 받아들여져온 1차 산업혁명이 정말로 '혁명적'이었는지 아니면 훨씬 더 점진적인 과정이 단순히 실행에 옮겨진 것인지에 대해서는 많은 논의가 있다. 그러나 각기 다른 시대에 혁신을 통해 열리는 부의 축적 기회에 초점을 맞추는 우리의 관점에서 보면 새로운 기술들이 새로운 과정과 제품에 실험되고 적용되기 시작하는 어떤 시점이 있다는 것은 분명하다. 경제사학자 데이비드 랜더스David Landers가 고전이 된 그의 저서 『풀려난 프로메테우스The Unbound Prometheus』에서 주장했듯이 "산업혁명의 핵심은 상호 관련된 일련의 기술 변화의 연속"이었으며 "장비와 프로세스 변화와 동시에 새로운 산업 조직 형태"가 나타났다.[47]

그러나 혁신가들의 진정한 황금기는 19세기 중반에 시작되어 제1차 세계대전 직전까지 지속된 이른바 2차 산업혁명이다. 이는

1차와 2차 산업혁명에서 기술 변화의 성격이 달랐기 때문이다. 1차의 기술 혁신은 더 점진적이고 '응용적'이었던 반면, 2차는 더 과학적이고 이론적 원칙에 기반한 것이라 방대한 학습과 교육을 통해서만 습득할 수 있는 것이었다. 그 결과, 1차 산업혁명은 철강과 섬유처럼 이미 중세부터 큰 재산을 벌게 했던 전통적 산업과 주로 관련이 있었지만(증기기관은 예외), 2차 산업혁명은 공업화학과 전기처럼 완전히 새로운 부문에 대한 것이었고, 철강 같은 일부 기존 산업의 경우 급격한 변화를 겪었다. 또한 1차 산업혁명은 주로 영국과 유럽의 작은 지역인 벨기에 같은 곳에 국한되었다가 19세기 초부터 미국과 프랑스 등 일부 서구 국가로 확산되었으나, 2차 산업혁명은 후발주자들에게 따라잡을 기회를 제공했다. 대표적인 후발주자로는 이탈리아와 독일처럼 통일된 지 얼마 되지 않은 국가들(이탈리아는 1861년, 독일은 1871년에 통일)과 유럽 외 지역에서는 일본이 있었다.[48]

산업혁명의 본질과 혁신의 전반적인 역할에 대해서는 다양한 관점이 있다. 일부 학자들은 산업혁명이 수세기 동안 이루어진 자본 축적의 궁극적인 결과라고 주장하지만,[49] 반대로 다른 이들은 혁신과 아이디어 그리고 그것들을 가능하게 한 변화와 '진보'에 더 열려 있는 새로운 문화적 분위기에 주목하며, 이러한 요소들이 사회적·경제적 변화를 주도했다고 본다. 최근 몇 년간 이 관점을 강력히 옹호한 인물로는 조엘 모키르 Joel Mokyr가 있다.[50] 또 다른 경제사학자 디어드리 맥클로스키 Deirdre McCloskey는 이와 관련하여 새로운 윤리와 사회문화적 변화의 중요성을 강조했다. 그 두 가지를 통하여 이전 세기에는 사회 엘리트층 사이에서 경멸의 대상이었던 경제적 성공과 부의 추구가 이제는 존경심을 불러일으키며, 성공적인 기업가에 대해 훨씬 더 긍정적이고 심지어 영웅시하는 관점이 생겼다는 것이다.[51]

혁신과 기술 변화의 중요성과 산업혁명과 함께 찾아온 새로운 문화적·사회적 분위기를 강조하는 것이 적절해 보이지만, 그것이 19세기 이후에 성공한 많은 기업가들이 귀족 작위를 받거나 최소한 귀족화하여 신분을 상승시키는 것을 궁극적인 목표로 삼았다는 사실을 가릴 수는 없다. 다시 말해, 기업가들을 더 이상 경시하지 않는 사회가 되었다고 해서 귀족 계급을 우러러보는 시선이 사라진 것은 아니란 이야기다. 또한 태도, 윤리, 또 전반적인 문화에서 우리는 창립자 세대와 그 후손들 사이에서 차이를 발견할 수 있다. 다시 말해 기업가 가문의 문제를 발견하게 되는데, 이는 부의 획득이 능력에 의한 것이었는지 아닌지에 대한 문제이기도 하다.

그 문제에 대해 논의하기 전에, 산업혁명에서 전형적이라고 볼 수 있는 혁신이 이끌어낸 부의 축적 경로의 몇 가지 사례를 살펴볼 필요가 있다. 초기 산업혁명의 중심이었던 영국 섬유 산업의 혁신가들을 살펴보는 것이 당연할 듯하다. 예를 들어, 리처드 아크라이트 Richard Arkwright는 보잘것없는 집안 출신으로 교육을 거의 받지 못했고 랭커셔에서 이발사이자 가발 제작자로 일했다. 이런 불리한 시작에도 불구하고 아주 재능 있는 인물이었던 아크라이트는 1760년대에 유행하던 가발용 방수 염료를 발명하기도 했다. 그러나 그가 기술과 경제 역사에서 명예로운 자리를 차지하게 만들어준 발명품은 방적기로, 1765년에 처음 사용되었고 그가 37세인 1769년에 특허를 받았다. 이 기계는 면사 방적 비용을 획기적으로 줄였으며, 특히 아크라이트가 말 대신 수력을 사용하도록 기계를 개조한 1770년대부터 더욱 개선되었다. 수력 방적기로는 단번에 실 96줄을 방적할 수 있었고 당시에 가장 튼튼한 실을 생산할 수 있었다. 또한 수력 방적기가 설치된 전문 공장은 대량 생산용 현대식 공장의 발전을 위한 중요한 발판이 되었다.

아크라이트는 1775년에 포괄적인 '대특허'를 획득했고 자신의 발명품에서 나오는 이익을 극대화하여 대성공을 거두었다. 1782년에 이미 그의 개인 자산은 20만 파운드에 달했으며 그의 사업체에는 5,000명의 직원이 일하고 있었다. 1792년 그가 사망할 무렵에는 사회적 지위가 한층 더 높아졌고(1786년에 기사 작위를 받았다) 그의 재산은 50만 파운드(2020년 기준 약 8,000만 달러)로 불어났다. 그러나 그의 특허 사용료는 매우 비쌌기 때문에 많은 이들이 불법적인 방식으로 기계를 사용하거나 경쟁에 나섰고, 아크라이트는 끊임없이 위협에 시달렸다. 아크라이트는 수년간 그들을 상대로 법적 다툼을 벌였으며 특허가 만료된 후에도 다른 방법을 써서 사업을 독점하려고 해 경쟁자들의 분노를 샀다.[52]

아크라이트의 혁신이 주로 기계 기술이나 공장 조직과 관련이 있었고 이를 필사적으로 방어해야 했던 반면, 다른 사람들은 계속 증가하는 고급품 잠재 고객들을 위한 새로운 제품과 새로운 판매 및 유통 방식을 도입하는 데 주력했다. 특히 흥미로운 사례는 조시아 웨지우드Josiah Wedgwood로, 그는 리처드 아크라이트보다 덜 알려져 있지만, 그의 이름은 유명한 웨지우드 도자기를 통해 오늘날까지 이어지고 있다. 조시아 역시 시작은 초라했다. 스태퍼드셔의 무명 도공의 열세 번째 아들로 태어난 조시아는 어릴 때부터 도자기 물레에서 도기를 만드는 일을 했다. 그러나 천연두에 걸려 절름발이가 되어 더 이상 그는 물레를 돌릴 수 없게 되었고 나중에는 무릎 아래를 절단하기까지 해야 했다. 그 결과 그는 도자기 모형 만드는 일을 하게 되었는데, 다행히 이는 실험을 좋아하는 그의 타고난 성향에 잘 맞았다. 그는 실험을 반복하며 새로운 기술을 개발했는데 1759년 서른 살이 될 무렵, 새로운 녹색 세라믹 유약을 발명하며 자기 사업을 시작할 수 있었다. 그 후 웨지우드는 혁신을 거듭하여 새로운 도기와 자기를 선보였고, 마침내 1760년대 중반부터는 샬럿 왕비가 '퀸즈 웨어Queen's Ware'라는 이름을 하사한, 유약을 풍부하게 바른 크림색 도자기를 내놓아 유럽과 미국에서 큰 성공을 거두었다. 그는 이후에도 수천 개의 샘플을 과학적으로 실험한 끝에 재스퍼 도자기jasperware를 완성했으며, 이 과정에서 도자기 가마 온도를 측정하는 고온계를 개발했다. 이 공로로 웨지우드는 1783년 왕립학회의 회원으로 선출되었는데, 정식 교육을 받지 못한 이로서는 대단한 성취였다.

 그러나 웨지우드의 창작품은 복제하기가 쉬웠는데 이 문제에서 그는 아크라이트와 정반대의 길을 택했다. 그는 끝없는 방어전을 벌이기보다는 독보적으로 유행을 주도하고 있던 귀족들의 취향 변화를 주의 깊게 관찰하며 지속적으로 새로운 제품을 출시하는 동시에 혁신적인 마케팅 전략을 취했다. 그는 멋진 매장, 쇼룸, 단기 전시회 등에 투자했으며, 왕실에 납품하는 공급업체라는 명성을 바탕으로(그는 영국 왕실뿐만 아니라 러시아의 캐서린 2세에게도 2,700파운드(2020년 기준 약 44만 6,000달러)짜리 '그린 프로그Green Frog' 도자기 세트를 납품했다) 도자기 제품은 특수층만을 위한 것이라는 이미지를 구축했고, 경쟁자들보다 훨씬 비싼 가격을 붙일 수 있었다. 스태퍼드셔의 도공이 런던에서 도자기를 판매하는 것만으로도 예외적이던 시대에 그는 해외 시장까지 공략한 것이다. 스토크 온 트렌트Stoke-on-Trent 근처에 그가 세운 도자기 전문 생산공장 에트루리아Etruria에서는 효율성을 높이는 동시에 제품 다양화를 위한 유연성을 확보할 수 있는 새로운 노동 조직 방식도 도입했다. 또한 공장 옆에 회사 근로자들을 위한 시범 마을을 세우고 그들을 위한 보험 제도도 마련했다. 1795년 사망했을 때 그는 50만 파운드의 재산을 남겼는데, 이는 아크라이트와 맞먹는 금액으로 그가 물려받은 재산이 단 20파운드였다는 점을 감안하면 대단한 성과였다.[53]

    1차 산업혁명 시기에는 뛰어난 인물들이 교육이나 어떤 다른 혜택을 받지 못하고도 큰 성공을 거두고 부자 또는 대부호까지 되는 것이 가능했지만 2차 산업혁명 때는 상황이 많이 달랐다. 이미 이야기했듯이, 그냥 골라잡으면 되는 잠재적 혁신 품목들이 풍부하게 널려 있기는 했다. 그러나 그것들을 식별하고 완성해서 실제로 적용하려면 훨씬 더 강력한 배경, 특히 현장에서는 쉽게 습득할 수 없고 대학이나 공과대학 같은 특정 장소에서 연마해야 하는 교육과 기술이 필요했다. 그리고 그러한 기회들은 사회의 빈곤층들은 쉽게 접근할 수 없는 것들이었다. 자리 잡힌 기업 가문의 젊은 후손들이라도 최소한 연구개발팀을 구축하고 교육받은 화학자와 엔지니어를 채용할 정도의 능력을 갖춰야 했다. 고등 교육을 마치지 못한 혁신가들조차도 거의 예외 없이 탄탄한 과학적 지식을 가지고 있었다.

벨기에의 화학자이자 기업가인 에르네스트 솔베이Ernest Solvay가 그런 경우였다. 그는 1838년에 태어났으며 건강 문제로 16세에 학교를 그만두어야 했다. 그의 부모는 그를 대학에 보내려 했으나 솔베이는 집에서 화학을 공부하는 것으로 자신의 관심을 이어갈 수밖에 없었다. 그러나 그것만으로도 혁신의 기회를 감지하기에는 충분했다. 몇 년 후, 삼촌의 가스 회사에서 암모니아수 담당 견습 관리자로 일하게 된 그는 소금물과 석회석(탄산염 퇴적암)에서 탄산나트륨(소다회)을 생산하고, 암모니아를 회수해 재활용하는 방법을 고안했다. 소다회는 비누, 유리, 벽돌 생산에 대량으로 사용되었다. 젊은 솔베이는 이 새로운 화학 공정이 지닌 상업적 가능성을 즉시 알아챘다. 그는 1861년에 첫 번째 특허를 출원했고, 1863년에는 가족과 친구들의 투자를 받아 형과 함께 스타트업 회사를 설립했다(그는 평생 은행을 싫어했다).

신생 기업 솔베이 & 씨Solvay & Cie는 도로, 철도, 삼브르 강 등 교통 요지이자 주요 원자재의 공급원과도 가까운 샤를루아Charleroi 근처에 위치해 있었다. 1868년이 되었을 즈음 이 회사는 벨기에 최대의 소다회 제조업체가 되었고, 1870년대부터는 유럽, 러시아, 미국 전역에 공장을 세우기 시작했다. 솔베이의 국제화 모델은 현지 기업가들과의 파트너십에 크게 의존했다. 20세기 초가 되자 솔베이의 회사는 전 세계 소다회 생산의 90%를 차지했으며, 이후에는 다른 공업화학 분야로도 사업을 다각화했다. 그는 당대 가장 부유한 벨기에인으로 꼽힌다. 그는 특히 사회적 의식이 높은 고용주였는데, 제도가 의무화되기 훨씬 전부터 8시간 근무제를 도입했고 직원들에게 의료 서비스와 유급 휴가를 제공했다. 생애 말년에는(1922년에 사망) 회사 경영에서 물러나 과학 연구와 자선 활동에 집중했는데 특히 과학 후원 활동에 열심이었다. 또한 그는 정치에도 참여해 상원의원으로 두 번 선출되었고, 1918년에는 벨기에 국왕에 의해 '국무장관'으로 임명되었다.[54]

산업혁명을 통해 가장 큰 혜택을 본 사람들 모두가 솔베이나 웨지우드처럼 사회적 의식이 높았던 것은 아니었다. 대표적으로 미국의 '강도 귀족robber barons', 즉 악덕 자본가들을 들 수 있다. 이 명칭은 부도덕하고 비양심적인 행위로 엄청난 축재를 한 사람들을 지칭하는 것으로 19세기 중반에 등장했다. 중세 독일에서 황제의 허가 없이 영지를 지나가거나 라인 강을 항해하는 이들에게 통행료를 부과하거나 때로는 노골적인 강도행위를 저지르던 몰락 귀족 기사들을 의미하는 '날강도 기사들Raubritter'과 일맥상통하는 말이다.[55] 그중 일부는 J.P. 모건처럼 금융업에 집중했으며, 새로운 산업 분야에서 엄청난 재산을 벌어들인 이들도 있었다. 존 D. 록펠러는 석유 사업 그리고 앤드류 카네기, 제이 굴드, 코넬리어스 밴더빌트 등은 철강과 철도 사업으로 막대한 재산을 축적했다.[56] 이 세 사람은 모두 비교적 보잘것없는 배경에서 출발했으며, 이는 대부분의 악덕 자본가들도 마찬가지였다 (J.P. 모건은 예외다).

예를 들어, 앤드류 카네기는 스코틀랜드 출신으로 1848년 가족과 함께 미국으로 이주한 가난한 직조공의 아들이었다. 그의 첫 직장은 피츠버그의 한 공장이었으며, 주당 1.2달러를 받았다. 그러나 1901년, 새로 설립된 US스틸에 자신이 철강 산업에서 가지고 있던 지분을 매각할 때는 2억 2,560만 달러(2020년 기준 약 71억 달러)를 금

채권으로 받았다. 당시 그는 미국 최고의 부자였으며 어쩌면 전 세계에서 가장 부유한 인물이었을 것이다. 카네기는 매우 특이한 인물이었다. 그는 회사 직원들을 착취하는 데 주저하지 않았다. 그의 철강 공장에서는 하루 12시간 근무가 일반적이었고, 일요일에는 격주로 24시간 근무 후 하루를 쉴 수 있었다. 그는 또 노동조합에 대한 폭력과 협박, 정부 규제를 회피하는 행위도 마다하지 않았다. 그는 심지어 자신의 약탈적 행동을 정당화하기 위해 사회진화론에서 끌어낸 이론을 개발하기까지 했다. 카네기는 미국의 철학자이자 사회학자, 생물학자인 허버트 스펜서Herbert Spencer에게 특별한 찬사를 보냈다. 그러나 그는 말년에 거대한 자선가로 변모했으며, 1889년의 저서 『부의 복음』에서는 부자가 할 수 있는 단 한 가지 가치 있는 행동은 평생 모은 재산을 기부하는 것이라고 주장했다.[57]

카네기는 자신이 축적한 막대한 부에 대해 약간의 불편함을 느꼈는지 모르지만, 다른 사람들은 그렇지 않았다. 예를 들어, 유럽 귀족과 결혼한 부유한 미국 여성으로 3장에서 소개된 안나 굴드의 아버지 제이 굴드가 있었다. 제이 굴드는 1850년대 제혁 산업에 진출한 후, 1859년부터 철도 주식 투기를 시작했으며 곧 아주 성공적인 철도 사업가가 되었고, 특히 1873년 유니언 퍼시픽을 인수한 후에는 더욱 승승장구했다. 1880년대 초, 그는 여러 회사를 통해 미국 철도의 15%를 통제하고 있었으며 주요 노선에서 독점적 지위를 이용해 막대한 사용료를 받아냈다. 굴드의 사업 활동에 대해 보다 긍정적으로 해석하자면 그가 분할되어 있던 미국 철도망의 전국적 통합을 촉진하는 역할을 했다는 점을 강조할 수 있다.[58] 그러나 그의 과오는 독점

욕에 그치지 않았다. 굴드는 평생 여러 차례 뇌물 사건에 연루되었으며, 그에게 사기를 치려다 캐나다로 도주한 사칭범 '고든-고든 경'을 납치하려다 실패하며 국제적 사건을 일으키기도 했다. 또한 금 시장에서 가격 조작을 꾀하다 실패하면서 1869년 주식 시장의 금 가격발 '블랙 프라이데이' 공황을 일으키기도 했다. 경제사학자인 모리 클라인Maury Klein이 지적한 바와 같이 굴드는 종종 '당대의 최고 악당'으로 묘사되지만, 동시에 천재적인 사업가였음에는 의심의 여지가 없다.[59] 카네기와 달리, 굴드는 자선 활동에 별 관심이 없었으며 금융업과 철도 사업 가문을 창시했다.

가문의 이야기에 앞서 몇 가지 명확히 해야 할 점들이 있다. 여기서 이야기한 기업가적 성공 사례들은 모두 막대한 부의 축적과 관련이 있다. 하지만 1차 및 2차 산업혁명이 제공한 기회들은 많은 사람들에게 부유해질 수 있는 기회를 제공했다. 새로 등장한 대기업에는 유능한 관리자들이 필요했고, 그들 대부분을 가족 구성원이 아닌 외부에서 구해야 했다. 이 관리자들은 높은 급여를 받았고 종종 회사의 공동 투자자가 되어 상당한 재산을 축적했으며, 그 재산은 일부라도 다음 세대로 대물림되었다. 이는 자식들의 경제적 성취 기회를 높이기 위해 지불한 교육비와는 별도였다.

그럼에도 불구하고, 많은 사람들에게 풍부한 기회가 있었다는 말을 모든 이들의 상황이 개선됐다는 의미로 이해해서는 안 된다. 근대화와 산업화가 서구 전반에 걸쳐 물질적 상태를 개선시켰다는 주장은 종종 나오지만 약간 과장된 면이 있다. 2장에서 살펴보았듯이 이 역사적 단계에서 부의 불평등은 크게 증가하는 추세를 보였기 때문이다. 적어도 미국에서는 분명히 그랬다. 백만장자의 수가 전례 없는 수준에 도달하면서(1892년 《뉴욕 트리뷴》의 조사에 따르면 4,047명의 백만장자가 있었다) 미국 사회는 점점 더 양극화되었고, 19세기 중반에 토크빌이 칭찬했던 비교적 평등하고 개방적인 상태에서 벗어나고 있었다.[60] 대다수의 공장 노동자들은 고용주에 의해 착취당했으며 사는 동안 내내 생활 수준이 별로 개선되지 않았다. 그들은 자신의 능력과 노력을 통해 열악한 상황을 벗어날 기회가 거의 혹은 전혀 없었다.

이는 최고 신흥 부자들 중 일부의 양심을 괴롭혔고 그중에는 앤드류 카네기도 있었다. 그는 『부의 복음』에서 고용주와 노동자를 가르고 더 나아가 가난한 사람과 부유한 사람을 갈라놓는 '경직된 계급'이 나타나기 시작했다고 경고했다.[61] 카네기는 그 해악을 줄이기 위해 자신이 운영하는 공장이 위치한 도시들에 근로자들을 위한 도서관을 개설하는 등, 개인의 발전 기회를 돕는 시혜적인 시도를 했다. 그러나 그가 바란 개선은 이루기 어려웠다. 카네기 자신부터 이미 노동자들의 상류층 진입 기회를 제한하는 착취적인 사회적·경제적 틀 확립에 일조했기 때문이다. 이러한 이유로, 미국뿐만 아니라 다른 국가에서도 2차 산업혁명 시기에 나타났던 예외적인 부의 축적 기회는 결국 사라졌고, 오랜 기간 다시 나타나지 않게 되었다.

기업가 가문의 함정: 능력에서 특권으로

역사 전반에 걸쳐 기업가 가문의 형성은 지속적으로 반복되었으며, 이는 특정 사회에서 부유층과 초부유층의 성격을 정의하는 데 매우 중요하므로 각별히 주목할 필요가 있다. 3장에서 귀족 가문의 창시자와 그 후손들 간에는 구조적 차이가 존재한다는 점을 지적했다. 창시자들은 많은 경우 미천한 상태에서 벗어나기 위해 고군분투했지만 그 후손들은 대개 특별한 노력 없이 사회적·경제적 특권을 그대로 물려받았다. 기업가 가문의 경우, 가문 내의 많은 사람들이 상업, 산업, 금융 등 원래 가족이 하던 사업을 계속하기 때문에 그 문제는 어느 정도 완화되는 듯하다. 또한 귀족의 경우처럼 상속을 통해 그들의 특권을 영구적으로 보장하는 것도 아니다. 하지만 실제로는, 부유한 평민들도 귀족들과 크게 다르지 않은 방식으로 부를 대대로 물려줄 수 있다. 그 목적을 위해 사용되는 제도적 장치 역시 완전히 같지는 않다 해도 아주 유사한 경우가 많았다.

기업가 가문 창설이 귀족 가문 수립과 유사하다면, 사회적·경제적 특권의 대물림은 현대사회에서 더욱 문제가 된다. 일부 영향력 있는 분야에서는 큰 부를 문제로 보는 것이 아니라 단순히 능력에 대한 보상으로 봐야 한다는 믿음이 널리 퍼져 있기 때문이다. 이러한 능력주의는 오래된 부자보다는 기업 가문 창시자나 1세대에 적용할 때 더 강한 힘을 받는다. 새로운 부자는 시간이 흐름에 따라 자연스럽게 오랜 부자로 전환되며 남다른 개인적 능력을 통해 얻은 지위라는 당초의 이상에서 점점 멀어지게 되고, 공식적인 작위야 있든 없든 사실상 귀족 계층의 특권 세습에 더 가까워진다는 사실이 이제는 분명해졌을 것이다.[62] 비슷한 맥락에서, 미국의 도금 시대를 직접 관찰한 소스타인 베블런은 어느 시대든 인간 사회에는 늘 점진적으로 '유한 계급'이 탄생하는 경향이 있다고 경고했다. 유한 계급은 정의상 일하지 않고 자신들이 상속받은 재산의 기반이었던 사업 활동에도 참여하지 않는다는 뜻이다. 그는 "유한 계급의 직업은 다양하지만, 비산업적이라는 공통된 경제적 특성을 가지고 있다. 이 비산업적 상류층의 직업은 대략 정부, 군, 종교 의식 그리고 스포츠로 이루어져 있다"고 설명했다.[63]

베블런의 견해 중 몇 가지에 대해서는 6장에서, 대대로 부를 세습하는 데 필수적인 두 가지 경제적 과정인 저축과 상속을 '과시적'인 것을 포함하는 소비 활동과 비교해 더 자세히 알아보도록 하고, 여기서는 기업가 가문이 어떻게 탄생했는지에 대해 사례를 통해 살펴볼 것이다. 또한 거시적 차원에서, 이러한 과정들이 새로운 기회가 상대적으로 풍부했던 시기에 확산되었으면서도 역으로 그런 역사적 기회 국면을 종식시키는 데 중요한 역할을 하게 된 과정을 집중 조명해보겠다. 새로운 부가 시간이 흘러 올드 머니가 되면 신참자들에 대해 방어적인 태세를 취하게 된다. 단순히 '졸부'에 대한 혐오감을 넘어, (특정 맥락에 따라서는) 경제적 또는 정치적 권력 수단에 대한 그들의 접근을 막으려 하며, 혁신적인 신생 기업이 잘 자리 잡은 기존 기업들의 위치를 위협할 가능성이 있는 경우에는 초기에 이를 꺾거나 흡수하려고 한다.

예를 들어, 네덜란드 공화국의 황금기를 생각해보자.[64] 17세기 초반 수십 년 동안, 대서양 건너편에서의 상업 활동과 식민지 확장, 유럽 본토에서의 혁신은 급격한 경제 성장을 가져왔고 많은 사람들을 부유하게 만들었다. 그러나 나중에는 점점 더 복잡해진 환경(특히 중요한 바다와 식민지 지배를 둘러싼 영국과의 반복적인 전쟁)과 별다른 노력 없이 부와 사회적 혜택을 즐기려는 단순한 욕구가 결합되며 네덜란드 사회는 점점 더 폐쇄적으로 바뀌게 되었고 사회적 이동성은 줄어들었다. 개인적인 입장에서 보면, 대담성을 발휘해 황금기에 부자가 된 가문들이 대서양 무역에 따르는 개인적·재정적 고위험을 회피하는 것은 경제적으로 더 합리적인 행동이다. 하지만 그것이 사회 전체로 확산되자 심각한 결과가 나타났고 특히 이러한 변화는 정치 영역에서 두드러졌다.

네덜란드 공화국의 모든 통치자들을(도시 지도자들과 조직의 수장들 포함) 포괄하는 계층인 '레헨텐regenten'은 원래 각 지역에서 가장 부유하고 성공한 상인 가문 출신으로 구성된 집단이었는데 시간이 지나면서 점점 특권 계층이 되며 자기들의 자리를 지키려는 경향을 보였다. 이러한 변화는 17세기 중반부터 확산된 '서신 계약'에서 확인할 수 있는데, 이는 가까운 친척으로 이루어진 레헨텐들이 서로를 가장 중요한 고소득 직책에 임명할 것을 약속하는 계약이었다. 그 결과, 18세기 초에는 로테르담의 신임 시의원 83%와 호른의 신임 시의원 79%가 다른 시의원의 가까운 친척(아들·사위·처남·삼촌·형제)들로 이루어졌다. 동시에 레헨텐 계층의 구성원들은 무역 및 기타 경제 부문에서 점점 더 활동을 하지 않게 되었다. 이와 같은 변화는 부유한 가문이 발전하는 과정에서 나타나는 독특한 단계였다.[65]

호른 출신의 테딩 반 베르카우트Teding van Berkhout 가문의 사례는 시사하는 바가 크다. 원래 이들의 성은 그냥 베르카우트였고, 16세기 중반 피터 얀스존 베르카우트는 간단히 '호른의 치즈 상인'으로 불렸다. 그러나 피터는 치즈 상인일 뿐만 아니라 치안판사이자 시의회 의원이었다. 그의 아들 얀은 테딩Teding이라는 명문가와 결혼했으며, 이로 인해 가문 이름에 테딩이 추가되었다. 얀 역시 상인이자 지역 의회의 의원이었다. 3세대인 아드리안 테딩 반 베르카우트는 대학에 들어가 법학박사가 됨으로써 이 패턴에서 벗어났다. 이후 그는 모니켄담Monnickendam의 연금관리관이라는 공직을 맡았고 직책상 도시 대표들과 함께 홀란트 주 의회에 참석해야 했으며, 이 일을 통해 국립 감사원으로 진출하게 되었다. 1604년, 그는 권력 있고 부유한 델프트 통치자의 딸인 마르가레타 듀스트 반 베레스테인Margaretha Duyst van Beresteyn과 결혼했다. 1613년, 아드리안은 국가평의회의 일원으로 임명되었으며, 그의 후손들은 네덜란드 공화국이 1795년에 종말을 맞이할 때까지 계속해서 홀란트 및 국가 기관에서 고위 공직을 맡았다.[66]

황금기 말기, 네덜란드 엘리트 층의 폐쇄성은 17세기 초 이탈리아에서 일어난 상황과 유사했다. 당시 이탈리아는 네덜란드 공화국과의 치열한 경쟁으로 상대적 쇠퇴기에 접어들고 있었다. 이탈리아 도시 의회에서도 소수 지배적인 폐쇄 성향이 나타났으며, 지역 엘리트 가문들은 법적 장벽을 세워 공직 진출 자격을 제한하는 등 외부인의 진입을 막으려 했다.[67] 또한 투자가 무역과 산업에서 점차 토지로 옮겨가는 것이 관찰되었다. 이러한 변화는 귀족 계급과 관련 있어 보이지만 실제로는 경제적으로 합리적인 판단에 기인한 경우가 많았다. 당시 이탈리아 상인들은 대서양 무역로에 직접 접근하는 데 있어 상대적으로 불리했기 때문에, 더 안정적이고 어느 정도 보호받는 투자 수단으로 토지가 각광받았던 것이다. 특히 1629~1630년의 끔찍한 전염병이 이탈리아에서 경제적으로 가장 발전된 국가들, 특히 베네치아 공화국이 북유럽 경쟁국들을 따라잡을 마지막 기회를 무너뜨리면서 그런 현상이 더욱 가중되었다.[68]

이러한 과정은 토지 소유의 불평등을 증가시키고 고착화하였으며, 이탈리아가 대체로 농경 중심 사회로 남아 있던 상황에서 불평등을 널리 확대하는 결과를 초래하게 되었다. 당시는 토지가 부의 주요 구성 요소이자 동시에 주요 수입원이었기 때문이다. 자본이 풍부한 가문들이 산업과 무역 대신 부동산에 자산을 집중하게 되면서, 기근 같은 위기로 굶주린 소농의 땅을 헐값에 매입했고, 그 결과 하층민들에게는 경제적·정치적으로 불리한 분배 조건이 확립되었다.[69] 스페인에서도 콘키스타도르들이 자신들의 사회적·경제적 지위 상승을 영구화하고 이베리아 귀족 계급의 어엿한 일원이 되고자 하면서 비슷한 결과가 나타났다.

사회적·경제적 개방과 폐쇄의 주기가 중세와 근대 초기에 명확하게 식별될 수 있다면, 이는 산업화 시기에도 마찬가지로 적용할 수 있다. 예를 들어, 영국의 조시아 웨지우드는 기업가 가문을 창립했으며 이 가문은 국가 정치에도 관여하게 되었다(가족 중 일부는 다른 분야에 집중했는데, 그중 가장 유명한 인물은 찰스 다윈이었다. 그는 조시아의 큰딸 수잔나의 아들이며 조시아의 손녀, 즉 자신의 사촌인 엠마와 결혼했다).[70] 리처드 아크라이트도 역시 기업가 가문을 세운 창립자였다. 그의 아들 리처드 2세는 유능한 사업가였으며, 1843년에 사망할 무렵에는 아마 영국에서 평민으로서는 가장 부유했을 것이다.[71] 그러나 아크라이트 가문의 다음 세대들은 주로 첫 세대가 축적한 부를 즐기며 전형적인 상류층 신사의 삶을 영위했다.[72]

또 다른 흥미로운 사례는 휘트브레드Whitbread 가문이다. 가문 창립자인 새뮤얼 휘트브레드는 18세기 런던에서 양조업 부문을 혁신한 기업가로 대량 생산을 실험한 최초의 인물 중 한 명이었다. 그는 하위 귀족 공직자 가문 출신이었으며, 새뮤얼의 아버지와 할아버지는 모두 베드퍼드셔의 토지세 징수관이었다. 부유한 가정 출신이기는 했지만 그래도 큰 재산을 모은 것은 새뮤얼 휘트브레드가 처음이었다. 1762년에 그가 런던 양조장에 투자한 자본은 11만 6,000파운드(2020년 기준 약 2,300만 달러)에 달했다. 그러나 1760년대부터 그는 고향 캐딩턴에서 토지와 부동산을 구매하기 시작했고 귀족적인 생활 방식을 취하며 가문의 방향 전환을 준비했다. 이러한 성향은 그의 아들 새뮤얼 2세가 성인이 된 후 양조업에 관심이 없음을 분명히 하면서 더욱 강화되었다. 결정적으로 새뮤얼 휘트브레드는 1795년에는 베드퍼드셔의 토링턴 자작의 영지를 매입하는 조처를 취했다.

그 이듬해에 사망했을 때, 새뮤얼 휘트브레드는 베드퍼드 공작에 이어 그 지역에서 두 번째로 큰 지주였다. 이는 그의 후계자 새뮤얼 2세의 수입 구조에서도 드러난다. 1803년에서 1809년 사이, 그의 수입의 73%는 영지에서, 27%는 양조장에서 나왔다. 부동산을 효율적으로 관리하기는 했지만 새뮤얼 2세의 주요 관심사는 정치였다. 그는 이튼에서 교육을 받고 옥스퍼드대학교와 케임브리지대학교를 다

녔기 때문에 훌륭한 인맥을 갖고 있었다. 1806년에 그는 귀족 작위를 제안받았으나 2등급 귀족보다는 유력한 평민으로서 더 큰 정치적 영향력을 발휘할 수 있다고 생각해 이를 거절했다(게다가 그는 이미 귀족 가문과 결혼한 상태였다). 그는 1790년에 의회 의원으로 선출되었고, 23년 동안 의원직을 유지하며 사회 개혁을 추진했다. 그는 국가 교육 제도 설립, 최저 임금 도입, 노예제 폐지를 지지했다. 이로써 그는 역시 의회 의원으로 노예제 폐지론자였던 아버지의 뒤를 따랐으며, 이후 많은 휘트브레드 가문 사람들이 영국 의회에서 활동했다. 기업가 가문은 정치 가문으로 변모했고 축적된 가문의 재산이 이들의 성공을 뒷받침했다.[73]

각 사례마다 고유한 특징이 있기는 하지만 영국의 산업화가 엄청난 수의 부자 가문을 등장시켰다는 점은 분명하다. 이들 가문은 대개 기업가 가문으로 시작했지만 창립자가 사망한 후에는 신속히 방향을 틀어 정치나 고위 공직을 추구하거나 혼인을 통해 귀족 대열에 합류했다. 이 문제는 각 시대에 따른 산업 자본주의와 이른바 신사 자본주의의 상대적 중요성과 함께 영국 경제 전반과 특히 개인의 부 축적 경로에 있어 산업·무역·금융의 상대적 중요성에 대한 논쟁과도 관련이 있다.[74]

기업가 가문이 산업혁명이라는 유리한 환경을 토대로 산업 외의 다른 활동 분야로 진출하거나 베블런이 이야기한 '유한계급'이 되는 경향은 영국 외의 지역에서도 마찬가지로 나타난다. 하지만 가장 중요한 것은, 재산이 사업과 명확히 연결되어 있는 사람들만 보더라도, 1차 및 2차 산업혁명이 일어난 150년 동안 초기에 기회를 잡은 뛰어난 기업가들이 세운 부자 가문의 구성원들이 전체 부자 중 점점 더 큰 비중을 차지하게 되었고, 그 결과 새로운 사람들이 경제 엘리트 층에 진입하는 것이 더 어려워졌다는 점이다. 독일의 경우, 1910~1912년에 최소 200만 마르크 이상의 자산을 보유한 사업가 중 46.9%는 서비스 부문에서 활동했으며(금융업만 27.3%), 19세기 상업 혁신의 상징이었던 백화점 소유주 같은 사람들은 단 1.6%에 불과했다. 산업 부문에서 활동하는 사람들은 49.8%였는데(서비스와 산업 양쪽에서 종사한 3.2%는 제외) 2차 산업혁명의 특징인 신산업(화학, 전기 및 기계 산업) 사업가로 분류할 수 있는 사람들은 아주 소수로, 전체 독일 백만장자 사업가 중 10.2%에 불과했다. 역사학자 돌로레스 어거스틴Dolores Augustine에 따르면, 이 같은 현상은 경제적 성공이 부로 전환되는 데는 상당한 시간이 걸린다는 것을 보여준다.[75]

이 수치를 다른 각도에서 보면, 독일의 사례는 산업이나 그 외 상대적으로 전통적인 사업에 종사한 가문 경우에는 이전 단계에서 쌓인 재산이 대물림되어 회복력이 강하다는 것을 보여준다. 미국에서도 비슷한 현상을 볼 수 있다. 도금시대 때 성공한 기업가들은 거의 예외 없이 기업가 가문을 세웠지만(앤드류 카네기는 유명한 예외였다) 수치로 보면 19세기 말에 그들은 초부유층 중에서도 소수에 지나지 않았다. 그러나 소수라고 해도 국가적으로 봤을 때 그들이 차지한 몫은 과도할 정도도 컸고, 19세기 후반에는 신흥 부자들이 이들 집단에 합류했다. 이 때문에, 20세기로 접어들 무렵에는 새로운 세대의 혁신가와 기업가들이 등장하기에 다소 불리한 사회경제적 환경이 조성되었다. 이는 또 주요 경제 부문이 점점 더 적극적으로 경쟁을 억제하는 강력한 트러스트와 카르텔에 의해 지배되었기 때문이기도 한데, 이에 대해서는 5장에서 더 자세히 논의하기로 한다. 제1차 세계대전(1914~1918)이라는 비극적 사태 때문에 그 전환점을 명확히 특정하기는 어렵지만 서구 역사에서 큰 부를 얻을 수 있는 중대한 기회의 주기가 다시 한 번 막을 내렸다고 볼 이유는 충분하다. 부를 축적해 이를 후손에게 물려줄 수 있었던 초기 혁신가들의 성공, 가문 창설이 결국은 새로운 기회의 종말을 초래한 것이다. 이 점은 오늘날 우리가 목도하고 있는, 현재도 진행 중인 정보화 시대의 눈부신 혁신과 부의 축적 현상을 고려할 때 반드시 염두에 두어야 할 교훈이라고 할 수 있다.

정보화 시대의 부의 축적

1차 산업혁명 때도 그랬지만, 특히 더 많은 서구 지역들이 참여한 2차 산업혁명 시기에는 관련 기술을 잘 알고 새로운 기회를 알아볼 줄 아는 사람들이 비교적 쉽고도 빠르게 큰 부자가 되었다. 그러나 20세기 초에 이르러 그러한 기회의 샘은 마르기 시작했고, 그 후 일어난 세계대전은 수십 년 동안 거의 모든 기회를 막아버렸다. 일부 국가, 특히 이전에 뒤처졌던 국가에서는 제2차 세계대전 직후 수년간 다시 한 번 기업 혁신을 통한 부의 축적이 비교적 쉬운 시기가 있었다. 1950년대와 1960년대에 이탈리아에서 일어난 이른바 경제 기적이 그런 경우로, 그때까지 주로 농업 국가였던 이탈리아는 현대 산업 국가로 변모하였고, 이 과정에는 소비재 부문 등에서 번영하기 시작한 새로운 중소기업들이 크게 기여했다. 이런 기업들은 대개 가족 경영으로 상당한 부를 축적할 수 있어 많은 경우 기업가 가문 창설로 이어졌고, 좀 어려움을 겪기는 했지만 지금까지 살아남아 이탈리아 자본주의의 전형이 되었다.[76]

이와 같은 점을 고려하더라도 비교적 최근의 시기들 중에는 수년간의 비싼 정규 교육, 상당한 초기 자본, 잘 자리 잡은 가문의 지원 같은 것이 없이도 새로운 기술에 대한 지식과 능력만으로 '빈털터리에서 부자'가 되는 일이 실제로 가능했던 시기가 있었다. 가장 대표적으로는 컴퓨터와 정보화 시대, 특히 1970년대에서 2000년대 초반까지가 그런 단계였다. 이 시기의 주요 인물들은 언론에 많이 등장하고 인기 있는 전기 영화나 책의 주인공이 되었기 때문에 아주 유명해졌다. 1세대 혁신가들은 개인용 컴퓨터 초창기에 많은 돈을 벌었으며, 빌 게이츠와 스티브 잡스가 그에 속한다. 혁신은 하드웨어 쪽에도 있었지만 진입 장벽이 훨씬 낮았던 소프트웨어 쪽이 더 많았다. 적어도 마이크로소프트(빌 게이츠와 폴 앨런이 설립)가 운영 체계를 개발해 여러 중요한 시장들을 안정적으로 지배하기 위한 노력을 시작하기 전까지는 그랬다.

2세대는 인터넷 등장으로 덕을 보았으며, 아마존 창업자 제프 베이조스와 구글의 래리 페이지, 세르게이 브린이 모두 그 그룹에 속한다. 아마존은 1994년에, 구글은 1998년에 설립되었으며, 21세기 초까지만 해도 인터넷과 기타 정보 기술을 활용하여 새로운 서비스를 제공하는 것에 대한 감각이 있으면 즉각적인 성공을 거둘 수 있었

다. 페이스북의 공동 창업자 마크 저커버그는 3세대 혁신가를 완벽하게 대표하는 인물이다.[77]

이렇게 미국인들의 이름만 많이 나오니, 이 시기의 놀라운 기회는 미국에만 국한된 것인지 궁금해할 수 있다. 그에 대한 대답은 '예'이기도 하고 '아니요'이기도 하다. 정말 극도로 막대한 부를 얻은 사람들을 보면 확실히 '예'이고, 이는 현재 최고 부자 리스트들만 봐도 확인할 수 있다. 게이츠와 베이조스는 여러 차례 세계 최고 부자에 올랐으며, 2020년 《포브스》 최고 부자 리스트에서는 베이조스가 1위, 게이츠가 2위, 오라클의 공동 창업자 래리 엘리슨이 5위, 저커버그가 7위, 페이지와 브린이 각각 13위와 14위에 올랐다. 그러나 개인적 축재 경로를 좀 더 넓혀서 살펴보면, 대답은 '아니요'다.

이탈리아의 페데리코 마르케티Federico Marchetti의 사례를 생각해보자. 그는 2000년에 온라인 패션 소매업 선도업체인 육스Yoox를 창업했고, 2018년 회사가 리치몬드에 인수될 때 기업 가치는 53억 유로(63억 달러)로 평가되었다. 스위스의 기욤 푸자즈Guillaume Pousaz의 사례도 있다. 그는 2012년에 온라인 결제 서비스를 제공하는 체크아웃닷컴Checkout.com을 설립했다. 온라인 서비스 및 전자 상거래에 집중한 많은 다른 기업들과 마찬가지로 체크아웃닷컴은 코로나19 팬데믹 동안 급성장했다. 당시 회사 지분 중 3분의 2를 갖고 있던 푸자즈의 자산 가치 역시 폭등해 그의 순자산은 약 90억 달러로 추정되며, 2021년 《포브스》 최고 부자 리스트에 진입했다.

그럼에도 불구하고, 정보화 시대가 유럽에서 만들어낸 부의 축적 경로는, 개인적인 부의 규모 면에서 미국과 같은 수준에 도달하지 못한 것이 현실이다. 이러한 차이는 극단적인 부의 축적에 덜 유리한 제도적 틀(예를 들어, 부유층에 상대적으로 더 무거운 세제)을 반영하는 것일 수도 있지만, 이는 또한 유럽에서 가장 혁신적이고 경쟁력 있는 하위 경제 분야들이 더 큰 초기 투자를 필요로 하고 따라서 대부분 기존의 안정된 기업들이 이를 더 잘 활용했다는 사실 때문인 듯하다. 스웨덴의 에릭슨, 핀란드의 노키아와 같은 하드웨어 생산업체를 등장시킨 모바일 통신 산업이 그런 경우로, 양사 모두 19세기부터 활동해온 기업들이었다. 이탈리아에서는 모바일 통신 서비스 업체인 옴니텔Omnitel이 등장했는데, 옴니텔은 과거 타자기 선두업체였던 올리베티가 새로 설립한 회사였다.

정보화 시대가 부를 창출한 방식은 대서양을 사이에 두고 서로 달랐지만, 그렇다고 해서 유럽이 미국보다 사회 전반에 더 고르게 기회를 분배했다는 뜻은 아니다. 이는 2장에서 이야기했듯이, 1970년대 이후 미국과 유럽 국가들 사이에서 나타난 부의 집중도 격차를 고려할 때 그렇게 보일 수 있지만, 초부유층만을 기준으로 삼아 혁신적인 대기업의 출현이 많은 다른 이들에게도 기회를 창출한 사실을 간과해서는 안 된다. 대기업들에 서비스를 제공하기 위해, 혹은 대기업의 출현으로 인해 생긴 틈새 시장을 활용하는 중소 회사들, 뛰어난 성공을 거둔 회사의 임원, 아니면 초창기 직원들이 그런 경우다. 언론에서 자주 언급되는 마이크로소프트는 직원들에게 스톡옵션을 제공하곤 했는데 1986년 기업공개 이후 수십 년 동안 주가가 상승하며 약 1만 2,000명의 새로운 백만장자를 탄생시킨 것으로 보인다.[78] 또 마이크로소프트의 공격적인 인수 전략 덕분에 다른 회사 창립자들과 주식 보유 직원들도 큰 부를 얻게 되었는데, 이 때문에 마이크로소프트의 행태를 기회 제공자로 해석해야 하는지 아닌지가 훨씬 더 미묘해졌다.

빌 게이츠와 폴 앨런은 1975년에 상업용 소프트웨어의 개발과 배급을 목표로 마이크로소프트를 창업했다. 시애틀의 부유한 가정 출신으로 20세의 젊은 청년이던 게이츠는 컴퓨터 프로그래밍에 집중하기 위해 하버드를 중퇴했다. 마이크로소프트의 성장세는 1980년대 초, IBM과 컴퓨터 운영체계인 MS-DOS를 제공하는 계약을 체결하며 급격히 상승하기 시작했다. 1985년에는 MS-DOS에 그래픽 인터페이스를 추가한 마이크로소프트 윈도우가 출시되었다. 게이츠가 단독으로 관리하게 된(앨런은 건강 문제로 1983년에 사임) 마이크로소프트는 이미 운영체계 시장의 선두주자가 되어 있었기 때문에 1986년에 상장했을 당시 31세였던 게이츠는 세계 최연소 자수성가 억만장자가 되었다. 그 후 수십 년 동안 마이크로소프트는 시장에서의 지배적 위치를 공고히 하며 새로운 인터넷 서비스 시장으로 사업을 확장해나갔다. 그 시작은 인터넷 브라우저였는데, 이는 1990년대 중반에 가장 널리 사용되던 브라우저인 네비게이터의 본사인 넷스케이프와의 '브라우저 전쟁'으로 이어졌다. 그러나 1990년대 말이 되자 사정이 달라졌다. 1995년부터 윈도우 패키지의 일환으로 제공된 마이크로소프트 익스플로러는 지배적 위치를 차지하게 되었고 넷스케이프는 급격히 쇠퇴했다.

마이크로소프트는 넷스케이프를 상대로 매우 공격적으로 움직였고, 1998년에는 미국 정부에 의해 독점 금지법 위반으로 기소되었다. 2000년에는 1890년에 도입된 반독점법인 셔먼법 위반에 대해 유죄 판결을 받았다. 셔먼법은 많은 독점 기업들을 강제로 분할시켰으며, 존 D. 록펠러가 창립한 스탠다드 오일도 1911년에 그러한 운명을 맞았다. 하지만 마이크로소프트는 미국 정부와 합의해 사건을 마무리했으며, 따라서 그로 인한 타격은 아주 경미한 수준이었다. 그 이후에도 마이크로소프트가 공공 규제 당국들과 겪은 문제들을 보면 이 회사는 별로 반성하지 않은 듯 보인다. 그중 가장 주목할 만한 사건은 2004년 유럽연합이 마이크로소프트에 4억 9,700만 유로의 벌금을 부과한 것이다. 이는 당시 기준으로 사상 최대 규모의 벌금이었다. 한편 마이크로소프트는 넷스케이프와는 전쟁을 선택했지만 다른 경우에는 자기들이 확장하고자 하는 분야에 이미 자리 잡은 경쟁업체들을 인수하는 것이 더 편리하다고 보았다. 대표적인 예로, 2016년에는 21세기 초 성공적인 스타트업 중 하나였던 링크드인LinkedIn을 인수했다.[79]

마이크로소프트는 정보화 시대에 태어난 대기업들 사이에서 흔히 볼 수 있는 한 예에 불과하며, 그들 중 일부는 반독점 규제 당국의 주목을 받았다. 예를 들어, 유럽연합은 2020년까지 구글에 여러 차례에 걸쳐 거의 총 100억 유로에 달하는 벌금을 부과했고, 그해 11월에는 아마존에 대해 공식적인 반독점 혐의를 제기했다.[80] 실제로 제프 베이조스는 잠재적 경쟁자들에 대한 강경하고 공격적인 태도 때문에 종종 빌 게이츠와 비교되기도 한다.[81] 우리의 관점에서 볼 때, 정보기술 대기업들의 확장과 인수 성향이 만들어낸 가장 중요한 결과는, 다른 이들에게 주어질 수 있었던 기회의 감소다. 즉, 새로운 기업의 탄생 자체를 막고, 잠재적 경쟁자를 너무 이른 시점에 몰락시켜 그 창업자와 동료들이 정당하게 누릴 수 있었던 이익을 제대로 실현하기도 전에 회사를 매각하게 만드는 구조가 형성되고 있는 것이다. 시장 경쟁이 없을 경우 소비자들에게 부정적인 결과를 미칠 수 있다는 차원을 넘어서, 바로 이 점이 독점 금지법과 당국의 존재에 대한 이론적 정당성을 추가로 제공한다. 하지만 장기적 관점에서 볼 때 문제는, 오늘날 특정 주요 서비스에서 기술 대기업의 독점이 극단적인 수준에 이르고, 자기들에게 잠재적인 위협이 되는 외부 혁신을 억제하려는 의지가 결합되면서 기업 혁신을 통해 부를 축적하기 쉬운 역사의 한 단계가 끝나가고 있다는 점이다. 이는 정확히 2차 산업혁명의 말기에 일어났던 일이기도 하다.

또한 우려스러운 또 다른 흐름은 최근 몇십 년 동안 회사 내부에서도 소득 격차가 증가하는 경향이다. 많은 학자들에 따르면, 이는 소득세 최고 세율의 급격한 감축으로 일어난 현상인데, 특히 최고 경영진들이 자신들의 급여 협상에 공격적으로 나서는 것으로 알려진 앵글로색슨 국가(미국, 영국, 캐나다)들에서 이런 현상이 심하게 나타난다. 이는 1970년대 이후 서구 국가들 사이에서 소득 불평등 패턴이 서로 달라지는 중요한 원인 중 하나일 수 있다.[82] 처음에는 이 과정이 직원들의 부 축적에 도움이 되고, 따라서 부 축적 기회가 경영진 및 고액 연봉을 받는 전문직 종사자들에게까지 확장되었다는 의미에서 '평등'하게 보일 수 있다. 반면에 이로 인해 소수에게는 유리하지만 다수에게는 해로운 회사 내 착취 체제가 형성될 수도 있다. 논쟁의 여지가 있는 문제이기는 하지만, 이 직장 내 불평등 확대가 소득 피라미드 하층부에서 직장 생활을 시작하는 사람들이 피라미드의 상층부로 올라갈 기회를 박탈한다는 사실은 부정하기 어렵다. 이들의 잠재 능력이 부족한 것은 아니지만 대체로 교육을 덜 받고 특히 사회적·관계적 자본에서 뒤처지는 경향이 있다.[83]

이 모든 것 외에도 앞으로 다가올 또 하나의 흐름은 바로 부자 가문의 고착화. 그것이 사회 전반의 사회적·경제적 이동성에 부정적인 영향을 미친다는 점에 대해서는 이미 이전 시기의 역사적 증거를 바탕으로 논한 바 있다. 한 추정에 따르면, 2001년부터 2014년까지 유럽 대륙의 억만장자 중 약 절반은 재산을 상속받았고, 앵글로색슨 국가에서는 그 비율이 약 3분의 1에 해당했다.[84] 하지만 이 수치를 '높다' 또는 '낮다'고 해석하는 것은 생각처럼 간단하지 않다.[85]

물론, 정보화 시대의 새로운 부자와 대부호들 중 많은 이들은 후손이나 친척들에게 자기 자리를 물려주기에는 아직 너무 젊다. 따라서 부자 가문의 비중이 높아져서 새로운 경제 주체들이 부의 사다리를 오르는 것을 체계적으로 막는 상황이 되기까지는 아직 시간이 좀 남아 있다. 그럼에도 불구하고, 역사적으로 바로 그런 상황이 활발한 기업 혁신의 단계를 종식시키곤 했으므로 각별히 주의해야 할 것이다. 이러한 관점에서 특히 초부유층들의 부의 대물림에 대한 태도를 살펴보는 것이 중요하다. 2010년, 빌 게이츠는 당시 아내였던 멜린다와 워런 버핏과 함께 '기빙 플레지 Giving Pledge'를 창설하여 생전에 재산의 절반 이상을 기부하겠다고 약속했다. 마크 저커버그도 이 서약에 처음으로 서명한 40명의 억만장자 중 한 사람이었고, 2020년 말까지 서약자 수는 216명으로 증가했다.

사실 부자들 사이에서도 부를 단순히 쌓아두거나 자녀에게 물려주는 것이 아니라, 인류를 위해 사용해야 한다는 생각은 새롭지 않다. 1889년 앤드류 카네기는 "부자로 죽는 것은 부끄러운 일이다"라고 말한 바 있다. 카네기의 이 같은 발언은 초기 기독교 사상의 영향을 받았으며, 아주 오래된 전통과 연결되어 있다. 예를 들어, 중세 시기 매우 부유한 상인이었던 프란체스코 디 마르코 다티니가 유언을 통해 자기 재산 대부분을 가난한 사람들과 고아들을 위한 자선 기관 설립에 남겼던 것처럼 말이다. 물론, 카네기가 살았던 사회와 게이츠와 버핏이 사는 현대사회는 초부유층을 죄인으로 여겼던 중세와 비교하면 훨씬 더 관용적인 태도를 가지고 있다. 그러나 많은 초부유층에게도 일반인에 비해 거의 신적인 수준으로 보일 만큼 과도한 재산 규모는 분명 좀 불편하게 느껴지는 듯하다. 자선활동이 사회적·문화적·상징적 자산을 증가시키기 위한 투자로 여겨질 수도 있으므로 항상 완전히 이타적인 것은 아니라는 점을 감안하더라도 마찬가지다.[86]

이는 복잡하고 매우 중요한 문제로 각별히 주의를 기울일 가치가 있다. 우리가 지금까지 강조해온 바와 같이, 사회에서 부유층의 역할에 대한 뚜렷한 연속성, 특히 오랜 시간 동안 부를 축적했다는 사실 외에는 그 부에 대한 정당성이나 자격이 없는 사람들이(귀족의 경우는 제외) 역사적으로 계속해서 등장해왔다는 사실은, 부유층의 연속성과 관련해 확인할 수 있는 하나의 중요한 흐름이다. 하지만 이것만이 전부는 아니다. 부와 정치 권력 사이의 강한 연결고리가 역사적으로 지속되어온 점을 생각해보라. 이러한 모든 문제들은 이 책의 3부에서 자세히 논의될 것이다.

이제 금융을 살펴보는 것으로 시대마다 달랐던 큰 부에 이르는 중요한 경로들에 대한 분석을 완성하고자 한다. 금융은 부자로 가는 경로 가운데, 전 시대에 걸쳐 가장 큰 비난과 사회적 분노를 초래한 경로였다.

5

부자가 되는 지름길: 금융업

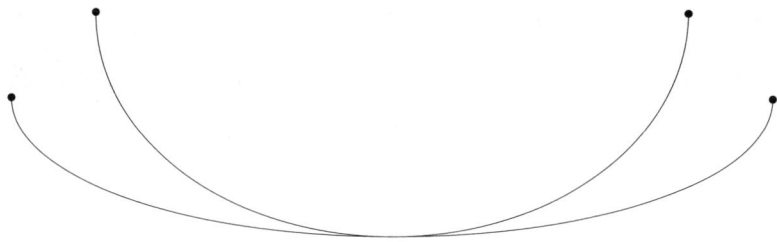

역사 전반에 걸쳐 능숙한 자금 관리는 고도의 전문적 기술을 가진 사람들에게 늘 부를 축적할 수 있는 훌륭한 기회를 제공했다. 은행가, 금융업자, 투자가들은 어느 시대에나 부유층 중에서 뚜렷한 위치를 차지했다. 그들은 때로는 엄격한 의미의 금융에만 전념했지만, 국제 무역 같은 자본 집약적 실물 경제 부문에서 활동하기도 했다. 그 경계가 모호하지만, 금융을 독립적인 부의 경로로 주목하는 중요한 이유는 역사 전반에 걸쳐 금융이 가장 문제가 되는 경로로 여겨져 왔기 때문이다. 많은 사회적 맥락 속에서 자금 거래와 관리 자체를 주된 사업으로 삼는 사람들은 사회적 경멸과 불신의 대상이 되곤 했다. 중세의 고리대금업(모든 형태의 금전 대출을 포함)에 대한 비난, 19세기

폭리업자와 무자비한 금융업자들에 대한 혐오에서 최근의 월가 점령 시위와 과도하게 금융화된 경제에서 비롯된 불평등 확대에 항의하는 기타 운동들에 이르기까지, 금융 세계는 항상 어느 정도 의심을 받아왔고, 금융 서비스를 가장 필요로 하는 사람들조차도 그들을 의심했다.

실제로 서구사회에서 은행가와 금융업자들이 누리는 부에 대한 정당성은 깊이 뿌리내린 사회적·문화적 규범 및 정식 법에 따라 출생을 통해 그 권리를 얻은 귀족들과 비교해 그리 크지 않다고 여겨졌다. 또한 혁신가와 기업가들과 비교해도 약했는데 그들은 혁신을 경제적 성과로 만드는 통찰력과 능력으로부터 이익을 거둔 거라고 볼 수 있었던 것이다. 그러나 다른 면에서는, 예를 들어 여성의 사업 활동을 적극적으로 제한하려 했던 사회적 환경에서도 여성들이 비교적 자유롭게 활동할 수 있었고, 종교적 장벽을 넘어서는 경제적 교류를 허용했다는 면에서, 금융은 항상 놀랍도록 개방적인 세계였다. 이번 장에서는 이렇게 분명 모순으로 보이는 문제들을 이해해보고자 한다.

고리대금업자 또는 은행가

유명한 토스카나 상인 프란체스코 디 마르코 다티니가 유럽 국제 무역계에서 절대적인 명성을 얻게 된 과정을 앞서 살펴보았다. 14세기 말, 그는 자신의 가까운 사업 동료 몇 사람에게 은행업에 진출할 의

사를 알렸다. 동업자들은 그가 좋은 평판을 잃게 될까 봐 두려워했기에 상당한 우려를 표했다. 예를 들어, 그의 친구이자 동료인 도메니코 디 캄비오Domenico di Cambio는 1398년 8월에 그에게 다음과 같은 편지를 보냈다.

> 내가 들은 이야기를 전해줌세. 많은 사람들이 내게 이렇게 말하더군. "프란체스코 디 마르코가 피렌체 최고의 상인이라는 명성을 버리고 환전상이 되려고 한답니다. 그리고 환전상 중에서 고리대금 계약을 하지 않는 사람이 없어요." 나는 자네를 옹호하기 위해 자네가 이전 어느 때보다도 더 상인으로서 충실하려고 노력하고 있으며 은행을 연다 해도 고리대금을 위해서는 아니라고 말했다네. 그러면 또 이렇게 말하더라고. "사람들은 그렇게 생각하지 않을 거예요. 그를 고리대금업자라고 부를 걸요!" 그래서 내가 다시 말했지. "그는 고리대금업자가 되려고 그러는 게 아닙니다. 자기 재산을 다 가난한 사람들에게 남길 건데요." 그래도 그들은 이렇게 말하더군. "그가 예전처럼 다시 위대한 상인 대접을 받거나 좋은 평판을 유지할 거라고 기대하지 말아요."[1]

주위 사람들의 만류에도 다티니는 자신의 뜻을 굽히지 않았고, 주니어 파트너와 함께 은행을 열었다. 하지만 동업자의 때이른 사망으로 인해 몇 년 만에 은행을 닫게 되었다. 다행히도 이 일로 인해 다티니의 명성에 치명적인 손상이 간 것 같지는 않으며, 아마도 그 무렵 그는 금융업으로 사업을 다각화할 때 자신이 감수해야 할 위험에 대해 좀 더 깊이 이해하게 되었을 것이다. 그러나 그의 친구들과 동료들의 우려는 당시 중세 사회에 깊이 뿌리박혀 있던 금융업 전반에 대한 반감을 잘 보여준다. 이는 두 가지 이유에서 비롯되었다. 첫째, 축재는 치명적인 죄, 탐욕으로 매도당했다. 이 점에서 은행가와 금융업자들은 부유한 상인들과 마찬가지로 심리적 압박과 비난의 대상이 되었다. 둘째, 그들은 지속적으로 고리대금업을 한다는 의심을 받았는데, 이는 성경의 특정 해석에 의하면 부채에 붙는 모든 형태의 이자가 고리대금으로 간주되었기 때문이다. 이는 스콜라 신학, 특히 토마스 아퀴나스에 의해 더욱 강화되었다. 그는 고대 그리스 철학자 아리스토텔레스를 인용하며 "돈은 돈을 낳지 않는다"라고 주장했다.[3] 매도의 대상이 된 것은 일반적인 경제 거래에서의 이익이 아니라 단순히 돈만 빌려주고도 이익을 얻을 수 있다는 점으로, 실물이 생산되거나 물질적 변형을 거치지 않으면 고리대금이라는 것이었다.[4]

부의 축적은 비난을 받긴 했지만 금지되지 않았던 것과 달리, 고리대금은 공식적으로 교회에 의해 금지되었거나 최소한 이론적으로는 엄격히 규제되었으며, 이는 점점 더 복잡해지는 경제 시스템의 내부 작동에서 여러 마찰을 일으켰다. 이 문제는 유대인에게는 금융업을 허용하는 것으로 부분적으로 해결되었는데, 그들은 기독교 공동체에 속하지 않았기 때문이다. 그러나 더 중요한 것은, 이자가 붙는 대출이 다양한 방식을 통해 우회하며 경제 시스템으로 들어왔고, 시간이 지나며 이에 저항하는 것이 소용이 없어졌다는 점이다. 이는 금융 서비스의 실질적인 필요성을 입증하는 것이기도 하다. 대표적인 예는 이자를 외국 통화 환율에 숨기는 방식이었다. 그 결과, 13세기 초 잉글랜드 추기경으로 얼마 동안 파리대학교 총장도 역임한 쿠르

송의 로베르Robert of Courçon는 고리대금에 관한 글에서 이단과 함께 고리대금을 그 시대의 큰 사회적 악으로 여겨야 한다고 주장했다. 고리대금에 대한 수많은 공식적 비난과 그 강도가 12세기 중반부터 13세기 중반까지 점점 더 심해진 것을 고려하면, 다른 사람들도 이 견해를 공유했다고 볼 수 있다.[5] 한편, 이러한 사태는 중세의 상업혁명과 병행하여 자금 거래가 점점 더 확산되었다는 사실을 반영하는 듯하다. 대규모 은행업은 소규모 환전상들의 활동에서 탄생한 것이 아니라, 막대한 이익을 쉽게 재투자할 방법을 찾고 있던 대규모 상업 회사들로부터 비롯되었다.[6]

시간이 지나면서, 신학도 경제적 현실에 적응해야 했다. 이는 우선 12세기와 13세기의 교회법에서 이자 금지에 대한 '예외 조항'들이 점차 늘어나는 것을 통해 뚜렷이 드러난다. 가장 처음 등장한 예외 중 하나는 불법적인 사적 대출과 재산 보존 목적을 위한 기관들의 합법적인 공적 대출을 구분하는 것이었다. 예를 들어, 종교 기관(수도원, 프랑스 왕에게 금융 서비스를 제공한 템플 기사단 같은 종교 단체들)은 전당포 운영과 저당 계약이 허용되었다. 특정 서비스는 공익을 위한 것이므로 적어도 일부 형태로는 허용되어야 한다는 것을 결국 인정하는 첫걸음인 셈이었다. 이는 특히 명망 있는 전문가처럼 적합한 인물들이 활동할 때 그래야 한다는 것이고, 사회의 하층 및 중산층을 상대로 공개적으로 영업하는 고리대금업자들은 해당되지 않았다.[7] 이러한 변화는 부유층과 초부유층이 사회 안에서 일정한 역할을 수행할 수 있다는 문화적 해석의 발전으로 이어졌고, 이는 15세기에 이르러 완성되었다. 공동체가 위기 상황에 처하면 부자들의 재원을 차용하여 사용할 수 있으므로 그들이 저축하는 것은 공동체를 위해서라는 것이었다.[8] 이와 같은 부유층에 대한 사회적 인식의 중요한 변화는 8장에서 자세히 다루기로 한다.

이론이야 어쨌든, 은행 서비스는 13세기 후반부터 급속히 성장하였으며, 특히 대규모 금융 분야에서 선도적인 역할을 한 이탈리아에서 크게 번성했다. 한 곳에서 발행해 다른 곳에서 다른 통화로 지급할 수 있는 환어음은 고리대금 금지 규정을 우회할 수 있게 한 주요 기술적 수단이었다.[9] 중세 말, 대부분의 주요 은행가들은 존경을 받았지만(그렇지 않았다면 시장에서 살아남을 수 없었을 것이다) 고리대금에 대한 의심은 금융 부문에서 활동하던 많은 이들에게 계속해서 무거운 짐이 되었다. 이는 다티니 친구들의 우려뿐만 아니라, 유럽인들의 집단적 상상 속에서 전형적인 고리대금업자의 이미지로 고착되었던 유대인들이 지속적으로 겪은 편견과 사회적 비난에서도 드러난다.

초기에는 피렌체가 명백히 유럽의 주요 금융 중심지 중 하나였고, 바르디Bardi, 페루치Peruzzi, 아치아이우올리Acciaiuoli 세 가문이 13세기 후반에서 14세기 초까지 유럽 금융 시장을 지배했다. 세 가문은 모두 국제 무역 사업을 시작한 후 은행업에 진출했고, 큰 성공을 거두며 당시로서는 엄청난 부를 축적했다. 그들의 사업은 규모가 광대하고 복잡하여 역사가 에드윈 S. 헌트Edwin S. Hunt의 정의에 따르자면 유럽 최초의 '슈퍼 기업'이었다. 그들은 유럽 전역에 있는 군주들의 재정적 필요를 충족시키기 위해 컨소시엄으로 활동하기도 했다. 그러나 군주들에게 자금을 빌려주는 것은 위험한 사업이었고 그들은 결국 망했다. 교황은 꽤 신뢰할 만한 채무자인데다 고리대금이라는 비난을 피하는 데도 아주 유용했던 반면 프랑스, 나폴리 그리고 특히 잉글랜드 왕은 그렇지 않았다.

이 토스카나 컨소시엄은 잉글랜드와 프랑스 양국 군주에게 자금을 지원했으나 백년전쟁(1337~1453)이 일어날 조짐을 보이면서 둘 중 하나를 선택해야 하는 상황에 처하게 되었다. 그들은 잉글랜드의 에드워드 3세를 선택했는데, 이는 그가 더 큰 채무자였을 뿐만 아니라 자기들이 운영하는 섬유 제조업에 필수 원자재였던 잉글랜드 양모 수입권을 보호하기 위해서였다. 이 선택으로 인해 이들은 프랑스와 관련된 사업 대부분을 잃게 되었고 프랑스 왕에게 빌려준 자금 회수에도 문제가 발생했다. 에드워드 3세는 자비롭게도 이들의 손실을 보상해주겠다고 제안했으나 실현되지 않았고, 오히려 몇 년 후 바르디와 페루치 가문에 대한 채무를 강제로 대폭 삭감시키는 조치를 취했다.

프랑스에서의 손실에 잉글랜드에서 입은 손실까지 보태졌고, 거기에 1341년 피렌체가 당시 경쟁국이었던 피사와의 전쟁에서 패하며 국내 문제까지 겹쳐졌다. 당시 양국은 작은 도시 루카의 지배권을 두고 싸웠는데, 세 가문 모두가 전쟁 자금을 지원했고 전액은 고사하고 일부라도 투자금을 회수할 가망이 거의 사라졌다. 이후 이어진 불확실한 상황으로 인해 많은 예금자들, 특히 외국 예금자들이 자금을 인출하기 시작했다. 그 결과, 1340년대 초반에 세 은행 모두 파산을 맞았다. 여기에 더해 1348년의 흑사병 때문에 발생한 추가적 피해는 토스카나 은행업 부문의 재편을 불러오며 메디치 가문이 부상하기에 유리한 조건을 마련했다.[10]

메디치 가문은 주로 금융업을 기반으로 막대한 부와 정치 권력을 거머쥔 대표적인 사례다. 이 가문의 기원은 대체로 불분명하지만 13세기에 섬유 무역에 관여했을 가능성이 높고 또한 그들의 고향이던 피렌체 북쪽의 무젤로 지역에 있는 시골 부동산과 관련된 활동도 했을 것이다. 확실한 것은 그들이 대규모 은행업이나 국제 금융에는 전혀 관여하지 않았다는 점이다. 가문에서 처음으로 금융 분야에 진출한 사람은 프란체스코 디 비치 데 메디치로, 그는 먼 친척이었던 은행가 비에리 디 캄비오를 만나게 되면서 금융업과 연을 맺게 되었다. 비에리 디 캄비오는 1370년대부터 피렌체의 주요 은행가로 인정받던 인물이었다. 프란체스코는 1382년 비에리의 주니어 파트너가 되었으며 탁월한 능력을 보여 8년 만에 시니어 파트너 자리까지 올랐다. 비에리와 프란체스코의 은행은 이탈리아의 다른 도시들에도 지점을 두었고, 그중 로마 지점은 프란체스코의 동생인 조반니가 1385년부터 운영했다.

조반니는 1397년경 피렌체에 메디치 은행을 설립하고 은행가 길드에 가입했다. 토스카나 기준으로 보면 메디치 가문은 금융업에 비교적 늦게 진출했지만 설립 초기부터 성공을 거두었다. 초기 성장은 느리지만 꾸준했고 이는 조반니의 신중한 성향과도 잘 맞아떨어졌다. 당시는 반복되는 전염병과 내전으로 매우 불안정했으며, 1378년 양모 노동자와 길드 시스템에 소외된 노동자들이 주도한 치옴피 반란 Ciompi revolt 으로 기존 사회 질서마저 흔들리고 있는 상태였다. 은행의 초기 자본은 1만 플로린이었으나 조반니가 1420년 은퇴할 때는 15만 1,000플로린 이상의 수익을 창출했고, 이 중 4분의 3은 조반니의 몫이었다. 1429년 사망 후, 그는 약 18만 플로린 상당의 유산을 남긴 것으로 보인다. 조반니는 평생 정치에 관여하는 것을 꺼렸다. 그의 후손들 중 일부는 분명 그런 성격을 닮지 않았던 듯한데, 그래도 아들 코시모에게는 적어도 어느 정도 영향을 미친 것으로 보인다. 세월이 흐른 후 코시모는 피렌체의 실질적인 통치자가 되었으나 전면에 나서지 않고, 조용히 뒤에서 권력을 행사하려 애썼다.

코시모 데 메디치는 가문의 은행을 이끌 후계자로 키워졌고, 그의 개인적인 삶도 회사의 필요에 의해 정해졌다. 이를 위해 그는 아버지의 지분 파트너 중 한 명의 조카이며 재산이 많이 줄기는 했지만 피렌체 명문가 출신인 콘테시나 데 바르디와 결혼했다. 이것은 시작에 불과했고, 시간이 지나면서 코시모는 복잡하고 방대하게 뻗어 있는 피렌체의 혼인, 경제 및 후원 엘리트 인맥에 겹겹이 얽히게 되었다.[11] 이는 그가 경제적뿐만 아니라 정치적으로 부상하는 데도 중요한 역할을 했다. 경제적으로 그는 메디치 은행의 이익을 전례 없는 수준으로 끌어올렸다. 1420~1435년에 은행은 18만 6,000플로린 이상의 이익을 냈는데, 이는 연간 약 1만 2,000플로린 수준으로 조반니 시대보다 거의 2배에 달하는 이익을 거두었다는 의미다. 그 후 이익은 더욱 증가하여 1435~1450년에는 총 29만 1,000플로린에 달해 연간 1만 9,000플로린 이상을 기록했다. 이 중 3분의 2는 코시모와 그의 동생 로렌초에게 돌아갔고, 그 비율은 1443년부터 4분의 3으로 늘어났다. 1457년이 되자 코시모의 가문은 피렌체에서 가장 부유한 가문으로 등극했으며, 이는 유럽에서 손꼽히는 부자가 되었다는 뜻이기도 했다. 실제로 그해에 작성된 재산세 등록부에 따르면 그들의 재산은 두 번째로 부유한 가문보다 4배 더 많았다. 반면 그의 아버지 조반니 디 비치는 부자 순위에서 3위 이상을 차지한 적이 없었다.[12]

코시모의 재산 대부분은 로마 지점에서 나왔는데, 이 지점은 15세기 내내 교황과의 특권적 관계를 지속하여 이익을 얻었다. 로마 지점 관리자는 보통 교황청 중앙 금고 역할도 맡았기 때문이다. 이에 더해 은행의 여러 지점들을 통해 추기경, 주교 및 기타 고위 성직자에게 정기적으로 대출을 제공함으로써 메디치 가문과 교회의 사업적 관계는 훨씬 더 확대되었다. 역사가 레이몬드 드 루버Raymond de Roover가 지적했듯이, 이 거래의 이점은 성직자들이 빚으로 인한 파문을 매우 두려워했기 때문에 평신도들보다 더 신용도가 높은 채무자였다는 데 있었다. 교황의 지원에 대담해진 메디치 가문은 파문이라는 위협 수단을 종종 활용하여 채권 회수에 나섰다.[13]

정치적으로 코시모는 '신흥 세력'의 대표 격으로 여겨졌는데, 그들은 모두 부유하며 도시에서 더 돋보이는 지위를 얻기 위해 애쓰는 사람들이었다. 이 때문에 그는 과두정치 체제를 유지해온 기존 질서에 위협이 되는 인물로 인식되었고, 1433년에 그를 축출하려는 시도가 있었던 것도 바로 그런 이유에서였다. 강력한 구 가문들의 연합, 그중에서도 알비치 가문의 선동으로 피렌체 정부는 코시모가 일반 시민의 지위를 벗어나 공화정 정부를 전복하려고 한다고 비난했다. 이 같은 혐의로 코시모는 잠시 투옥되고, 알비치 가문의 요청에 따라 사형당할 위기에까지 처했으나 결국 국외로 추방당했다. 역설적으로, 이 사건은 그가 피렌체의 실질적인 통치자의 지위로 올라가는 서곡이 되었으며, 이로 인해 그는 적들이 그토록 비난했던 바를 달성할 수 있게 되었다. 이듬해 피렌체는 루카 공화국과의 전쟁에서 패한 후 파산했고 리날도 알비치Rinaldo Albizzi를 추방하고 코시모를 다시 불러들였다. 르네상스 시대의 위대한 피렌체 정치 철학자 니콜로 마키아벨리가 전하는 바에 따르면, 코시모가 도시에 입성했을 때 "국민의 은인이자 조국의 아버지로 환호를 받았다"고 한다.[14] 이 사건은 일반적으로 메디치 가문이 피렌체를 사실상 지배하게 된 '은밀한 지배'의 출발점으로 평가된다. 코시모는 시 정부를 철저히 장악하고 있었지만 공직에는 거의 나서지 않았고, 맡더라도 오래 지속하지 않았다. 또한 그는 대중 연설도 삼갔다.

코시모 데 메디치는 1434년에 피렌체를 재정적 재앙으로부터 구해냈다. 그해부터 자선가로 또한 예술과 문화의 후원자로서 그의 활동이 크게 늘어났는데, 특히 오스만 제국의 확장으로부터 비잔틴 제국의 잔존 세력을 보호하기 위해 서방과 동방 교회를 화해시키고자 열린 피렌체 공의회(1438~1439) 이후 그 움직임은 더욱 두드러졌다. 공의회를 피렌체로 유치하는 데 중요한 역할을 했던 코시모는 공의회에서 동방 대표들이 표명한 신新플라톤주의 사상에 큰 관심을 갖게 되었다. 이는 결국 피렌체에서 플라톤 아카데미를 후원하고 산 마르코 도미니코 수도원에 (르네상스 시대 유럽의 첫 공공 도서관으로 여겨지는) 메디치 도서관을 건립하는 데까지 이어졌다. 그러나 축적한 막대한 부의 일부를 돌려주는 기부와 후원만으로는(이는 피렌체에서 그의 정치적 장악력을 강화하는 데도 도움이 되었다) 죄를 완전히 속죄했다고 스스로를 확신시키기에 충분하지 않았다. 코시모는 자기가 일군 재산의 일부는 부적절한 방식으로 얻은 것일지 모른다는 의심을 품고 있었기 때문이다. 중세 시대에 흔히 그랬듯이, 그는 자신의 삶이 끝나가고 있다고 느끼자(1464년에 사망) 자선 활동을 더 늘렸다. 그에 더해 교회와 긴밀한 사업 관계를 유지해온 사람에게만 가능한 조치를 취했는데, 피렌체의 산마르코 수도원에 기부금을 내고 교황에게서 면죄부를 받아냈다.[15]

코시모가 사망한 후, 메디치 가문과 은행의 수장은 그의 손자뻘인 로렌초가 맡았다. 그는 사업보다는 정치에(국내외 모두) 훨씬 더 관심이 많았고 그래서 조반니 디 비치의 정치 불개입 원칙에서 완전히 벗어나는 가문의 전환점을 마련했다. 로렌초는 전대의 코시모처럼 공식적인 피렌체의 군주가 되지 않았지만, 그의 후손들은 1532년에 메디치 가문 출신인 교황 클레멘트 7세의 지원을 받아 피렌체 공작이라는 세습 작위를 얻었다. 메디치 가문이 야심 찬 정치적 목표를 달성하기 위해 부를 사용한 방식은 10장에서 더 자세히 논의하기로 한다. 여기서 마지막으로 고려해야 할 사항이 있다. 메디치 가문은 군주가 됨으로써 군주에게 자금을 대출해주는 데 따르는 위험을 극복할 방법을 찾았는데, 중세 후기 유럽의 국제 금융계에서 최고 위치에 오르고자 하는 이들에게 그런 대출은 거의 피할 수 없는 요건이었다. 이는 피렌체에서 바르디와 페루치 은행이 몰락한 원인이었지만, 유럽 대륙의 역사는 그런 사례로 가득 차 있으며, 근세 초기에는 더 많아졌다.

예를 들어, 중세 후기와 근대 초기 유럽의 또 다른 금융 중심지였던 아우크스부르크의 독일 은행가들의 경우를 생각해보자. 메디치 가문이 교황과의 관계에서 큰 이익을 얻었다면, 푸거Fuggers와 벨저

Welsers 같은 독일 은행가들은 신성로마제국 황제와 합스부르크 왕가와의 관계 덕분에 상당한 성공을 거두었다. 그들은 광대한 합스부르크 영토의 주요 거점에 지점을 열었고, 그중 특히 저지대 국가에 위치한 앤트워프는 16세기 전반에 유럽 대륙의 경제 수도가 되었다. 앤트워프는 새로운 대서양 무역의 초기 단계에서 가장 큰 이익을 얻은 유럽 도시 중 하나였는데, 부분적으로는 당시 그곳이 스페인의 영토였기 때문이기도 했다. 대량의 아프리카와 아시아산 향신료(후추와 육두구), 앤틸리스 제도의 설탕, (플랑드르에서 염색 및 가공된) 영국의 직물과 같은 다양한 제품이 이 도시에 도착했고, 무엇보다 스페인이 유럽 대륙에서의 활동 자금 조달과 신대륙 식민지에서 쓸 상품을 구매하기 위해 가져온 다량의 금과 은도 이 도시로 몰려들었다. 무역의 균형을 맞추고 대륙 전역으로 그리고 바다 건너로 자금을 이동하고, 급성장하는 플랑드르 지역의 상업 및 산업 활동이 원활하게 확장되도록 하기 위해서는 대규모의 준비된 자본과 정교한 금융 서비스에 접근할 수 있어야 했다. 푸거를 비롯한 독일 은행가들은 카를 5세 황제의 통치 기간 동안 이 역할을 아주 성공적으로 수행했다. 그러나 이는 카를 5세의 아들 펠리페 2세가 1557년에 파산하며 앤트워프와 아우크스부르크의 금융계에 상당한 피해를 입힘으로써 큰 변화를 맞이했다. 얼마 지나지 않아 프랑스의 국왕인 앙리 2세도 멋대로 이자 지급을 줄이더니 다음에는 일시적으로 중단하며 아우크스부르크 금융회사들의 상황을 더 복잡하게 만들었고 파산 도미노가 이어졌다. 1566년 저지대 국가들이 스페인의 지배에 맞서 반란을 일으킨 후 상황은 더 악화되었다.[16]

푸거 은행 역시 피해를 입지 않은 것은 아니지만, 그래도 위기에서 살아남았으니 운이 좋았다고 할 수 있는데, 이는 유럽 고위 통치 귀족들을 상대하는 은행가가 될 경우 따라오는 위험과 기회를 보여주는 전형적 사례다. 푸거 가문은 1367년에 아우크스부르크로 이주했으며 원래는 섬유와 및 금세공 분야에서 활동했다. 그들은 서서히 사업을 확장해나갔고, 15세기 후반에는 교회 성직 임명 대가와 면죄부 판매를 통해 모은 대금을 로마의 교황청에 송금하는 수익성 좋은 국제 금융 사업에 진출했다. 푸거 가문은 '부자' 야콥$^{Jacob\ 'The\ Rich'}$ (1456~1525) 때 가장 큰 부를 이루었다. 그는 광업 부문에서 남다른 성공을 거둔 기업가로, 현재 슬로바키아에 위치한 구리 산지인 노이졸^{Neusohl}에서 당시 가장 큰 광산을 개발했으며, 이밖에 향신료와 기타 상품을 다루는 국제 무역에서도 막대한 이익을 거두었다. 광산 사업은 황제(처음에는 막시밀리안 1세)와 다른 봉건 영주들의 협조와 승인을 필요로 했고, 그 대가로 그는 재정 서비스를 제공했다.[17] 금융 권력과 정치 권력 간의 밀접한 관계는 카를 5세의 황제 선출 과정에서 더욱 분명하게 드러났는데, 이는 막강한 경쟁자인 프랑스 왕 프랑수아 1세를 상대로 엄청난 대가를 치르고 얻은 승리였다. 총 85만 2,000길더가 7명의 선제후에게 선물(사실상 뇌물)로 지급되었으며, 그 중 54만 4,000길더는 야콥이 마련했다. 그는 시간이 흐른 후 그 돈을 전액 회수할 수 있었는데, 당시 상황을 고려하면 대단한 성과였다.

    1525년 사망했을 때, 부자 야콥은 유럽에서 가장 부유한 인물 중 하나였으며, 동시대 사람들 중 일부는 그가 최고 부자라고까지 했다. 그는 또한 자선 사업에서도 혁신가로 평가받는데 아우크스부르크에 유럽에서 가장 오래된 사회복지 주택단지로 알려진 푸거라이Fuggerei를 설립했다(9장 참조). 야콥의 뒤를 이어 가문의 사업을 관리한 그의 조카 안톤Anton은 합스부르크 왕가에 대한 대출 제공에 더욱 집중했고, 실제로 카를 5세의 개신교 확산을 막기 위한 전쟁에 자금을 지원하는 데 핵심적인 역할을 했다. 안톤은 또한 국제 무역에서도 큰 성공을 거두었으나 광산 사업에서는 부진했다. 그럼에도 그는 1546년 회사 자산을 야콥에게서 상속받은 200만 길더에서 약 510만 길더로 늘렸다. 그러나 안톤은 말년에 큰 금융 위기와 맞닥뜨렸다. 1557년에 스페인 국왕이 채무불이행을 선언하면서 독일 은행가들을 혼란에 빠뜨렸고, 안톤의 조카이자 사업 파트너인 한스 야콥 푸거는 개인 파산을 선언했다. 푸거 가문도 타격을 입어 100만 길더 이상의 손실이 발생한 것으로 추정된다.[18]

안톤이 1560년에 사망할 무렵, 푸거 가문의 순자산은 약 26만 길더로 줄어든 것으로 추정되며, 이는 총자산 566만 길더에서 부채 540만 길더를 뺀 수치다. 게다가 자산 중 상당수는 회수하기 힘든 스페인과 네덜란드의 채권으로 구성되어 있었다. 그럼에도 불구하고 푸거 가문의 금융 회사는 살아남았고 심지어 필립 2세에게 지속적으로 돈을 빌려주기도 했다. 그러나 금융 위기 이후에는 제노바의 은행가들이 독일인들을 제치고 스페인 왕실의 주요 금융 서비스 제공자가 되었다. 1575년 필립 2세의 두 번째 채무불이행 당시 푸거 가문은 지급 중지에서 제외된 유일한 은행이었음에도 불구하고 이후 왕실 대출 규모를 크게 줄였는데, 이는 아마도 두려움과 위험한 사업에 대한 관심 감소가 복합적으로 작용한 결과였던 듯하다. 이 시기부터 푸거 가문은 귀족화 과정을 본격적으로 밟기 시작했다. '부자' 야콥은 막시밀리안 1세 황제로부터 백작 작위를 받았고, 작위를 물려받은 안톤은 유서 깊은 귀족 가문 여성과 결혼했다. 그들은 마음속에서는 여전히 금융가와 상인이었을지 모르나 후손들은 그렇지 않았다. 후손들은 남아 있는 가문의 자산을 점차 토지로 전환하고 완전히 귀족층에 어울리는 부문의 경제 활동을 다각화하며 귀족 생활을 추구했고, 회사는 1658년에 완전히 해체되었다.[19] 다시 한 번 새로운 부자는 오랜 부자가 되었는데, 여기서 더 흥미로운 점은 대부분 금융 사업으로 축적된 막대한 부가 토지 같은 안정적인 자산으로 전환되면서 오늘날까지 보존되었다는 사실이다.

대리 세금 징수

바르디와 페루치 가문은 왕실과의 관계로 인해 파산했고, 푸거 가문도 심각한 피해를 입었지만, 16세기와 17세기 초 유럽 금융 시장을 지배했던 제노바 은행가들은 스페인 왕조차도 길들일 수 있는 방법을 찾아냈다. 그들의 관점에서 볼 때, 네 차례에 걸친 필립 2세의 채무불이행은 불가피한 파산이라기보다는 오히려 왕실 장기 부채의 협상을 통한 구조 조정이었다. 1575년과 1596년 스페인의 채무불이행에도 불구하고, 1566년부터 1600년까지 제노바 가문 은행은 연간 7.3%(재협상에 따른 스페인 국가 부채의 장기 기본 금리)에서 20%에 이르는 수익률을 기록했다. 제노바 은행가들은 심지어 1588년 잉글랜드와 싸운 스페인 무적함대에 대한 자금 조달 사업에서도 이익을 거두었다.[20] 유럽 금융 시스템은 점차 안정되었으며, 적어도 정부와 군주들과 거래하는 금융가들의 리스크는 점진적으로 줄어들었다. 이는 금융업이 큰 부를 쌓는 경로로 훨씬 더 안전해졌음을 의미하며, 부분적으로는 금융 기법의 혁신을 반영하기도 한다.

푸거 가문이 정부를 위한 자금 지원에 처음으로 직접 대출 대신 투자자들을 위한 채권을 발행하기 시작한 새로운 유형의 금융가였다면,[21] 제노바 은행가들은 신중한 대출 계약서와 우발사태 조항 작성을 거의 예술의 경지로 끌어올렸다. 그러나 금융 사업의 안전성이 증가한 주된 이유는 국가와 공공 행정의 규모가 커졌기 때문이다. 유럽 근대 초기의 이른바 '군사혁명'과 관련하여 전쟁 혹은 방위를 위한 재정 수요 증가는 더 큰 공공 자금을 필요로 했고,[22] 이에 따라 더 안정적이고 유기적인 금융 서비스가 요구되었으며 그런 서비스를 제공하는 전문 사업자들을 보호하고 번영시켜야 할 실질적인 필요성이 생긴 것이다. 그러나 정부와 군주들에 대한 직접 대출은 다양한 금융 서비스 중 한 가지에 불과했으며, 그 외에도 중요한 다른 서비스들이 있었는데 그 첫 번째가 정부를 대신해 세금을 징수하는 대리 징세 업무였다.

산업화 이전의 유럽에서 세금 징수원 즉, 세리稅吏는 가장 미움 받는 사람들 중 하나였으며 이들은 지역, 국가 할 것 없이 늘 최고 부자들로 꼽혔다. 이들은 보통 행정 당국의 고용인이 아니라 선급금을 내고 그 대가로 세수입 징수 권리를 얻는 징세 청부업자들이었다. 이 점에서 중세와 근대 초기의 유럽 국가들은 직접 세금을 걷는 공무원을 두었던 구 로마제국보다 훨씬 덜 '현대적'이었다(반면, 로마 공화정 시절에는 공공 세금을 징수하는 민간 계약자들이 흔했으며, 그들 역시 미움을 샀다).²³ 세금 징수권은 종종 경매를 통해 최고 입찰자에게 넘어갔고, 그 결과 징세 청부업자들은 최대한 많은 세금을 거둬야 했다. 이는 그들을 실제로 무자비하게 만들고 또 그렇다는 인식을 심는 데 일조했다. 국가 입장에서 징세 청부업은 계약한 세수입을 보장하고 징수 과정의 모든 위험을 감수하는 것 외에도 또 다른 장점을 가지고 있었으니, 과도한 세금에 대한 비난을 청부업자들이 짊어짐으로써 세금의 진정한 주체인 국가, 지방 정부, 영토 관리 기관들로부터 주의를 돌리게 만들었다는 점이다. 이러한 방식은 일부 유럽 국가들, 예를 들어 베네치아 공화국의 사례에서 잘 나타난다. 이곳에서는 도시 당국이 종종 가혹한 세금 징수자들로부터 지방 주민들의 보호자 역할을 자처하기도 했다.²⁴

반면, 세금을 내는 입장에서 징세 청부업은 훨씬 가혹하고 불공정한 제도로 인식되었다. 세금 징수관들은 대개 지역의 엘리트 계층에 속했기 때문에 잘 알고 지내는 지역 유력 인사들의 압력에 굴복하기 쉬웠고, 이는 사회적으로 약한 계층에 불리한 불평등한 대우를 초래했다. 따라서 17세기와 18세기 네덜란드 공화국에서 징세 청부업 제도가 사회적 분란과 폭동의 원인이 된 것은 놀라운 일이 아니다. 프랑스에서는 혁명 당시 많은 사람들이 징세 청부업자들의 악행을 고발하여 1794년에 28명이 처형되었으며, 현대 화학의 아버지 중 한 명으로 유명하며 세금 징수관이었던 앙투안 라부아지Antoine Lavoisier에도 그중 하나였다.²⁵

우리의 관점에서 보면, 1인당 과세의 지속적인 증가와 근대 초 유럽(재정 국가가 부상한 시기[26])의 특징인 재정 도구의 다양화와 연결된 징세 청부업의 확산은 개인이 빠르게 축재할 수 있는 추가적인 기회를 제공했다. 최고 수준의 부를 쌓은 사람들 중에서는 국가 전체의 세수입을 계약한 청부업자들이 있었다. 그 대표적인 예로 프랑스에서는 앙투안 크로자 2세Antoine II Crozat처럼 소수의 신뢰받는 궁정 인사들이 징세 청부업을 장악하고 있었다. 앙투안 크로자는 17세기 말과 18세기 초 루이 14세의 징세 청부업자 중 한 사람으로 아마도 프랑스에서 최고 부자였을 것이다. 프랑스에서는 징세 청부업이 중앙 집권화된 덕분에 왕실과 정부는 입찰자들 사이에서 경쟁을 유도했으며, 심지어 신뢰할 수 있는 인물들에게 의도적으로 입찰 참여를 요청하여 사업권 가격을 끌어올리기도 했다. 납세자가 아닌 국가에 혜택을 주느라 청부업자들의 이익이 일정 부분 제한되었으나 그래도 사업 규모가 워낙 컸기 때문에 그들의 잠재 수익은 여전히 막대했다.[27] 막대한 규모의 징세 계약을 확보하는 데 필요한 자금을 선지급할 수 있는 재정적 여유를 가진 사람들은 당연히 대규모 은행업에 종사하는 이들이었다. 실제로 많은 경우 정부에 대출을 해줄 때 징세 계약이 담보 대신 사용되기도 했다.[28] 예를 들어, 14세기 초에는 피렌체의 은행가들이었던 바르디, 페루치, 아치아이우올리 가문이 나폴리 왕국의 세금을 징수하기 위한 공동 출자 조합을 결성했다. 약 1세기 후에는 메디치 가문이 교황청을 위해 유사한 역할을 했고, 푸거 가문도 스페인 3대 수도회의 세수입을 징수함으로써 스페인 국왕을 위해 같은 일을 했다. 이 징세 계약은 그들이 카를 5세의 황제 선출을 위해

자금을 지원한 대가로 받은 것이었다.29

그러나 징세 청부업은 왕실이나 중앙 정부와 직접 협상하는 이들에게만 국한된 기회가 아니었다. 유럽 전역에 크고 작은 징세 청부 관련 기회들이 널려 있었고, 지방으로 가면 그 지역 및 도시의 세금을 징수하는 청부업자들과 큰 계약의 일부를 하청받은 이들을 볼 수 있었다. 근대 초기 유럽에서 특정 지역사회 내 최고 부자 목록을 살펴볼 수 있는 자료가 남아 있는 경우, 그 꼭대기에는 대개 세금 징수자들이 있다. 이탈리아 북서부 피에몬테의 사보이아 공국을 예로 들어보자. 여러 지역사회의 전체 가구주들의 전반적 재산 상태를 상술해놓은 1613년도의 특별한 자료에 따르면, 수사Susa라는 도시에서 최고 부자는 베르나르디노 세스트로노Bernardino Sestrono라는 인물임을 알 수 있다. 그는 여관 주인으로 기록되어 있지만, 1만 1,200스쿠디에 달하는 막대한 재산은 주로 다른 사업 활동을 통해 얻은 것이었다. 그는 수사 수도원의 부동산 임대업자이자 또한 수사 계곡을 통과하는 상품에 부과되는 간접세 징수원이었으며, 그 일을 처리해주는 두 명의 대리인도 두고 있었다. 그는 자본력이 상당했으며, 자료에 따르면 알프스 건너편에 있는 도피네Dauphiné 지역에 많은 채권을 보유하고 있었다. 다만 이 채권은 과거 프랑스와 사보이아 공국과의 전쟁 중에 프랑스 왕에게 압류당했다. 마찬가지로, 피에몬테의 또 다른 도시인 이브레아에서는 소금세 징수원인 바티스타 귀도Battista Guid가 그 지역에서 여섯 번째 가는 부자였다.30

이러한 소규모 사업자들을 포함하면 세금 징수업자들은 산업화 이전부터 유럽에 널리 퍼져 있었던 것으로 보이며, 그만큼 세금의 종류 또한 다양했다. 그 세금 중 다수는 중세 시대부터 이어져온 것으로 고도로 분할된 관할 구역과 맞물려 있었던 반면, 국가의 필요에 의해 그리고 세금 징수 능력이 향상되면서 새로 도입된 세금도 있었다. 따라서 재정 국가의 부상은 재산이 적은 사람에게 더 많은 세금을 뜯어내는 역진적 과세로 불평등을 촉진하는 효과를 가져왔으며, 한편으로는 막대한 부를 축적할 수 있는 새로운 길을 열어줬다. 예를 들자면 사금융업자에게 진 빚을 상환하기 위해 세금 징수원들이 주민들로부터 돈을 받아내고는 이를 일부 소수의 주머니에 몰아주는 식이었다. 이 주제는 10장에서 더 자세히 논의하겠다. 여기서는 대출, 세금 징수 등 국가를 상대로 한 다양한 형태의 금융 서비스 제공의 범위와 기능이 지속적으로 확장된 것은 그것들이 특히 중요한 요소이기는 했지만, 결국 국가들이 더 광범위한 혁신적 서비스를 필요로 하게 되는 전반적 과정의 일부였을 뿐이었다는 점을 상기하는 것으로 충분하다. 예를 들어, 투른 운트 타시스 가문이 처음으로 유럽 대륙 전체에 대한 우편 시스템을 개발한 것을 기억해보라. 게다가 국가의 행정과 관료제 확대는 고액의 급여를 받는 공직으로 이어지며 재산을 늘릴 수 있는 추가 기회를 제공했다.[31] 이런 부의 경로는 특히 세습 귀족들에게 중요했는데, 3장에서 보았듯이 그들은 항상 사회적으로 용납되는 방식으로 재산을 보존하거나 회복할 방법을 찾고 있었기 때문이다. 공직은 또한 귀족 지위를 획득하는 경로이기도 했으며, 귀족들은 투자자를 자처하며 근대 초기 금융 부문 확장에서 이익을 보기도 했다.

산업화 이전에서 산업화 시대까지의 투자자들

근대 초기 금융계의 중요한 발전 중 하나는 투자자가 이후의 사업 활동에 직접 관여하지 않고도 자본을 투자할 수 있는 계약과 금융 수단의 확산이었다. 이는 다양한 이점을 제공했는데, 예를 들어, 리스크를 줄이기 위해 여러 부문과 회사에 투자를 분산시킬 수 있었고, 직접적인 사업 운영에 손을 대지 않고도 혁신적인 산업에 참여하여 수익을 추구할 수 있었다. 이는 특히 귀족적 지위 때문에 부르주아적 활동에 직접 관여하는 것을 꺼리는 계층이나 혹은 적극적인 기업가 역할을 감당할 여유나 의지가 없는 이들에게 유용했다. 시간이 지나면서 이러한 투자에 관련된 증권들을 전문 시장에서 점점 더 쉽게 거래할 수 있게 되자 주식 거래 자체가 부의 축적으로 이어지는 경로가 되었다. 다만, 곧이어 최초의 금융 거품이 발생했다가 터지게 된 것을 고려하면 다소 불안정한 경로이기는 했다.[32]

이 새로운 투자 기회 중 일부에 대해서는 이미 4장에서 언급했다. 대서양 무역에서 이익을 얻기 위해 설립된 특권 회사들을 생각해 보라. 네덜란드 공화국에서는 1602년에 동인도 회사VOC, 1621년에는 서인도회사WIC가 설립되었으며,[33] 영국 동인도 회사EIC는 1600년에 설립되었다. VOC는 최초로 공개 주식을 발행한 회사였으며, 정확히 말하면 주식이 완전히 공개되는 과정을 시작한 첫 번째 회사였다. 설립 당시에는 1,800명 이상의 개인 투자자들이 640만 길더의 초기 자본금을 출자했다. 그들 중 76명만이 경영권을 일부 부여받았고, 그중에서 회사의 최고 의결 기관이던 17인 이사회의 멤버들이 선출되었다. 중요한 점은, 이전의 무역 회사들과는 다르게 VOC의 투자자 중 그 누구도 (심지어 17명의 이사들조차도) 회사의 부채에 대해 무한 책임을 갖고 있지 않았다는 것이다. 대신, 투자자들은 자신의 투자액 범위 내에서만 책임을 졌다. 현대적 용어로 말하자면 VOC는 완전한 형태의 유한책임회사였으며, 이는 전문 금융인은 물론 일반 투자자들도 안심하고 투자할 수 있는 환경을 조성하는 데 중요한 역할을 했다.[34]

1609년에 투자 자본은 환불할 수 없다는 결정이 내려졌으나 투자자들은 주식을 다른 사람들에게 팔 수 있었으며, 이는 VOC가 설립한 암스테르담 증권 거래소의 활동을 촉진시켰다. 이 거래소는 증권 거래를 전문으로 하는 최초의 공식적인 기관이었던 것으로 여겨지고 있다. VOC가 원정 활동 자금 조달을 위해 발행한 중기 채권의 양이 증가하면서 증권 거래소는 더욱 활성화되었다. 1610년에 VOC는 첫 배당금을 지급했다. 비록 배당금을 현물(후추와 육두구)로 지급하기는 했지만 그 또한 상당한 양이어서, 회사의 주장에 따르면 수익율이 초기 투자금의 125%에 달했다. 그러나 많은 주주들이 향신료를 팔아서는 그 정도 수익을 올릴 수 없다고 항의하였으므로 아마 실제 수익은 그보다 적었을 것이다. 주주들은 현금 배당을 요구했고, 이는 결국 회사의 정책 변화를 가져와 VOC 주식은 더욱 더 투자자들에게 유리해졌다.[35]

설립 후 수백 년 동안 VOC는 세계에서 가장 큰 주식회사였다. VOC에 대한 투자는 원칙적으로는 네덜란드 사회의 다양한 계층에 개방되어 있었지만, 10~11%의 대주주들이 전체 주식의 절반을 소유하고 있었고, 대부분의 초기 투자자들은 약 20길더 정도의 소액을 출자한 것으로 나타난다. 또한 VOC의 실질적인 운영을 담당하는 17인 이사회는 VOC 설립에 기여한 네덜란드 도시들의 공공 당국이 지명하고 감독했기 때문에, 특정 주주들의 영향력에 휘둘리지 않았다. 따라서 VOC 주식은 누구나 자유롭게 매입할 수 있었고, 심지어 외국인 투자자도 환영받았다. VOC가 확립한 공개 자금 조달 모델은 서서히 다른 나라에서도 따르게 되었다.

반면, 영국의 EIC는 훨씬 더 전통적인 방식으로 출발했다. 주주들은 모두 주주총회에 속했고, 회사 운영에 직접 참여했으며 이사도 주주들 중에서 선출했다.[36] 회사 운영과 사업 결정에는 참여할 의사가 없고 수익만을 원하는 투자자들이 있는 반면, 회사 운영에 참여하여 자신들의 다른 사업에 연계해 이득을 보려는 투자자들이 있었는데 런던의 무역상들은 후자의 경우였다. 그러나 EIC는 항상 주주 수를 제한하여 독점 사업의 혜택을 비교적 소수의 투자자들에게 몰아주려고 했으며, 그들은 보통 원래 부유하고 영향력 있는 사람들이었다.[37] 그들 중에서도 귀족이 핵심적인 역할을 했는데, 17세기 초반에는 영국의 해외 무역 투자자 중 약 20%가 귀족 계층에 속했다. 대다수의 귀족들이 처음에는 이를 탐탁치 않아 했지만 대서양 무역 사업으로 인한 투자의 이점이 뚜렷해지자 18세기 초반부터 이들의 태도가 극적으로 변화했다. 이는 영국뿐만 아니라 귀족에게 합당한 사업에 대해 더 엄격한 기준을 갖고 있었던 프랑스나 스페인과 같은 유럽 국가에서도 마찬가지였다.[38] 이는 느리지만 근본적인 변화였다. 그리고 그 변화가 완전히 자리 잡기 전에 유럽의 귀족들은 근대 초기에 등장한 또 다른 새로운 금융 상품인 국채에 깊이 관여하게 된다.

귀족들이 경제적 기회를 적극적으로 활용하는 분위기였던 베네치아 공화국에서는 1262년부터 '몬테^{Monte}'라는 통합 국채제도가 존재했으며 연간 5%의 이자를 지급했다. 이는 유럽에서 최초로 생겨난 제도로, 1274년 제노바를 시작으로 곧 다른 이탈리아 도시들도 이를 따랐다. 베네치아 공화국은 채무불이행이 단 한 번도 없을 정도로 매우 신뢰할 수 있는 채무자였으므로, 국채는 사회적·경제적 엘리트들에게 매우 매력적인 투자처가 되었다. 특히 근대 초기의 잦은 전쟁으로 국가의 자금 조달 수요가 커지면서 국채 투자가 더욱 활발해졌다. 예를 들어, 오스만 제국과의 칸디아 전쟁$^{War\ of\ Candia}$(1645~1669)으로 17세기 동안 베네치아의 공공 부채 규모는 수 배로 증가했다. 채권은 주로 귀족, 상인, 또 그 외의 경제 엘리트들이 매입했으며 지급 명목 이자율은 연간 7~8%였고, 때로는 그보다 더 높았다. 다른 사회 계층도 국채에 투자하기는 했지만, 베네치아 공화국에서는 네덜란드 공화국과 마찬가지로 국채 투자에 필요한 최소 금액이 상당히 높았기 때문에 이러한 기회는 사실상 부유층으로 제한되었다. 이는 부의 집중 현상을 심화시킨 원인이 되었다고 할 수 있다. 게다가 이자율은 높은 반면 투자 위험은 아주 낮았으므로 이 제도로 인한 분배 불평등은 더욱 심해졌다. 베네치아 정부를 지배하던 귀족들도 국채에 투자한 것은 널리 알려져 있었고, 따라서 그들이 스스로 자기들의 안정적인 수입원을 위태롭게 할 가능성은 매우 낮다고 여겨졌다.[39] 따라서 국채는 안정적이고 고수익인, 부유층만을 위한 투자처로 기능하게 되었다.

이러한 관점에서 보면, 17세기 동안 국가 부채의 확대는 공공 은행의 설립과도(1694년 영국은행 설립) 관련이 있으며 전반적인 부의 불평등에 영향을 미쳤는데, 이는 지금도 계속 연구되고 있는 분야다. 그러나 이것이 기존 부유층의 지위를 공고히 하는 데 도움이 되었으며 그들의 부 지분이 더욱 증가하는 데 기여한 것은 분명하다. 예를 들어, 네덜란드 공화국에서는 18세기 초반까지 지속적인 채권 매입을 통해 초부유층 가문들이 손에 넣은 공채 지분이 이전 그 어느 때보다 커졌다. 이러한 변화는 그들의 재산 구조에도 반영되어, 델프트에서는 1706년부터 1730년까지 부유층 상위 5% 가구의 재산 중 거의 60%가 다양한 형태의 채권으로 이루어져 있었다. 또한 비기관 투자자가 보유한 채권의 85%를 상위 5%가 소유하고 있었으며, 그 비율은 1770년대에 들어서면서 91%로 증가했다. 이는 또한 상업과 기업 활동에서 물러나 정치 권력을 강화하고자 하는 욕망을 반영한 것이기도 했다. 역사가 얀 드 브리스$^{Jan\ de\ Vries}$와 아드 판 더르 바우더$^{Ad\ van\ der\ Woude}$에 따르면 "막대한 공채가 극소수의 부유층 가문들의 수중에 집중되어 있고, 그들 중 다수가 정치 권력에 직접 접근할 수 있었던 구조는 정계의 '과두정치화'가 심화되는 기본 틀을 확립했다"고 한다.[40] 따라서 금융 시장의 발전은 과거 상업에 종사했던 네덜란드 가문들이 정치 권력 가문으로 서서히 전환되는 조건을 조성하는 데 영향을 미쳤으며, 이 과정은 4장에 상세히 설명되어 있다.

어떤 시기와 환경에서 수익률이 높은 금융 투자 기회가 많이 생기면 이로 인해 (대체 불가능한 인적 자본은 물론이고) 그 사회 내의 자본을 흡수하는 결과를 낳는다. 그러나 어떤 경우에는 그 반대의 흐름을 만들기도 하는데, 예를 들어 귀족들이 자신의 재산을 기업 활동에 투자할 수 있는 길을 열어주기도 했다. 17세기와 18세기의 특권 회사들에 대한 투자도 마찬가지며, 산업혁명 때도 비슷한 상황이 재현되었다. 특히 영국에서는 귀족들이 산업혁명에 필요한 자본을 제공하는 데 어느 정도 참여했었는지에 대해 많은 논쟁이 있다.

그중에서 특히 주목할 만한 사례는 운하 건설이다. 운하는 주식회사 형태로 건설했으며, 이 회사들은 활동을 시작하기 전에 주식을 공모하고 그 이후에는 2차 시장에서 주식이 거래되었다. 운하 채권은 수익율이 높았지만 모든 운하가 수익을 내는 것은 아니었기 때문에 어느 정도 위험이 따르는 투자였다. 1950년대와 1960년대에 지배적이었던 견해에 따르면, 대부분이 귀족인 지주들이 경제적·정치적 자원을 동원해 교통 시설 개발을 지원한 이유는 그것이 자신들의 농업 사업과 토지에 매장되어 있을 수 있는 광물 자원 개발에 이익이 되기 때문이었다. 운하와 비슷한 류의 투자에 대한 귀족들의 관심은 단순한 투기 목적이 아니었기 때문에 지주와 산업가의 이해가 맞물리게 되었는데, 이는 유럽 대륙에서는 보기 힘든 현상이었다. 하지만 이후 연구에서는 지주들이 운하에 특별히 관심을 가졌던 것이 아니며, 단지 국민 소득에 대한 지분 비율에 따라 새로운 사업에 참여한 것이라는 주장을 내놓기도 했다.[41]

그러나 당시 산업화가 빠르게 진행된 영국에서 부유층 가운데 많은 이들이 귀족이었고 그들이 전체 투자자 중 큰 비중을 차지했으며, 대개 가장 큰 금액을 투자한 사람들이었다는 사실에는 변함이 없다. 최근 연구에 따르면 귀족들은 운하뿐만 아니라 유료 도로에도 투자했는데, 다수의 유료 도로 신탁에서 발행한 채권을 사들여 포트폴리오를 다각화시키고 투자 리스크를 줄일 수 있을 정도로 부유한 투자자는 대개 대지주들이었다.[42] 귀족들의 산업혁명 투자 기여도 역시 지역적으로 큰 편차가 있었다. 북부에서는 귀족들이 적극적이고 긍정적인 역할을 한 반면 남부에서는 꼭 그렇지도 않았다.[43] 하지만 유럽 대륙에서도 독일과 같은 일부 지역에서는 귀족들이 2차 산업혁명 때 철도 및 기타 기반시설을 위한 자금 조달에 큰 역할을 한 것으로 보이므로,[44] 이 점에서 영국이 예외였다는 주장은 신중히 검토할 필요가 있다.

근대 초기의 은행가들

근대 초기 이후 금융이 제공한 부의 축적 기회를 고려할 때 가장 먼저 강조할 점은 과거와의 놀라운 연속성이다. 이는 투자 기회들을 살펴보면 명확히 드러나며(정말 혁신적인 변화는 근대 초기에 등장했다) 특히 은행업을 보면 더욱 분명해진다. 19세기 초 그리고 그 이후에도 은행가들은 중세 말기에 개발된 방식과 크게 다르지 않은 방식으로 사업을 운영했다.

이제 더 이상 이자를 환어음을 이용해 감출 필요는 없었지만 은행가들의 본질적 활동은 기본적으로 과거와 동일하게 친족과 가족으로 이루어진 복잡한 인맥과 함께 정부, 귀족, 무역 및 산업에 종사하는 기업가들과의 사회적 관계를 기반으로 했다. 19세기 후반부터 등장한 중요한 혁신 중 하나로 유한책임 주식회사형 은행의 확산을 들 수 있는데, 이 역시 기존 은행가 가문들의 적극적인 참여로 인한 것이다. 예를 들어, 1864년 소시에테 제네랄Société Générale 설립에는 로스차일드 가문이 기여했다.

로스차일드 가문은 독일 남서부의 프랑크푸르트에 기반을 두고 있었는데, 프랑크푸르트는 1998년 유럽중앙은행이 설립되기 전까지만 해도 유럽 최고의 금융 중심지가 아닌 여러 금융 중심지 중 하나에 불과했다. 로스차일드 가문은 독실한 유대인 가문으로, 반유대주의적 편견과 법률에도 불구하고 양모와 실크 무역에서 성공을 거두었다. 예를 들어, 유대인에게 실크 무역은 공식적으로 금지되었지만, 로스차일드 가문은 그런 제약에 쉽게 굴복하지 않았다. 마이어 암셸 로스차일드Mayer Amschel Rothschild는(독일어로는 성이 로트실트이나 영국 활동을 시작으로 현재는 로스차일드로 알려졌다. - 옮긴이) 가문의 은행업 창립자로, 1757년 하노버의 오펜하임 은행에서 견습생으로 경력을 시작했다. 은행 고객 중에는 귀족 가문이 많았고 그는 그곳에서 희귀 동전과 메달에 대한 전문지식을 연마했다. 이 지식 덕분에 그는 헤센 카셀Hesse-Kassel의 세습 영주인 빌헬름 9세의 주목을 받게 되었고, 1769년에 '궁정 유대인'(중세에서 근대로 넘어오는 시기, 유럽의 귀족과 왕족에게 자금을 빌려주던 유대인 은행가 혹은 금융업자 - 옮긴이)으로 임명되었다. 그의 임무는 빌헬름 9세에게 다양한 금융 서비스를 제공하는 것이었고, 이는 그의 사회적 지위를 크게 향상시켰다. 심지어 그는 특별 세금을 납부하는 조건으로 일요일에 한해 프랑크푸르트의 유대인 강제 거주지인 게토를 떠날 수도 있었다.[45]

마이어 암셸 로스차일드는 프랑크푸르트에 로스차일드 가문의 첫 번째 지점을 세웠다. 1798년, 그의 셋째 아들인 네이션^{Nathan} 마이어 로스차일드는 가문의 사업을 국제적으로 확장하기 위해 영국으로 이주하였다. 그가 가진 초기 자본금은 약 2만 파운드(2020년 기준 약 280만 달러)로, 처음에는 공업 도시인 맨체스터에 정착하여 면직물 무역으로 큰 성공을 거두었다. 몇 년 후, 그는 런던으로 이주해 불어난 자본으로 주식 시장에서 거래를 시작했고, 곧이어 가문 은행의 지점을 개설했다. 그는 초기에는 아버지가 런던의 유대인 경제 엘리트들과 구축해놓은 탄탄한 인맥의 도움을 크게 받았고, 이는 그가 1806년 런던의 유력한 상인이던 리바이 바렌트 코헨$^{Levi\ Barent\ Cohen}$의 딸 한나 코헨과 결혼하면서 더욱 견고해졌다. 한나는 또한 3,248파운드나 되는 상당한 지참금도 가져왔다.

네이션은 처음부터 정부 금융이라는 큰 판에 참여하여 유럽에서 웰링턴이 나폴레옹에 맞서 벌인 전쟁 자금을 지원하기도 했는데, 이는 과거 안톤 푸거가 카를 5세의 신교도들을 상대로 한 전쟁을 지원했던 것과 마찬가지로, 당시 상위 계층에 있는 국제적 은행가들에게는 새삼스러울 게 없는 일이었다. 이외에도 그는 금 투기와 나폴레옹의 대륙 봉쇄에도 불구하고 영국 상품을 대륙으로 밀수하는 등의 활동을 했다. 이처럼 나폴레옹에 반하는 활동을 펼치고, 한편으로는 망명 중이던 프랑스왕 루이 18세의 귀환을 돕기 위해 500만 프랑을 대출해준 로스차일드 가문은 나폴레옹의 패배 이후 생겨날 기회를 통해 이익을 얻을 것이라고 기대했다. 그러나 초반에는 프랑스의 기존 금융가들의 집단적 적대감에 부딪혀 중요한 거래에서 배제되었다.

일부는 그들의 시기심 때문이었고 일부는 중앙 유럽 지역만큼 심하지는 않았지만 그래도 프랑스에 여전히 남아 있던 반유대인 정서 때문이었다. 그럼에도 불구하고 로스차일드 가문은 결국 그런 저항을 이겨냈고 재정적으로 적절한 복수도 실행했다. 로스차일드 가문 은행의 파리 지점은 1812년 가부장인 마이어 암셸이 사망하기 직전에 네이선의 동생인 제임스에 의해 세워졌고 이후 번영했다.

그 후 수년 동안, 로스차일드 은행은 세 개의 주요 지점을 통해 유럽 국제 금융계에서 지배적인 위치를 공고히 했다. 가문의 경영권은 마이어 암셸의 유언에 따라 남자 후손들에게 상속되었는데, 유언에는 혼인을 통해 가족이 된 남자들은 가문 은행에 들이지 말라고 명시되어 있었다. 또한 그는 딸들도 회사 운영에서 배제했다. 이에 더해 가문의 창시자가 유대교 신앙에 충실하고 다른 종교인과 결혼하지 말라고 후손들에게 권고했기 때문에 로스차일드 가문은 이후 수십 년 동안 가문 사람끼리 결혼을 했고, 마이어 암셸의 손주들이 맺은 18건의 혼사 중 16건은 삼촌과 조카 또는 사촌 간의 결혼이었다. 설립자의 종교적 집착 외에도 혈통 간 결혼은 외부인들에게 거액의 지참금을 지급하는 데 따른 자산 손실을 방지하는 데에도 도움이 되기 때문에 중세와 근대 초에는 아주 흔한 관행이었다. 따라서 로스차일드 가문이 설립자의 유언에 충실하려고 애쓴 것은 사실이지만 그다지 별난 일은 아니었다.

하지만 네이선 마이어가 1836년에 사망한 후, 가문의 결혼 문화는 좀 더 개방적이 되었고 이에 따른 문제도 발생했다. 이와 동시에 로스차일드 가문은 산업화 이전 시대의 관행을 그대로 답습하며 점점 더 귀족화되었는데, 네이선 마이어의 아들 리오넬을 시작으로 영국 지파에서 그런 경향이 특히 두드러졌다. 리오넬은 이미 아버지로부터 물려받은 오스트리아 남작 칭호를 가지고 있었음에도 불구하고 글래드스톤 총리를 통해 영국 귀족 사회에도 진입하려 했다. 그러나 빅토리아 여왕은 유대인인 데다가 투기꾼인 그에게 그런 영예를 주는 것에 대해 거부감을 드러냈다. 그러나 1885년에 여왕이 마침내 뜻을 굽히면서 리오넬의 아들 네이선 마이어 2세는 제1대 로스차일드 남작에 봉해졌다. 그의 아버지가 이미 하원의원이기는 했지만, 네이선 마이어는 유대인으로서는 처음으로 상원의원이 되었다.[46]

로스차일드 가문은 성장 초기 단계에서 유대인에 금융업자라는 이유로 사회적으로 상당한 멸시를 당했다. 그들은 유대인들이 국제 금융의 최상층부에서 활동하는 것이 막 가능해지고 있던 시기에 은행 사업을 시작했다. 그 이전까지 대부분의 유대인은 소규모 소비자 대출과 지역 수준의 금융 활동에만 참여할 수 있었다. 물론 영국이나 프랑스 같은 나라에서는 모든 금융 부문에서 합법적으로 활동할 수 있었지만 편견은 여전히 존재했다. 유럽 문화에서 유대인 대출업자는 고리대금업자와 동일시되었으며, 이는 상호 신뢰가 중요한 금융업에서 결코 유리한 조건이 아니었다. 그 때문에 유대인들은 사업 초기에 사회적으로 무난한 '명목상 파트너'를 내세워 활동해야 했다. 또한, 금융업자로서 로스차일드 가문은, 돈 거래를 전문으로 하는 사람들을 사회와 다른 경제 부문 사람들이 대체로 불신하는 분위기 속에서 활동해야 했다.

중세 시대 때 실물 생산이나 가공과 관계없는 경제 활동에 대한 의심에서 비롯된 이 불신은 사회의 근대화에도 불구하고 사라지지 않았고 새롭게 변화한 형태로 계속 남아 있었다. 가령, 19세기 후반의 사상가인 베블런을 보자. 그가 새로운 물건 생산에 집중하는 '산업' 회사와 소유 또는 인수에만 초점을 맞춘 '금융' 회사(투자은행 등)를 구분한 것은47 서구 문화에 깊이 뿌리내린 전통과 연결되어 있다. 베블런은 그 상반된 특성을 '산업industry'과 '사업business' 간의 차이라고 했으며, 그에 따른 양측의 행동 양식과 사고 습관도 크게 다르다고 주장했다. 금융 기관들은 그 지도자들이 이익 추구를 위해 남들에게 끼칠 수 있는 피해를 무시하고 현대판 약탈자처럼 행동하기 때문에 사회 전체에 큰 위험이 된다는 것이었다.48 베블런이 염두에 두었던 무자비한 기업인들은 바로 미국 도금 시대의 '악덕 자본가'들이었으며, 그는 자신의 저서 『기업이론Theory of Business Enterprise』(1904)에서 앤드류 카네기와 존 피어폰트 모건 같은 이들을 대놓고 언급했다.

  베블런의 입장과는 별개로, 이번 이야기는 미국에서 고급 금융업을 통해 재산을 구축한 주요 가문 중 하나인 모건 가문에 대한 간략한 서술로 마무리하는 것이 적절할 듯하다. 일부 사람들은 로스차일드 가문의 중요한 실수는 미국의 잠재력을 충분히 이해하지 못해 일부 경영인들의 촉구에도 불구하고 뉴욕에 지점을 설립하지 않은 것이라고 평했다.49 모건 가문은 1636년 웨일스에서 미국으로 이주해 매사추세츠 스프링필드에 정착했으며, 19세기 초에는 이미 다양한 분야에서 활동했고 꽤 부유했다. 조셉 모건은 뉴욕으로 이주하여 커피 하우스 사업으로 큰 재산을 모았으며 운하, 증기선, 철도 등 다수의 운송업 회사에도 관여했다. 1847년에 사망하며 그는 아들 주니어스 스펜서Junius Spencer에게 약 100만 달러(2020년 기준 3,200만 달러)의 유산을 남겼다.

주니어스는 아버지가 사망한 후 몇 년 뒤에 런던으로 이주했지만 자신의 아들 존 피어폰트John Pierpont는 스위스와 독일에서 학업을 마치게 했다. 주니어스는 원자재, 특히 목화의 국내외 교역을 통해 성공적인 사업가가 되었고, 가문에서 처음으로 은행업에 종사하게 되었다. 1854년 그는 런던의 조지 피바디 투자은행의 파트너가 되었고, 10년 후 피바디가 은퇴하면서 은행의 이름은 J.S. 모건 앤드 컴퍼니로 바뀌었다. 한동안 은행은 금융계 기존 세력의 저항에 부딪혀 고군분투했는데, 이 당시 대표적인 기존 세력은 한 세대 전까지만 해도 신참자 신세였던 로스차일드 가문이었다.

주니어스가 행운을 거머쥐게 된 것은 프랑스-프로이센 전쟁(1870~1871)이 시작되면서부터였다. 사면초가이던 프랑스 황제 나폴레옹 3세는 긴급하게 자금이 필요했지만, 로스차일드 가문은 프랑스와 독일 모두와 긴밀한 관계를 갖고 있었기 때문에 자금 지원을 주저했다. 게다가 다른 주요 은행들도 프랑스가 전쟁에서 승리하고 빚을 갚을 수 있을 것이라는 믿음이 별로 없었기 때문에 적극적으로 나서지 않았다. 그때 모건 은행이 나서서 프랑스 정부에 대규모 대출을 제공했는데, 금리가 15%로 매우 높아 프랑스의 자존심을 상하게 할 정도였다. 이후 정부의 몰락과 파리 코뮌의 선포와 함께 대출 증권의 시장 가치는 폭락했으며, 주니어스 모건은 추가 하락을 막기 위해 더 많은 지분을 매입해야 했다. 이는 프랑스인들에게 또 다른 굴욕으로 인식되었다. 그러나 전쟁이 끝난 후 모건 은행에게 꿈만 같은 기회가 찾아왔다. 1873년, 프랑스 정부가 과거 대출금을 액면가로 상환하기 위한 '해방 대출liberation loan' 국채를 발행하자 애국심 가득한 프랑스 국민들이 이 국채를 대거 사들였고, 정부는 모건 은행에 진 빚을 갚을 수 있게 되었다. 이 대출 건으로 모건 은행은 약 150만 파운드(2020년 기준 1억 7,400만 달러)라는 막대한 수익을 올린 것으로 알려졌다.

이런 일이 있기는 했지만, 모건 가문의 성공은 로스차일드와 다른 유럽 금융 가문들처럼 정부나 군주에 대한 대출에 크게 의존한 결과는 아니었다. 대신 그들은 산업 투기를 전문으로 했으며 주니어스 모건의 아들 존 피어폰트 모건은 이 분야에서 탁월한 재능을 보였다. 아버지가 런던에 머무는 동안 존 피어폰트는 주로 미국에서 활동했으며, 철도나 철강 같은 2차 산업혁명의 주요 부문에서 매우 성공적인 사업가가 되었다. 앤드류 카네기를 설득하여 1901년에 철강 자산을 매각하게 만듦으로써 US스틸의 탄생을 이끌어낸 장본인도 그였다(4장 참조). 이러한 과정 속에서 존 피어폰트는 산업 간 경쟁 대신 집중과 협력을 추구했고, 경비를 절감하고 사업 독점을 확고히 하여 주주들의 재정적 이익을 극대화했다. 하지만 이는 동시에 베블런이 지적했던 사회적 피해를 초래하기도 했다. 이해관계가 전혀 없었다고는 할 수 없지만, 그래도 J.P. 모건은 자신이 가진 막대한 금융 자산을 국가를 위해 기꺼이 사용했다. 1907년 경제 불황 국면에 무모한 금융 거래로 뉴욕 증권거래소에서 대규모 손실이 발생했고, 이는 연쇄적인 예금 인출 사태로 이어졌다. 금융 위기가 통제 불능 상태 직전에 왔을 때 J.P. 모건이 개입하였고, 여러 기업과 금융인들을 이끌어 파산 위기에 처한 기업들을 구제함으로써 금융 시스템의 지급 능력에 대한 신뢰를 회복하는 데 결정적인 역할을 했다.

어떤 의미에서 J.P. 모건은 나라를 구한 것이라고도 할 수 있다(그는 그 후 같은 해에 뉴욕 시의 파산도 구제했다). 이는 중세 후기 신학자들이 초부유층에게 기대했던 역할이기도 했다. 이 행동으로 그는 사적으로나 공적으로 많은 찬사를 받았지만 동시에 미국 내 초부유층들의 경제적·재정적 위력에 대한 우려도 증폭시켰다. 1912년, 의회는 뉴욕에 본부를 두고 국가의 금융을 통제하는 것으로 추정되는 이른바 '금전신탁Money Trust'을 조사하기 위해 푸조 위원회Pujo Committee를 설치했다.[50] J.P. 모건은 위원회에 출석해야 했으며 이 일은 늘 병약했던 그를 더욱 지치게 만든 듯하다. 가족을 포함한 일부 사람들은 그가 1913년 사망한 것과 이 일을 결부 짓기도 했다. 그해 말, 미국이 다시는 민간 금융가들에 의해 구제되는 일이 없도록 하기 위해 연방준비제도가 도입되었다. 역설적이게도, 1907년 J.P. 모건이 사회를 위해 재정 능력을 발휘한 것이 결과적으로 민간 은행가들이 공익에 기여하지 않아도 되는 환경을 조성하게 되었고, 이로써 은행가들은 중세 시대부터 짊어져왔던 의무로부터 벗어났다. 이 일과 더불어 서구의 다른 곳에서 있었던 유사한 흐름이 장기적 영향을 미치게 되었는데, 그에 대해서는 이 장의 마무리 부분에서 이야기하기로 한다.[51]

이제 마지막으로 19세기 후반의 은행 구조가 어떻게 기존의 소수 금융 명문가들을 넘어 훨씬 더 폭넓은 사람들에게 재산을 늘릴 훌륭한 기회를 열어주게 되었는지에 대해 짚고 넘어가려고 한다. 로스차일드 가문은 오랫동안 은행 이사직을 가족 내부로 한정하려고 애쓴 반면, 모건 가문은 상대적으로 가족 수가 적었던 이유도 있지만 중요한 경영 업무를 점점 늘어나고 있던 고도로 숙련된 외부 인재들에게 위임하는 성향이 두드러졌다. 실제로 J.P.의 후계자인 잭의 시대에 이르러서 가문의 대표자는 주로 감독 기능을 맡았으며 은행은 점점 더 외부에 개방되어 20세기 중반에는 완전히 전문 경영인 체제로 운영되는 회사가 되었다. 그 사이 뉴딜 입법으로 인해 은행은 J.P. 모건과 모건 스탠리라는 두 개 회사로 분할되었고, 기존의 개인 소유 은행들과 마찬가지로 번성하는 신흥 주식회사형 은행들로부터 점점 더 심한 경쟁과 합병 압박을 받게 되었다. 하지만 여기서 특히 주목할 점은 19세기 후반부터 금융 부문이 이전 어느 때보다 커졌으며 따라서 부자가 되는 주요 경로로 그 역할이 확고해졌다는 사실이다. 그리고 중요한 것은 이 새로운 부의 길이 당시 기준으로 여성들에게도 비교적 개방되어 있었다는 사실이다. 이 역시 산업화 이전 시대와의 연속성을 나타낸다.

부유한 여성들

서문에서 해명했듯이 역사를 통해 부자 중 여성의 비중을 연구하고자 시도할 때 두 가지 문제에 직면하게 된다. 하나는 우리가 가지고 있는 비교적 체계적인 문헌 자료에 여성에 대한 정보가 상대적으로 부족하다는 점이다. 예를 들어, 세금 기록의 경우 적어도 19세기까지는 대개 남성인 세대주에 대한 세부 사항만을 기록하는 것이 관행이었기 때문이다. 또 서구 전역에서 널리 퍼져 있던 여성의 활동에 대한 법적 자격 제한도 문제다. 상업이나 기업 경영에서 중요한 역할을 한 여성들의 사례는 종종 있지만 보통은 남편의 긴밀한 협력자로 활동했으며, 독자적으로 아니면 경영과 재산에 대해 실질적 독립성을 가지고 활동한 경우는 매우 드물었다. 그러나 금융 분야에서는 여성들이 비교적 자유롭게 활동할 여지가 있었다.

예를 들어, 유럽의 주요 금융 중심지였던 이탈리아 밀라노를 살펴보자. 1575년에서 1607년 사이, 비센조네Bisenzone 국제 환전 시장에 투자하기 위해 은행가에게 위탁한 1,902건의 공증 문서를 상세히 분석한 연구에 따르면, 605명의 개별 고객 중 509명(84%)이 여성이었다. 그중 대다수(86%)는 과부였는데 이처럼 과부 비중이 높았던 것은 분명 법적 이유 때문이었을 것이다. 즉, 남편이 사망하면 여성들은 남편의 명시적 동의를 얻을 필요가 없어지므로 좀 더 독립적으로 활동할 수 있는 법적 자격을 얻게 된다. 게다가 자녀가 없는 경우, 여성은 (적어도 밀라노에서는) 지참금을 반환받을 수 있었을 뿐만 아니라 친정 혹은 시가로부터 물려받은 모든 재산을 자신이 가지게 되었으므로 상당한 자산에 관리할 수 있게 되었다. 자녀가 있을 경우에도 여성들은 자녀가 성년이 될 때까지 사망한 남편의 재산을 관리하고 사용할 권한을 부여받았다. 어떤 경우가 되었든 상당한 자본을 소유한 과부들이 꽤 많았다. 금융에 투자하는 것은 비교적 간단하고 사회적으로 용인되었으며, 상당한 수익을(보통 연간 순수익은 7~9%) 기대할 수 있었다.[52]

여성은 보통 활동 자격에 대한 법적 제약 때문에 남편이나 남자 친족의 허가를 받아야 했고, 그러한 제약은 산업화 이전 유럽의 잘 알려진 특성이다. 그런데 이러한 제한은 근대 초기에 들어서면서 더욱 강화된 것으로 보인다. 대륙의 많은 지역에서 여성에 대한 제약은 19세기 초 나폴레옹 법전과 그로부터 직접적인 영향을 받은 여러 법전에 의해 더욱 확대되고 일반화되었으며, 그 결과 많은 지역에서 과부들조차 (형식적으로는) 경제적 자유를 상당 부분 상실하게 되었다.[53] 잉글랜드 같은 관습법 국가에서도 상황은 나을 게 없었다. 오히려 '부부 일체' 원칙에 따라 기혼 여성에 대한 보호가 유럽 대륙보다도 더 열악했고, 여성의 법적 활동 자격 역시 비슷하게 제한되었다.[54] 그럼에도 불구하고, 특정 금융 분야에서 여성들의 존재는 두드러졌다. 실제로 17세기와 18세기를 거치면서 여성들의 참여는 증가했고 더 다양한 배경을 가진 이들로 구성되며 과부들의 비중은 줄어들었다.[55] 그러나 여성들의 활동은 추적하기가 쉽지 않았는데 대부분의 거래를 공증인들이 중개해 관찰이 어려운 '음성 채권'에 국한되어 있었기 때문이다. 이는 산업화 이전 시기에 개인 자본의 공급과 수요를 연결하는 주요 경로였으며, 19세기에 일반인들에게 더 개방된 새로운 은행들이 등장한 후에도 여전히 명맥을 유지했다.[56]

역사가들에게 이는 여성들의 금융 활동에 대한 정보를 구하려면 방대한 공증 기록에서 힘들게 수집해야 함을 의미하며, 그 때문에 체계적인 연구는 드물고 밀라노를 포함해 일부 지역으로 한정되어 있다. 밀라노에서는 18세기 동안 여성이 전체 자금의 11%를 동원한 것으로 추정되며(채권자, 채무자 모두 있었지만, 채권자가 훨씬 더 많았다) 전체 공증 기록 중 17%에 관여한 것으로 추정된다. 여성의 비중은 지속적인 증가 추세를 보여 1830년대에는 전체 기록의 20%, 1840년대에는 24%에 이르렀다. 18세기 동안 이탈리아 북부의 다른 도시들에서도 여성이 동원한 자본 비율은 밀라노와 비슷하거나 더 컸으며, 11%에서 3분의 1까지로 추정되었다. 이러한 상황은 이탈리아뿐만 아니라 프랑스 등 다른 지역에서도 볼 수 있었다. 파리에서는 1662년에 여성들이 전체 개인 대출자 중 11.8%를 차지해 자본의 16.1%를 동원했으며, 시간이 지남에 따라 그들의 금융 활동은 계속 증가하여 1740년에는 전체 대출자의 27.6%, 자본의 23.5%를 동원했다. 같은 기간, 파리에서 국가에 돈을 대출해준 이들 중 여성 비율은 거의 30%를 차지했고, 프랑스의 지방에서도 수치는 비슷했다.[57]

물론, 사금융에 참여한 여성들이 모두 초부유층이었던 것은 아니었지만 대부업자 중 꽤 많은 이들이 상당한 자본을 운용했다. 예를 들어, 밀라노의 과부인 파올라 타르타라Paola Tartara는 1770년대 후반에 10건의 공증 문서를 통해 총 23만 2,873리라를 대출해준 기록을 확인할 수 있다.[58] 또 아주 드물기는 하지만 산업화 이전 시대에도 고급 금융이라는 훨씬 더 전문적인 세계에 진입한 여성들의 사례도 있었다. 1510년 포르투갈에서 태어난 그라시아 나시Gracia Nasi가 그런 경우로, 그녀는 박해와 위협 때문에 가톨릭으로 개종한 유대인 집안 출신이었다.[59] 그녀의 가족은 겉으로는 가톨릭 신앙을 따랐지만 실제로는 유대교 신앙을 유지했을 가능성이 매우 높다. 그라시아는 18세에 삼촌인 프란시스코 멘데스Francisco Mendes와 결혼했다. 그는 명망 높은 은행 가문의 후손으로 국제 향신료 무역에서도 주요한 역할을 했다. 사실 멘데스 가문(개종 전 성은 벤베니스트)은 원정 자금 지원에서도 핵심적인 역할을 맡아 아프리카를 우회하여 인도로 가는 해상 경로를 개척하는 데 도움을 주었고, 덕분에 후추 수입에서 상당한 지분을 보장받았다. 그러나 프란시스코가 1538년에 사망하면서, 그의 재산은 그라시아와 그의 형제이자 동업자인 디오고 멘데스에게 상속되었다. 디오고는 앤트워프에 개설된 가문의 은행을 책임지고 있었고 그곳에서 푸거Fugger 가문 회사 지점과 긴밀하게 협력했다.

그라시아는 남편이 병상에 있는 동안 리스본에서 가문 사업을 실질적으로 책임졌던 것으로 보이지만, 과부가 된 후 남성 중심의 세상에서 부유한 데다 개종한 유대인 여성으로서 자신의 취약한 위치를 돌연 절감했을 것이다. 탐욕스러운 구혼자에게 강제로 재혼당하거나 종교 박해의 대상이 되기 전에(포르투갈 종교재판소는 1536년에 설립되었다) 그녀는 딸과 여동생 브리안다와 함께 리스본을 떠나 앤트워프로 이주했다. 그곳에서 그녀는 여성으로서, 또 비밀 유대교도로서 포르투갈보다 더 많은 자유를 누렸으며 디오고가 그녀의 재능을 공공연히 인정하면서 그의 가까운 협력자가 되었다. 이 사업 관계는 디오고가 브리안다와 결혼하면서 더욱 굳건해졌다.

디오고가 1542년경에 사망했을 때 그라시아는 가문 회사 자본금의 절반을 상속받았으며, 디오고의 유언에 따라 멘데스 가문의 전 재산을 관리하게 되었다. 하지만 또 다시 그녀와 여자 가족들은 쉬운 먹잇감으로 여겨졌다. 이번에는 다른 사람도 아니고 신성로마제국 황제인 카를 5세가 나서서 당시 열 살도 안 된 그라시아의 딸과 아라곤 가문의 사생아인 돈 페르난도don Fernando와의 결혼을 주선하려 했다. 돈 페르난도는 황제에게 그 중매가 성사될 경우 20만 두카트를 선사하겠다는 약속까지 했는데, 남자 상속자가 없는 초부유층 가문과 결혼하면 쉽게 얻을 수 있는 금액이었다. 앤트워프는 카를 5세의 통치 하에 있는 스페인 영토였기 때문에 나시-멘데스 가문 여성들은 또 다시 도피했다. 처음에는 온천욕을 간다는 핑계로 아헨으로 피신했다가 리옹과 베네치아로 이동한 그라시아는 마침내 에스테 가문이 통치하던 공국의 수도였던 이탈리아의 페라라Ferrara에서 임시이기는 하지만 피난처를 찾았다. 이 와중에도 그녀는 멘데스 가문의 금융 및 무역 사업을 능숙하게 관리했을 뿐만 아니라 유대인 동포들이 박해를 피하고 그들의 문화적·종교적 유산을 지킬 수 있도록 돕는 일까지 했는데, 이는 그녀가 앤트워프에 거주할 때부터 병행해온 활동이었다. 그녀는 관용적인 분위기의 페라라에서 유대교 신앙을 공개적으로 실천할 수 있었는데, 이 때문에 기독교인들로부터 배교 혐의를 받게 되었다. 이러한 이유로 그녀는 1553년 콘스탄티노플로 이주하게 된다. 그녀는 그곳에서는 술탄으로부터 큰 존경을 받았으며, 1959년 사망할 때까지 그 지역 유대인 공동체와 유럽 전역의 박해받는 유대인들을 도우며 살았다.[60]

그라시아 나시의 이야기는 종교적 박해와 성차별에 직면한 유대인 여성의 대표적인 성공 사례로 소개되고 있지만, 동시에 그런 차별이 얼마나 심했는지를 보여주는 대표적인 사례라고 볼 수도 있다. 아주 부유하고 훌륭한 인맥을 갖추었더라도 여성이기 때문에 원치 않는 탐욕스러운 구혼자들과 오만한 통치자들로부터 반복해 도망쳐야 했던 것이다. 여성임에도 불구하고 산업화 이전 시기 유럽에서 고급 금융이라는 큰 사업을 직접 운영한 그라시아는 예외적인 인물이며,

못지 않게 능숙하게 사금융 활동에 참여했지만 (남자) 공증인을 중개자로 두어야 했던 여성들의 경우가 훨씬 더 일반적인 상황이었다. 앞서 이야기했듯이 사금융 대부업자들 사이에서 여성이 차지했던 중요한 위치는 19세기까지도 지속되었으며, 산업화 과정은 이들에게 또 다른 기회를 제공했다. 영국의 철도 사업을 예로 들자면, 최근 한 연구에 따르면 여성들은 초창기부터 소수지만 중요한 존재였으며, 19세기 중반 일부 철도 회사에서는 전체 주주 중 10% 이상을 차지했다. 그리고 20세기 초가 되면 주요 철도회사들의 주주 중 30~40%를 여성이 차지하게 된다.

대부분의 경우, 남성들은 공동 지분을 선호한 반면 여성들은 단독 투자자로 활동했다. 이는 금융 시장에서 활동하는 여성들에게 독립성 유지가 이익 추구만큼이나 중요했다는 점을 시사한다. 실제로 자본을 투자하는 행위 자체도 그들의 재정적 독립성을 보호하는 방법으로 이해될 수 있다. 이러한 관점에서 보면, 공동 지분을 피하다 보니 그 직접적인 결과로 투자 다각화가 어려워 위험성이 더 높아지지만 이는 자신의 자본에 대한 결정을 남들에게 맡길 위험이 줄어드는 것으로 충분히 보상받고도 남았다. 자료를 살펴보면, 여성들이 공동 지분에 참여하는 경우에도 남자 친척들과 함께 투자하는 것은 피하는 경향이 있었고 주 투자가가 여성인 거래를 뚜렷이 선호했음을 알 수 있다.[61]

주식 시장의 발달이 금융 분야에서 여성들이 독립적으로 활동할 수 있는 공간을 더욱 확대한 것은 분명하다. 미국과 마찬가지로 영국에서도 19세기 중반부터 여성들은 이미 이전 시대에 잘 확립된 관행을 더 강화하는 움직임을 보였다. 예를 들어, 1709년에는 여성들이 동인도 회사 주주의 11%를 차지했고, 1723년에는 남해 회사 South Sea Company 주주의 20%를 차지했다. 또한 대부분이 과부나 미혼인 여성들이 1720년 영국은행 주주의 20%를 차지했다. 미국에서는 1810년 볼티모어 상업농업은행의 초기 주주 중 14.5%, 1812년 필라델피아 은행의 주주 중 25%가 여성이었다.[62]

남북 전쟁 이전에 미국 여성들의 투자 기회는 주로 저축은행, 농장 저당권, 지방채, 운하 회사, 보험 회사 등으로 대부분 지방에 있었고 다소 한정되어 있었다. 그러나 이러한 상황은 전쟁 후 산업 및 금융 분야의 확장으로 극적으로 변화했다. 재산이 있는 여성들에게 주식과 채권 투자는 임금 노동이나 상업 활동을 통해 신분이나 지위를 손상시키지 않으면서도 스스로를 부양할 수 있는 또 다른 방법이 되었다.[63]

주식 시장에서 여성들이 차지하는 비중이 증가했다고 해서 남자들의 편견으로 인한 공개적 무시나 비난이 없었다는 말은 아니다. 그러나 도금시대부터 월가에서 여성들이 무시 못할 집단적 세력이 되었다는 점은 분명하다. 그들 중 다수는 과부였지만, 당시 법적 환경이 점차 남녀 간에 균형을 맞춰가고 있었기 때문에 혼인 계약서를 통해 자기 재산의 관리권을 유지한 기혼 여성들도 상당수 있었다. 유감스럽게도 당시 월가 여성 투자자들의 상대적 비중에 대한 전반적인 수치는 없지만, 보존되어 있는 증권 중개 회사의 기록을 통해 일부를 엿볼 수는 있다. 예를 들어, 1886~1887년에 모튼, 블리스 & 컴퍼니

Morton, Bliss & Company의 실질적인 투자 고객 188명 가운데 24%가 여성이었다. 주식 매매 계좌를 보유한 고객 중 여성 비중은 38%로 더 높았지만 전반적으로 남성에 비해 더 위험회피적 투자 전략을 따랐던 것으로 보인다. 1910년에 이르자 미국 여성들은 주주로서의 입지를 더욱 강화시켜 전체 주주의 약 20~25%에 달했고, 특정 분야에서는 그 비중이 더 높아 은행업에서는 전체 주주 중 3분의 1을, 철도 분야의 일부 주요 회사에서는 주주의 40~50%를 차지했던 것으로 보인다. 이들 중 다수, 아마 대부분은 중상층과 상류층 출신으로 부유층에 속했을 것이다.[64]

현대 경제의 점진적 금융화

제1차 세계대전 이전 몇 년 동안 서구에서는 금융 자본주의가 경제 전체에 행사하는 지배력이 정점에 도달한 것으로 보인다. 금융 자본은 소수의 가문과 기관에 집중되어 있었으며 2차 산업혁명에서 생겨난 산업 부문의 조직과 재편에서 중요한 역할을 했다. 그러나 금융 시스템은 다소 불안정한 징후를 보였는데 그중 가장 심각한 사태는 1907년의 '은행 공황bank panic'으로 미국에서 시작되어 프랑스, 독일, 이탈리아 등 여러 나라로 퍼지며 심각한 결과를 초래했다. 동시에, 1907년의 금융 위기를 계기로, 산업 집중화에 맞서 경쟁을 유지하고, 소규모 예금주들의 은행 예금을 보호하며, 거대 금융가들의 경제적 무한 권력을 제어할 정책을 찬성하는 사회적 합의가 점차 확산되었다. 이러한 변화는 위기 시에 정부가 사적 자본에 의존하는 것을 줄이기 위해 국립은행을 강화하거나 설립하는 것부터 독점 금지법, 은행 활동을 엄격히 규제하는 법률 제정에 이르기까지 일련의 결과를 가져왔다.

거대 산업 및 금융 기업의 등장이 가장 두드러졌던 미국이 1890년 독점 금지법인 셔먼법Sherman Act을 시작으로 이와 같은 규제 도입에 선도적 역할을 했다. 금융과 관련된 중요한 발전은 1929년 대공황 이후에 서민들이 겪은 경제적 고통을 피해갔거나 심지어 거기서 이득을 본 것으로 인식된 부유층에 대한 대중의 분노가 커지는 것에 편승한 정치적 맥락에서 이루어졌다. 루스벨트 대통령의 뉴딜 정책의 일환으로 내부자 거래와 시장 조작을 방지하기 위한 규정이 도입되었고, 주식 시장 활동을 감독하기 위한 증권거래위원회SEC가 설립되었다. 그러나 금융계 전체에 가장 중요한 변화를 가져온 것은 1933년의 글래스-스티걸 법Glass-Steagall Act다. 이 법은 증권을 인수하고 거래하는 투자은행과 예금을 받고 대출을 제공하는 상업은행을 분리하여, 모건 은행을 분할시켰고 또한 20세기 초반 미국 경제를 지배했던 '금전신탁'에 치명적인 타격을 주었다.[65] 글래스-스티걸 법과 유사한 법들이 곧 다른 나라에서도 도입되었으며, 이탈리아에서는 1936년 은행법이 도입되었다.[66]

1930년대에 도입된 규정들이 20세기 전반에 걸쳐 금융 부문 성장을 억제하는 데 일조하기는 했다. 그러나 가장 중요한 역할을 한 것은 아마도 두 차례의 세계대전과 그에 따른 초인플레이션이 초래한 경제 붕괴와 금융 자본의 파괴 그리고 1929년 주식 시장 붕괴와 같이 전간기에 일어난 불안정한 사태들일 것이다. 경제학자 토마 피케티는 금융 자본 손실, 특히 대규모 세습 자산에 집중되어 있던 자본 손실이 제1차 세계대전부터 1950년대까지 관찰된 부의 불평등 감소의 중요한 역사적 이유 중 하나라고 주장한 바 있다. 이는 특히 유럽에서 더 심각했는데, 미국에서는 국가 소득 대비 자본금 규모가 비교적 안정적으로 유지되었기 때문이었다.[67] 그러나 1980년대부터 상황은 다시 금융에 유리하게 변하기 시작해, 오늘날 경제는 지나치게 '금융화'되고 있다는 우려를 낳고 있다. 이러한 과정과 우려는 사회 전반이 금융가와 은행가를 인식하는 방식에 큰 영향을 미친다.

최근 몇십 년간 금융업이 확장한 주요한 요인으로 금융 부문의 점진적인 규제 완화가 흔히 지목된다. 이는 1980년대부터 시작되었으며 미국의 로널드 레이건 대통령과 영국의 마거릿 대처 총리가 주도한 정치적·이념적 변화로 촉진되었다. 20세기 후반으로 갈수록 세계는 점점 더 경쟁적인 환경이 되었고, 자본이 지구 반대편으로도 쉽게 이동할 수 있는 여건이 마련되면서 금융 혁신은 모방을 통해 급속히 확산되었으며, 모든 서구 국가들을 그 흐름에 끌어들였다. 유럽에서는 유럽경제공동체EEC가 경제 통합을 촉진하고 유럽 대륙 차원의 경쟁의 장을 만들기 위해 일련의 '은행 지침'을 통해 이러한 과정을 장려했다. 예를 들어, 이탈리아에서는 1994년 통합은행법 제정으로 1936년 도입한 은행법이 폐지되었으며, EEC의 제2차 은행 지침을 현지에 적용하여 거의 60년 만에 유니버설 은행(전통적인 상업은행 업무와 투자은행 업무를 포함하여 다양한 금융 서비스를 제공하는 은행 - 옮긴이)의 국내 운영을 다시 허용했다. 미국에서는 1999년 금융 서비스 현대

화법을 통해⁶⁸ 글래스-스티걸 법안이 폐지된 것이 상징적이었다. 이전 몇 년 동안 일련의 법원 판결과 규정들에 의해 글래스-스티걸 법 조항들은 이미 많이 약화되어 있었기 때문에 이 새로운 법은 주로 현 상태를 추인한 것이라고 할 수도 있지만, 일부에서는 이 법안이 새로운 금융 위기의 길을 여는 등 이후에 일어난 사태에서 중요한 역할을 했다고 믿고 있다.⁶⁹

전직 연방준비제도 의장인 폴 A. 볼커^{Paul A. Volcker}를 포함하여 많은 사람들은 은행 투기를 제한하는 규제가 완화된 것이 2007~2008년 미국에서 시작되어 전 세계로 확산된 금융 위기의 근본 원인 중 하나라고 생각했다. 이로 인해 세계적인 대불황이 촉발되었고 일부 국가에서는 2013년까지 지속되었다는 것이다. 다른 편에서는 위기의 주된 원인은 2000년대 초 부동산 붐으로 인한 국제적 주택 거품이며, 모든 점을 다 감안하더라도 1980년대와 1990년대의 금융 규제 완화는 득이 실보다 컸다고 주장한다.⁷⁰ 이 논쟁을 더 이상 파고 드는 것은 이 책의 범위를 벗어나는 것이지만, 금융 규제 완화가 최근 수십 년 동안 전 세계적으로 금융 부문의 극적인 확장을 불러온 것은 의심할 여지가 없다. 서유럽에서는 이미 2000년에 약 20여 년에 걸친 점진적인 규제 완화가 GDP 대비 은행 자산 비율과 금융 기관 직원 수를 두 배로 증가시켰다. 전체 고용 인구 규모는 대체로 일정했기 때문에 이는 직업 구조의 중요한 변화를 의미한다.⁷¹

다만 21세기 들어 대부분의 서구 국가에서는 금융 부문의 고용 점유율 증가세가 멈췄고, 2001~2010년 유로 지역에서는 총 근로 시간의 약 3.5%에서 안정되었으며, 미국은 4.4%, 영국은 3.9%

였다.[72] 부가가치 기여도 측면에서는 2007~2013년의 금융 위기에도 불구하고 금융 부문 점유율이 금세기의 첫 수십 년 동안 꽤 좁은 범위 내에서 안정적으로 움직였다. 유로존에서는 2000~2004년 5년 동안은 평균 4.9%, 2015~2019년까지는 4.7%였고, 미국에서는 2000~2004년 7.5%에서 2014~2018년 7.6%로 소폭 성장했다. 영국만이 2000~2004년 5.4%에서 2015~2019년 6.8%로 상당히 성장했다. 하지만 서구의 거의 모든 곳에서 가장 일반적인 경제의 '금융화' 지표로 사용되는 GDP 대비 금융 자산 비율은 지속적인 성장세를 보였다.[74]

금융 자산은 고도로 집중되는 경향이 있기 때문에 GDP 대비 금융 자산 비율의 전반적인 성장은 소득 및 부의 불평등이 심화할 것이라는 우려를 불러일으킨다.[75] 그러나 지난 40여 년 동안 금융 부문이 불평등을 악화시킨 또 다른 중요한 이유는 1980년대 이후 이 부문이 임금을 점점 더 올려왔기 때문이다. 한 추산에 따르면, 1970년에서 2005년 사이 미국에서 발생한 임금 불평등 증가의 15~25%는 금융 직종 때문이었다고 한다. 게다가 금융 부문은 고임금이 상대적으로 많다. 2000년대 초 미국 금융 부문의 CEO들의 소득은 비슷한 교육 수준과 자격을 갖춘 타 부문의 CEO들보다 평균 3.5배 더 높았다.[76] 이러한 현상은 모든 서구 국가에서 어느 정도 유사하게 나타났으며, 이에 따라 금융 부문 직원들은 상위 소득자 중 큰 비중을 차지하게 되었다. 2010년 유럽 전역에서 상위 1% 고소득자 중 금융 부문 직원들이 19%를 차지했는데, 그들 숫자가 전체 근로자의 4.4%에 불과하다는 것을 감안하면 비중이 과하다고 할 수 있다.[77]

그리하여 최근 몇 년 동안 금융 부문은 막대한 부로 향하는 경로로서 그 중요성이 더해지고 있다.[78] 이 지점에서 우리는 은행가와 금융업자들에 대한 최근의 인식 변화와 금융 기관들이 지급하는 보수가 과도하거나 적어도 잘못된 동기를 부여할 수 있다는 우려에 대해 더 숙고할 필요가 있다. 실제로 많은 사람들이 그들의 높은 소득을 지적하며 2007~2013년의 금융 위기를 은행가들의 탐욕 탓으로 돌렸다. 이는 지금까지 살펴보았듯이 고대에 뿌리를 둔 전통적인 의심이 되살아난 것일 뿐 새로운 것은 아니다. 많은 논쟁을 불러일으킨 것은 금융계의 고임금이 실제로 그들의 높은 생산성을 반영하는지의 여부였다. 학력과 자격이 같을 때도 여전히 다른 부문과 큰 임금 격차가 존재한다는 사실은 금융 부문의 고임금이 단순히 생산성 때문만은 아니라는 점을 시사하며, 여러 연구 조사들은 유럽과 미국 모두에서 이 견해를 뒷받침하는 상당한 증거를 제시했다. 금융 부문의 고임금이 생산성을 반영하는 것이 아니라면, 그 이유는 금융 시장 진입 장벽이나 정부 보증과 같은 다양한 공적 지원 혜택을 통해 금융 기관들이 축적하는 '초과 이윤' 때문이라고 볼 수밖에 없다. 그 초과 이윤의 일부가 고임금을 통해 직원들에게 분배되는 것이다.[79]

또한 금융 기관의 직원들에게 분배되는 초과 이윤은 주로 소득 분포 상위에 위치한 최고 관리자들에게 집중되는 경향이 있다. 특히 1980년대부터 진행된 세제 개혁, 그중에서도 소득세 최고 세율의 점진적인 인하가 더 높은 임금, 보너스 및 다양한 혜택을 받기 위한 공격적인 임금 협상 관행의 확산에 기여했을 수 있다. 이는 비단 금융 분야뿐 아니라 다른 분야에서도 마찬가지였지만[80] 초과 이윤의 축적 기회가 가장 큰 곳은 금융 부문이었다. 이는 최고 경영진의 무모한 행동과 불필요한 모험을 불러왔을 수도 있다. 자신들의 급여 총액이 회사의 수익과 연관되어 있었으므로 수익 극대화에 대한 강력한 동기가 존재하는 것이다. 은행가들은 그런 식으로 2007~2008년 금융 위기를 촉발했거나, 적어도 위기를 악화하는 데 일조했을 가능성이 있다. 은행가와 금융인들에게 실제로 어떤 책임이 있었던 간에 사회의 많은 계층이 이들을 위기와 고통의 주범으로 인식하고 있다는 사실에는 변함이 없다. 금융 위기 직후에도 은행가들이 비윤리적이거나 부적절한 관행을 되풀이하고, 특히 고액 보너스를 통해 자신들 수입을 늘리려는 그들의 행태를 목격한 대중의 분노는 이전 어느 때보다 고조되었다.[81] 2011년 월가 점령 시위는 이러한 상황과 밀접하게 연관되어 있으며 그들이 인식한 사회적 불공정에 대한 분노의 표현이었다.

이 모든 문제들은 부유층의 사회적 위치에 대해 다루는 이 책의 마지막 부분에서 더 자세히 이야기될 것이다. 지금은 최근 금융 위기에서 나타난 또 다른 문제점에 대해 생각해볼 필요가 있다. 위기에 일정 역할을 했을 것으로 보이는 사람들 중 어떤 형태로든 처벌을 받은 이들은 극소수인 듯한 느낌을 지울 수 없기 때문이다. 전 세계적으로 법과 규정을 위반한 사람들 중 소수만이 처벌을 받았다는 증명할 길 없는 믿음이 널리 퍼져 있기도 한데, 여기서 처벌이란 벌금이나 감옥형 같은 사법적 처벌만을 의미하는 것이 아니다.[82] 방만했던 기관들은 망하고, 문제가 있는 행동에 연루된 사람들은 자산과 장기 소득에서 손실을 입는 것 같은 경제적 처벌을 포함한다. 여기서 중요한 것은 도덕적 심판을 하는 것이 아니라 유의미한 역사적 결과를 지적하는 것이다.

2008년 9월, 미국 역사상 최대 규모의 파산이었던 리먼 브라더스 사태를 겪은 후, 미국 정부와 전 세계 정부들은 일부 금융 기관들은 너무 커서 망할 수 없는, 또는 망해서는 안 되는 '대마불사大馬不死, too big to fail'의 존재라는 사실을 깨달았다. 그 결과 대규모 파산으로 발생하는 경제 전반의 피해가 공적 자금을 투입하거나 인수합병을 지원하는 데 드는 비용보다 훨씬 클 것으로 예상되었기에, 정부가 구제에 나서는 것이 더 낫다는 판단이 내려졌다. 하지만 이는 도덕적 해이에 대한 우려를 불러일으킨다. 예를 들어, 문제가 발생하면 정부가 개입할 것이라는 믿음 때문에 위험을 과소평가하고, 위험을 제대로 감시하지 않는 비효율적인 투자를 유도할 수 있기 때문이다. 이러한 이유로 연방준비제도이사회 의장 벤 버냉키는 2010년 공개 증언에서 "대마불사 기업들은 투자가 잘못될 경우 공적 지원을 받을 것이라고 기대하기 때문에 적당한 수준 이상의 위험을 감수할 가능성이 있다"고 주장했다.[83]

대마불사 기업들의 존재는 눈에 잘 띄지 않는, 그러나 더 장기적 관점에서 포착할 수 있는 또 다른 중요한 의미도 지닌다. 이 장 앞부분에서 언급했듯이, 서구 사회가 초부유층들의 존재를 용인하게 된 중요한 이유는 절박한 상황이 되면 그들이 개인의 자산으로 공동체를 도울 것이라는 암묵적 믿음이 있었기 때문이다. 예를 들자면, 15세기 피렌체에서 코시모 데 메디치가 그렇게 했고, 더 최근에는 존 피어폰트 모건과 그의 동료들이 1907년 위기에서 미국을 구한 사례가 있다. 하지만 대마불사 기업들의 경우, 관련된 개인들은 전례 없는 규모의 금융 자산을 쌓아놓고도 회사가 어려움에 처하면 공공 자금으로 구제받으니 상황이 완전히 반대가 된 듯하다. 중세 시기 군주들에게 대출해준 사람들이 겪었던 문제를 기억한다면, 이 상황 역전을 공공 부채 위험의 사유화(손실을 국가와 군주들에게 돈을 빌려준 대출자들이 떠맡았음)에서 사적 위험의 집단화(대마불사 은행들이 납세자들의 돈으로 구제됨)로의 전환이라고 부를 수 있다. 이러한 관점에서 볼 때, 수년간 서구 전역에서 증가한 극심한 부의 집중에 대한 우려가 적어도 역사적·문화적으로는 정당성이 있다고 볼 수 있다. 이 문제는 8장에서 더 자세히 이야기하기로 하고, 그 전에 역사를 통해 거대한 재산이 어떻게 형성되고 후손들에게 대물림될 수 있었는지에 대해 이야기해보자.

6

부자들의 딜레마: 저축과 소비

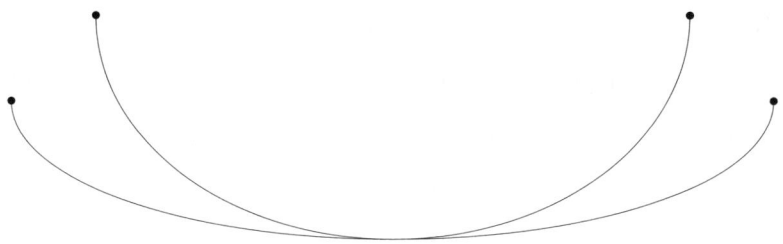

2001~2013년 사이 만들어진 가상 캐릭터들의 재산 순위를 다룬《포브스》의 '가상 캐릭터 부자 15Fictional 15' 마지막 호에서, 톨킨의 소설《호빗》에 등장하는 악룡 스마우그는 스크루지 맥덕(도널드 덕의 삼촌이자 디즈니 세계에서 가장 부자로 알려진 구두쇠 캐릭터 - 옮긴이)과 1위를 다투었다. 두 캐릭터 모두 병적으로 높은 저축 성향과 재물을 축적하는 특징을 보이는데, 특히 스마우그는 고대 독일 민간전승에 뿌리를 둔 전설에 따라 보물을 끊임없이 축적하고 보관하는 드래곤들의 악명 높은 탐욕을 대표한다. 스마우그는 자신의 보물에 너무나 집착한 나머지 그중 아주 작은 부분(호빗 빌보가 훔친 작은 황금잔)을 잃어버리자 분노에 휩싸였고, 이는 결국 그의 파멸로 이어진다.[1]

역사를 통틀어, 부자들은 늘 두 가지 상반된 평가를 받아왔는데 한편으로는 병적일 정도의 탐욕을 보인다는 비난을, 다른 한편으로는 쾌락과 허영을 좇아 재산을 탕진한다는 비판을 받았다. 이처럼 부자들은 저축과 소비 양면에서 특이한 행태를 보여왔기에, 이들의 집단적 행동을 면밀히 살펴보는 것이 의미가 있다. 장기적으로 볼 때 재산 축적의 핵심은 소비보다는 저축에 있었다. 부가 세대를 거쳐 상속될 수 있다는 점을 고려하면, 낭비벽 있는 이들보다는 저축 성향이 강한 이들이 가문을 일으킬 가능성이 큰 것이다. 이는 결과적으로 인색함 외에는 특별한 자질이 필요 없는 극심한 부의 불평등을 사회에 고착화시킬 가능성이 더 커 보인다. 앞서 살펴보았듯 중세 사회는 이러한 인색함을 죄악시했지만, 동시에 사치스러운 부의 과시 역시 비난의 대상이기는 마찬가지였다. 실제로 낭비는 구두쇠 근성만큼이나 큰 죄악으로 여겨졌다. 그래서 저축을 장려할 것인가 말 것인가의 문제는 서구 사회가 극도로 부유한 계층, 특히 초부유층을 대할 때 늘 명쾌한 해답을 찾지 못했던 난제였다. 이 장에서는 오랜 시간 속에서도 놀라울 정도로 본질을 유지해온 이 사회적 딜레마의 핵심을 파헤쳐보고자 한다.

중세 부자들의 소비 습관

부유하다는 것은 단순히 재산을 소유하는 것을 넘어 부자다운 생활 방식을 영유한다는 것을 의미한다. 부유층이 하나의 특별한 사회 계층을 형성한다고 볼 때, 이들에게는 그들만의 독특한 생활양식이 요구된다.² 중세부터 19세기에 이르기까지 유럽의 신흥 부자들은 귀족 계급에 진입하는 것을 궁극적 목표로 삼았다. 이들이 귀족의 생활 방식을 따라 하려 하자 기존 귀족들은 저항했는데, 이는 단순히 얼마나 많은 돈을 쓰느냐가 아니라 그 돈을 어떻게 쓰느냐가 더 중요했기 때문이다. 산업화 이전 시기의 신흥 부자들은 이러한 문화적 취향의 차이로 인해 심한 모멸감과 고통을 겪었다. 하지만 경제력이 점차 부르주아 계층으로 이동하면서, 전통 귀족의 인정에 더 이상 연연하지 않는 새로운 경제 귀족들이 서구 사회 전반에 등장하기 시작하게 되었고, 이러한 고민은 자연스럽게 해소되었다.

부와 귀족 신분의 관계는 3장에서 자세히 다룬 바 있는데, 이는 부자들의 소비 습관을 이해하는 데 중요한 실마리를 제공한다. 이는 특히 중세 후기까지 이어진 사회적 특징을 잘 보여준다. 귀족들은 공인된 신분 덕분에 상속재산과 사치스러운 생활을 누릴 특권을 가졌지만, 귀족이 아닌 부자들은 이러한 특권에서 배제되었다. 중세 상업 혁명을 계기로 귀족이 아닌 부유층이 하나의 사회 계층으로 부상하기 시작했는데, 이들의 '부당한' 사치 생활은 13세기부터 사회적 반발을 불러일으켰다. 이러한 현상은 특히 이탈리아와 같은 유럽의 부유한 지역에서 두드러졌으며, 다양한 사회적 반응으로 이어졌다.

13세기 초에 물질적 청빈의 미덕을 설파하기 시작한 아시시의 성 프란체스코가 부유한 상인 가문 출신인 것은 우연이 아니었다. 이는 '영적 가난'을 강조했던 시토 수도회의 창시자 베르나르 드 클레르보 Bernard of Clairvaux 같은 이전 설교자들과는 다른 접근이었다.³ 같은 시기에 각자의 사회적 신분에 맞는 소비 수준을 규정하는 도시 법령들이 등장한 것도 주목할 만하다. 이러한 규정들은 일반적으로 '사치 금지법'이라 불렸다.

15세기에 이르러 사치 금지법은 매우 정교한 체계로 발전하여, 각 사회 계층별로 허용되는 소비 수준과 부의 과시 범위를 상세히 규정했다. 15세기 중반 이탈리아 볼로냐의 경우, 최고급 사치품을 사용할 수 있는 권리는 기사, 의사 그리고 신사(최소 30년간 '기술직'에 종사하지 않은 유서 깊은 가문 출신)들에게만 주어졌다. 그 다음 단계로 공증인, 환전상, 직물 상인, 실크 상인으로 이루어진 명망 있는 4개 길드 구성원들도 비슷한 수준의 사치가 허용되었다. 다만 직물과 실크 상인의 경우에는 육체노동을 하지 않아야 한다는 조건이 있었고, 여성의 실크 의복 착용 금지와 같은 세부 제한도 있었다. 이러한 상류층에 속하지 않는 계층에는 훨씬 더 엄격한 제약이 가해졌다.[4]

유럽 전역의 사치 금지법은 귀중품의 소유와 과시뿐만 아니라, 결혼식이나 세례식 같은 특별한 행사의 지출 범위까지 통제했다. 특히 세례식의 경우, 법은 매우 구체적인 규정을 두었다. 집에서의 연회 개최 가능 여부, 초대 가능한 하객 수, 제공할 수 있는 음식의 종류와 양, 대부모가 할 수 있는 선물의 최대 가격, 아기를 교회로 데려가는 행렬의 최대 인원 수와 그들의 복장에 이르기까지 세세한 부분을 규제했다.[5]

사치 금지법은 사회질서 유지를 위한 수단이었지만,[6] 이것이 사치품 소비와 부의 과시를 완전히 차단하지는 못했다. 하지만 이는 법이 제대로 지켜지지 않아서가 아니었다(최근 연구들은 여러 시대와 지역에서 공권력이 이 법의 집행을 위해 상당한 노력을 기울였음을 보여준다). 실제로 한도를 초과해서 쓰고 싶은 이들에게는 벌금을 내고 원하는 대로 할 수 있는 길이 열려 있었기 때문이었다. 이런 점에서 사치 금지법은 지나친 소비에 대한 일종의 세금으로 기능했으며, 부유한 이들은 이를 기꺼이 납부했다.

일부 학자들은 이 법이 최상위 부유층의 재산을 일반 대중에게 재분배하려는 목적도 있었다고 주장한다. 실제 사례를 살펴보자. 1255년 프랑스 몽펠리에에서는 사치 금지법 위반자에게 도시 성벽 보수용 벽돌 1,000장을 벌금으로 부과했다. 이탈리아의 파엔차와 리미니에서는 사치품 관련 벌금이 저소득층 대출을 지원하는 공공 기관의 재원으로 활용되었고, 파르마에서는 이 벌금 수입을 빈민 구호 병원에 기부하기도 했다.[7]

현대사회는 소비를 높이 평가하고 역사상 유례없는 소비 수준을 보이는 '소비주의' 사회라는 점에서 사치 금지법이 있던 시대와는 매우 다르다고 할 수 있다. 하지만 규제를 어기고서라도 자신이 원하는 대로 소비하려는 성향은 오늘날 많은 부자들, 특히 초부유층들에게서 여전히 발견된다. 이를 보여주는 좋은 사례가 2013년 캘리포니아 빅 서에서 열린 냅스터의 공동 창업자 숀 파커의 결혼식이다. 그는 환경 보호 구역에 364명의 하객을 초대했으며, 고대 로마풍의 기둥, 다리, 인공 연못, 폭포가 있는 폐허가 된 석조성을 재현했다. 이 건축물들은 당국의 허가를 받지 않은 불법 건축물이었지만, 파커는 1,000만 달러의 결혼식 비용에 더해[8] 250만 달러의 벌금까지 거리낌 없이 지불했다.

유럽의 사치 금지법도 결국 부유해지는 경제 엘리트들의 사치품 소비와 부의 과시를 막는 데는 역부족이었다. 20세기 초에 이르러서는 그나마 남아 있던 유럽 귀족들조차 세련된 소비 스타일이나 뛰어난 패션 감각으로 신흥 부자들과 자신들을 구별 짓겠다는 희망을 거의 포기했다. 오히려 프랑스에서는 소비를 절제하고 가문의 보석 같은 부의 과시를 '적절한' 상황으로 제한하는 것이 귀족의 특징이 되었고, 이는 그들이 자신과 자신들의 사회적 지위를 인식하는 방식이 되었다. 이러한 맥락에서 귀족들은 돈과 부를 언급하는 것조차 수치스럽게 여겼으며, 상속과 관련된 특별한 경우에만 예외적으로 이를 허용했다. 이런 태도는 프랑스 귀족만의 특징이었고, 특히 돈에 대해 이처럼 엄격한 사회문화적 제약을 받지 않았던 영국 귀족들과는 뚜렷이 구별되었다.[9]

19세기에 산업과 금융계에서 새롭게 등장한 자산가들은 전통 귀족들과 달리 소비에 대한 제약에서 비교적 자유로웠다. 오히려 이들에게는 사치스러운 소비 습관을 과시하는 것이 그들만의 신분 집단에 속하기 위한 필수 조건이었는데, 이는 베블런이 언급한 '과시적 소비'의 특징과 정확히 일치했다. 베블런은 19세기 후반 미국 사회를 관찰하며, 많은 부자들이 사회적 지위를 얻거나 이를 과시하기 위해 값비싸고 불필요한 물건을 구매한다고 주장했다. 또한 그는 상류층으로 올라가는 과정에서 점진적으로 더 고급 물품을 소비할 수밖에 없다고 강조했다. 이러한 고급 소비가 부의 증거가 되어 명예로 이어지는 반면, 그에 걸맞은 소비를 하지 못하는 것은 열등함의 표시가 된다는 것이다.[10]

19세기 후반 미국의 과시적 소비 사례는 쉽게 찾아볼 수 있다. 해운과 철도업으로 부를 축적한 밴더빌트 가문의 전설적인 파티나,[11] 뉴욕의 유력 금융인과 사업가들이 즐기던 서부에서의 떠들썩한 원정 사냥이 대표적이다.[12] 베블런 시대 이후에도, 20세기와 21세기 미국 부유층에 대한 사회학 연구들은 고급 자동차 수집 같은 사치품 구매가 특히 신흥 부자들에게 자신의 사회적 지위 상승을 알리는 수단으로 활용된다는 점을 확인해주었다.

반면 큰 부자들, 특히 세습 부자들은 신변 안전 등을 이유로 사생활 보호에 신경 쓰는 모습을 보인다. 그러나 이들 역시 궁전 같은 저택 구입 등 고가의 소비를 부유층 신분의 필수 요소로 여긴다. 다만 이들의 소비는 일반 대중을 향한 과시보다는 상류층 내에서의 지위 확인에 가깝다.[13] 이러한 방식은 고급 취향이나 어릴 때부터 가정과 학교에서 주입받은 '남다른 삶의 방식'을 보여주는 동시에,[14] 미국, 영국을 비롯한 유럽 전역에서 부자 귀족들을 신흥 부자를 포함한 여타 계층과 구분 짓는 역할을 한다.[15]

부와 빈곤의 양극단에 있는 계층 간 소비 품목의 차이는 산업화 이전과 19세기에 더욱 뚜렷했다. 20세기 초부터 현재까지는 그 격차가 상대적으로 줄어들었는데, 예를 들어 오늘날에는 대부분의 서구 가정이 자동차를 보유할 수 있지만, 18세기에는 최상류층만이 마차를 소유할 수 있었다. 20세기 이전 하층과 중하층은 식품, 주거, 의류, 난방 연료와 같이 생존에 반드시 필요한 것들만 소비했다. 1688년 영국의 경우, 하위 41%는 전체 소비의 98.8%를 이러한 필수품에 썼다. 반면 상당히 부유한 상위 6~10%의 필수품 소비 비중은 87.8%였고,

나머지 12.2%는 다른 상품과 서비스에 소비할 여유가 있었다.

이를 19세기 초의 미국의 경우와 비교해보면, 영국의 '상당히 부유한' 계층에 상응하는 미국의 가구들은 의식주 외에 가구나 어린이 장난감 같은 품목에 전체 생활비의 39.5%를 쓸 수 있었다.[16] 반면 하위 10~20%의 가구는 이러한 품목에 소득의 5.6%만을 할애할 수 있었다. 초부유층으로 비교 대상이 올라가면 이러한 격차는 더욱 극심해져서, 19세기 후반 미국의 상위 0.1%는 요트, 호화 마차, 명마, 화려한 파티, 오페라 박스석, 클럽 회원권, 해외여행 등에 아낌없이 돈을 썼다.[17]

앞서 제시된 것 같은 광범위한 품목의 소비 비중 추정치만으로는 부유층과 하층민의 소비 사이에 존재하는 두 가지 중요한 차이점을 알아차리기 힘들다. 첫째, 각 분류 내에서도, 심지어 식품에서조차 소비되는 물품의 종류는 크게 달랐다. 예를 들어, 19세기 초반 미국에서 하위 10~20%에 속한 가구는 식료품 예산의 31.3%를 기본 곡물을 사는 데 썼지만, 상위 91~95%에 속한 가구는 기본 곡물에는 단 10.4%만 쓰고 절대적·상대적으로 훨씬 더 큰 금액을 소고기, 설탕, 알코올과 같은 사치 식품에 쓸 수 있었다. 두 번째 중요한 차이점은 이러한 수치가 소비 품목에 대해서는 말해주지만 가계 소득 중 소비와 저축의 비율은 알려주지 않는다는 점이다.[18]

부유층의 저축 습관

베네치아의 귀족 피에로 피사니 모레타^{Piero Pisani Moretta}가 1737년 6월 21일 숨을 거두었을 때, 그는 위대한 건축가 안드레아 팔라디오가 16세기 중반 설계한 몬타냐나 소재의 빌라를 포함해 100만 두카트가 넘는 엄청난 유산을 남겼다. 이 재산의 규모를 가늠하자면, 당시 베네치아 공화국의 연간 총 세수의 약 5분의 1에 달하는 천문학적인 액수였다. 피에로 피사니는 원래도 명문가 출신이었지만, 그의 막대한 부는 주로 상속받은 재산을 절약하고 현명하게 운용한 결과였다. 1703년부터 1705년까지 그는 연간 수입의 86%를 재투자하는 놀라운 절제력을 보였다.

그가 세상을 떠난 후 수년이 지나, 손자 피에트로^{Pietro}의 결혼식에서 낭독된 찬양시에서는 그를 '고결하고 천사와 같은 품성을 지닌 인물'로 칭송했는데, 이는 분명 그의 절제된 생활방식을 우아하게 표현한 것으로 해석된다. 하지만 모든 이들이 그를 호의적으로 기억한 것은 아니었다. 1740년대 베네치아의 명문가들을 연구한 지롤라모 카펠라리 비바로^{Girolamo Cappellari Vivaro}는 그의 유산에 대해 "비열한 인색함으로 쌓아 올린 거대한 부"라며 신랄한 평가를 남겼다.[19]

초부유층 귀족의 저축 성향을 바라보는 이러한 상반된 시각은 서구 사회가 부의 축적을 대하는 근본적인 양면성을 잘 보여준다. 기독교 신학에서는 탐욕이 낭비보다 더 중대한 대죄로 여겨졌음에도, 18세기 베네치아의 많은 권세가들은 피에로 피사니가 가문의 번영을 이끌었다는 점에서 그를 존경했다. 자식 중 홀로 살아남아 재산 대부분을 상속받은 그의 딸은, 같은 가문 다른 분파의 마지막 후손인 제롤라모 피사니Gerolamo Pisani와 결혼했는데, 그 집 재산은 제롤라모의 할아버지였던 제롤로몬이라는 인물이 거의 탕진한 상태였다.[20] 따라서 피사니 가문의 역사에서 구두쇠 피에로는 낭비꾼 제롤로몬보다 훨씬 긍정적으로 평가되었을 것이다. 게다가 피사니 가문은 이미 베네치아의 정치·경제 엘리트 사회에서 굳건한 위치를 차지하고 있었기에, 소비를 통해 자신들의 지위를 과시할 필요가 없었다. 피에로는 베네치아의 최대 숙적이었던 제노바 공화국과의 키오자Chioggia 전쟁(1379~1381)에서 함대를 승리로 이끌어 베네치아의 영웅이 된 베토르 피사니Vettor Pisani의 마지막 후손이었기 때문이다.

서구 역사에서 뛰어난 절약 정신으로 거대한 부를 일군 사례는 드물지 않다. 수소와 산소의 결합으로 물이 이루어졌음을 발견하고 열과 전기 이론을 발전시킨 영국의 과학자이자 자연철학자 헨리 캐번디시Henry Cavendish가 대표적이다. 그는 데본셔 공작의 셋째 아들의 장남으로 태어났으나, 작위나 큰 토지를 물려받지는 못했다. 그러나 1783년, 53세가 되던 해에 아버지로부터 16만 1,100파운드, 숙모로부터 9만 7,100파운드를 상속받았고, 여기에 자신이 보유하고 있던 1만 7,388파운드를 더해 대부분을 연 6%의 수익률을 제공하는 잉글랜드 은행 연금에 투자했다.

수도사와 같은 검소한 생활을 했던 캐번디시는 이 고정 수입의 거의 전부를 연금에 재투자했다. 그는 "과학과 결혼했다"는 말이 있을 정도로 여성을 멀리했고 평생 독신으로 지냈으며, 절약 정신과 사교계에 대한 무관심, 유행이 지난 낡은 옷을 고집하는 것으로 유명했다. 그의 저축은 매년 불어나 1810년 사망 시에는 약 120만 파운드(2020년 기준 약 1억 1,200만 달러)에 달하는 유산을 남겼다. 이는 27년 전 상속받은 재산의 4배에 해당하는 규모로, 연 6%의 수익률로 계산하면 12년마다 자산이 두 배가 되었다는 점에서 예상 가능한 결과였다. 한 전기 작가는 그를 "가장 부유한 현자이자, 가장 현명한 부자"라고 평했다.[21]

캐번디시의 극단적인 절약은 그의 반사회적 성향과 어느 정도 관련이 있으나, 대다수의 부자들은 그와 달랐다. 이들은 활발한 사교 생활을 하면서도 겉으로는 검소한 이미지를 유지했고, 상당한 지출에도 불구하고 수입의 대부분을 저축했다. 이러한 특징은 미국 도금시대의 산업 재벌들의 특성과도 어느 정도 일치한다. 당시 자수성가한 사업가들의 공적 이미지는 소박함과 절제가 주를 이뤄, 이른바 '악덕 자본가'들조차 청교도적 검소함과 경건함을 내세웠다.[22] 물론 저축 습관 없이는 '자수성가한 사람'이 큰 부자의 위치에 오를 수 없기도 했다.

하지만 이들이 남들의 눈에 어떻게 보이고자 했든, 진정한 의미에서 자수성가한 인물은 극소수였다. 4장에서 살펴보았듯이, 철강 재벌 앤드류 카네기만이 진정 무일푼에서 부호가 된 사례라고 할 수 있다. 그는 19세기 초부유층 중에서도 부의 과시를 거부한 완벽한 표본이었다. 그는 저서 『부의 복음』에서 "부자는 검소하고 겸손한 삶의 본보기가 되어야 하며, 과시와 사치를 멀리해야 한다"고 강조했으며, "가족을 부양하기 위해서 필요한 정도"의 생활비만 제공해야 한다고 주장하며[23] 가계 지출의 상한선을 정하기까지 했다.

부유층의 실제 절제 수준이 어떠했든, 한 가지 변하지 않는 분명한 사실이 있다. 서구 사회에서는 특정한 소비 수준이 부유층의 '전형적' 행태라는 인식이 널리 퍼져 있었고, 지금도 그러하지만 그들은 탁월한 저축 능력으로도 항상 남달랐다는 점이다. 이러한 특성이 없었다면, 부유층과 초부유층이라는 사회 계층은 역사적으로 그 규모가 훨씬 작았을 것이며, 경제적 자원에 대한 접근성에서 일반 대중과의 격차가 덜했을 것이고, 사회적으로 더 개방적이었을 것이며, 무엇보다 세대를 이어가는 부자 가문의 형성 자체가 불가능했을 것이다. 다만 이 마지막 논점은 상속 제도와 깊은 관련이 있으므로 다음 장에서 상세히 다루기로 한다.

결론적으로 부자는 월등한 소비 능력뿐만 아니라, 그보다 더 탁월한 저축 능력으로도 빈자와 본질적인 차이를 보인다. 시대와 장소를 막론하고 저축이 불가능하다는 점이 빈곤층의 특징이었기 때문이다. 매일매일 생계유지도 힘든 이들은 자신과 가족의 생존을 위협하지 않고서는 저축할 방도가 없었으니, 이것이 바로 빈곤에 빠진 이들이 아무리 열망하고 노력해도 극심한 가난에서 벗어날 수 없는 함정에 갇히는 핵심적인 이유 중 하나다.

저축 능력이 부자들의 남다른 특징이라면, 과거에서 현대에 이르기까지 이에 대한 체계적인 측정이 거의 이루어지지 않았다는 점은 다소 놀랍다. 이는 서문에서 언급했듯이, 하나의 사회경제적 집단으로서 부유층을 다룬 연구가 극히 드물기 때문일 것이다. 산업화 이전 유럽의 경우 현존하는 자료가 매우 부족하며, 개별 부자나 가문에 대한 연구에서도 이 주제를 명확히 다룬 사례를 찾기 어렵다. 다만 가계 예산의 공개 데이터를 통해 대략적인 추정은 가능하다.

주목할 만한 사례로 앞서 언급한 피에로 피사니 모레타를 들 수 있다. 그는 1705년부터 1735년까지 총수입의 71~97%, 연평균 86%를 토지와 금융 자산에 재투자했다. 하지만 피사니는 특별한 경우였으며, 베네치아 귀족 중 이와 비슷한 이는 찾아보기 힘들었다. 또 다른 사례로 안드레아 바르바리고Andrea Barbarigo가 있다. 바르바리고 가문의 본가와는 먼 친척인 하급 귀족이었던 그의 저축률은 1431년부터 1439년까지 약 60%이었을 것으로 추산된다. 이러한 저축으로 그는 상당한 재산을 모았고, 크레타와 레반트 지역에서 와인과 치즈 무역으로 베네치아 상인들 사이에서 명성을 얻었다.

바르바리고의 저축률 60%는 피사니의 86%에 비해 현저히 낮았는데, 이는 그가 피사니만큼 부유하지 않았음을 보여준다. 사망 당시 그는 베네치아 공화국의 상위 5% 부자에는 들었지만, 상위 1%에는 미치지 못했을 것으로 추정된다(반면 피사니는 확실히 최상위 0.1%에 속했다). 그럼에도 바르바리고의 저축 성향은 비슷한 사회경제적 지위를 가진 이들보다 훨씬 높았으며, 이는 산업화 이전 이탈리아의 부자 가문들의 저축률을 보여주는 〈표 6.1〉에서 분명히 확인할 수 있다.

17세기와 18세기 사보이아 공국의 피에몬테Piedmont 지역 부유층 가문들의 데이터를 보여주는 이 표에 따르면, 부유층은 연간 수입의 최대 80~83%까지 저축할 수 있었던 것으로 보인다. 주목할 만한 점은 최상위 부유층으로 갈수록 저축률이 높아지는 경향이 있다는 것이다. 피에몬테의 4대 부자 귀족 가문 중 하나로 꼽히는 아퀴의 리치Ricci of Acqui 가문은 1740~1749년 동안 연간 소득의 73%를 저축했다.

역사학자 스튜어트 J. 울프$^{Stuart\ J.\ Woolf}$가 지적했듯이, 사보이아 공국의 수도 토리노에 거주하며 공직을 맡거나 최소한 궁정과 교류가 있던 사회·경제 엘리트 가문들은 일상적 지출 수준이 비교적 균일했고, 이로 인해 부유층에서 초부유층으로 올라갈수록 저축률이 자연스럽게 증가하는 양상을 보였다.[24]

피에몬테의 사례들은 또한 같은 가문 내에서도 세대별 성향과 동기에 따라 저축률에 큰 차이가 있을 수 있음을 보여준다. 파에사나^{Paesana} 가문의 경우, 카를로 마리아$^{Carlo\ Maria}$ 시기(1670~1715)에는 연간 저축률이 20%를 상회했으나, 그의 아들이자 후계자인 발다사레는 저축을 전혀 하지 못한 것으로 보인다. 그나마 그는 가문의 재산을 탕진하지는 않았는데, 다른 가문의 경우에는 가문 구성원이 과도한 지출, 사업 실패, 불운 등으로 가문의 재산을 상당히 축내기도 했다. 피에로 귀치아르디니$^{Piero\ Guicciardini}$가 대표적인 예로, 그는 14세기 초 피렌체에서 손꼽히는 거부였으나 사업에 무관심했고 무능한 관리자들에게 의존하다 재산을 탕진했다. 역사가이자 정치학 저술가였던 그의 증손자 프란체스코 귀치아르디니는 피에로가 빈곤 속에서 생을 마감했다고 전하나, 약 5,000플로린이라는 상당한 유산을 남긴 것으로 미루어 다소 과장된 기록으로 보인다.[25] 안타깝게도 현존하는 자료로는 피에로의 정확한 저축률을 계산할 수 없으나 아마도 마이너스였을 가능성이 매우 높다.

〈표 6.1〉에 나타난 귀치아르디니 가문과 다른 토스카나 가문들의 사례는 피에몬테의 분석 결과, 특히 상위 부유층으로 갈수록 저축 성향이 높아지는 경향을 15~16세기까지 확장하여 재확인해준다. 이

개인 또는 가문	연도*	지역	부의 분포에서의 위치	연간 평균 저축률 (%)
필리포 스트로치	1471~1483	피렌체 공화국	상위 0.1%	89
셀바지아 스트로치	1492~1502	피렌체 공화국	상위 0.1%	3
피에로 피사니 모레타	1705~1735	베네치아 공화국	상위 0.1%	86
마르키즈 벨 보르고	1740~1749	사보이아 공화국	상위 0.1%	73
알레산드로 군디	1496~1516	피렌체 공화국	상위 1%	≥55
줄리아노 카포니	1532~1544	피렌체 공화국	상위 1%	69.4
줄리아노 카포니	1553~1568	피렌체 공화국	상위 1%	>80
카를로 도비코 바톨로	1664~1705	사보이아 공화국	상위 1%	10.3
카를로 마리아 파에사나	1670~1715	사보이아 공화국	상위 1%	>20
리카르디 가문	1690~1719	피렌체 공화국	상위 1%	50
제롤라모 바톨로	1705~1735	사보이아 공화국	상위 1%	3.6**
부다사레 파에사나	1715~1736	사보이아 공화국	상위 1%	0
마르키즈 리치 오브 야귀	18세기 초	사보이아 공화국	상위 1%	80~3.3
리카솔리 가문	1817~1829	피렌체 공화국	상위 1%	11
안드레아 바르바리가	1431~1449	베네치아 공화국	상위 5%	60
줄리아노와 니콜로 가포니 형제들	1496~1530	피렌체 공화국	상위 5%	≥53.6
야포크 귀차이르디니	1505~1532	피렌체 공화국	상위 5%	11.9
베르나르도 사그	1548~1569	밀라노 공국	상위 5%	22
자코모 안토니오 오데스칼키	1575~1578	밀라노 공국	상위 5%	>70
알베르토 라디카티 디 파세라노	1707~1719	사보이아 공국	상위 5%	9
조반 프란체스코 디오니시	1813~1829	롬바르도-베네치아 왕국	상위 5%	36.8
오타비오 디오니시	1848~1852	롬바르도-베네치아 왕국	상위 5%	0.1
루크레지아 디오니시	1853~1861	롬바르도-베네치아 왕국	상위 5%	7.8
디오니시 가문 전체	1853~1861	롬바르도-베네치아 왕국	상위 5%	19.6

표 6.1. 15-19세기 이탈리아 부유층의 저축 성향

* '연도'는 연간 평균 저축률을 산출할 때 사용된 기간의 범위를 나타내며, 이는 양집의 자료의 가용성과 각 개인의 생애에 따라 달라진다.
** 형제들에게 지급된 연금을 제외할 경우, 제롤라모 바톨로의 저축률은 18.5%로 증가한다.

러한 패턴은 개인의 부 축적 과정에서도 관찰된다. 피렌체 출신의 상인이자 정치가 피에르 카포니의 아들 줄리아노 카포니$^{Giuliano\ Capponi}$의 사례가 대표적이다. 피에르 카포니는 1494년 프랑스 국왕 샤를 8세의 나팔 위협에 피렌체의 종소리로 맞선 것으로 유명한 인물이다(당시 군대를 이끌고 피렌체에 주둔 중이던 샤를 8세가 협상 중 "우리의 나팔을 불겠다"고 위협하자, "그러면 우리는 종을 치겠다"고 응수해 공정한 조약 체결을 이끌어냈다. - 옮긴이). 줄리아노 카포니의 형 니콜로^{Niccolò}는 가문의 재산 관리를 대부분 동생에게 위임했는데, 이 형제는 1496~1530년 동안 최소 53.6%의 평균 연간 저축률을 기록하며 상위 5% 부자 반열에 올랐다. 자산이 지속적으로 증가하면서 이들의 부자 순위도 상승했고, 형 니콜로의 사망 이후 줄리아노는 1532~1544년에는 연간 소득의 69.4%, 1553~1568년에는 80% 이상을 저축하며 마침내 피렌체 상위 1% 부자에 속하게 되었다.[26]

〈표 6.1〉에는 두 명의 부유한 여성, 셀바지아 스트로치$^{Selvaggia\ Strozzi}$와 루크레지아 디오니시$^{Lucrezia\ Dionisi}$가 포함되어 있는데, 이들은 상대적으로 낮은 저축률을 보인다. 하지만 그들이 처한 특수한 상황을 고려하면 이해할 만하다. 먼저 두 사람 모두 미성년 자녀를 둔 과부였다. 셀바지아는 1492~1502년 동안 평균 3%의 저축률을 보였는데, 그녀는 가계를 직접 관리했지만 대부분의 유동자산은 조카들이 관리했다. 루크레지아 디오니시(결혼 전 성은 주스티니아니)의 경우, 1853~1861년 동안 개인 소득의 평균 7.8%를 저축했다. 그러나 형식상으로는 미성년 자녀의 단독 재산으로 되어 있지만 실질적으로는 그녀가 관리했던 재산과 관련된 수입과 지출을 포함하면 저축률은

19.6%로 올라간다.

이 표에 나타난 부유한 가문들의 표본이 다소 편향되어 있다는 지적도 나올 수 있다. 이는 학자들이 성공적인 사례에 주목한 나머지 몰락한 가문들에 대해서는 상대적으로 부실한 정보를 제공했기 때문일 수 있고, 또는 방탕한 후손을 두지 않아 몰락을 면한 가문들이 더 풍부하고 양질의 문서 기록을 남겼기에 역사 연구의 주요 대상이 되었던 것도 이유가 된다.

이러한 점을 고려하여 마테오 디 툴리오Matteo Di Tullio와 필자는 최근 베네치아 공화국 전체 부의 분포에 따른 저축률을 개략적으로 평가했으며, 상위 5% 부자들의 평균 저축률이 연소득의 20~40% 사이였을 것이라는 합리적인 추정을 제시했다.[27] 이 추정치는 ⟨표 6.1⟩의 일부 사례를 기반으로 했으나, 추가 데이터를 통해서도 대체로 입증되었다. 흥미롭게도 이는 1600~1811년 네덜란드 공화국 부유층의 잠정적 추정치인 25~40%와도 일치한다.[28] 따라서 이 주제에 대한 추가 연구가 나올 때까지는, 20~40%의 저축률이 상위 5% 계층의 현실을 그런대로 잘 반영하며, 최상위층으로 범위를 좁힐 경우 이 비율은 더 상승할 것이라는 결론이 타당해 보인다. 실제로 간단한 모델링 실험을 통해 최상위 1% 부자들은 평균적으로 소득의 30~60%를 저축했을 것이라는 가설을 도출할 수 있었는데, 이는 ⟨표 6.1⟩에 수집된 실제 증거와도 잘 들어맞는다.[29]

산업화 이전 사회에서 현대사회로 이동하면 이용 가능한 정보가 크게 증가할 것이라고 기대하겠지만 실제로는 그렇지 않은데, 그 이유는 이 주제에 대한 연구가 거의 없기 때문이다. 그래도 우리가 갖고 있는 몇 가지 자료에 따르면 현대의 부자들은 산업화 이전 시기의 부자들 못지않게 알뜰하며, 부자들의 특징인 실제 저축률은 오히려 더 높아진 것으로 보인다. 적어도 2003년부터 2010년까지 OECD 국가를 대상으로 한 조사 결과로 보면 그런 해석이 가능한데, 상위 20% 소득 계층의 저축률이 20~40%로 보고되어 있고 이는 산업화 이전 시기 상위 5%의 저축률과 동일하다. 저축률을 범위로 표시한 것은 국가별 편차 때문으로, 예를 들어 미국과 멕시코의 상위 20%는 소득의 약 40%를 약간 넘게 저축했고, 네덜란드와 프랑스에서는 약 30%를 저축했다. 한 가지 분명히 할 점은 같은 조사에서 부유한 국가의 경우에도 하위 20%는 전혀 저축을 할 수 없거나 심지어 재산을 축내거나 빚을 져야 한다는 사실을 보여줬다.[30]

현대 부자들이 산업화 이전 부자들보다 소득 대비 저축률이 더 높은 데는 아마 두 가지 주요한 이유가 있을 것이다. 첫째, 산업혁명과 함께 진행된 금융 혁신과 공공 부채의 확대 덕분에 비교적 안전하면서도 높은 수익을 보장하는 자산에 투자할 기회가 증가했고, 그것이 저축을 장려하는 역할을 했을 수 있다. 하지만 역사적으로 부유층에게 좋은 투자 기회는 항상 열려 있었다. 5장에 나왔던 베네치아 공공 부채, 리스크가 좀 높긴 했지만 네덜란드와 영국의 특권 회사들에 대한 투자 사례들을 상기해보라. 따라서 산업화 초기의 투자 기회 확대가 부유층의 저축 성향을 실제로 얼마나 강화했는지는 판단하기가 어렵다. 둘째, 아마 이것이 더 중요한 이유일 듯한데, 저축률 상승은 단순히 인구 전체가 더 부유해졌고 동시에 소득과 부 분포에서 최상위와 최하위 간의 격차가 더 커진 상황을 반영하는 것일 수 있다. 이 시나리오에서는, 지위를 나타내고 소비 욕구를 만족시키기 위한 지출이 현대 소비주의 사회에서 아무리 크다 해도 소득 대비 지출 비율은 산업화 이전 시대에 비해 낮다고 추정할 수 있다. 이를 다르게 표현하자면, 소비 수준이 올라가다 보면 소비의 한계 효용이 제로를 향해 간다는 개념이다. 20세기 초 미국의 석유 재벌인 해럴드슨 L. 헌트Haroldson L. Hunt는 "실질적으로 연간 20만 달러를 버는 사람이라면 나와 사는 정도가 비슷하다"고 했는데[31] 그는 당시 세계 최고 갑부였다.

부유층의 저축 성향에 대한 연구가 상대적으로 부족한 이유는 아마도 이 질문을 하는 것 자체가 영향력 있는 경제 이론, 특히 밀턴 프리드먼의 '영구 소득permanent income' 가설에 대한 도전이 될 수 있기 때문일 것이다. 이 가설에 따르면, 개인들은 전 기간에 걸쳐 소비 수준을 일정하게 유지하는 경향이 있기 때문에, 사는 동안 소득 변동에 따라 저축률을 조정한다는 것이다. 예를 들어, 소득이 적은 시기에는 저축률을 0 이하로 낮춰 부채를 지는 식이다. 따라서 프리드먼은 현재 소득과 저축률 사이의 상관관계를 측정할 때, 특정 시점에서 더 많이 버는 사람들이 더 높은 저축률을 보인다고 해서 그것이 평생에 걸쳐 더 많은 소득(영구 소득)을 올리는 개인들이 소득이 적은 사람들보다 저축률이 더 높다는 것을 의미하지는 않는다고 보았다.[32]

이 주장의 논리는 일견 타당하지만, 영구 소득 수준이 높은 사람이나 낮은 사람이나 저축률은 대략 비슷하다는 프리드먼의 주장은 실증적 증거를 통해서만 진위가 가려질 수 있다. 사회과학에서 이념에 휩싸인 논쟁이 흔히 그렇듯이, 수십 년 동안 이 문제를 다룬 실증적 연구들은 명확한 결론을 내리지 못했다. 그러나 최근 20여 년 동안 새로운 증거에 근거해 이 문제를 다룬 몇몇 연구는 평생 소득이 높을수록 더 많이 저축하며 재산도 더 많은 경향이 있다고 보고하는 추세다. 예를 들어 다이넌, 스키너, 젤데스는 관련 문헌들을 종합한 1984~1994년 미국 사례 분석에서 영구 소득 분포 상위 20%에 속하는 가구는 25% 이상의 저축률을 기록했다는 결론을 내렸고, 상위 5% 또는 1%만 측정할 경우 저축률이 훨씬 더 높아질 것임을 시사했다.[33] 저축률은 분포 하위로 내려갈수록 급격히 감소해 하위 20%에서는 0에 도달했다. 이는 현재 소득 분석에 대해 이전에 보고된 결과들과 일치하지만, 현재 소득 분석에서 영구 소득 분석으로 전환할 경우 상위 계층의 저축률 추정치가 약간 감소하기는 한다.[34]

지금까지 영구 소득에 대한 논쟁은 주로 현대사회에 초점을 맞춰왔다. 물론 이는 적절한 선택이지만, 그래도 이 영구 소득 개념이 산업화 이전 사회에는 어떻게 작용될지를 생각해보면 유익한 통찰력을 얻을 수 있다. 실제로, 최하위 빈곤층은 줄곧 생계 유지 수준이나 그 근처에 머물러 있다고 가정하면(대부분의 산업화 이전 유럽 사회에서 기본적으로 그게 현실이었다), 영구 소득을 고려해도 하위 계층의 저축률은 논리적으로 거의 0에 가까울 것이다. 부유층의 경우, 특정 시점에 높은 부의 집중이 나타났다는 사실은 그 자체가 이전에 저축이 이루어졌다는 증거다. 저축은 부 축적을 위한 필수 조건이기 때문이다. 따라서 저축률이 영구 소득 수준에 달려 있지 않다는 가설은 산업화 이전 사회에서는 성립될 수 없다. 이는 또한 귀족이었든, 무역 혹은 산업 또는 금융에 종사했든, 부자 1세대는 가문을 창시하는 성향이 있었기 때문이기도 하다. 가문의 형성은 중세와 근대 초기에 (그리고 아마 현대사회에서도) 명확히 드러나는 특징이며, 대부분의 경우 상당한 저축 없이는 불가능한 일이었다. 따라서 별로 많지는 않지만 현재 이용 가능한 자료에 기반한 장기적 관점에서 보면 부유층은 항상 사회의 다른 집단보다 강한 저축 성향(능력은 말할 것도 없고)을 지녀왔다는 결론을 내릴 수 있다. 이는 바로 또 다른 질문으로 이어진다. 그렇다면 왜 부유층은 저축을 할까?

부유층, 경쟁 그리고 유산

석유재벌 해럴드슨 L. 헌트가 주장한 것처럼 일정 수준 이상의 소득에서는 추가적인 소득 증가가 개인의 소비 수준에 거의 영향을 미치지 않는다면, 왜 많은 부자, 특히 초부유층이 더 많이 저축하고 더 많은 부를 축적하려는 충동을 가진 것처럼 보이는가라는 의문이 들 수밖에 없다. 가장 쉬운 설명은 그들이 채워질 수 없는 탐욕의 저주를 받았다고 말하는 것이다. 부동산 거물 도널드 트럼프가 대통령이 되기 훨씬 전인 1988년에 쓴 『거래의 기술』이라는 책에서 말했듯이 "탐욕은 아무리 커도 지나치지 않기 때문이다."[35] 하지만 단순한 탐욕만으로는, 그것이 분명 많은 부자와 초부유층의 특징임에도 불구하고, 그들의 집단적 행동에 대한 설명으로 불충분하다. 게다가 탐욕이 부자의 근본적 동기라는 견해는 특정 사례에 대한 충분한 '판단'을 바탕으로 하고 있지 않기 때문에 엄격히 말하면 서구 문화에 오랫

동안 뿌리내려 온 편견에 가깝다. 모든 인간 집단과 마찬가지로, 부유층 또한 복잡한 동기와 심리를 가지고 있다. 따라서 그들이 부의 축적 그 자체를 목적으로 여기는 것처럼 보인다 해도 각자 나름대로의 이유가 있을 수 있다. 한 가지 가능한 설명은 막대한 부는 단순한 소비 능력을 넘어 그 이상을 줄 수 있다는 점이다. 재산은 쓰지 않고 가지고 있기만 해도 권력이나 사회적 지위와 같은 혜택이 계속 굴러들어오기 때문에 사람들로 하여금 마치 부 자체가 바람직한 것이라도 된다는 듯이 행동하게 만든다.[36]

부자들이 절약과 부 축적에 매진하는 또 다른 이유는 단순히 경쟁을 즐기기 때문일 수도 있다. 재산이 늘어나 국내 혹은 세계 부자 순위에서 더 높은 자리로 올라가는 데서 얻는 만족감 때문에 더욱 더 부자가 되고자 하는 것이다. 헌트는 이 원리에 대해 매우 적절하면서도 짧게 말했다. "돈은 단지 점수를 매기는 방법일 뿐이다. 중요한 것은 게임 자체다."[37]

오늘날 《포브스》의 세계 억만장자 순위 같은 부자 리스트들은 점수를 매기는 일에 상당한 도움을 주고 있다. 당연히 이런 심리적 요소를 특히 출신이 보잘것없는 부유층에 깊이 뿌리박힌 사회경제적 지위 상승에 대한 열망이나 앞서 말한 각종 '혜택'을 확보하고자 하는 의도와 분리하기는 어렵다. 동시에 많은 부자들은 자기들이 다른 부자들과 경쟁하고 있다고 본다는 점에서 경쟁심의 존재 또한 강조할 필요가 있다. 그런 행동은 역사적으로도 사례가 많고 소설에서도 많이 나온다. 그에 대해서는 만화 캐릭터 스크루지 맥덕과 존 D. 로커덕이 '최고 부자' 자리를 놓고 벌이는 끊임없는 경쟁을 예로 드는 것으로 충분할 듯하다(작가 칼 바크스는 실제 억만장자 존 D. 록펠러의 이름에서 로커덕의 이름을 따왔다). 그러나 이런 부자들 사이의 경쟁은 특히 유명한 부자인데다 능력이 뛰어난 인물들의 후손들에게 심각한 심리적 문제를 초래할 수 있는데, 그들은 재능 있는 선조의 그늘에서 벗어나기 위해 발버둥치곤 하기 때문이다.[38] 다시 말해, 그들은 이길 수 없는 경주에 강제로 끌려들어 갔다고 느끼는 것이다.

이러한 지속적인 부 축적의 욕구는 막스 베버의 유명한 '자본주의 정신' 개념을 고려하면 다소 긍정적인 시각에서 바라볼 수도 있다. 베버는 자본주의 정신이란 '더 많이 축적하기'라는 단순한 목적(끊임없는 이익 추구) 속에 존재한다고 보았다. 탐욕을 죄악으로 여겼던 중세 기독교 신학의 종교 윤리와는 대조적이다. 베버는 서구의 자본주의 정신은 16세기 종교개혁에 의해 마침내 해방되었다고 주장했다. 특히 운명 예정론과 은혜에 의한 구원을 믿었던 칼뱅주의자들 사이에서 성공적인 부 축적은 불안해하던 상인과 초기 기업가들에게 그들이 선택된 자라는 확신을 주었다. 이에 따라 그들은 그 점을 더 확실하게 하기 위해 남들보다 더 많은 부를 축적하는 데 매진했다. 즉, 종교개혁 전반에 걸쳐 부의 축적은 종교적 의미를 지니게 되었고 이른바 '소명'이 되었다.[39] 사실 베버는 이러한 행동이 개인 차원에서는 비합리적이라고 여겼다. 이 개념과 그에 대한 비판에 대해서는 다시 돌아볼 기회가 있을 것이다. 이 장의 목적을 위해 강조할 요점은 부를 축적하고자 하는 욕구가 경쟁심 때문이든 종교적 이유든, 그것이 반드시 탐욕스럽고 인색한 태도와 병행하는 것은 아니라는 점이다. 축적의 최종 목적은 '기부'라고 선언한 유명한 사례들도 있다. 예를 들어, 앤드류 카네기는 부자로 죽는 것은 수치스럽다고 말했고 스스로 부 축적 경쟁에서 물러난 후에는 자산 대부분을 다양한 자선 활동에 기부했다.[40] 하지만 그렇게 함으로써 그는 또 다른 경쟁, 즉 과시적 자선 경쟁에 들어갔다고 평할 수도 있다.[41]

그러나 역사적으로 (진정으로 이타적이든 아니면 어느 정도 이기적이든) 기부하기 위해 축적한다는 태도를 가진 부자들은 소수에 불과했다. 축적의 더 중요한 심리적·문화적·사회경제적 동기는 부자 가문을 창시하거나 이를 공고히 하기 위해 충분한 재산을 축적하는 것이었다. 이전 장에서 메디치 같은 중세 후반의 은행가들부터 근대 초기의 기업가인 투른 운트 타시스, 그 외의 산업혁명과 금융 시장 확대를 기회 삼아 등장한 가문들에 이르기까지 다양한 부자 가문의 사례를 제시했다. 또한 가문 보존이라는 목표가 매우 뚜렷했던 부유층 귀족들도 잊어서는 안 된다.

많은 사람들이 후손에게 재산을 물려주고 싶은 욕구를 갖고 있다는 것은 명백한 사실이다. 하지만 사회과학, 특히 경제학에서 후손에게 유산을 물려주기 위해 저축한다는 개념은 1950년대 프랑코 모딜리아니Franco Modigliani가 제시한 '생애 주기' 가설과 상충된다. 이 가설을 단순화시키자면 사람들은 평생 재원을 기준으로 자신의 소비 수준을 결정한다는 것이다. 따라서 장기간에 걸쳐 소비 수준을 안정적으로 유지하기 위해 젊을 때는 전혀 저축하지 않거나 심지어 빚을 지고, 일하는 동안에는 저축하며, 은퇴 후에는 일하는 동안 저축한 것을 꺼내 쓰게 된다. 장기간에 걸쳐 고르게 소비하기 때문에 현재 소득이 높을수록 더 많이 저축하게 되는 것이다. 또한 프리드먼의 '영구 소득' 가설에 따르면, 근로 및 자본 소득이 높은 '부유층'의 높은 저축률은 일종의 착시 현상이다. 인생 전체로 보면 부유층이나 빈곤층 모두 축적한 자원을 결국 다 소비할 것이기 때문이다. 그러나 이 가설은 사람들이 자신이 죽는 순간을 정확히 예측할 수 있어야만 가능하다. 모딜리아니에 따르면, 죽음이라는 불확실성이 신중한 사람들로 하여금 평생 저축을 하게 만들고, 그 결과 뜻밖의 유산이 발생한다는 것이다.[42] 하지만 이 시나리오에서도 부유층의 소득 대비 저축률이 빈곤층보다 더 높을 것이라고 기대할 만한 합당한 이유는 발견되지 않는다.

여기서 생애 주기 가설에 대한 논쟁이나 모델의 확장 가능성에 대해 자세히 이야기할 필요는 없고, 단지 현대사회에 적용할 수 있는 증거에 따르면 적어도 소득 분포의 상위층, 즉 부유층의 경우 모딜리아니의 가설에서 추출한 모델들이 노년기의 소비를 지속적으로 과대평가하는 경향이 있다는 점은 지적해야겠다. 다시 말해, 부자들은 죽기 전에 자신들이 축적한 재산을 거의 다 소비하지 않으며, 그에 따라 상당한 유산을 남기게 된다. 경제학자 크리스토퍼 캐롤Christopher Carroll은 부유층의 저축 행태를 체계적으로 모델화하는 드문 시도를 했다. 경제 이론의 관점에서 이 문제를 해결하는 한 가지 방법은 초부유층들은 유산을 남기거나 가문을 창시 또는 강화하기 위해 의도적으로 저축한다고 가정하는 것이다. 또 다른 방법은 부유층이 축적된 부 자체에서, 혹은 앞서 언급한 대로 쓰지 않고 가지고만 있어도 굴러들어오는 혜택으로부터 효용을 얻는다고 가정하는 것으로, 캐롤은 이를 '자본주의 정신capitalist spirit' 모델이라고 불렀다. 이 모델은 부자들끼리의 경쟁 욕구나 단순히 탐욕에 의한 부의 축적 행위도 포함한다. 어쨌든 이 모든 모델들은 의도적이든 아니든, 가문을 세우려는 부자들의 욕구가 그들이 죽은 후 후손에게 큰 재산을 남기게 한다고 예측한다.[43]

산업화 이전 사회를 생각해보면 많은 재산을 물려줌으로써 가문(귀족들 경우는 '혈통')을 강화하는 것이 많은 부자들의 목표였음에는 의심의 여지가 없다. 사실, 그러한 열망은 오늘날과 과거 사이의 구조적 차이를 반영한다. 산업화 이전 시대에는 특정 개인이나 그 후손의 생존 가능성 자체가 매우 불확실했다. 흑사병 같은 대규모 전염병 사태가 특정 도시 주민의 다수, 최악의 경우에는 절대 다수를 사망으로 몰아갈 수 있음을 모두가 인지하는 삶의 연속이었다. 심지어 평상시에도 질병이나 사고로 갑작스럽게 죽는 일이 다반사였으며, 이는 젊은이들도 마찬가지였다. 이런 맥락에서 사람들은 자신의 죽음을 절실히 의식하고 있었고 그래서 후손들의 복지를 보장하기 위해 더 열심히 노력하는 경향이 있었다. 그러나 후손의 생존 역시 불확실했기에, 그들은 자신들이 보호할 수 있는 것, 즉 세습 재산을 지키는 데 중점을 두었다. 15세기와 16세기에 남유럽 법학자들이 다양한 형태로 널리 사용했던 "가족이 곧 가문의 재산이다"라는 문구도 이런 의미에서 이해해야 한다.[44]

저축할 것인가, 말 것인가

역사적 관점에서 보면, 부자들이 저축과 소비에 대해 가지는 태도에는 명백한 모순이 있다. 장기적으로 보면, 부유층의 높은 저축 성향이 사회 문제를 야기할 수 있는데, 이는 상속을 통해 부의 계층 구조를 고착화시킴으로써 대담하고 유능한 사람들이 재능이나 노력을 통한 지위 상승으로 이를 뒤집거나 그냥 바꾸는 것조차 어려워지기 때문이다. 이런 관점에서 보자면 상위 계층의 소비율이 더 높아지는 것이 바람직하다. 높은 소비율은 자산 축적을 제한하고, 부유한 가문의 등장을 저지하며, 또 부유층이 총수요를 증가시키면 사회 전반적으로 능력과 노력을 통한 계층 상승 가능성을 높일 수 있기 때문이다. 하지만 부유층의 과시적 소비와 부의 과시는 항상 여론의 비난을 불러일으키며, 부자들에 대한 사회적 분노를 불러오곤 한다. 현대 서구 사회에서 부유층의 지나친 소비가 뉴스 거리가 되며 엄청난 비난을 받는 것은 과거의 문화를 그대로 반영하는 것이기도 하다. 중세와 근세 초기의 '사치 금지법'을 생각해보라. 부의 과시 억제와 과시적 소비에 대한 명확한 한도 도입을 목표로 한 이 법은 결국 지역 사회의 평화를 유지하기 위한 것이었다.

    어떤 의미에서 부자들은 사회에서 죄악으로 여기는 두 가지 행동, 즉 탐욕과 낭비 사이에 갇혀 있다. 13세기 말 이탈리아의 위대한 시인 단테 알리기에리는 『신곡』에서 탐욕스러운 자와 낭비하는 자를 지옥의 제4층에 함께 집어넣고, 이교도 부의 신 플루토가 감시하는 가운데 동일한 벌을 받게 한다.[45] 따라서 저축할 것인가, 말 것인가.

이것이 우리가 답을 찾고자 하는 오래된 딜레마다.

부자들은 저축하고자 하는 개인적 동기 외에 대중의 비난에 대한 두려움 때문에 과시적 소비를 피하려고 할 수도 있다. 마키아벨리에 따르면 15세기의 코시모 데 메디치가 바로 그런 경우였다. 그는 품위 있는 시민으로서 절제하는 삶을 살았는데, 끊임없이 화려함을 과시하는 사람이 실은 더 큰 부자이면서도 부를 과시하지 않는 사람보다 더 많은 시기심을 불러일으킨다는 것을 알고 있었기 때문이다.[46] 게다가 코시모의 '겉으로 드러난' 절제는 피렌체의 실질적인 군주가 되는 길을 추구하는 데 도움이 되었다(5장 참조). 하지만 절제된 태도를 보인다고 해서 부자, 특히 초부유층 모두가 사람들의 비난에서 벗어날 수 있는 것은 아니다. 철도 재벌이자 도금 시대에 사람들이 가장 증오한 '악덕 자본가' 중 하나였던 제이 굴드가 바로 그런 예다. 당시 언론은 여러 이유로 굴드를 싫어했는데 그들은 그의 과묵하고 내성적인 태도도 마음에 들어 하지 않았다. 역사가 모리 클라인Maury Klein에 따르면, "굴드의 사생활은 뉴스에 굶주린 기자들에게 별다른 뉴스 거리를 제공하지 않았다. 그가 가족과 조용히 여가활동에 전념한 것이 칭찬할 만한 일이기는 했지만, 이는 개인적 혹은 도덕적 기행을 통해 그의 대중적 이미지를 인간화하려는 노력에는 도움이 되지 않았다. 그는 대중이 열광하거나 용서할 만한 사회적 결점 같은 게 없었다." 아이러니하게도 이것이 그가 '그 시대 최고의 악당'이 된 이유다.[47]

초부유층이라는 지위를 가진 사람이 '용서받을 수 있다'는 말은 그런 신분 자체가 죄악으로 여겨진다는 것을 의미한다. 마치 두 가지 죄가 서로 상쇄된다는 듯이, 탐욕죄를 낭비죄를 범함으로써 속죄할 수 있다는 생각은 신학적·논리적 관점 모두에서 분명 터무니없다. 그런데 바로 이 부조리가 사회가 초부유층의 행동을 바라보는 방식에 내재된 근본적인 모순을 잘 보여준다. 네덜란드 출신의 영국 철학자인 버나드 맨더빌Bernard de Mandeville은 1705년에 출판된 유명한 풍자시「꿀벌의 우화The Fable of the Bees」에서 이와 유사한 점을 지적했다. 사적 이익 그리고 '욕망과 허영심'에 따라 이기적으로 움직이는 벌들이 득실대던 큰 벌집에, 어느 날 선한 삶을 살아야 한다는 생각이 퍼져 나간다. 벌들의 요구를 들은 신 주피터는 모든 벌들의 마음에 '성실성'이라는 미덕을 채워준다. 하지만 그 결과 소비가 갑작스럽게 감소하면서 벌집은 경제적으로 붕괴한다. 맨더빌은 이를 통해 "사적 악덕이 공적 이익이 될 수 있다"는 유명한 결론을 이끌어냈다.[48] 맨더빌의 시가 발표된 후 200여 년 뒤, 영국 경제학자 존 메이너드 케인스는 맨더빌의 시에서 영향을 받아 수요 부족의 해악에 대한 이론을 개발하게 되었다고 밝혔다. 맨더빌은 또한 경제적 자유주의의 선구자로 여겨지기도 한다.[49]

그 반대로, 높은 저축률은 자본 축적을 증가시키기 때문에 맨더빌이 말한 '성실성'이 또 다른 경제적 문제인 자본 부족을 해결할 수 있다는 주장도 가능하다. 하지만 역사상 자본이 부족했던 적이 있었을까? 애덤 스미스, 데이비드 리카도, 토머스 맬서스 같은 고전 경제학자들의 이론은 맨더빌이 염두에 둔 산업화 이전 사회의 내부 작동을 이해하는 데 특히 적합하다. 그들은 생산의 세 가지 요소, 즉 토지, 노동, 자본 중 근대 초기 유럽에서 토지는 부족했지만 노동과 자본은 상대적으로 풍부했다는 데 동의했다.[50] 따라서 자본 부족을 해결하기 위해 산업화 이전 시대 부자들이 강한 저축 성향을 보였다는 논리는 정당성을 찾기 힘들다.[51] 이는 또 산업화 이후 시대에도 적용할 수 있는데, 정보화 시대의 혁신적 스타트업들의 경우, 필요로 하는 초기 자본이 비교적 많지 않거나 쉽게 구할 수 있다. 경제사학자 밥 앨런Bob Allen에 따르면, 영국의 산업 혁명 시기에도 자본은 비교적 풍부하고 쌌기 때문에 노동을 자본으로 대체하는 기계화 생산이 촉진되었다.[52] 물론 부(자본)의 축적이 가지는 역사적 의미에 대해서는 여러 해석이 있으며, 그중 일부는 8장에서 논의할 것이다. 다만 지금까지의 논의를 통해 잠정적으로 내릴 수 있는 결론은 다음과 같다. 장기적인 관점에서 볼 때 부자의 높은 저축 성향이 심각한 자본 부족 문제를 해결할 수 있는 상황은 아주 특정한 조건으로 제한되어 있다는 것이다.

저축할 것인가, 말 것인가라는 우리의 질문에는 여러 가지 답이 가능하다. 경제 시스템의 작동과 사회 조직의 관점에서 보면 역사적으로 드문 자본 부족 국면을 제외하고는 부자들이 너무 많이 저축하지 말아야 하는 타당한 이유가 적어도 몇 가지씩은 있다. 하지만 사회적 인식의 관점에서 보면, 부자들이 많이 소비할수록 도덕적으로 비난받거나, 경제적 자원에 대한 접근 격차가 너무 벌어지기 때문에 집단적 비난도 커진다. 실제로는 부자들의 과소비가 그런 격차를 완화하는 데 도움이 되는데도 불구하고 말이다. 그리고 한 가지 더, 부자들에 대한 일반적인 인식에서 벗어나, 상류층에서 시작되지만 사회 전반에 영향을 미친 고급 문화예술 작품들을 통해 나타나는 부자들과 그들의 사회적 역할을 살펴보면, 중세 말기부터 근대에 이르기까지 초부유층 존재의 정당성은 집단의 이익을 위해 저축할 수 있는 능력에 있었음을 발견하게 된다. 이는 서구 역사상 부자들의 사회적 역할에 대해 전반적으로 다루게 될 이 책의 마지막 부분에서 이야기해볼 것이다. 그에 앞서, 막대한 부가 형성된 역사적 경로들에 대한 논의를 마무리짓기 위해, 각 경로가 시대에 따라 어느 정도의 중요성과 비중을 가졌는지 대략적으로 측정해볼 필요가 있다.

7

부의 정상을
향하여

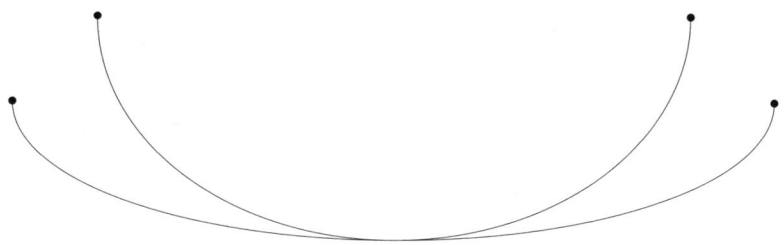

이전 장에서는 서구의 역사를 통해 개인들이 부자가 될 수 있었던 각각의 경로와 개인적 태도에 초점을 맞췄다. 이제 그에 대한 결론을 내리기 위해 모든 내용을 종합해 귀족, 기업가, 금융가 등 서로 다른 유형의 부자들의 시대별 상대적 비중에 대해 대략적인 평가를 제시하고자 한다. 인류 역사에서 부를 축적하기에 좀 더 유리한 시기들이 있긴 했지만, 그 수단은 시대에 따라 달랐다. 이러한 차이는 부의 출처와 특정 역사적 환경에서 부유층의 사회경제적 지위뿐만 아니라 중요한 역사적 분기점과도 관련이 있다. 역사상 어떤 시기에는 아무것도 없는 상태에서 부를 쌓거나 얼마 안 되는 자산을 크게 늘리는 것이 비교적 쉬웠던 반면, 어떤 시기에는 상속이 부의 지름길이었다.

특정 사회에서 부자를 정의할 때 유산의 상대적 비중은 중요한 요소이며, 고도의 경제적 불평등 상태가 현대 서구 사회의 작동 및 구성 방식과 양립될 수 있는지에 대한 현재의 논란과도 관련되어 있다. 이처럼 오늘날의 문제를 장기적 시각으로 바라보면 이 문제를 새로운 각도에서 생각해볼 수 있다. 따라서 이 장은 장기적 관점에서 개인들의 재산 출처를 살펴보는 것으로 시작하여, 현재의 추세에 대한 몇 가지 고찰로 마무리하기로 한다.

중세 후반에서 19세기까지의 부유층

중세와 근대 초기 부유층의 구성에 관한 정보는 비교적 드문 편이다. 이 주제를 연구하는 데 필요한 역사적 자료가 비교적 희귀해서이기도 하지만, 더 큰 이유는 독립적인 사회적 범주로의 부유층에 대한 연구 자체가 부족하기 때문이다. 하지만 세금 기록, 특히 유럽 남부와 중부에서 널리 사용되었으며 경우에 따라서는 가구주의 직업까지 명기한 재산세 기록에서 유용한 정보를 얻을 수 있다. 가장 오래된 자료 중 하나로는 1427년 피렌체에서 작성된 유명한 카타스토^{catasto}(세금 목적으로 부동산 및 토지에 대한 정보를 기록하는 등기부 – 옮긴이)가 있다. 만약 순자산이 중간값의 10배 이상인 사람들을 부유층으로 간주한다면, 당시 피렌체 인구 중 상당한 비율(13.2%)이 여기에 속했고, 이들 중 27.7%는 기업 활동(수공업 포함)에 종사하고 있었다. 이 그룹에서 가장 부유한 사람들은 양모 및 실크 길드의 구성원들이었으며, 환전업 같은 금융 활동에 종사한 사람은 2%에 불과했다. 전문직, 특히 공증인과 의사들은 4.9%를 차지했다. 유감스럽게도 나머지 인물들에 대한 직업 정보는 직접적으로 나와 있지 않다. 부자 범위를 순자산 상위 5%에 해당하는 489개 가구로 좁혀 보아도 상황은 별로 변하지 않아, 기업가는 24.5%, 금융업자는 3.9%, 전문직들은 2.9%였다.[1]

불완전하기는 하지만 이 자료는 두 가지 결론을 뒷받침한다. 첫째, 금융으로 부를 쌓은 사람들은 부유층 중에서도 더 높은 위치에 더 많이 분포되어 있는 편이었다. 둘째, 중세 후반 유럽의 주요 금융 중심지 중 하나였던 피렌체에서도 금융업을 통해 부를 축적한 사람들은 상업과 산업 기회를 활용한 기업 활동에 관계한 사람들보다 훨씬 적었다. 그러나 직업 정보가 보고되지 않은 가구 비율이 너무 높기에 상당한 불확실성이 여전히 남아 있다. 예를 들어, 최상위 부자 중에는 가문 은행의 창립자이자 코시모의 아버지인 조반니 디 비치 데 메디치가 있는데 그는 환전업자 길드의 일원이었음에도 카타스토에는 그의 직업이 명기되어 있지 않았다. 아마도 그의 가문이 너무 유명해서 아무 설명이 필요 없었기 때문일 수도 있고, 그들이 워낙 다양한 경제 활동에 관여하고 있었기에 어떻게 분류해야 할지 난감했기 때문일 수도 있다. 피렌체 카타스토를 통해 확실하게 확인할 수 있는 것은 부자들 가운데 여성이 소수였다는 점으로, 부자의 기준을 어떻게 설정하든 1% 미만이었고, 또 대개가 과부였다. 이는 부유한 여성의 비율이 부유한 남성보다 훨씬 낮았다고 해석하기보다 단지 자료 구조상 여성들이 가려져 있는 경향을 반영한 것으로 봐야 한다.

이런 자료의 또 다른 결점 중 하나는 명문 귀족과 도시 귀족층을 명확히 구분하기 어렵다는 점이다. 이는 많은 유럽 도시들의 공동체적 전통과 원본 자료에서 귀족 칭호 관련 기록이 특히 하위 귀족들에 대해서는 부실했던 것에도 이유가 있다. 예를 들어, 산업화 이전 부유층 구성에 대해 어느 정도 체계적인 연구가 이루어진 드문 지역 중 하나인 베네치아 공화국에서는 최상위 부유층 사이에 백작과 후작이 자주 등장한다. 가령 베르가모에서는 16세기 중반부터 18세기 초까지 상위 10위 부자 중 4~5명이 항상 고위 귀족들이었다. 분석 대상을 상위 5%로 확대하면, 귀족의 비율은 1555년에 20%, 1640년에 49%, 1704년에 55%였다. 그러나 이는 귀족 신분이 자료에서 확실하게 식별된 경우만 포함하므로 최소치라고 봐야 한다. 게다가, 현지 재산세 자료에 직업이 상세히 기록되지 않았기 때문에 일부 귀족들이 다른 활동을 했다 해도 그에 대해 알 수 없고, 베르가모 지역의 비귀족 부유층의 활동에 대해서도 알 수가 없다.[2]

비귀족 부유층에 대한 정보를 얻을 수 있는 곳은 베로나나 비첸차와 같은 베네치아 공화국의 다른 도시들이다. 15세기 동안 이들 도시에 살았던 부유층의 구성은 1427년의 피렌체와 유사했다. 베로나에서는 양모 생산 및 거래를 독점한 직물상 같은 섬유업 기업가들이 주를 이루었으며, 비첸차에서는 무두질업자들이 포함되는 등 양 도시에서 섬유 부문이나 관련 분야에서 활동하는 부유층의 비중이 점차 증가하는 것이 확인되었다. 15세기 초부터 18세기까지 자료를 볼 수 있는 베로나에서는 17세기부터 직물상들이 보다 혁신적이고 역동적인 '기업가적' 접근 방식을 취하는 상인들로 대체되었고 이들은 당시 활황이었던 실크 산업 등 더 다양한 분야에서 활동했다. 비슷한 시기에 부유층 중에 빈번히 나타나던 전문직에도 변화가 있었다. 예를 들어, 피렌체와 마찬가지로 중세 부유층에서 중요한 위치를 차지했던 공증인들이 지방 및 국가 기관에서 일하는 공직자들로 점차 대체되었다. 17세기 초 베네치아 공화국의 부유층 구성은 이탈리아 북서부의 사보이아 공국의 연구 결과와 그 구성이 유사함을 보였다. 한 가지 중요한 점은 근대 초기 대부분의 지역에서 부를 쌓는 주요 경로로 금융업이 포함되지 않았다는 사실이다. 주요 금융 중심지를 제외하면, 금융업에 종사한 부유층의 비율은 중세 후반의 피렌체보다 훨씬 낮았다. 사보이아 공국의 일반적인 도시에서 상위 5% 부자 중 금융업 종사자는 대개 세금 징수관인 경우가 많았다.[3]

베로나의 경우, 남아 있는 재산세 기록을 바탕으로 적어도 일부 시점에 대한 몇 가지 추정치를 얻을 수 있다. 〈그래프 7.1〉은 1409년부터 1635년까지 부자를 정의하는 세 가지 다른 기준을 적용했을 때, 귀족, 기업가 및 수공업자, 금융업자, 자유 전문직 및 공직자 각각이 부유층에서 차지하는 비율을 보여준다. 자산이 중간값의 10배 이상인 부유층(기준 부유층)은 전체 인구의 약 3~4%를 차지해 상위 5%와 1% 사이의 중간 범주로 볼 수 있다.[4] 이 수치들은 몇 가지 일반적인 경향을 확인해준다. 첫째, 귀족의 비중은 최상위 부유층에서 더 높아지는 경향이 있어, 상위 5% 가구 중에서는 20%를 넘지 않지만 상위 1%에서는 30%를 초과하는 경우가 많았으며 1409년에는 38.1%로 정점을 찍었다(베르가모의 경우와 마찬가지로 여기서도 귀족 신분이 자료에서 확실하게 식별된 경우만 포함하므로 이 귀족 비중은 하한선이라고 이해해야 한다). 둘째, 금융업자의 비율은 매우 미미해 1427년 피렌체보다도 낮았는데 베로나가 피렌체만큼 금융 서비스에 특화되어 있지 않았다는 점을 감안하면 합리적으로 보인다. 베로나는 주로 섬유 생산과 무역을 전문으로 했고, 따라서 부유층 중 기업가와 수공업자들이 상대적으로 높은 비율을 차지한다. 특히 15세기에는 상위 5%에서 이들의 비율이 16.2%에서 20.5%에 달했고, 기준 부유층 중에서는 17.4%에서 18.6% 사이였는데 이후 세기에서는 점차 감소했다.

부유층 기업가들과 관련해 가장 중요한 변화는 그 내부 구성에 관련된 것으로, 이는 앞에서 이야기한 내용을 확인시켜준다. 예를 들어, 1418년에는 직물상이 상위 5% 중 약 8%를 차지했고 기타 상인의 비율은 1%를 약간 넘는 수준이었다. 그러나 1635년에는 상황이 반전되어 기타 상인이 상위 5% 중 7.6%를 차지하게 되었고, 자료에 별도 범주로 표시되었던 직물상은 아예 사라져버렸다. 물론 대부분의 경우 직업이 전혀 기재되지 않았다는 점을 간과해서는 안 된다.[5]

중세 말부터 근대 초까지 유럽 전역에서 기업 활동은 점점 더 중요한 부의 축적 경로가 되었다. 북이탈리아에 대한 산발적 자료들이 이러한 결론과 대체적으로 부합하기는 하지만 이 지역은 소위 소분기小分岐(14세기에서 18세기 사이에 유럽의 북서부와 남동부에서 나타난 경제 및 발전 격차 현상을 가리키며, 이는 18세기와 19세기에 산업혁명과 함께 시작된 서유럽과 세계 나머지 지역 사이의 더 큰 격차를 말하는 대분기大分岐 의 발판을 마련했다. - 옮긴이) 과정에서 승자쪽에 서지 못했다는 점을 고려해야 한다. 4장에서 상세히 논했듯이, 대서양 무역로 개통과 그와 관련된 새로운 경제적 기회의 혜택을 누리기에는 지리적으로 불리한 위치에 있었다는 것에 일부 원인이 있다. 역사학자 존 먼로가 주장했듯

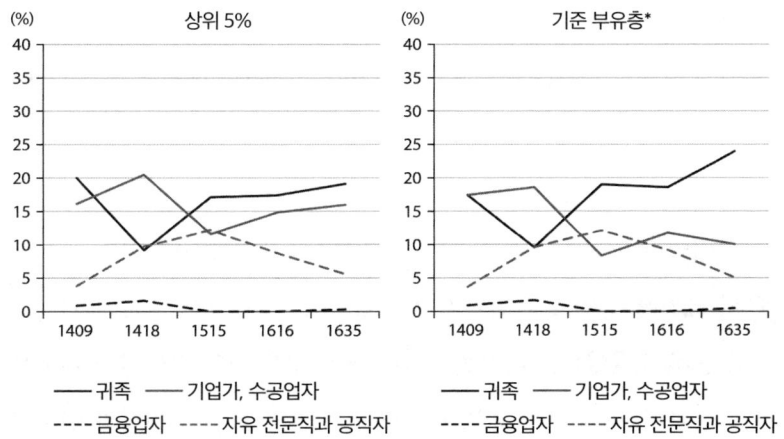

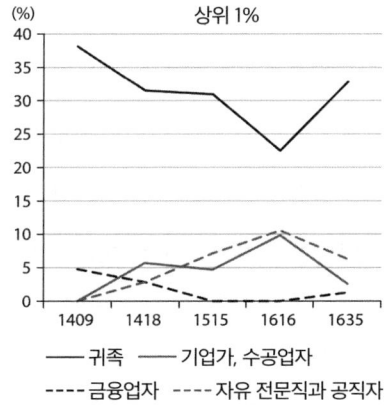

그래프 7.1. 베로나 부유층 구성 비율(1409~1635)
참고: 시점에 따라 각 범주로 분류할 수 있는 부자 비율이 달라지는 것을 고려해 %는 표준화되었다. * 부유층의 기준은 자산 중간값의 10배로 설정되었다.

이, 영국에서 새로운 형태의 기업 활동이 등장한 시기는 1540년에서 1640년 사이로, 본격적으로 발전한 시기는 1640년에서 1740년 사이였다.

영국보다 수십 년 앞서 새로운 경제적 기회의 주요 수혜자가 되었던 네덜란드 공화국에서는 이미 17세기에 상위 250명(상위 0.015%) 중 약 42%를 상인과 기업가가 차지했으며, 이 비율은 다음 세기에도 거의 변하지 않았다.[6] 이러한 소분기의 발생은 지역 차이가 존재했음을 시사한다. 예를 들어, 이탈리아에서는 기업 활동의 기회가 영국보다 더 일찍 확장되기 시작했지만 베로나의 사례에서 보듯 17세기 초반부터 상대적으로 동력이 정체되었고, 그 차이는 1차 산업혁명과 함께 심화되었다. 이런 지역적 편차에도 불구하고, 우리가 구한 자료에 따르면, 서구 전체적으로는 근대 초기에 기업을 통한 부의 축적이 그 어느 때보다도 상대적으로 쉬웠음을 알 수 있다.

산업혁명 시기의 상황을 고찰하기 전에 잠시 귀족 계층 문제를 되짚어볼 필요가 있다. 이전 장에서 논의했듯이 새로운 기회에서 이익을 얻는 방법을 찾은 귀족들도 많기는 했지만 부의 축적 경로로 기업 활동이 부상하면서 부유층 사이에서 귀족의 지배적 지위가 불가피하게 침식되는 경향이 있었다. 그럼에도 불구하고 19세기 초에는 국가의 전체 부 중 귀족이 차지하는 비중이 여전히 컸다. 예를 들어, 당시에 이탈리아 북부에서는 귀족들이 전체 부동산의 최소 4분의 1을 소유한 것으로 추산되며,[7] 봉건제도가 더 강했던 유럽의 다른 지역에서는 귀족의 재산 점유율이 그보다 더 높았다. 1789년 프랑스혁명 직전, 프랑스 지방에서 대부분의 귀족들은 여전히 부유층이었고, 툴루즈에서는 귀족들의 소유 재산이 전체 재산의 63%에 달했다. 당시 근로자의 평균 재산이 389프랑이었던데 반해 귀족들의 (적어도) 75%는 6만 3,000프랑 이상의 자산을 보유한 부유층이었다는 추정이 가능하며, 그중 2.11%는 소유한 재산이 100만 프랑을 넘었다.[8] 프랑스 혁명으로 인해 많은 귀족들의 재산이 줄어들기는 했지만, 그럼에도 이들은 여전히 부의 사다리에서 꼭대기를 차지하고 있었다. 상속세 신고에 근거한 한 연구에 따르면 1807년 파리에서 상위 1% 부유층 전체 자산의 18%가 귀족의 차지였으며(그해에 사망한 사람들을 기준으로 계산), 이마저도 예외적으로 낮은 것이라고 볼 수 있다. 이 수치는 혁명에서 살아남은 구 귀족과 나폴레옹이 고위 군장교를 중심으로 새롭게 임명한 귀족들을 포함한 것이다. 3장에서 언급했듯이 19세기에 신흥 귀족들이 생기면서 상황은 더욱 복잡해졌는데, 특히 이 신흥 귀족들은 '부르주아' 활동을 계속하는 데 어떠한 제약이나 거부감을 느끼지 않았다. 귀족들은 그 후 수십 년에 걸쳐 상실했던 자산과 경제적 지위를 어느 정도 회복해나갔다.

> 19세기 동안 부유층 내 귀족의 비율은 1807년부터 점점 증가하여 1847년에 정점을 찍고 다시 점차 감소하는 역 U자 형태를 보였다. 확실히 귀족은 이 기간 내내 부유층에서 높은 비중을 유지해 1902년의 경우, 전체 인구의 1% 미만인 귀족들이 재산 상위 1%에서는 13%, 상위 0.1%에서는 25% 이상을 차지했다. 이러한 역 U자 형태는 혁명의 또 다른 유산이었다.[9]

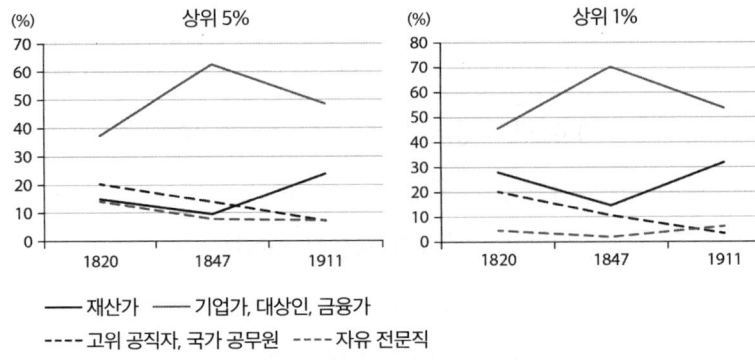

그래프 7.2. 파리의 상위 5%와 상위 1% 부유층 구성(1820~1911)
참고: 수치는 1820년, 1847년, 1911년에 사망한 파리 주민을 기반으로 함

다시 말해, 혁명의 역동성은 18세기 중반부터 나폴레옹 시대까지 프랑스의 부유층 내 귀족의 비율을 U자형 패턴으로 만들었다가 19세기에는 반대로 역 U자형으로 만들었다고 할 수 있다.[10] 그러나 19세기 중반부터 귀족들의 부 점유율이 금융업자와 기업가들에 의해 밀려났기 때문에 전체적으로 보면 프랑스도 앞서 설명한 일반적인 상황과 일치하는 방향으로 나아갔다.[11] 동시에 금융 및 대규모 사업을 통한 재산 증가는 전통적으로 어느 정도 부유층에 속하던 상인, 장인 같은 자영업자들뿐 아니라 공직자, 자유 전문직 종사자들도 부자 순위에서 뒤처지게 만들었다.[12] 예를 들어, 파리에서 1820년 상위 5% 부유층 중 고위 공직자 및 국가 공무원의 비율은 20.3%를 차지했지만 1911년에는 7.1%에 불과했으며, 상위 1%에서는 20.3%에서 3.4%로 더 극적인 감소를 보였다.[13]

〈그래프 7.2〉에서 볼 수 있듯이 자유 전문직 종사자들도 상위 5%에서는 유사한 경향을 보였다. 19세기 중반부터 기업가, 대상

인, 금융가의 비중이 크게 증가했고 귀족을 포함한 재산가들은 역 U자 경로를 따랐다. 흥미롭게도 유럽의 또 다른 대도시인 밀라노에서도 대체로 유사한 현상이 보고되었다. 밀라노에서는 1862~1870년에 100만 리라 이상의 재산을 소유한 부유층 중 전문직 종사자들이 8.6%를 차지했지만 1891~1900년에는 그 비율이 6.7%로 감소했다. 같은 기간 동안 밀라노의 백만장자 중 귀족의 비율은 54.3%에서 15.6%로 떨어졌고, 그 혜택은 이탈리아 북서부 지역이 2차 산업혁명에 본격적으로 참여함으로써 경제적으로 유리한 환경에 있던 기업가와 금융가들에게 주로 돌아가 그들의 비율은 31.4%에서 58.9%로 증가했다. 1891~1900년에 밀라노에서 100만 리라 이상의 재산을 조사해보면 그 총액의 60.8%를 기업가와 금융업자들이 소유했고 귀족들의 몫은 14.5%에 불과했다는 점에 주목할 필요가 있다.[14]

19세기에서 제1, 2차 세계대전 사이

적어도 서구의 일부 지역에 대해서는 19세기부터 각기 유형이 다른 부자들의 비중에 대한 국가 차원의 추정치를 찾아볼 수 있다. 특히 영국의 경우, ⟨표 7.1⟩를 통해 수십 년에 걸쳐 형성된 부자들의 재산 기반을 상당수 확인할 수 있다. 이 수치는 사망 시 최소한 10만 파운드(2020년 기준 약 1,000만~1,500만 달러)의 재산을 남긴 사람들을 대상으로 하며, 이 책에서 사용된 넓은 정의에 따른 부자들 중 소수일 뿐이다. 그래도 이 수치는 당시의 부유층뿐 아니라 훨씬 더 부유한 집

(단위: %)

부의 원천	사망 연도					
	1808~1819	1820~1829	1830~1839	1808~1839 (총합)	1860~1861	1906
토지	24.5	22.8	19.6	21.9	17.8	12.3
산업 및 상업*	42.6	43.8	37.3	40.9	54.2	67.3
금융**	16.2	12.7	16.8	15.2	17.8	12.6
전문직	16.7	20.7	26.3	21.9	10.3	7.8
총합	100.0	100.0	100.0	100.0	100.0	100.0
(상속받은) 작위와 함께	9.8	7.6	8.0	8.3	해당 없음	해당 없음
(새로 부여된) 작위와 함께	11.8	5.1	8.9	8.3	해당 없음	해당 없음
총합	21.6	12.7	16.8	16.6		
여성	6.5	7.5	7.0	7.0	9.0	6.6

표 7.1. 영국 초부유층의 구성 비율(1808~1906)
참고: 이 표에는 해당 기간 중 사망하면서 '상속이 완료되지 않은 동산'을 기준으로 최소 10만 파운드 이상의 재산을 남긴 인물이 포함되어 있으며, 1906년에는 '상속이 완료되지 않는 부동산(토지)'까지 포함되었다. * 식음료 및 담배, 출판 산업이 포함된다. ** 금융에는 은행업, 상업은행, 보험, 증권중개업 및 기타 금융 부분이 포함된다.

단(상위 0.01%에서 0.001% 사이)까지 포함하고 있다. 평가액은 '처분 가능한 동산'만을 포함하며 토지 및 양도할 수 없는 신탁으로 설정된 자산은 제외되는데, 이에 따라 토지를 소유한 작위 귀족들의 자산은 당연히 과소평가되었다. 그러나 〈표 7.1〉의 수치는 특정 자산 기준을 넘는 사람만을 대상으로 하는 데다가 주요 소득원을 토지라고 밝힌 사람의 비중이 높은 것을 고려하면 앞서 말한 자산들을 제외했을 때 결과가 어느 정도나 왜곡되는지는 확실하지 않다.

재산 기반이 토지인 부유층은 1808~1839년 사이에 전체의 22%를 차지했으나 10년 단위로 계속 감소세를 보여, 1808~1819년의 24.5%에서 1830~1839년에는 19.6%로 내려갔다. 이 같은 감소 추세는 그 후에도 지속되어 1906년에는 재산의 대부분이 토지인 부유층은 전체의 12.3%에 불과했다. 대부분은 귀족이었고, 1808~1839년 수치에서 나타나듯 상당수는 상속받은 작위(귀족 또는 준남작)를 보유하고 있었다. 소수이기는 했지만 일부 사업가들 중에는 새로 귀족(귀족, 준남작, 기사)이 된 이들도 있었으므로 작위를 가진 사람들이 모두 재산을 상속받았다고는 볼 수 없다. 하지만 1808~1839년에 사업가가 작위, 특히 귀족 작위를 얻는 것은 매우 이례적인 경우로, 지주나 고위급 군인에 비해 신규 귀족 작위를 받는 사업가는 극소수였다. 이 같은 상황은 1860년대와 1870년대까지 지속된다.[15]

역사학자 윌리엄 D. 루빈스타인이 지적했듯이 19세기 초반에는 지주 귀족들이 여전히 영국 부유층의 주요 구성원들이었고[16] 산업이나 금융을 통해 일구거나 상속받는 재산들은 아직 구축 단계에 있었다. 실제로 1808~1839년 사이에 사망한 영국인 중 최고 갑부는 프랑스 혁명 당시 영국 대사를 지낸 제1대 서덜랜드 공작, 조지 레브슨 가워George Leveson-Gower였다. 그는 북서부 잉글랜드의 브리지워터 운하를 소유하고 있었고, 동산과 토지를 합쳐 약 700만 파운드(2020년 기준 약 8억 7,100만 달러)의 재산을 가진 것으로 추정된다.[17] 하지만 이 시기에는 지주 귀족층의 점진적인 감소 징후 역시 분명하게 나타난다. 19세기 초반 몇십 년 동안 그들을 서서히 대체한 집단은 전체 부자의 약

40% 수준에서 큰 변동이 없었던 산업과 상업 부문 자산가들이 아니라 금융업과 전문직 종사자들이었다. 특히 1808~1839년에 금융업자의 비율이 평균 15.2%에 달했다는 것은 적어도 유럽에서는 이때가 바로 금융을 통한 부의 경로가 더 중요해지기 시작한 시기라는 견해를 뒷받침한다.

19세기 후반과 20세기 초반에 대해 알 수 있는 좀 더 제한된 정보에 따르면 이 시기에 영국에서는 기업 활동이 부의 경로로 다시 부상한 것으로 나타났다. 1860~1861년에는 유산의 54.2%, 1906년에는 무려 67.2%가 기업 활동과 관련이 있었고 주로 토지와 전문직 기반 유산 비율을 침식했다. 이는 앞서 프랑스와 이탈리아에서 보고된 과정과 정확히 일치한다. 이 수치들은 사망 시 남겨진 재산에 대한 것이고, 재산은 소득을 저축한 결과이므로 1906년에 관찰된 이 상황은 이전 수십 년 동안 영국 경제에서 발생한 변화를 반영하며, 그 전 시기의 수치도 마찬가지다.[18] 마지막으로, 이 기간 동안 여성의 비율은 6.5~9%의 좁은 범위 내에서 움직였으며, 그들은 대부분 과부나 미혼이었다. 예를 들어, 1906년 사망한 여성 중 최고 부자는 금융업자이자 자선가인 사무엘 루이스의 과부였던 에이다 루이스-힐이었고, 그녀는 약 116만 8,000파운드(2020년 기준 약 1억 6,500만 달러)의 재산을 남겼다. 그해 사망한 두 번째로 부유한 여성은 마이어 로스차일드의 처제, 루시 코헨이었다.[19]

20세기 초 영국의 사례를 독일, 특히 프로이센의 사례와 비교해보는 것도 도움이 될 것이다. 1908년 프로이센의 최상위 부유층 100명을 분석한 바에 따르면 산업가와 기업가가 55%로 주도적인 위치를 점하고 있었다. 은행가와 금융업자도 22%로 상당한 비중을 차지했으며, 이는 전통적인 지주 귀족층(23%)과 거의 비슷한 수준이었다. 지주 대부분은 귀족이었지만, 기업가로 분류된 이들 중에도 거의 절반 정도가 귀족 신분을 갖고 있었다. 이는 독일의 부르주아 계층이 19세기 중반부터 매우 적극적으로 작위를 사들였기 때문이다(3장 참조). 그러나 최상위 부유층 가운데 귀족의 비율이 높다고 해서, 제1차 세계대전 직전 독일에서 신흥 부유층이 전통적인 부유층을 대부분 대체했다는 중요한 사실을 간과해서는 안 된다.[20]

한편 산업가 비율은 금융업자보다 상대적으로 높았는데, 1908년 산업, 상업 또는 서비스 분야에 종사하는 독일 백만장자 전체를 대상으로 한 광범위한 연구에 따르면 49.8%가 산업계 종사자로 그중 12.4%는 2차 산업혁명 당시 독일이 강세를 보였던 중공업계에서 활동했고, 15.8%는 상업이나 교통, 27.3%는 은행업에 종사하고 있었다.[21] 이 추정치에 지주가 포함되지 않는다는 점을 고려할 때, 이는 프로이센의 최상위 부유층에 대한 자료와 기본적으로 일치한다.

마지막으로, 19세기와 20세기 초 미국의 최상위 부유층에 대한 자료가 남아 있어 미국의 사례와도 비교가 가능하다. 〈표 7.2〉는 〈표 7.1〉과 비교할 수 있도록 정리했는데, 두 가지 중요한 주의사항이 있다. 첫째, 표에 포함된 사람들은 체계적인 과세 자료가 아닌 다양한 출처를 근거로 하고 있어 선정 기준이 다소 느슨하며, 전반적으로 부유층 중 극히 일부분, 아마도 상위 0.001%에서 0.0001% 사이의 부자들에 대한 것이라는 점이다. 둘째, 해당 자료는 사망 연도가 아니라 출생 코호트(집단)에 따라 정리되어 있다. 따라서 표에 나온 기간 이후 수십 년 동안 활동할 부자들의 분포를 반영하고 있어 영국 데이터와 근본적으로 정반대 문제를 가지고 있다. 추가로 1892년 《뉴욕 트리뷴》에 게재된 백만장자 리스트에서도 정보를 얻을 수 있다. 이 리스트는 전체 가구의 상위 0.03%에 해당하는 최상위 부유층을 집단을 대상으로 했으며 정확히 그해의 분포도를 제공한다. 또한 개인에 대한 정보를 서술 형태로 제공하고 있으므로, 우리는 경제사학자 휴 록오프Hugh Rockoff가 만든 '부의 주요 원천' 분류법에 의존해 그들을 구분했다.[22]

이 같은 수치를 통해 몇 가지 적절한 결론의 도출이 가능하다. 첫째, 영국이나 다른 지역들과 마찬가지로 미국에서도 19세기 전반기에는 토지가(14.8%) 여전히 중요한 부의 원천으로 남아 있었음을 알 수 있다. 이 수치는 1830년 이전에 태어난 집단에 대한 것으로 18세기에 태어난 집단과 비교하면 상대적으로 낮아 보일 것이다. 실제로 1774년 당시 13개 식민지에서 순자산을 기준으로 만든 최상위 부유층 리스트를 보면 농장주와 '지주, 신사, 관리'가 압도적으로 많았으며, 특히 남부의 대지주의 비율이 높았다.[23] 1830년 이후 태어난 집단에서는 토지를 기반으로 한 부의 비중이 계속 감소하는 경향이 뚜렷해진다. 다만 시선을 최상위 부유층에서 더 넓은 범위의 부유층으로 돌리면, 토지 및 부동산을 기반으로 하는 부자의 비율이 증가한다. 1830~1865년 사이에 태어난 최상위 부유층 중에서 토지, 부동산을 기반으로 하는 부자의 비율이 6.7%이지만 그들이 30~60세의 나이가 되는 1892년의 부자 리스트에서는 13.1%로 증가한다. 또 전문직과 공무원으로 구성된 소규모 집단도 1892년에는 부유층 중 2.1%

를 차지하며 구분이 가능해진다.

부의 경로로서 금융의 상대적 중요성은 시기에 따라 변동이 있었으며, 최근 출생 집단에서는 다소 증가 추세를 보였다. 하지만 1892년의 부자 리스트를 심층 분석해보면, 그중 11%는 금융이 주요 부의 원천이었으며, 나머지 부자들 중 약 3분의 1은 금융이 부의 추가적인 원천이었다.[24] 마지막으로 1830~1899년에 태어난 집단에서 산업과 상업을 통한 부의 비중이 높게 나타나는 것은 미국이 산업 강국으로 부상하던 시기와 일치한다.

> 남북전쟁 이전에는 토지, 무역, 은행업이 막대한 부 축적의 원천이었다. 그러나 1820년대부터는 제조업, 특히 섬유산업과 철도가 거대한 부를 창출하는 주요 원천이 되었다. 남북전쟁 이후 미국은 주도적인 산업 강국으로 떠올랐으며, 이는 제조업이 엄청난 부의 원천으로 압도적 우위를 점했다는 사실에서 명확하게 드러난다.[25]

미국의 자료가 제시하는 양적 증거는 미국의 부유층 전체를 아우르는 더 포괄적인 추세를 나타낸다고 볼 수 있으며,[26] 이전 장에서 이야기한 역사적 증거와도 완전히 일치한다. 미국 부자들이 점차 귀족적(비록 귀족은 아니지만) 성격을 띠게 된 것 역시 마찬가지이며, 그 과정은 3장에서 상세히 다루었다. 〈표 7.2〉에서 보듯이, 1830년 이전 출생 집단은 절반 이상이 자수성가한 사람들이었으나 남북전쟁(1861~1865) 이후 출생한 집단에서는 상황이 빠르게 변했다. 20세기 초에는 미국 최상위 부유층 중 4분의 1만이 자수성가한 사람들이

(단위: %)

부의 원천	출생 집단				(부자 리스트) 연도
	1830 이전	1830~1865	1866~1899	1900~1930*	1892**
토지 및 기타 부동산	14.8	6.7	1.8	5.5	13.1
산업 및 상업	63.0	76.2	85.0	67.3	72.1
금융	18.5	14.3	9.7	16.4	11.0
전문직	해당 없음	해당 없음	해당 없음	해당 없음	2.1
기타	3.7	2.9	3.5	10.9	1.7
총합	100.0	100.0	100.0	100.0	100.0
1세대 부	55.6	53.3	38.1	27.3	해당 없음
여성	0.0	1.9	5.3	14.5	9.9

표 7.2. 19~20세기 초 미국 최상위 부유층의 구성 비율
참고: * 원 자료에서는 마지막 시기를 '1900~'으로 표기하고 있으나, 자료에 포함된 부유층 중 1930년 이후 출생자는 단 한 명뿐이므로 시기를 '1900~1930'으로 간주하였다.
** 1892년 부자 리스트와 관련된 수치에는 재산의 출처가 단순히 '상속'으로만 명시된 이들은(전체의 약 5분의 1) 포함되어 있지 않다.

었으며, 뉴욕과 동부 주요 도시에서는 그 비율이 훨씬 더 낮았다. 신흥 부자는 시간이 흐름에 따라 올드 머니가 되었고, 이 과정은 20세기 초 다른 서구 국가에서도 마찬가지였다. 예를 들어, 1928~1929년 영국 백만장자에 대한 연구에 따르면, 최상위 부유층에서 지주 귀족층의 비율과 상대적 중요성이 감소했는데, 부분적으로는 제1차 세계대전으로 인한 자산 손실이 지주 계층에게 더 큰 타격을 준 결과였다. 하지만 이 연구는 부의 분포 상위층에 사업가들이 전례 없이 많이 등장하는 현상을 분석할 때는 신중할 필요가 있음을 시사한다. 1928~1929년, 생존 영국 백만장자의 9.4%만이 토지가 주 소득원이었고 13.5%는 금융업에 종사했으며 전문직은 3.4%였고 사업가가 73.7%로 매우 큰 비중을 차지했다.[27] 그러나 이들 모두가 '자기' 사업에서 적극적 역할을 한 것은 아니었으며, 그중 최대 4분의 1은 사실상 이자, 임대료, 배당금 등의 자산 소득이 주 수입원이었다.[28] 이 문제는 제1차 세계대전 직전 프랑스를 포함해[29] 20세기 초 서구의 다른 지역에서도 보고된 바 있으며, 우리를 다시 상속이라는 중요한 문제로 이끈다.

논란의 씨앗: 상속

지금까지 제공된 증거는 역사를 통해 새로운 기회들이 파도처럼 나타나 많은 '신인'들에게 부자가 될 수 있는 길을 열어주었다는 견해를 뒷받침한다. 그러나 계속해서 언급했듯이 새로운 부는 올드 머니가 되고, 자수성가한 사람들의 후손들이 꼭 가문 창시자와 동일한 능력이나 열망까지 공유하는 것은 아니다. 또 20세기 초 서구 지역 대부분이 그랬을 듯한데, 때로는 연륜이 쌓인 부가 축적되고 강력한 부자 가문이 뿌리를 내리는 것이 사회적 계층 이동을 억눌러 신흥 세력이 중간 수준 이상으로 올라가는 것을 어렵게 만들고, 이는 동시에 혁신에 의해 경제적 활기가 넘치던 국면을 종식시키는 부정적인 결과를 초래하기도 했다. 이러한 역학의 핵심에 자리한 것이 바로 상속 과정이다.

어떤 사회가 비교적 높은 경제적 불평등을 경험하게 될지 여부를 판정하는 데에는 선사 시대부터 부의 상속 가능성이 중요한 역할을 해왔다. 수렵채집 사회와 신석기 시대 농업 혁명 이후의 모든 초기 농업 사회를 포함하는 과거와 현재의 소규모 사회에서 실제적인 경제적 불평등 수준은 그 사회의 전형적인 부의 형태에 크게 좌우된다고 주장되어왔다. 물질적 재산이 대부분이었던 목축 사회와 농경 사회는 개인의 능력과 관계가 재산이었던 수렵채집 사회보다 불평등이 훨씬 더 심화되었다. 물질적 부의 불평등을 나타내는 지니 계수를 살펴보더라도 농경 사회는 평균 0.57에 달하는 반면 수렵채집 사회는 0.36 수준에 그친다.[30] 대부분의 사람들이 최소한의 생활만 영위하며 살아간다는 점에서는 마찬가지였던 이 사회들 간의 차이를 설명할 수 있는 중요한 요인은 각 사회의 전형적인 부가 어느 정도 대물림될 수 있는지 여부다. 물질적 부는 본질적으로 개인의 능력이나 관계적 부보다 물려주기가 더 쉬우며, 땅과 가축은 수렵채집 사회의 소모적이고 일시적인 가재도구보다 세대 간 이전에 더 적합하다. 농경 및 목축 사회에서는 가축 떼, 관개 농지 등의 규모가 커질수록 수익이 증가하기 때문에 부의 축적이 더욱 촉진된다.[31]

상속 제도는 소규모 사회뿐만 아니라 모든 인간 사회에서 세대를 넘어 불평등을 재생산하고 심화시키는 데 중요한 역할을 하기 때문에 부의 상속 가능성이 높으면 시간이 지남에 따라 부의 집중이 더욱 심화될 수 있다. 경제학자 토마 피케티가 최근 현대사회에 대해 이 점을 강조했다.[32] 그의 분석에 따르면, 부의 상속 가능성이 높다는 것은 공공의 개입이 없을 경우 현재의 불평등 증가 추세가 앞으로 몇십 년 동안 가차 없이 지속될 가능성이 크다는 점을 보여주는 조건 중 하나다. 중요한 것은 오늘날의 부의 상속 가능성은 더 이상 부의 성격이나 종류에 크게 좌우되지 않는 것이다. 왜냐하면 농업 사회든, 산업 사회든, 심지어 탈산업 사회든 부는 이미 세대 간 이전이 매우 용이해졌기 때문이다. 이제 부의 상속 가능성은 오히려 제도적 틀, 특히 상속세가 부과되는 방식에 더 크게 좌우된다.

1장에서 이야기했듯이, 고대부터 산업혁명 직전까지 대부분의 재산은 토지와 기타 부동산으로 구성되어 있었고 따라서 상속 가능성이 높았다.[33] 하지만 이 맥락에서도 특정 사회가 세대를 넘어 지속적인 부의 축적을 경험하게 될지를 결정짓는 것은 기본적으로 상속 제도였다. 여기서는 크게 분할 상속과 비분할 상속으로 구분할 수 있다. 분할 상속에서는 모든 아들이 동일한 상속분을 받았으며, 딸은 보통 결혼 시 지참금으로 동등한 몫을 받았다.[34] 비분할 상속 제도에서는 대표 상속자 한 사람, 보통 장남이 훨씬 더 큰 몫을 받았다. 세대를 넘어 부의 축적을 가능하게 만드는 비분할 상속의 힘은 경제 모델링을 통해 쉽게 입증될 수 있다.

여기서 또 다른 중요한 사실이 부각되는데, 즉, 인구 증가 속도가 빠를수록 세대 간 부의 축적이 어려워진다는 것이다. 경제학자 제임스 미드 James Meade가 주장했듯이 분할 상속 시스템에서는 저축률(s)과 자본 수익률(r)의 곱이 인구 증가율(n)보다 크거나 같을 때($s \times r \geq n$) 부의 집중이 증가하는 경향이 있다. 그러나 이 기본 모델을 더 다듬은 후속 모델에서 밝혀졌듯이, 상속 제도가 비분할일 경우에는

s×r이 n보다 작아도(s×r < n) 세대 간 부의 축적이 일어날 수 있다. 또 부유층이 빈곤층보다 더 많이 저축한다는 합리적인 가정 하에서도 같은 일이 일어날 수 있다.[35]

결론적으로, 장기적 측면에서 세대 간 부의 축적은 자본 수익률이 높을 때, 저축률이 높을 때, 부유층이 일반 대중보다 저축 성향이 더 높을 때 그리고 비분할 상속 제도일 때 유리하다. 반면에, 급격한 인구 증가, 분할 상속 그리고 부의 이전을 어렵게 만드는 유산세나 상속세는 이를 방해한다. 산업화 이전 시대 유럽의 경우 지역에 따라 상속 방식에 차이가 있었는데, 이탈리아와 남유럽 등 일부 지역에서는 분할 상속이 일반적이었던 반면, 다른 지역에서는 비분할 상속이 일반적이었다. 그러나 역사학자들은 실제로는 상황이 훨씬 더 복잡했음을 충분히 입증해왔는데, 이는 두 가지 이유 때문이었다. 첫째, 상속 관습의 지리적 분포는 초기 연구에서 제시된 것만큼 명확하게 구분되지 않았다. 둘째, 분할 상속이 적용된 지역에서도 부유한 가문들은 특정 재산에 대해서는 비분할 상속을 허용하는 제도를 활용해 이를 피해갈 수 있었다.[36]

이를 위한 주요 제도로는 다양한 형태의 한사상속^{entail} 제도를 들 수 있다. 이는 정해진 범위의 가문 재산을 훼손 없이 그대로 한 세대에서 다음 세대로 지속적으로 이전하도록 규정한 제도로 주로 장남에게 상속되었다. 분할 상속이 일반적이었던 지역에서는 이 제도와 유사한 목적을 가진 여러 제도들이 중세 말기부터, 특히 1347~1452년의 흑사병 이후 널리 확산되었다. 사실 이런 흐름은 유럽에서 흑사병이 재발하며 생긴 변화에 대한 대응이었으며, 이에 대해서는 11장에서 자세히 논의될 것이다. 지금 중요한 것은 그 결과 근대 초기가 시작될 무렵에는, 상속에 따른 원치 않는 재산 분할로부터 막대한 재산을 지킬 수 있게 되었다는 점이다. 이는 대대손손 가문을 보존하고 싶어 하는 부유층의 욕구를 충족시키는 것이기도 했다.37 따라서, 분할 상속 지역에서라도 부유층에 실제로 적용된 규칙은 대부분 비분할 상속이었으며, 이는 최상위 계층의 재산을 더욱 공고히 할 수 있게 해줬고 시간이 흐르며 부유층의 사회적 지위를 안정시키는 데 기여했다. 특히 부유층의 주요 구성원이었던 귀족들에게 장자 상속이 봉건 재산을 물려주는 기본 방식이었다는 점을 고려하면 더욱 그러하다.

유럽 대륙에서는 한사상속 같은 제도들이 18세기부터 비판을 받기 시작하면서 분할 상속 원칙이 보편적으로 적용되었으며 한사상속이 법적으로 해지된 것은 19세기 초 나폴레옹 법전이 나오고 나서였다. 3장에서 논의된 바와 같이 이러한 변화는 구 귀족의 부의 영속화를 크게 저해했다(영국의 경우는 예외로, 장자 상속이 훨씬 더 오랫동안 유지되었고 고위 귀족층 사이에서는 현재도 지속되고 있다). 따라서 상속 제도는 현대사회와 산업화 이전 시대 사회를 구분 짓는 요소 중 하나라고 볼 수 있다. 또 다른 요소는 유산세 혹은 상속세다. 산업화 이전 시대 유럽에서는 유산세나 상속세가 거의 없다가 19세기와 20세기 초에 서서히 도입되었는데, 최근 몇십 년간 비판의 대상이 되면서 세율이 인하되고 있다.

제도적 틀 외에도 세대 간 부의 축적에 영향을 미칠 수 있는 다른 변수들은 시간이 흐르며 변동하는 경향이 있으므로 앞에서 말한

획기적 변화와는 달리 단기적 동향을 설명하는 데 더 적합하다. 한 가지 예외는 인구 성장률이다. 현대 서구에서는 인구 성장률이 19세기 인구 전환기에 정점을 찍은 후 많은 국가에서 전례 없이 낮은 수준으로 떨어졌고, 출산율이 여성 1인당 2명 이하로 낮아지면서 이민을 포함하기 전에는 심지어 마이너스 성장도 흔하게 나타난다. 낮은 출산율은 부를 소수의 사람들에게 집중시키는 강력한 요인으로 작용하는데, 동시에 노동력 공백을 비서구 국가의 무산 이민자들이 채우면서 부의 불평등을 더욱 심화시키는 양면적 과정으로 이어지고 있다.[38]

최근 수십 년간의 분배 동향을 이론적으로 탐구하는 것은 이 장의 범위를 벗어나므로,[39] 대신 경험적 접근방식을 따라 전체 개인 재산 중 상속된 재산의 비율에 대해 우리가 가지고 있는 세대별 증거가

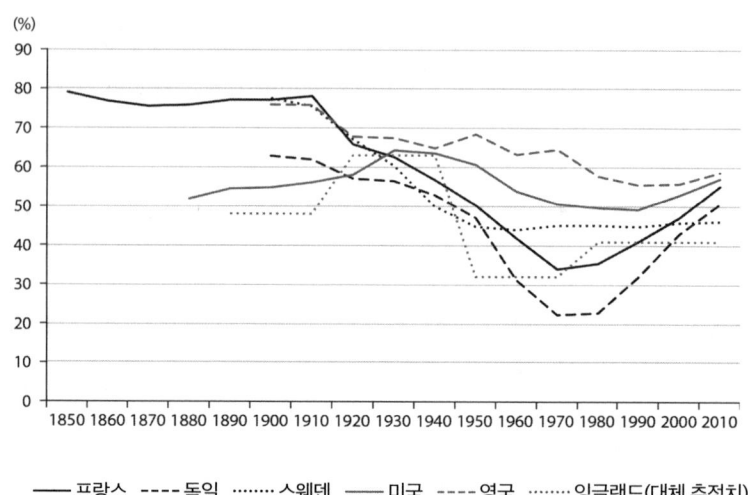

그래프 7.3. 전체 개인 재산 중 상속재산 비율(1850~2010)

실질적으로 무엇을 시사하는지에 초점을 맞추도록 하겠다. 산업화 이전 시대에 대해서는 구체적인 연구가 부족하기 때문에 지난 2세기에 초점을 맞추기는 하지만 앞서 이야기한 일반적인 역사 문헌들을 통해 당시에도 상속을 통한 부의 축적이 상당했으며 지속적이고 체계적이었음을 알 수 있다. 〈그래프 7.3〉은 유럽 4개국과 미국에 대한 정보를 그래프로 정리한 것이다.

추정치에 따르면 제1차 세계대전까지 유럽과 미국 모두에서 대부분의 개인 재산은 상속을 기반으로 한 것이었다. 미국의 경우, 관련 자료가 처음으로 집계된 1880년에 상속재산의 비율은 52%로 프랑스의 76%보다 낮았지만 그래도 매우 높은 수준이었으며 증가 추세를 보였다. 1910년에는 56%로 독일(62%)과 비슷했으나 76~78%였던 다른 유럽 국가들보다는 낮았다. 이후 유럽과 미국의 상대적 위치는 변화하기 시작했다.

> 1930년대와 제2차 세계대전의 충격으로 미국의 상속재산 비율이 감소했다. 그러나 여전히 유럽보다는 높아 20세기 중반에는 미국의 상속재산 비율이 유럽보다 더 높아졌다. 최근 몇십 년 동안 미국의 상속재산 비율이 상당히 증가한 것으로 보이기는 하지만 미국 상속세 자료의 한계 때문에 정확한 수준과 추세에 대해서는 불확실성이 크다.[40]

이 역전 현상은 2장에서 보고된 부 집중도 수준의 역전 현상과도 일치하며, 19세기에는 비교적 평등했던 미국이 1970년대부터 서구 전체에서 가장 불평등한 국가 중 하나가 되었음을 보여준다.[41]

미국과 유럽 간의 상대적 위치 역전 때문에 정작 가장 중요한 사실, 즉 제2차 세계대전 이후 총 개인 재산에서 상속재산이 차지하는 비율이 감소 추세였다는 것을 간과해서는 안 된다. 전반적으로 유럽 지역의 최저점은 1970년대에 도달한 것으로 보이며, 당시 독일에서는 상속재산의 비율이 전체의 22%까지 떨어졌다. 가장 극적으로 하락한 곳은 프랑스로 20세기 초 77~78%에 달하던 비율이 34%로 절반 이하가 되었다. 그러나 1980년대 혹은 1990년대부터 서구 전체에서 이 같은 추세가 다시 반전되고 있으며, 현재 상속재산의 비중은 증가세를 보이고 있다.[42]

〈그래프 7.3〉의 추정치는 토마 피케티가 『21세기 자본』에서 처음 제시한 것을 수정, 확대한 것인데[43] 일부 학자들은 이 수치가 너무 높다고 주장했다. 경제사학자 리처드 서치는 특히 미국의 경우를 예로 들면서 피케티의 주장을 반박했다. 그는 미국 도금시대의 상속재산 비율이 1870년경에 약 22.5~24%라고 제시했는데, 전체 인구의 상위 0.06%에 해당하는 최상위 부유층만을 대상으로 하기는 했지만 그래도 피케티가 제시한 1880년 추정치의 반도 안되는 수치였다.[44] 영국의 경우, 경제사학자 그레고리 클락과 닐 커민스는 완전히 다른 추산 방식을 통해, 잉글랜드의 상속재산 비율은 1920~1949년에 63%로 정점을 찍고 1950~1979년에는 32%로 감소했다고 주장했다.[45] 이는 이 기간에 대해 앞서 이야기한 수치보다 좀 낮은데, 〈그래프 7.3〉의 '영국'과 '잉글랜드(대체 추정치)'를 비교해보라. 흥미로운 점은 잉글랜드에 대한 대체 추정치가 프랑스, 독일 같은 다른 유럽 국가들의 추세와 더 비슷하여, 상속재산의 비중이 크게 감소한 이후 다시 증가하는 추세를 보인다는 점이다. 실제로 1980~2012년에는 상속재산 비율이 41%까지 올라가는데, 유감스럽게도 데이터 형식상의 문제로 그 기간 중 10년 주기 동향은 따로 분리해낼 수가 없다. 설사 이러한 대체 추정치들이 현실에 더 근접한 수치라고 받아들이더라도, 영국과 잉글랜드에서 상속재산이 전체 재산의 상당 부분을 차지하며 최근 상속재산의 증가 추세가 우려스럽다는 사실에는 변함이 없다. 또한 클락과 커민스는 사회 전반적으로 계층 간의 뚜렷한 차이가 있다고 주장하며, "부유층의 후손들의 경우, 사망 시 보유한 재산의 대부분이 상속에서 비롯된 것"이라고 말한다.[46]

최근 들어 상속재산의 장기적 비중에 대한 연구가 활발히 진행되고 있기는 하지만, 상속재산의 시대별 비중에 대한 연구는 여전히 부족하다. 실제로 1930년대부터 현재까지 여러 나라의 많은 학자들이 상속이 점점 더 개인적인 부의 원천이 되고 있다고 주장하고 있다. 그중 많은 연구들이 (비관적인) 결론을 뒷받침할 강력한 증거를 제시하지는 못했지만, 그래도 그런 우려가 널리 퍼져 있는 것은 분명하다.[47] 최근에는 보다 강력한 과학적 근거를 바탕으로 이 같은 우려가 부각되고 있는데, 피케티는 상속받은 재산에서 나오는 '불로소득'이 사회 상류층의 소득을 결정하는 '불로소득 자본주의 사회'로 회귀할 위험이 있다고 주장했다.[48] 흥미롭게도 피케티는 미국이 아닌 유럽이 '상속 자본주의'의 부작용을 더 빨리 겪을 것으로 예상했는데, 그 근본적 이유는 (문화적 차이보다) 인구 증가 속도가 느리기 때문이라고 주장했다.[49] 한편 19세기와 20세기 초에는 많은 사람들이 부의 축적과 유산에 대해 미국과 유럽이 매우 다른 문화와 사회를 지녔다고 믿었다. 예를 들어, 1897년 미국의 저널리스트이자 작가였던 엘리자베스 비슬랜드Elizabeth Bisland 는 다음과 같이 말했다.

> 미국에서는 부모가 수입을 호사스럽고 행복한 가정생활에 다 쓰는 것이 보편적이다. 그들은 죽을 때 자식들에게 뭐라도 남기는 것이 의무라고 생각하지 않는다. 그들은 자기들이 모은 것을 생전에 다 쓰고, 자식들에게도 그렇게 하라고 권장한다. 이러한 태도는 "부자 3대 못간다"는 미국 격언에 응축되어 있다. 벌면 버는 대로 쓰는 미국인들의 삶이 프랑스인에게는 마치 화산 바로 밑에 집을 짓고 사는 사람처럼 불확실하고 불안정하게 보일 것이다.[50]

이와 같은 맥락에서, 1,000년 이상 지속된 유럽의 지주 귀족 전통이 가문 구축을 위한 부의 축적을 북미보다 사회적으로 더 용인되는 행위로 만들었을 가능성에 대해 의문을 제기해볼 수 있다. 그러나 현재 이를 뒷받침하는 명확한 증거는 없다. 또한 만약 〈그래프 7.3〉의 데이터가 완전히 틀린 게 아니라면 대서양을 사이에 둔 양 대륙의 문화적 차이가 (과거에 존재했다면) 지금도 여전히 존재하는지에 대해서도 의문을 제기하게 만든다. 이는 1950년대 이후로 미국에서 상속재산의 비중이, 논란의 여지가 있는 영국을 제외하고는, 유럽의 어느 국가보다도 높았기 때문이다.

결론적으로, 상속재산의 과도한 비중이 불러일으키는 여러 부정적인 영향 가운데 하나는 우리 사회의 여러 제도가 제대로 기능하지 못하도록 방해한다는 점일 것이다. 또 다른 부정적인 결과는 이른바

'카네기 효과'로, 이에 대해서는 앤드류 카네기가 1891년 '빈곤의 장점'이라는 기고문에서 제시한 바 있다. 카네기는 너무 많은 상속재산은 젊은 세대의 재능과 열심히 일하고자 하는 의지를 사장시키기 때문에 거의 저주와 같다고 주장했다.[51] 이는 어느 정도 실증적인 뒷받침이 있는 주장으로[52] 우리는 여기에서 몇 가지 결론을 끌어낼 수 있다. 카네기의 견해대로 많은 재산을 축적한 사람들은 부자로 죽지 말고 재산 대부분을 가치 있는 목적을 위해 기부하거나, 아니면 20세기 초, 윈스턴 처칠의 주장대로 상속세를 통해 부의 대물림을 억제하는 것이 바람직하다. 처칠은 1924년에 사망세death duties가 "게으른 부유층의 성장을 바로잡을 대책"이라고 주장했는데,[53] 중요한 사실은 그의 궁극적 목표가 계층 간 갈등을 완화하고 사회적 화합을 촉진함으로써 자본주의를 보호하려는 것이었다는 점이다.[54]

21세기 초의 부

서구 전반에서 상속재산 비율이 증가하는 추세는 분명 우려할 만하다. 그러나 문제는 이것뿐만이 아니다. 많은 이들은 경제의 점진적 금융화가 소득과 자산 불평등을 더욱 심화시킬 수 있다고 우려하는데, 이는 금융 자산의 소유는 고도로 집중되는 경향이 있기 때문이다. 금융 자산은 점점 더 상속을 통해 이전되고 있으므로 상속재산의 증가와 금융 자산의 집중화 문제는 밀접하게 연결되어 있다. 오늘날 전체 인구를 살펴보면 상속 자산 중 부동산 비율이 여전히 제일 높은 반

(단위: %)

	서구*					영국**	독일***	
	2001	2011	2019	2020	2021	2020	2011	2020
부동산	5.0	6.5	7.5	6.7	6.3	13.0	2.9	0.0
산업, 상업 및 비금융 서비스업	75.8	72.8	73.9	73.6	73.7	69.1	91.4	96.8
금융	19.1	20.7	18.6	19.8	20.0	17.9	5.6	3.2
총합	100.0	100.0	100.0	100.0	100.0	100.0	100.0	100.0
상속재산	해당 없음	해당 없음	34.7	33.9	32.7	해당 없음	해당 없음	해당 없음
여성	7.7	9.2	13.5	13.3	13.7	12.2	13.6	16.4

표 7.3. 서구 억만장자 및 영국과 독일 최상위 부유층의 구성 비율(2001~2021)

참고: * 서구 전체에 대한 추정치는 억만장자(기준 연도에 순자산 10억 달러 이상 소유, 물가상승률 조정 없음)만을 대상으로 한다.
** 영국에 대한 추정치는 각 연도 기준 상위 1,000명의 부유층을 대상으로 하며, 2020년 기준 최소 진입 자산은 1억 2,000만 파운드(1억 5,400만 달러)였다.
*** 독일에 대한 추정치는 2020년 기준으로 자산이 9억 유로(10억 2,700만 달러) 이상, 2011년 기준으로는 2억 유로(3억 2,100만 달러) 이상인 사람들을 대상으로 한다.

면, 최상위 부유층에서는 금융 자산이 핵심 구성 요소가 되는 경향이 있다. 예를 들어, 2016년 이탈리아의 경우, 사망자 중 상위 0.01%에 속하는 부자들의 재산은 90%가 금융 자산과 개인 소유 기업 자산이었고 부동산(토지와 건물)은 단 10%에 불과했다. 부유층의 범위를 넓힐수록 금융 및 사업 자산의 비중은 급격히 줄어들어, 2016년 상위 1%의 경우 금융 자산은 15%를 약간 넘는 정도였고 나머지 4분의 3은 부동산이었다.[55]

금융 자산은 상속하기가 매우 쉬워 부자들의 세습 자산에서 점점 더 큰 비중을 차지할 뿐만 아니라, 금융업은 이제 부의 축적 경로로 이전 어느 때보다 중요해졌다. 19세기 동안 초부유층 중 금융으로 재산을 벌어들인 사람들의 비중은 무시할 수 없는 수준이었지만 그럼에도 소수에 불과했다. 개인의 축재 수단으로 금융 부문의 상대적 중요성이 더욱 커진 것은 1980년대 이후부터로, 금융 규제 완화의 일환으로 금융 부문의 급여 인상을 대폭 허용한 것이 일조했다. 2010년 유럽에서는 이미 연봉 상위 1% 근로자 중 5분의 1 정도를 금융 부문 종사자들이 차지했고, 미국에서는 그 비율이 더 높았을 가능성이 크다. 이로 인해 금융 부문에서 발생한 새로운 부가 금융을 기반으로 한 상속 자산에 점점 더해졌다. 유감스럽지만 이 과정을 사회 전반에 걸쳐 알아볼 수 있는 정보가 아직 부족하기 때문에, 또 다시 최상위 부유층에 초점을 맞춰 더 포괄적 의미가 있는 추세를 찾아내야 했다. 〈표 7.3〉의 수치는 서구 전체의 부자 리스트와, 더 광범위한 부유층에 대한 정보가 있는 일부 국가의 별도 부자 리스트에서 추출한 정보다. 서구 전체의 경우, 조사 대상이 전체 인구 중 극히 작은 부분으로 한정되어 있어, 달러 기준 억만장자 또는 상위 0.001%에서 0.0001%에 해당하는 부자들이 포함된다. 영국의 경우, 최고 부자 1,000명을 대상으로 하며 상위 0.0015%에 대한 수치로 비교적 좀 더 넓은 범위의 부유층이 해당된다. 독일의 경우, 2011년 자료는 상위 0.0006%, 2020년 자료는 상위 0.0001%에 해당하는 부유층에 대한 수치다.[56]

〈표 7.3〉에서 몇 가지 의미 있는 결론을 도출할 수 있다. 첫째, 최상위 부유층 중 자산 기반이 부동산인 부자들의 비율은 20세기 초반보다 더 감소하여 현재 서구 전역에서는 약 5~7.5% 범위에 있는

데, 이는 1906년 영국에서 사망한 부자와 1892년 미국 부자 리스트에(〈표 7.1〉 및 〈표 7.2〉 참조) 보고된 비율의 절반 수준이다. 이는 수 세기에 걸친 감소 경로의 연장선상에 있지만, 이러한 수치는 '귀족적' 부의 존속 증거라고 다르게 해석할 수도 있다. 특히, 영국의 경우에는 토지 소유 불평등 심화와 20세기 후반부터의 토지 가치 상승이 합쳐지면서 귀족들의 재산이 대폭 늘어났다. 2020년에는 영국 상위 1,000명의 부자 중 13%가 부동산을 기반으로 한 자산을 보유하고 있었으며, 이 중 4분의 1 이상이 귀족이었다.[57] 이는 부동산 기반 자산이 드문 독일과 대조적이다. 또한 자유 전문직이 상위 부유층 순위에서 사라졌는데, 이는 최상위 부유층과 다른 부자 계층 간의 격차가 커지고 있음을 반영하는 것으로 보인다. 반면 금융 부문은 더욱 성장해 약 20% 수준으로 강화되었는데, 2007~2008년 금융 위기와 그로 인한 대불황의 여파로 인해 지금은 21세기 초반보다 약간 낮을 수 있다. 하지만 2019~2021년의 추세가 지속된다면 금방 21세기 초반 수준에 다시 도달하거나 그보다 더 높아질 수 있다. 이러한 상황에서 독일은 금융 부문의 낮은 비중과 산업, 상업 및 비금융 서비스에서 구축된 재산의 압도적 우세가 두드러진다.

  이 표에는 상속재산에 대한 정보도 약간 포함되어 있는데 최근 몇 년 동안 서구의 억만장자 중 3분의 1이 상속재산을 소유하고 있는 것으로 나타났다. 이는 꽤 높은 비율이지만, 앞에서 언급한 총 개인 재산 중 상속재산이 차지하는 비율에 비하면 크게 우려할 만한 수준은 아니다. 물론 그 두 데이터가 서로 직접 비교 가능한 성격의 것은 아니지만,[58] 이런 차이가 나는 것은 최상위 부유층 가운데 컴퓨터와 정보화 시대의 새로운 기회에서 덕을 본 사업가들 비중이 너무 높아서 나온 결과일 수도 있다. 2021년에 서구에서 가장 부유한 다섯 사람을 꼽으라면 제프 베이조스(아마존), 일론 머스크(테슬라와 스페이스 X), 베르나르 아르노(LVMH), 빌 게이츠(마이크로소프트)와 마크 저커버그(페이스북, 2021년 10월에 메타로 개명)를 들 수 있다. 《포브스》에 따르면 이들 중 재산을 상속받아 불린 사람은 패션과 소매업이라는 비교적 전통적인 분야에 기반을 둔 아르노뿐이었다. 2021년도 최상위 부유층 중 73.7%는 산업, 상업 및 비금융 서비스 부문에서 재산을 형성했으며, 그중 약 5분의 1이 정보기술 분야에서 부를 이룬 것으로 보고되었다. 〈표 7.3〉에 나오는 정보 대부분의 출처인 《포브스》는 그들을 자수성가한 억만장자들이라고 보도하지만, 그들 중 많은 이들은 빌 게이츠의 경우처럼 이미 부유한 가정 출신이었다.[59] 또한 1982~2013년 미국의 최고 부자 400명에 대한 연구 조사에 따르면, 최상위 부유층 중에 자수성가형이 늘어난 것은 사실이지만 상속 재산을 기반으로 한 부자의 변동성이 훨씬 적고 부자 리스트에 더 오래 남아 있는 경향이 있다. 이 결과는 서구 전체에 적용 가능할 것으로 보인다.[60]

긍정적인 결말로 마무리하자면, 여성의 비율이 증가하고 있다는 점을 주목할 수 있다. 최근 몇 년간 최상위 부유층 중 여성의 비율은 13~14%로 아직 여전히 소수이기는 하지만 이는 서구 역사상 어느 때보다 높으며 2001년의 거의 두 배다. 하지만 이 데이터가 사실 그렇게 낙관적이지 않을 수도 있다. 2021년, 서구의 여성 억만장자 중 84.2%는 상속으로 부자가 되었지만, 상속으로 억만장자가 된 전체 인원 중에서는 약 3분의 1에 불과했다. 이는 이중적인 성차별 가능성을 드러내는 결과이며, 경제 체제 전반적으로 여성의 부 축적과 성공을 가로막는 차별이 여전히 존재하고, 사회적으로는 가문의 상속자로서 딸보다는 아들을 선택하는 경향이 남아 있음을 보여준다.

한편 최고 부자 리스트에 포진한 자수성가형 부자들은 부의 계층 구조가 개방적인 것처럼 보이게 한다. 그러나 이는 착각에 불과하다. 현재의 자수성가형 억만장자들이 돈을 번 것은 이미 수십 년 전이었고, 그들이 발전시켜온 기업의 본질적인 성격 자체가 시간이 지나면서 경쟁을 저해하고 젊은 혁신가들의 열망을 저해할 위험이 있기 때문이다. 이는 서구 억만장자들의 평균 연령이 꾸준히 상승하고 있다는 사실에서도 확인할 수 있다. 2001년에는 평균 61.9세였던 억만장자의 나이는 2011년에는 63.3세, 2020년에는 65.4세로 증가했다.[62] 이러한 상승 추세는 기대수명 증가보다 훨씬 빠르며, 이는 억만장자 집단의 고령화가 뚜렷하게 진행되고 있음을 보여준다. 만약 이들의 부가 그대로 후손들에게 상속된다면 막대한 부가 개인의 능력이나 공로에 대한 보상이라는 견해는 유지하기 어려워질 것이다. 이 상황은 많은 서구 국가들이 20세기 초에 겪었던 것과 유사한, 장기적 혁신, 새로운 부의 대규모 창출, 지속적인 상향 이동성이 종식되는 결과로 끝날지도 모른다.

부유층 전체, 아니면 최상위 부유층이라도 좀 더 광범위한 상위 계층에 대한 구체적인 증거가 없으면 모든 분석은 추측에 머물 수밖에 없는데, 안타깝게도 현재 그런 자료는 매우 부족하다. 미국의 경우, 소비자 금융 조사[SCF]를 기반으로 한 연구에서 순자산 상위 1% 부유층의 직업에 대한 정보가 제공되었지만, 유감스럽게도 1992년 이후의 자료는 찾아볼 수 없다.[63] 그해에 상위 1% 부유층 가구주 중 직장인(전체 샘플 중 약 85%)의 35.8%는 금융, 보험 또는 부동산 분야에 종사하고 있었는데, 이는 일반 인구 중에서는 같은 분야의 종사자 비율이 13.8%인 것과 대비된다. 이미 그 당시에도 최상위 부유층에서 금융 관련 직업의 비중 증가가 주목을 받고 있었는데, 1983년의 비교 수치는 21.9%에 불과했다. 흥미롭게도 같은 기간 동안 사업 및 서비스(전문직 또는 개인 서비스) 분야의 종사자 비율은 25.9%에서 22.5%로 감소했다. 1992년 미국의 상위 1% 부유층에 대한 또 다른 흥미로운 특징은 자기 사업을 하는 사람의 비율이 68.9%로 일반 인구의 17.2%보다 훨씬 높았고, 그들 중 상속을 받았다고 밝힌 사람들의 비율은 일반 인구의 20.6%에 비해 두 배 이상 높은 48.8%였으며, 그들이 받은 상속재산은 일반 인구보다 8배 이상 많았다.[64]

다른 자세한 연구가 없는 상황에서, 1992년 미국의 사례는 단지 최상위 부유층만을 분석함으로써 생길 수 있는 왜곡 현상을 나타낸다고 봐야 한다. 예를 들어, 최상위 부유층(예를 들어, 억만장자)만 살펴보면 금융업에 종사하는 사람들은 실제보다 많지 않아 보일 수 있다. 그러나 상위 1%나 상위 5%를 기준으로 보면, 금융 분야 종사자들의 비중이 더 높게 나타날 가능성이 있다.[65] 물론 이 모든 것은 단지 가설에 불과하지만, 실제 고소득자들 사이에서 금융 분야 종사자가 증가하고 있다는 연구 결과들이 이를 뒷받침하고 있다.[66] 소득 연구는 또한 자유 전문직이 더 이상 최상위 부유층까지 올라갈 수 있는 길은 아니지만 그래도 여전히 부유층으로 가는 유력한 경로임을 보여준다. 2005년 미국에서 의료 종사자는 전체 소득 상위 1%의 14.2%를 차지했고, 변호사는 7.7%, 교수 및 과학자는 1.8%를 차지했다. 그러나 상위 0.1%에 초점을 맞추면 이 비율은 의사의 경우 약 3분의 2, 교수 및 과학자는 약 3분의 1, 변호사는 약 4분의 1이 감소한다. 이 경향은 부유층 내 모든 구간에 걸쳐 일률적으로 나타나, 부유층 중에서도 상위 계층으로 갈수록 자유 전문직은 점차 사라지지만 하위 계층으로 내려갈수록 그들의 비율은 증가한다. 따라서 전문직은 소득과 자산 모두에서 상위 1%보다는 상위 5%에서 더 큰 비율을 차지하는 것으로 나타난다.

흥미롭게도, 예술, 미디어, 스포츠 분야에서 활동하는 부자들의 경우에는 반대 현상이 나타나, 2005년 상위 1%에서는 1.7%를 차지했지만 상위 0.1%에서는 꽤 큰 비율인 2.8%로 증가했다.[67] 이 분야의 부유층은 지난 수십 년 동안 증가세를 보이고 있으며, 1979년부터 2005년까지 미국 상위 1%에서는 21%, 상위 0.1%에서는 40%가 증가했다. 2020년 영국의 최고 부자 1,000명 중에는 폴 매카트니와 리한나를 포함해 약 25명의 가수와 음악가 그리고 네오팝 아티스트이자 수집가인 데미언 허스트, 해리포터의 저자인 J.K. 롤링 같은 작가와 예술가들이 포함되었다. 부유한 가수, 예술가, 배우, 운동선수는 미디어 노출 덕분에 매우 눈길을 끌기는 하지만 서구의 부유층에서는 여전히 작은 틈새 분야에 속한다.

현대 부유층 구성원들에 대한 연구를 간략히 살펴보면서, 그들에 대해 우리가 아는 것이 얼마나 적은지에 놀랄 수도 있다. 정기적으로 업데이트되는 부자 리스트와 특정 인물들의 유명세 때문에 최상위 부유층에 대한 연구는 부족하지 않은 반면, 상위 5%나 상위 1% 같은 좀 더 넓은 범위의 부유층에 대해 알고 있는 것은 대개 총 자산에서 그들이 차지하는 점유율, 그것도 흔히 추정치 정도다. 그것도 중요한 정보이기는 하지만 부유층을 특정 사회적 집단으로서(그 안에서 다양하기는 하지만) 더 잘 이해하기에는 불충분하다. 현대의 많은 사회적 문제들을 제대로 해결하기 위해서는 그들에 대한 이해가 필수라는 점을 고려하면 이러한 정보 부족은 더욱 놀랍다. 역설적으로, 이를 더 멀리서 관찰하면, 다시 말해 장기적 동향을 바라보면 전체적인 그림이 더 명확해진다. 우리가 지금까지 설명한 장기적 추세들은 비록 나름대로 한계는 있지만 증거들에 의해 적절히 또 일관되게 뒷받침되는 것으로 보이는데, 이는 단지 추세의 문제일 뿐만 아니라 인식의 문제이기도 하다.

우리가 '불로소득 사회'로 회귀하고 있다는 우려는 19세기 초기에 고전 경제학자들이 표명했던 우려와 그다지 다르지 않은데, 바로 당시에 그들도 불로소득자들이 만연한 사회를 보고 있었기 때문이다. 또 돈으로 돈을 버는 금융 활동을 통한 부의 축적에 대한 우려는 중세, 심지어 그 이전부터 서구 사회에 팽배해 있던 문제다. 일반적으로 부유층이 사회에서 차지하는 위치, 혹은 그들이 마땅히 가져야 하는 위치에 대한 문제는 서구 사회에서 늘 민감한 주제였으며 상당한 사회적 불안 요인이었다. 이제 역사 전반에 걸쳐 놀라운 연속성을 나타내는 이 문제에 대해 살펴보기로 하자.

3부

·

부자의 사회적 역할
The rich in society

8

부의 집중이
사회적 문제가 되는 이유

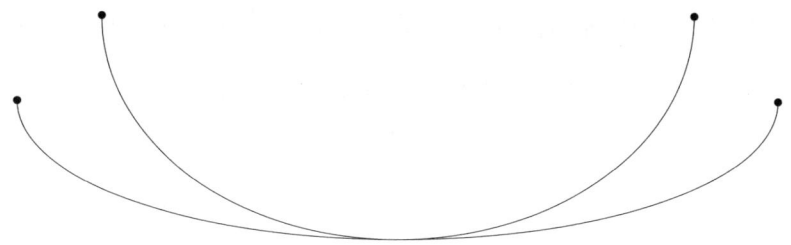

초부유층은 정치적 권력 면에서 너무나 불공평하게 남들보다 우위에 있으며, 그 격차는 마치 신이 인간들 사이에 존재하는 것과 같다. 민주적으로 통치되는 도시들은 모든 사람의 평등을 추구하기 때문에 이러한 사람들은 퇴출되어야 하고 그들을 유배 보내거나 추방해야 한다.

— 니콜 오레스메 Nicole Oresme (1370~1374),
아리스토텔레스의 『정치학』 번역 및 해석본 중에서

부를 상속받은 사람들은 그로 인한 소득 중 일부만 저축해도 전반적인 경제 규모보다 더 빠르게 자본을 축적할 수 있다. 이런 조건 하에서는 자본의 집중이 극도로 높은 수준에 도달해, 현대 민주주의 사회의 근본인 능력주의 가치관과 사회정의 원칙과 양립하기 어려운 정도가 될 수 있다.

— 토마 피케티(2014)

이 두 인용문은 600여 년의 시간차를 두고 있지만 이 책의 세 번째이자 마지막 부분의 주제인 부자들이 사회에서 차지하는 위치와 그들의 사회적 역할에 대한 이야기를 시작하기에는 완벽하다. 역사적으로 부자들의 사회적 역할이 명확했던 때는 없었으며, 그 때문에 부유층, 특히 최상위 부유층 또는 초부유층에 대한 상당한 사회적 경계심이 생겨났다. 이 장에서는 학술적 담론을 통해 반영되는 경계심에 대해 집중적으로 살펴보기로 한다. 그런 담론은 언제나 사회에 뿌리 깊게 자리 잡은 감정과 연결되어 있다. 이후 장에서는 부자들이 사회에서 수행해온 특정 역할들에 대해 살펴볼 텐데 먼저 예술 후원자와 지지자로서의 역할, 그 다음에는 정치적 활동을 알아보고, 마지막으로 심각한 위기 상황에서 그들의 행동 반응을 분석하는 것으로 마무리하겠다.

중세 철학자 니콜 오레스메와 현대 경제학자 토마 피케티의 인용문은 분명히 같은 우려를 표하고 있다. 사회에 초부유층이 존재한다는 사실만으로도 그 사회와 사회 제도의 내부 작동에 파괴적 영향을 미칠 수 있다는 것이다. 이는 두 저자가 '민주주의'라는 단어의 의미에 대해 아주 다른 견해를 가지고 있다는 점을 감안하더라도 마찬가지다. 그러나 역사적 맥락을 무시한 비교의 위험을 피하기 위해, 중세 시대 거대한 부를 축적한 이들에 대한 불신을 살펴보는 것으로 이

장을 시작하겠다. 이러한 불신은 본능적이기도 했지만, 신학과 사회에 대한 일반적인 철학적 성찰을 근거로 한 것이기도 했다. 이후 중세 후기부터 상황은 변하기 시작하는데, 이는 부와 정치적·문화적 자원을 포함하여 전반적인 자원 접근성 차원에서 사람들 간의 격차가 점점 더 커진 것과 무관하지 않았다. 그러나 부자에 대한 본능적 불신은 서구 사회에 계속 남아 있으며, 특히 19세기 후반부터 불평등이 전례 없는 수준에 도달하면서 다시 고개를 들고 있다. 불평등 수준과 부자에 대한 인식 사이의 관계는 현대사회뿐만 아니라 과거 사회를 이해하는 데도 중요하다. 이 점에서 역사는 우리의 현재와 미래에 대해 경고하고 있으며, 그것을 이 장의 결론 부분에서 집중 조명하게 될 것이다.

부유층에 대한 본능적 불신

중세 서구 사회에서 부유층은 그 자체로 깊은 불편함을 주는 존재들이었다. 부자들을 어떻게 다루어야 할지를 몰랐다고 해도 과언이 아니다. 이러한 전반적 불신에 대해서는 이미 4장과 6장에서, 부자는 죄인이고 탐욕이라는 대죄로 인해 영원한 저주를 받는 것이 당연시되었다고 밝힌 바 있다. 13세기 최고의 스콜라 철학자이자 신학자였던 성 토마스 아퀴나스는 탐욕이 '현세적인 것'을 추구하고 모든 '영원한 것'을 저버리게 하기 때문에 신에 대한 죄라고 설명했다. 지나친 탐욕에는 두 가지 종류가 있었으니, 재물을 지나치게 지키려는 과욕은 냉혹함과 함께 인간성과 자비심 부족을 초래했고, 재물을 지나치게 취하려는 과욕은 폭력, 기만, 사기 및 배신을 야기했다.[1]

물론, 당시는 봉건 사회였기에 귀족의 부에 대해서는 그다지 문제가 되지 않았는데, 귀족의 높은 신분과 우월한 자원 접근성은 신의 계획에 따른 것이라고 믿었기 때문이다. 문제를 일으킨 것은 일부 평민들의 부유함이었고, 특히 11세기부터 상업혁명이 '기업 활동'을 통한 전례 없는 수준의 부 축적 기회를 제공하면서 더욱 심해졌다. 경제 역사학자 로버트 로페즈Robert Lopez는 이에 대해 이렇게 말했다. "봉건 사회의 이론적 구조에서는 고귀한 종교적·세속적 통치자와 천하지만 대체할 수 없는 노동자 사이에 중간 계급이 자리할 공간이 거의 없었다. 상인보다 차라리 가난한 사람들이 사회적으로 더 용인되었다. 천국이 그들 것이 될 터이고, 그들은 부자들이 자선행위를 통해 천국에 들어갈 수 있도록 도움을 주는 존재이기 때문이다."[2] 실제로, 13세기와 14세기의 스콜라 신학자들은 거의 만장일치로 상업 활동이 영혼에 해롭다고 믿었으며, 토마스 아퀴나스는 통치자들에게 시민들이 대규모 무역에 관여하지 못하게 막으라고 조언하기도 했다.[3]

이러한 문화 및 사회적 맥락에서 중세 상인들은 상당한 심리적 압박을 받고 있었으며, 그 압박감은 성공할수록 더 심했다. 성 프란체스코와 성 고드릭의 경우처럼 일부는 극적으로 회개하여 성인으로 존경받기도 했지만 대부분의 부자들은 문제를 해결할 다른 방법을 모색했다. 그들은 연옥에서 오랜 시간을 보낸 후에라도 천국으로 갈 길을 열고자 노력했다. 단테의 『신곡』에서 회개한 탐욕 죄인들은 낭비 죄인들과 함께 연옥의 제5층에 있게 되고 6장에 나온 지옥과의 대칭 구조를 재현한다. 이를 위해 그들은 자선단체나 종교 기관에 상당한 유산을 남기고, 자신들을 위한 중보기도를 정기적으로 올리고, 가난한 사람들에게 자선을 베풀었다. 로페즈가 지적했듯이 가난한 사람들은 죄 많은 부자들의 영혼을 구원하는 데 반드시 필요한 존재로서 명확한 사회적 위치를 갖게 되었다. 이러한 사례는 많으며 프라토의 유명한 상인 프란체스코 디 마르코 다티니나 코시모 데 메디치가 대표적이다. 코시모는 나이가 들면서 자신의 영혼이 구원받을 수 있을지에 대해 특히 걱정했는데, 그는 단순히 너무 부유한 것만이 아니라 재산 대부분을 금융 활동으로 얻었기 때문이었다. 5장에서 설명했듯이 중세 사회는 돈으로 돈을 버는 행위는 잠재적 고리대금업으로 의심했고, 따라서 죄악시했다.

중세 사회는 부자를 (흔히 부자 자신들조차) 죄인으로 여겼을 뿐만 아니라, 그들의 존재 자체가 사회를 불안정하게 만들 수 있다고 우려했다. 토마스 아퀴나스가 주장했듯, 과도하게 무언가를 취하려는 욕망은 노골적 폭력과 온갖 종류의 사회적·경제적 불법행위를 초래할 수 있었다. 특히 공동체에서 가장 부유한 이들과 나머지 사람들의 간극이 클수록 이를 방지하거나 처벌하기가 더 어려웠다. 아퀴나스 이후 약 한 세기 뒤에 니콜 오레스메가 지적한 것도 바로 그 문제였다. 프랑스 국왕 샤를 5세가 신뢰하는 고문이었던 오레스메는 왕의 요청에 따라 아리스토텔레스의 『정치학』을 당시의 실제적 필요에 맞게 번역하고 해석하면서,[4] 초부유층이 정치적 권력 면에서 다른 사람들보다 너무나 우위에 있어 마치 신이 인간 사이에 있는 것 같다고 해도 과장이 아니라고 주장했다.[5] 그리고 만일 그들이 공동체를 정치적으로 통제할 수 있는 수단을 획득했다면 이 '신'들이 과연 처벌받을 수 있을 것인지 의문을 제기했다. 오레스메는 그의 주석에서 부유한 이들이 (정치적 우위를 차지하는 것이) 문제가 되는 이유는 사회에 치명적으로 해를 끼치고 반란을 조장할 수 있기 때문이라고 설명했다. 이는 충분히 근거가 있는 우려였다. 중세 유럽 도시 반란에 관한 최근 문헌에 따르면, 민중이 기존 체제에 맞서 공개적으로 반란을 일으키는 데는 경제적 동기보다 정치적 동기가 더 중요한 역할을 했음을 보여주기 때문이다.[6]

중세 신학자이자 철학자인 오레스메에게 사회적 반란은 어떤 면에서도 바람직하지 않았다. 이는 특히 그가 그런 사건들을 직접 경험했기 때문인데, 1356년 푸아티에 전투에서 프랑스의 장 2세 Jean II 가 영국군에 포로로 잡힌 직후 수 년 동안 프랑스는 반란에 시달렸다. 대표적으로는 1358년의 대규모 농민 반란인 자크리 반란 Grande Jacquerie 이 있다. 따라서 오레스메는 '민주적' 형태의 정부에 대해 논하는 가운데 민주적으로 통치되는 사회(도시)에서는 과도한 부를 지닌 초부유층[7]을 추방할 수밖에 없다고 주장했다(오레스메가 의미한 민주적 형태의 정부는 대중 다수에 의한 정부이며, 그는 이런 정부는 자신들의 이익만 추구하며 실제로 '공익'[8]을 추구하지 않기 때문에 이상적인 정부라고 생각하지는 않았다). 이러한 생각은 아테나와 고전고대시대의 다른 민주 국가들이 시행했던 추방 관행에서도 찾아볼 수 있으며, 아리스토텔레스의 『정치학』에도 등장한다.[9] 그러나 오레스메가 주석을 작성할 때 염두에 둔 것은 고대의 제도뿐만 아니라 당시 중세 도시에서 실제로 시행되었던 '대중적' 정부의 관행이었을 가능성이 높다. 이들 정부는 종종 기존의 부유한 정치 엘리트를 추방함으로써 권력을 차지하곤 했다. 또는 그 대안으로 구 엘리트 가문의 공직 진출을 전면 금지하기도 했는데, 이는 권력의 과도한 집중을 막기 위해서였다. 이에 따라 1293년 피렌체에서는 '정의에 관한 규정'이 도입되었으며, '마그나티 magmati'가 주요 공직을 맡는 것이 금지되었다. 마그나티는 막대한 부를 지니고 피렌체 정치에서 수십 년 간 강력한 영향력을 행사해온 세도가 가문 출신들로, 주로 장거리 무역을 통해 부를 축적했고 전통적인 명문 귀족 출신인 경우는 드물었다.[10] 비슷한 시기에 이탈리아의 다른 도시들에서도 반反 마그나티 법이 도입되었으며, 볼로냐 같은 경우에는 좀 더 빠른 1282년에 도입되었다.

하지만 이러한 움직임은 부유층의 정치적 권력 확대에 대한 불안감이 훨씬 넓은 유럽 지역, 기본적으로 부자 과두정치가 공동체 정부를 장악한 모든 곳에서 감지되며 나타난 지역적 반응이었다. 예를 들어, 1302년 브뤼허에서 시작되어 플랑드르와 북부 프랑스의 여러 중요한 도시로 빠르게 확산된 소위 '플랑드르 혁명'은 원래의 공동체적 이념이 실제로는 '귀족' 계급이 된 상인 및 도시 지주들의 과두정치로 교체되자 원래의 이념을 되살리려는 시도로 볼 수 있으며,[11] 이 점에 대해서는 10장에서 더 자세히 논의될 것이다.

오레스메는 초부유층 및 부유층을 추방하는 관행은 공동체의 안정성을 위협할 수 있다고 주장한다. 따라서 그는 (아리스토텔레스는 이에 대해 언급하지 않았지만) 훨씬 더 바람직한 대안을 제시했다. 즉, 누군가가 지나치게 많은 부를 축적하는 것을 금지함으로써, 추방이라는 극단적인 상황이 발생하지 않도록 사전에 방지하는 것이었다.

이와 같이 지나친 부는 해악과 반란의 원인이 될 수 있다. 따라서 이에 대한 해결책을 제공하는 모든 법은 정당하고 효과적이다. 또한 모든 시민의 재산이 동등하거나 아니면 너무 불평등하게 분배되는 것 모두 공동체에는 좋지 않기 때문에 이러한 법들은 공익에 기여한다. … 한 사람이 상속 또는 기타 방법으로 일정액 이상의 재산을 가질 수 없도록 확립하는 법이 될 것이다.[12]

오레스메는 특정 공동체에서 개인이 소유할 수 있는 재산에 대해 법적 상한선을 두는 것이 적절하다고 여겼으며, 공익을 위해 마땅히 상속 규모를 제한해야 한다는 주장도 펼쳤다. 상속 상한선을 초과하는 자산은 같은 혈통의 다른 사람들에게 주거나, 몰수하거나, 적절한 법에 따라 다른 방식으로 분배하라는 내용이었다.[13] 다시 말해, 오레스메는 사회 질서를 유지하기 위해 부의 재정적 재분배가 필요하다고 명백히 주장하고 있었다.

토마스 아퀴나스와 니콜 오레스메는 초부유층 혹은 과잉 부유층을 사회에 협조적인 일원으로 신뢰하지 않는 견해를 대표한다고 할 수 있다. 이 불신은 훨씬 오래된 학문적 전통에 뿌리를 두고 있으며, 스콜라 철학파는 기원전 4세기의 위대한 그리스 철학자 아리스토텔레스를 주된 기준점으로 삼았다. 하지만 이는 기독교 사상,[14] 또 상업 혁명의 시작 단계인 11세기부터 발생한 새로운 사회 문제에서도 깊은 영향을 받았다. 예를 들어, 토마스 아퀴나스를 포함한 스콜라 사상가들의 고리대금업에 대한 집착은 급성장하는 장거리 무역을 지원하기 위해 생겨난 맹렬한 금융 혁신 국면의 맥락을 살펴보지 않고는 제대로 이해하기 어려울 것이다.

그럼에도 불구하고, 우리는 고급 문화에 속하는 학문적 담론이 과연 당시 서구의 더 넓은 문화적 환경을 반영하는지에 대해 의문을 가질 수 있는데, 전체적으로 보아 확실히 "그렇다"라고 답할 수 있다. 초부유층이 정치 및 정부 기관의 올바른 기능에 해를 끼칠 수 있다는 인식에 대해서는 많은 유럽 국가에서 나타난 부유층에 대한 본능적인 경계와 불신이 이를 증명한다. 부자는 죄인이라는 인식과 관련해서도, 부자들 스스로가 자신들의 행동을 죄악으로 여겼다는 증거가 충분히 많이 있다. 여기에 더해 프랑스와 이탈리아에서는 12세기 후반부터 활동한 발도파^{Waldensian}처럼 극단적으로 부를 반대하는 이단 신앙이 가난한 사람들뿐만 아니라 중세 도시 사회의 중간 계층인 장인들에게까지 큰 호응을 얻었다. 이는 물질적 부의 추구를 부정적으로 바라보는 문화적 배경을 보여준다.[15]

경제사학자 아민토레 판파니$^{Amintore\ Fanfani}$가 언급했듯이, 스콜라 철학의 교리는 특정한 사회적 환경 속에서 정교하게 발전되고 논의되었지만, 그 메아리는 오늘날까지 울려 퍼지고 있다. 이는 또한 다른 대안이 없었기 때문이기도 한데, 물질적 재산에 대한 유일한 이론은 정신의 고귀한 가치를 전제로 세워졌으며, 토마스 아퀴나스가 이에 핵심적 역할을 했다.[16] 그러나 중세 말기부터 상황이 변화하기 시작했다. 물질적 세계의 필요성은 경제와 사회의 일부 핵심 요소를 이해하는 방식에 큰 변화를 가져왔고, 이러한 맥락에서 부유층과 초부유층은 마침내 사회적 역할을 부여받게 되었다.

부유층의 역할: 죄인에서 선택된 자로

중세의 문헌 가운데 사회 내에서 부유층의 위치를 논하는 자료들을 살펴보면 15세기부터 상당한 변화가 진행되고 있었으며 16세기에 확고해졌음을 알 수 있다. 이전까지 부유층과 초부유층은 신학자와 철학자들에 의해 사회적으로 문제를 일으키는 죄인으로 묘사되었으나, 이제 그들은 특정한 도덕적 미덕을 지닌 사회의 중요한 기여자로 인식되기 시작한 것이다. 이 과정에는 대규모 사적 재산의 축적이 왜 사회 전체에 유익할 수 있는지, 또한 이와 관련하여 탐욕이 없다면 부의 축적이 아예 일어나지 않았을 것이기 때문에 탐욕에도 긍정적인 측면이 있다는 것을 증명하려는 시도가 있어왔다. 더 정확히 말하자면, 축적된 자원을 좋게 쓰는 사람과 나쁘게 쓰는 사람을 계속 구분하기는 하되 부를 축적하려는 성향 자체는 공동체에 유익할 수 있다고 재정의되었다.[17] 탐욕의 본질과 '선한' 탐욕의 사회적 기능을 재정의한 토스카나의 인문주의자 포지오 브라치올리니Poggio Bracciolini의 대화록 『탐욕에 대하여』의 한 구절을 살펴보자.

> 당신은 탐욕스러운 자들을 최악의 범죄자 취급을 하며 도시에서 추방하고자 한다. 그러나 나는 오히려 그들의 존재가 장려되어야 한다고 생각한다. 그들은 병자와 약자를 돕고, 어려움에 처한 많은 사람들에게 베풀며, 개인뿐만 아니라 국가에도 도움을 줄 수 있는 풍부한 수단을 가지고 있기 때문이다. 따라서 좋은 전통을 가진 도시들에서는 공공 기부를 통해 밀을 배급할 공공 곡물 창고를 세우는 것이 관례이듯이, 탐욕스러

운 자들을 그 자리에 두어 그들이 모두에게 도움을 줄 수 있는 일종의 '돈 곳간' 역할을 하도록 하는 것도 매우 유익할 것이다. … 사실 도시가 어려움에 처한다면, 가난한 노동자들이나 부를 경멸하는 사람들에게 의지할 것인가, 아니면 탐욕스러운 부자들(탐욕 없이 부를 축적하는 것은 거의 불가능하다)에게 의지할 것인가? 과연 어떤 사람들로 도시가 가득 차 있는 것이 더 나은 일인가? 자신과 타인을 부양할 수 있는 재력을 가진 부자들인가, 아니면 남들을 돕기는커녕 스스로를 돌보기도 힘든 가난한 사람들인가?[18]

브라치올리니의 대화록에 등장하는 이 내용은 교황청 비서관이자 인문주의자인 안토니오 로스키의 견해다. 이는 앞 장에서 이야기했듯이 탐욕스러운 자들을 비난하고 사회에서 그들을 제거해야 한다고 주장하는 전형적인 스콜라 학파의 견해와 대조된다. 과장된 어조 때문에 좀 극단적이기는 하지만, 수십 년 전 경제사학자 데이비드 헐리히David Herlihy가 지적했듯이 안토니오의 주장이 브라치올리니 자신의 생각임은 의심할 여지가 없다.[19] 브라치올리니는 부의 축적을 강력히 옹호하고 있으며, 부의 축적은 '돈 곳간'을 마련하는 데 필요한 일이라고 주장한다. 이러한 돈 곳간은 밀로 가득 찬 곡물 창고만큼이나 공공 복지에 필수적이며, 공동체가 필요할 때 사용할 수 있는 자원이 되기 때문이다. 여기서 중요한 것은, 브라치올리니가 부자들이 가난한 사람이나 병자에게 제공하는 일반적인 자선과 기부를 말하는 것이 아니라 기근이나 전쟁과 같은 긴급한 위기 상황에서 필요한 예외적인 자원 접근의 중요성을 강조하고 있다는 점이다. 사상사 연구자인 자코모 토데스키니는 브라치올리니가 속한 새로운 학문적 전통에서 탐욕스러운 자들은 도시를 위해 저축하는 사람들로 묘사되며, 돈은 도시를 살아 움직이게 하는 신경계로 간주된다고 지적했다.[20]

도시의 신경계라는 비유는 번영하는 공동체가 풍부한 자금을 보유해야 하는 이유를 설명하기 위해 브라치올리니가 사용한 표현이며, 이처럼 돈을 생체학적으로 표현하는 방식은 15세기에 돈의 본질을 논할 때 흔히 사용되었다. 예를 들어, 프란체스코회 신학자인 시에나의 성 베르나르디노는 돈을 도시의 '자연적 온기'라고 표현했다. 위험하고 치명적인 질병을 예방하기 위해서는 인체에 자연적 온기가 올바르게 분배되어야 하는 것처럼 사회적 질병을 예방하기 위해서는 돈이라는 온기의 올바른 순환이 필요하다는 것이다. 성 베르나르디노는 사회나 신체 모두 돈 또는 온기가 과도하게 집중되면 문제가 발생한다고 주장했다. 약 150여 년 후, 베르나르도 다반차티는 논문에서 돈을 '두 번째 피', 즉 국가의 혈액이라고 묘사했다. 여기서 중요한 것은 15세기에 들어서면서 특정 공동체 내에 풍부한 자금을 확보하는 것이 필요하다는 합의가 확산되었다는 점이다. 이를 위해서는 축적을 해야 했고, 따라서 탐욕이 필요했다. 하지만 이 역시 과도할 경우 문제가 될 수 있으므로, 성 베르나르디노는 지나친 부의 불평등이 초래하는 해악을 지적했고, 브라치올리니는 공익에 대한 배려 없이 부를 축적하는 사람들을 비난했다. 이 과정에서 탐욕스러운 사람들이 반드시 긍정적인 사회적 역할을 담당할 것이라고 순진하게 믿는 사람은 거의 없었다.[21]

따라서 재산을 어떻게 사용하는지가 도덕적 탐욕자와 죄 많은 구두쇠를 구별하는 기준이 되었다. 죄 많은 구두쇠는 사회에 대한 고려라고는 전혀 없이 부의 축적 자체를 목적으로 삼았지만, 도덕적 탐욕자들은 공동체의 이익을 위해 저축할 뿐 아니라 재산의 일부를 가치 있는 사업, 특히 '웅장한 집, 아름다운 별장, 사원, 병원' 등에 투자했는데, 이러한 건물들이 없었다면 도시에는 중요하고 아름다운 장식물들이 결여되었을 것이다.[22] 자신이 머물 저택을 포함해 화려한 건물을 세움으로써 도시 전체를 찬란하게 만들어 모든 사람에게 혜택을 주는 부자들의 추가적인 사회적 역할에 대해 15세기 말 나폴리 인문주의자 조반니 폰타노는 다음과 같이 설명하고 있다.

> 피렌체의 코시모는 교회와 별장을 짓고 도서관을 설립하면서 고대의 웅장한 공적 기부를 모방했으며, 단순히 모방만 한 것이 아니라 개인 재산을 공공의 이익과 조국을 장식하는 일에 돌리는 관습을 처음으로 되살렸다고 할 수 있다. 이제 적지 않은 사람들이 그보다 덜 부유함에도 불구하고 이 관행을 따르려고 하고 있다.[23]

폰타노의 글이 흥미로운 이유는 부자들이 도시의 물리적 개선에 투자함으로써 '개인 재산'을 '공공의 이익'으로 전환하는 사회적 역할에 대해 이야기할 뿐 아니라 메디치 가문이 공화국에 대한 지배를 강화하고 있던 피렌체의 상황에 대해 언급하고 있기 때문이다. 그렇다면 우리는 다음과 같은 질문을 던질 수 있다. 이전 시대의 저자들은 부자들에 대해 부정적인 견해를 내놓았는데, 왜 15세기부터 이러한 인식에 뚜렷한 변화가 나타나기 시작했을까?

흑사병 이후 잠시 멈췄던 부의 불평등이 15세기 초부터 토스카나에서 다시 증가하기 시작했으며, 이 과정은 피렌체에서 특히 강하고 명확하게 나타났다.²⁴ 즉, 역사적 전환점에 이른 것이다. 5장에서 고리대금에 대해 논했듯이 신학과 학문적 담론이 이 새로운 사회적·경제적 현실 상황에 적응한 것이라고 볼 수 있다.

그 시기의 가장 저명한 신학자들 중 많은 이들은 자신들 역시 부유한 상인 가문 출신이었기 때문에 이런 새로운 상황을 예리하게 인식하고 있었다. 이전 시기에는 상업혁명으로 등장한 초부유층이 사회적·정치적 질서를 불안정하게 만들 수 있다는 것에 학문적 논의가 집중되었지만, 15세기에는 더 이상 부자를 배제할 수 없는 새로운 질서가 등장했다는 것이 분명해졌다. 코시모 데 메디치에서 시작해 피렌체의 공화국 체제의 실질적 기능을 무력화시키고, 결국에는 사실상 세습 군주제로 바꾸어버린 메디치 가문의 사례는 이러한 전반적인 변화 과정을 잘 보여준다. 이러한 맥락에서, 1446년부터 피렌체 대주교를 지냈고 코시모 데 메디치와 매우 가까웠던 성 안토니노 피에로치 같은 신학자와 설교자들은 부자들의 특정한 사회적 기능을 장려하는 '웅대함의 공공 신학'을 발전시켰다.²⁵ 이 사상은 일반 대중들에게 설교를 통해 주입되었고, 초부유층이 자신들의 엄청난 자원을 사회에 이익이 될 수 있는 방식으로 사용하도록 유도하는 것을 목표로 했다.

15세기와 16세기 학자들의 도덕적 탐욕자(부자)에 대한 찬사가 지나치게 낙관적이라고 주장하는 이들도 있으며, 아마도 이 주장은 옳았을 가능성이 크다. 하지만 중세 후기나 지금이나 피렌체, 베네치아, 유럽의 저지대 국가와 도시에서 살거나 방문할 기회가 있는 사람들이 도시의 뛰어난 아름다움을 즐길 수 있는 것은 사실이며, 르네상스 시대의 초부유층이 없었다면 그와 같은 아름다움은 존재하지 않았을 것이다. 따라서 모든 사람을 위해 도시를 웅장하게 만드는 데 투자한다는 부자들에 대한 이론적 기능은 적어도 어느 정도는 현실과 부합했다. 그들의 또 다른 역할, 즉 공동체를 위해 저축하는 역할도 마찬가지다. 대표적으로 코시모 데 메디치는 1434년에 추방당했다가 돌아온 후 피렌체를 재정적 위기로부터 구해내며 민중의 은인으로 칭송받았다.

물론 여기에도 상당한 모호성이 존재한다. 왜냐하면 부유층이 돈 곳간 역할을 할 때 정치적이건 경제적이건 사리사욕이 전혀 없었다고 볼 수는 없기 때문이다. 코시모의 웅대한 지원은 그를 실질적 국가 통치자의 지위로 밀어올렸다. 사실 중세 후반과 근대 초기에 온갖 종류의 정부들이 상당한 자원을 제공할 능력과 의지가 있는 초부유층 가문들로부터 큰 혜택을 받았지만, 제공된 자원들은 보통 대출이었고 싸게 제공된 것도 아니었다. 그렇다 해도, 예를 들어 기근 같은 심각한 위기가 발생했을 때 부자들은 종종 관대한 행동을 보여주었고, 이는 가장 빈곤하고 취약한 계층의 상황을 완화시켰을 뿐만 아니라 사회적 평화를 유지하는 데에도 기여했다. 이는 도시가 포위되는 군사적 비상 상황에서도 마찬가지였다. 예를 들어, 1529~1530년 카를 5세의 군대에 의해 피렌체가 포위되었을 때, 열렬한 공화주의자였던 도나토 지아노티는 부자들의 재정적 도움이 없었다면 도시를 그토록 효과적으로 방어할 수 없었을 것이라고 주장했다.[26] 위기 상황에서 부자들의 역할에 대해서는 11장에서 더 이야기하도록 하겠다.

그런데 부유층은 어떻게 유익할 뿐만 아니라 도덕적인 존재로까지 묘사되고, 결국 그렇게 인식되기까지 이르렀을까? 이 과정이 완성되고 부유층의 역할이 재정립된 것은 15세기였지만, 그 시작은 이보다 앞서 있었고 적어도 14세기부터는 상인들이 자신들의 도덕적 자질에 대해 자부심을 느끼기 시작한 것으로 보인다. 사실 도덕성이 없는 상인은 신뢰받을 자격이 없으므로 '진정한' 상인이 될 수 없다. 약 1330년경에 작성된 상업 관행에 관한 문헌에서 상인이자 바르디 상사의 은행원이었던 프란체스코 페골로티는 '올바르고 진정한 상인이 갖추어야 할 것'에 대해 논한다. 이 긴 목록에는 올바름, 신뢰성, 좋은 예절, 명예로운 행동, 신중함, 친절함, 규칙적인 종교 활동, 빈번한 자선 기부, 고리대금과 도박 회피 등이 포함되어 있다. 시에나의 베르나르디노에서부터 제노바 출신의 유명한 건축가, 철학자, 인문주의자인 레온 바티스타 알베르티에 이르기까지 15세기의 학자들은 성공적인 상인은 페골로티가 제시한 덕목들을 갖추고 있다는 견해를 체계적으로 뒷받침했다. 동시에 그들은 사업 실패와 파산의 원인은 도덕적·경제적 실패 양쪽 모두에 있다고 지적했다.[27]

15세기에는 많은 상인들이 이러한 견해를 내면화하여 자신을 죄인이 아닌 도덕적 인물로 인식하게 되었다. 이러한 인식의 변화는 앞서 언급한 사회적·정치적·경제적 구조의 변화와 경제 자원 분배에 근거한 것이었으며, 토데스키니가 주장했듯이 어두운 면 또한 지니고 있었다.

15세기 후반 유럽의 경제 상황을 노동자 계층과 하위 중산층의 극심한 빈곤이라는 관점에서 바라보면, 상인 계층이 만들어낸 교양 있고 세련된 자화상은 문화적·경제적 배타성을 달성하기 위한 사회적 절차의 표현이기도 했음을 쉽게 이해할 수 있다. 사업가의 정신과 육체를 이상화하고, 영웅적 혹은 종교적으로 내세우는 것은 소외된 사람들 혹은 '착취당한 사람들'의 노동과 육체, 정신의 가치와 대가를 낮추고 문화적으로 대수롭지 않다는 무언의 신호를 보내는 것이다.[28]

중세 후기의 거대한 부의 등장으로 촉발된 문화적 변화 과정은 근대 초기까지 계속되었다. 실제로 사업가에 대한 종교적 의미 부여는 종교개혁과 함께 새로운 정점에 도달했다. 막스 베버의 유명한 해석에 따르면, 종교개혁(일반적으로 독일 신학자이자 개혁가인 마틴 루터가 '95개조 반박문'을 발표한1517년을 출발점으로 본다)은 새로운 경제 윤리를 만들어내며 자본주의 정신의 등장을 촉진했다. 베버에 따르면 현대 자본주의는 합리성과 부의 축적 추구라는 전례 없는 결합으로 구성되어 있었다. 그는 이것이 종교개혁의 전반적 특징이기도 하지만, 프랑스 신학자 장 칼뱅의 추종자들에게서도 두드러지게 나타난다고 주장했다. 칼뱅의 예정설에 따르면 구원은 오직 은총으로만 얻어질 수 있고, 누가 구원받고 누가 저주받을지는 예정되어 있기 때문에 신자들은 자신이 선택된 자임을 증명하기 위해 물질적 성공을 추구하게 되었다는 것이다.

종교개혁에 대한 베버의 견해는 많은 비판을 받았다. 특히 일부 비평가들은 그가 종교개혁이 불러온 경제 윤리와 실제 행동 방식의 쇄신을 과장했다고 주장했다. 영국의 역사학자 리처드 H. 토니는 종교개혁과 자본주의 사이에 실제로 연결 고리가 있기는 하지만 그 방향은 베버가 제시한 것과 반대이며 개신교도들은 이전부터 있던 이윤 추구와 부 축적을 선호하는 자본주의 윤리를 채택했을 뿐이라고 했다.[29] 이탈리아의 아민토레 판파니 역시 근대 자본주의의 탄생이 종교개혁보다 먼저였다고 주장했다. 그에 따르면 자본주의 정신은 이미 15세기부터 이탈리아에서 작동하고 있었으며, 이는 부를 빈민을 위한 기부나 후원을 통해 재분배할 필요 없이 무한히 축적할 수 있다고 믿는 경향으로 나타났다는 것이다. 그는 흑사병 이전에는 그런 재분배가 이루어졌다고 주장했다.[30]

몇십 년 후, 프랑스의 역사가 페르낭 브로델Fernand Braudel은 베버의 해석을 직접적으로 반박했다. "모든 역사학자들은 이 빈약한 이론에 반대해왔지만 이를 완전히 없애지는 못했다. 그러나 이 이론은 분명히 잘못되었다. 북유럽 국가들은 이전부터 오랜 세월 찬란하게 자본주의의 중심지 역할을 해온 지중해 세계의 자리를 단지 이어받았을 뿐이다." 그러나 이 논란은 완전히 해결되지 않았고, 베버의 관점은 여전히 사회과학 분야에서 큰 영향력을 발휘하고 있다.[31] 또한 개신교 지역의 빠른 경제 성장을 이끈 메커니즘이 새로운 개신교 윤리라는 베버의 판단은 틀린 것일 수 있지만 그래도 종교적 변화와 경제적 발전 사이의 상관관계에 대한 주장만큼은 옳았을 수도 있다. 이는 종교개혁이 의도치 않았던 변화들이 법률과 제도적 틀, 경제 정책, 교육 등에 반영된 결과로 보인다.[32]

지금까지의 논의를 놓고 보면, 토니에서 판파니에 이르는 베버의 초기 비평가들이 제기한 개신교 윤리와 그 이전 세기에 유럽의 가장 발전된 지역에서 활동했던 상인과 은행가 계층의 경제적 행동 사이의 연속성을 고려해야 한다는 주장은 상당히 타당하다. 하지만 베버가 수 세기에 걸친 문화적 변화 과정에서 중요한 단계를 포착해낸 것 역시 사실이다. 15세기의 교양 있는 부자 상인과 은행가들의 마음속에는 자기들의 경제 활동 중 적어도 일부는 어느 정도 죄가 될 수 있다는 의구심이 남아 있었겠지만,[33] 16세기 들어 그들의 칼뱅주의자 후예들은 자신들의 경제적 성공을 완전히 다른 방식으로 인식하게 되었다. 개인적인 부의 축적이 진정 신이 내린 은총의 증거라면, 이는 본질적으로 죄가 될 수 없었다. 물론 부를 좋은 목적에 사용하는 것은 여전히 중요했다. 그것은 개인적인 구원에 대한 확신 그리고 정의로운 엘리트로 인정받았다는 사회적 확신을 더욱 강화하는 수단이 되었기 때문이다. 하지만 그와는 별개로 부를 쌓는 행위 자체가 종교적 의미를 얻게 되었으며, 그것이 어디에 쓰이는가는 부차적인 문제가 되었다.

이것이 베버가 말한 '소명Beruf'으로, 그는 이것이야말로 종교개혁이 불러온 진정한 쇄신이며 칼뱅주의자뿐만 아니라 종교개혁 전반에 걸쳐 나타난 특징이라고 주장했다.[34] 죄에 대한 의구심으로부터 해방된 유럽 근대 초기의 개신교 부자들은 자신의 부를 재분배해야 한다는 책임감을 덜 느끼게 되었다. 최근 연구에 따르면, 독일의 개신교 지역에서는 가톨릭 지역에 비해 빈곤의 정도와 강도가 더 높아진 것으로 나타났다.[35] 은총에 의한 구원 덕분에 개신교 부자들은 자신들의 영적 이익을 위한 가난한 사람들의 기도가 필요 없어진 것이었다. 중세의 죄인들은 마침내 근대 초기에는 선택받은 자가 되었고, 사회에서 그들의 위치는 더 이상 문제가 되지 않았다.[36]

역사의 붉은 실

중세 이후 유럽에서 경제적으로 가장 발전한 지역에서 나타난 경제 엘리트의 도덕적 자기 인식과 표방은 종교개혁이 세속적 노력에 종교적 성격까지 부여하며 더욱 강화되었고, 근대 초기 내내 확산되었다. 대부분의 학자들이 종교개혁과 관련된 직업 윤리에 초점을 맞췄고, 그것이 베버가 주장했듯이 경제 발전에 긍정적 영향을 미친 것은 사실이다. 하지만 여기서 간과해서 안 될 부분은 무엇이 '덕 있는 행동'으로 간주되는가에 대한 인식 자체가 변화했다는 점이다. 경제사학자 디어드리 맥클로스키Deirdre McCloskey가 17세기나 18세기부터 서구 전역에서 작동했다고 주장하는 '부르주아적 미덕'은 수 세기에 걸친 문화적 변화를 통해 이루어진 결과를 종합적으로 설명하는 개념이다. 동시에 이 덕목은 전 시대에 걸쳐 중요한 문화적 연속성이 존재한다는 것을 보여주는 사례이기도 하다. 맥클로스키에 따르면, 똑같은 미덕이 현대 부르주아 계층에서도 계속 작용하고 있기 때문이다.[37]

과거와 현재를 놀라운 방식으로 직접 연결해주는, 시대를 초월하는 연속성을 우리는 '역사의 붉은 실'이라고 부르기로 한다. 이러한 연속성이 존재한다는 것은 시대를 가로지르는 지적 도약을 통해 현대사회, 혹은 적어도 시간적으로 비교적 가까운 사회의 여러 측면을 조명할 수 있음을 의미하는데, 이는 상당히 먼 과거에 대한 지식 없이는 쉽게 인식할 수 없다. 특히 주목할 것은 부유층에게 부여된 사회적 기능과 그들의 존재에 대해 끈질기게 따라붙는 사회의 부정적 시각이다. 부자의 첫 번째 역할과 관련하여, 중세 후기와 근대 초기 학자들은 부유층 특히 초부유층은 대규모 지출을 통해 공공에 혜택을 줄 수 있다는 것을 분명히 알게 되었고 그런 행위는 동시에 그들의 경제적·도덕적 위대함으로 이어졌다. 이 전통은 고대 그리스 철학자 플라톤과 아리스토텔레스까지 거슬러 올라간다. 플라톤의 『국가』에서 웅대함(공적 기부)은 철학자 왕이 갖춰야 할 주요 미덕 중 하나였다.[38] 따라서 웅대함은 사회를 통치하거나, 적어도 이끌고자 하는 야망을 가진 사람들이 갖춰야 할 자질로 이해되었다.

만약 초부유층의 행동 범주인 웅대함이 자기 것을 아낌없이 내주는 관대함으로 혼동된다면, 사회가 부유층에 의존하게 되는 구조 그리고 그들이 사회에 유익한 지출을 통해 형성되는 통치의 정당성이 사라지게 된다. 이는 부유층의 모든 관대한 행위가 의식적이든 무의식적이든 자기 이익이나 사회에 일정한 영향력을 행사하려는 욕망에서 비롯된다는 뜻은 아니다. 다만 오늘날의 사회에서는 그러한 동기를 내포한 행위를 구별하기가 과거보다 더 어려워졌다는 점을 지적하는 것이다. 1440년대 코시모가 산 마르코 도미니코 수도원에 메디치 도서관을 설립했을 때, 시민들은 그가 피렌체의 실질적인 통치자로서 해야 할 일을 한 것뿐임을 잘 알고 있었다. 물론 도서관 자체는 공익을 위한 것이었지만 말이다. 오늘날에도 많은 억만장자들이

기부를 하고 그에 대해 관대한 사람이라며 칭송받는다. 하지만 그들은 이를 통해 사회와 정치에 대해 얼마만큼의 영향력을 얻고 있는지 생각해보자. 이에 대해서는 다음 장에서 자세히 알아볼 것이다.

부자의 두 번째 역할인 사회의 집단적 이익을 위한 저축과 관련하여, 시대를 불문하고 부유층의 사적 자원을 활용하려는 시도는 계속되어왔다. 근대 초기에는 이러한 행위가 강제성을 띠기도 했는데, 예를 들어 16세기와 17세기 스페인 왕조는 부유한 상인들에게 정기적으로 강제 대출을 요구했고, 이는 신대륙에서 민간 화물로 오는 금과 은을 압류하는 형태로 이루어지기도 했다. 강제 대출은 왕국의 군사적 필요를 충당하고 재정적 어려움을 해소하는 것이 목적이었다. 많은 경제사학자들은 이 관행이 재산권을 불안정하게 만드는 정치적 절대주의의 표식이라고 주장했다. 그러나 이는 스페인에만 국한된 것은 아니었다. 비슷한 시기에 프랑스 왕국, 영국 등 다른 국가들도 급히 필요한 전쟁 자금 조달을 위해 강제 대출을 활용했다. 놀랍게도 북유럽의 네덜란드 공화국, 남유럽의 베네치아와 제노바 같은 상인 공화국에서도 부유층에 이런 강제 대출을 요구했다. 중세 시대 내내 공공 재정 혁신의 중심지였던 베네치아 공화국은 이미 12세기부터 강제 대출을 부과했다. 상인 계급의 이익을 우선시하던 상인 공화국들조차 강제 대출을 체계적으로 사용했다는 사실은 이러한 절차가 단순히 자의적이고 약탈적인 '절대주의' 권력의 표식이라는 판단을 유보하게 만든다. 보통 최악의 사례로 여겨지는 스페인 왕국을 면밀히 살펴보면 더욱 신중해질 수밖에 없는데, 강제 대출의 규모와 조건은 보통 상인 대표들과 협상되었고 대출금은 상당한 이자와 함께

전액 상환되었기 때문이다.[39]

　근대 초기의 부유한 상인과 금융가들, 이른바 강제 대출의 '피해자'들은 대부분 자신들이 공공의 이익에 기여하고 있다는 사실을 잘 인식하고 있었다. 게다가 전쟁은 언제나 국가가 국민들에게 자원을 요청할 수 있는 합당한 이유로 인정받아왔다. 제1차 세계대전과 제2차 세계대전 동안, 서구 국가들은 공채 발행을 통해 체계적으로 재정 자원 접근을 늘렸으며, 1917~1918년에 미국이 발행한 '리버티 채권'은 연합국을 지원하는 데 크게 기여했다. 이런 대출은 엄밀히 말해 강제 대출은 아니었지만 경우에 따라 '자발적' 프로그램이 실패하면 강제 채권을 도입한다는 공공연한 위협도 있었고,[40] 정부는 민간인의 채권 매입을 적극적으로 유도했으며 기회만 있으면 기여를 피하려는 사람들에게 사회적 압박을 가중시켰다. 당연히 부유층은 이 집단적 재정 노력에 더 많이 기여할 것으로 기대되었는데, 이 경우에는 그들에게 유리한 조건이 거의 없었다. 20세기의 전쟁 채권은 이자가 매우 낮아 없는 것이나 마찬가지였고, 특히 제1차 세계대전 이후에는 전후의 초인플레이션으로 인해 실제 가치가 감소하여 손해를 보기 일쑤였다. 영국, 프랑스, 독일 같은 국가에서는 투자된 자본이 사실상 인플레이션에 의해 '몰수'되다시피 했는데, 피케티는 이 과정을 전쟁과 관련된 부의 불평등 축소 메커니즘 중 하나라고 주장했다.[41]

　사실상 강력히 장려되었지만 자발적으로 이루어진 것처럼 보인 20세기의 전쟁 자금 조달 방식은 이전의 강제 대출과 비교하면 그나마 긍정적인 변화로 보일 수 있다. 그러나 이를 국가가 국민들로부터 자원을 징수하는 능력의 관점에서 본다면 결론은 달라진다. 산업화 이전의 정부들은 세금 부담을 일정 수준 이상으로 올릴 수 없었기 때문에 협상을 통한 강제 대출을 사용했다. 그러나 두 차례의 세계대전 동안 서구 전반에서는 매우 높은 수준의 세금 인상이 있었으며, 이는 강한 누진세 성격을 띠어 주로 부유층에게 큰 부담이 되었다. 이런 관점에서 보면, 누진적 과세는 부유층이 중세 때부터 맡아온 공공 이익을 위해 저축하는 역할을 현대사회에서 수행하는 방식이라고 할 수 있다. 위기 상황에서 부유층이 일반인들보다 훨씬 더 많이 기여해야 한다는 개념은 뉴딜 정책의 일환으로 미국에서 도입된 재정 패키지에 뚜렷이 드러난다.[42] 최근에는 2007~2008년 금융 위기와 그로 인한 대불황 그리고 2020년에 시작된 코로나19 위기에 이르기까지 초부유층에 대한 세금 인상 요구가 서구 사회에서 다시 공감을 얻었다. 그러나 오늘날의 부유층은 이러한 요청에 응하기를 극도로 꺼리는 듯하다. 세금과 정부의 적절한 규모와 기능에 대해 각자가 어떻게 생각하든, 역사적 관점에서 보면 예외적인 시기에 필요한 기여를 회피하려 한다면 부유층은 상당한 부의 불평등을 정당화해온 역사적 역할을 근본적으로 거부하는 것이다. 이는 사회적 공분을 불러일으키고 그들의 사회적 위치를 불확실하게 만든다는 점을 인식해야 한다.

전쟁 채권 발행이나 유사한 조치들에 뒤따르는 공공의 압력 없이 부유층이 자발적으로 사적 자원을 공동체를 위해 사용한 경우들에 대해서도 이야기해보자. 대표적으로는 사재로 피렌체를 재정적 붕괴에서 구한 코시모 데 메디치가 있다. 그렇다면 역사적으로 개인이 국가의 재정을 구할 의지와 수단을 가지고 있었던 시기는 언제까지였을까? 큰 국가의 경우, 그러한 사례를 찾아볼 수 있었던 시기는 대략 20세기 초반이었다고 볼 수 있다. 당시에 특히 미국에서는 일부 개인들이 지역 차원을 넘어 근대 산업 경제 체제 속에서 국가적인 차원으로 재정 구제를 실현할 만큼 막대한 부를 축적했다.

내가 아는 한, 그 마지막 사례는 1907년 금융 위기 당시 존 피어폰트 모건의 경우다. 금융 공황과 은행 대란의 위기 앞에서 모건은 기업 역사가 빈센트 P. 카로소가 정의했듯이 '최후의 구제 은행가 banker of last resort'로서의 역할을 수행했다.[43] 물론 기업들을 파산에서 구하고 금융 시스템의 지급 능력을 회복하기 위한 신속한 행동에 모건 혼자서 나선 것은 아니었지만, 그는 이 위기를 극복하기 위해 조성된 금융인 구제팀을 이끌었다. 거기에는 조지 F. 베이커와 제임스 스틸맨 같은 인물들도 포함되어 있었는데, 모건이 강력한 의지를 가지고 개입하지 않았다면 그런 팀은 만들어지지 않았을 것이다. 이를 목격한 독일 태생의 은행가이자 사업가였던 야콥 H. 쉬프는 개인 서신에서 "아마 그처럼 독재적인 방식으로 은행들이 손잡고 협력하도록 만들 수 있는 사람은 아무도 없었을 것"이라고 썼다.[44] 이 '독재적인 방식'에는 위기에 대한 해결책을 끌어낼 때까지 동료 은행가들을 자신의 서재에 가둬놓는 것도 포함되어 있었다. 기본적으로 이는 J.P. 모건이 막대한 재정 자원뿐만 아니라 미국 금융 시스템 전체에 영향을 미칠 수 있을 정도로 막강한 힘을 갖고 있었기 때문이다. 더 큰 피해가 발생하기 전에 위기를 종식시킨 그의 결정적인 활약은 당시에 확실히 인정받았고, 약 5세기 전의 코시모 데 메디치와 마찬가지로 국가의 구원자로 칭송받았다. 1908년 6월, 예일대학교는 J.P. 모건에게 명예 법학박사 학위를 수여했고, 한 경제신문은 다음과 같이 보도했다.

> 금융 및 산업 세계에서 그는 당대 최고의 지도자급 위치에 있으며, 이는 누구나 인정할 수밖에 없을 것이다. … 혼란이 닥쳐오고 기업들이 곤경에 처했을 때 그리고 정부조차 도움이 필요했을 때, 그는 상황을 최선으로 이끌었으며, 회복시키는 방법을 알고 있었다. … 작년 10월, 재앙을 막은 그의 활약상은 아직도 기억에 생생히 남아 있다. 모건은 인류에게 생산적이고 유익한 자본의 사용법을 확실히, 또 동시대 인물 중 그 누구도 보여주지 못할 방법으로 보여주었다.[45]

J.P. 모건이 재앙을 막는 데 있어 자신의 이익과 금융 공동체의 이익을 고려하지 않았던 것은 아니지만, 그럼에도 그의 행동이 공공에 큰 혜택을 주었다는 점에는 변함이 없다. 특히 당시 미국에는 영국 같은 다른 나라에 이미 있던 중앙은행 시스템이 없었다는 점을 고려하면 더욱 그렇다. 그러나 모건이 최후의 구제 은행가 역할을 수행할 수 있게 한 막대한 경제력과 영향력은 상당한 비판을 불러일으키기도 했으며, 미국 금융을 통제한다는 의심을 받는 '머니 트러스트'에 대한 부정적 여론을 증폭시켰다(5장 참조). 계속해서 살펴보겠지만, 이는 부유층과 그들의 행동이 인식되는 방식에서 드러나는 많은 역설 중 하나일 뿐이다.

1907년 위기 이후, 부자들이 '최후의 구원자' 역할을 하는 것은 점점 더 어려워졌으며, 또 그렇게 하고자 하는 의욕도 점점 줄어들었다. 오히려 그들은 공공 기관과 세금에 의존하여 금융 시스템을 구제하려는 상황에까지 이르렀다. 11장에서 더 논의되겠지만, 이것이 현재 서구 전반에 만연한 부유층에 대한 분노를 설명하는 데 도움이 될 수 있다. 그러나 부유층이 전통적으로 수행해온 역할 중 하나가 쇠퇴했다는 점이, 그들에 대한 보다 심층적이고 근원적인 반감의 흐름이 여전히 존재한다는 사실을 덮을 수는 없다. 이 흐름은 특정한 시기와 장소에서 다시 떠오르곤 하며, 결코 완전히 사라지지 않는다. 그리고 이 잠재된 반감의 흐름은 중세 학자들에서 현대의 사상가들까지 이어지는 사상적 연속성을 형성하고 있다.

부유층에 대한 불신은 19세기 독일 철학자이자 경제학자인 칼 마르크스의 저작물에서 명확하게 드러난다. 그는 중세 말기에 일어난 부의 초기 축적('원시적 축적'이라고도 함)을 궁극적으로 부르주아 계층의 이익을 위해 노동자가 경제적·정치적으로 더욱 억압받게 되는 과정의 중요한 단계로 보았다. 흥미롭게도 마르크스는 자본주의 이전 경제를 논하면서 '상인 자본'과 '고리대금 자본'을 엄격하게 구분했는데, 고리대금 자본이란 '이자가 붙는 자본' 모두를 의미했다. 마르크스는 고리대금업이 부의 축적에서 '기생적' 역할을 한다고 주장했는데, 이는 생산 방식을 변화시키지 않고 사람들의 생활 조건을 더욱 비참하게 만들 뿐이기 때문이다. 자본주의 생산 방식 하에서 이자 자본은 새로운 조건에 적응했고 이자는 잉여 가치에 대한 자본의 몫을 의미하게 되었지만, 그렇다고 본질이 변하는 것은 아니며 조건이 허락할 때마다 고리대금의 특성을 드러내는 경향이 있다.[46] 모든 차이를 고려하더라도, 마르크스의 금융에 대한 판단은 중세의 가장 엄격한 신학자들만큼이나 부정적이었다. 현대의 마르크스주의자들은 이를 확장하여 서구 경제의 지속적인 금융화를 날카롭게 비판하고 있다.[47]

20세기 초, 금융 자본주의에 대한 깊은 반감에 대해서는 일부 비마르크스주의 사상가들도 공감했는데, 미국 경제학자 소스타인 베블런이 그 좋은 예다. 5장에서 언급했듯이 그는 '산업'과 '사업'을 구분했으며, 본질적으로 돈으로 돈을 버는 행위를 비판했다. 이 역시 중세 신학과 철학에서 뿌리를 둔 이전의 사상과의 연속성이 뚜렷하게 드러난다. 그러나 이 비판은 원칙상의 문제 때문이 아니라 미국 도금시대의 '악덕 자본가'들의 행동과 연관되어 있었다. 베블런에 따르면 그들은 산업가의 미덕을 갖추지 못했고 그 때문에 사회에 해가 되는 존재였다. 그는 또한 다른 부류의 부유층, 특히 '유한 계급'에 속하는 부자들에 대해서도 도덕적 비판을 가했다.[48] 이는 당시 유럽에서도 등장하고 있었던 '게으른 부유층'에 대한 비난과도 맞물린다. 유럽에서는 이들이 귀족, 특히 봉건귀족 출신 계층과 연관되어 있다는 인식이 강하게 자리 잡고 있었다. 예를 들어, 20세기 초 영국에서는 윈스턴 처칠 같은 보수 정치가들조차도 게으른 부유층에 대한 조처를 취하려는 움직임을 보였다. 처칠은 1925년에 이에 대해 진취성을 장려하고 '새로운' 부의 창출을 촉진하여, '계급 간의 반감을 완화하고 협력의 정신을 증진하며 국민 생활의 안정화'를 가져오기 위함이라고 말했다.[49]

한편 다른 이들은 경제적 불평등 증가 자체가 초래하는 사회적·정치적 결과에 대해 우려했다. 예를 들어, 어빙 피셔는 1919년 미국 경제학회 연설에서 미국 사회의 몇 가지 새로운 특징들, 특히 전례 없는 부의 불평등과 넘쳐흐르는 상속재산, 과도한 이익 집중과 순전히 운으로 축적한 새로운 재산 등이 '민주주의적 이상과 발전'에 맞지 않는다며 우려를 표명했다.[50] 몇 년 후, 루즈벨트 행정부도 비슷한 우려를 공유하고 강력한 누진세 정책을 도입하여 불평등을 억제하려고 노력했다. 더 최근에는 프랑스 경제학자 토마 피케티가 부의 지나친 격차는 민주주의 제도의 올바른 기능과 양립할 수 없다는 견해를 드러냈다. 이 장의 서두에서 인용한 글에서 피케티는 지나친 자본 집중은 현대 민주주의 사회의 근본인 '능력주의 가치관'과 '사회정의의 원칙'에 정면으로 배치된다고 주장하고 있다.[51]

극심한 부의 집중과 민주적 제도의 올바른 기능이 양립될 수 없다는 문제는 정치 시스템에서 부자들의 역할에 대한 깊은 논의를 요하며, 이는 10장에서 다룰 것이다. 지금은 역사의 연속성을 의미하는 붉은 실을 다시 한 번 강조하고자 한다. 니콜 오레스메와 같은 중세 학자들은 전통적인 아리스토텔레스 학파의 견해를 기반으로 이미 초부유층의 존재와 '민주적' 제도의 올바른 기능 간의 양립 불가능성에 대해 논한 바 있다. 중세의 사회적·정치적·문화적 환경에서는 초부유층을 공동체에서 그대로 추방하는 것이 손쉽고 정당한 문제 해결책으로 여겨졌지만, 현대 서구 사회에서는 기본적인 개인의 자유에 반하는 조치로 여겨질 것이며, 또 그것이 당연하다. 하지만 우리 사회에서는 모든 이들의 자유를 보장하기 위해 부유층이 정치적 영향력을 행사할 수 있는 적절한 범위를 설정하고, 모든 사람이 공공 기관에 평등하게 접근할 수 있는 방법을 찾아야 하는 문제가 남아 있다.

불평등과 부유층에 대한 인식

부의 집중이 사회적 문제가 될 수 있는 이유를 분석하면서, 불평등이 문제라는 인식 자체가 정말 불평등의 정도가 심해서인지, 어떤 특정 사회의 특성에 따른 것인지, 보다 일반적이고 어느 정도 선천적인 사회적·문화적 불평등 혐오 때문은 아닌지에 대한 문제를 직접적으로 다루지는 않았다. 부의 축적에 대한 긍정적 혹은 부정적 인식이 세기를 거치며 변화한다는 것은 이제 분명해졌지만, 금융에 대한 불신과 같은 근본적이고도 본능적인 반감은 서구 문화의 변치 않는 특징으로 남아 있다. 여기에 불평등의 실제적 의미는 특정 사회의 더 깊은 문화적 환경에 기반하고 있다는 점을 추가해야 한다. 실제로 중세 및 근대 초기 논문에 대한 최근 연구에 따르면 18세기 이전에는 '불평등'이라는 단어를 사람들 사이의 차이를 나타내는 데 사용하지 않았으며 경제적 의미를 갖고 있지도 않았다.[52] 이는 사회가 구조적으로 불평등하다는 것을 스스로 알면서도 어느 정도의 불평등을 당연시했기 때문에 굳이 인식되지 않고 있었던 것이다. 4장에서 언급했듯이, 중세 유럽에서 평민에 비해 훨씬 더 많은 경제적 자원을 가진 귀족의 존재는 문제로 인식되거나 개념화되지 않았다. 대신 일부 평민이 다른 평민보다 더 부유하고, 특히 평민 중 일부가 귀족과 맞먹거나 심지어 능가할 정도로 부유해 기존 정치 질서를 위협하게 되면, 계급에 따라 질서 있게 구분되어 돌아가야 하는 사회의 방식에 어긋난다고 여겼다.

이와 관련하여, 서구 사회가 공식적으로 신분 또는 계급으로 나뉘어 있던 시대, 즉 1789년 프랑스 혁명 전까지는 '정의'라는 개념이 오늘날과는 다르게 작동했다는 점을 이해할 필요가 있다. 실제로 구체제 사회는 본질적으로 계급 사회였지만 스스로를 '정의로운 사회'라고 인식했다. 다만 그들이 따랐던 정의의 기준은 현대의 '공정성'과는 거리가 멀다. 예를 들어, 미국 철학자 존 롤스^{John Rawls}의 주장에 따르면, 공정성은 기회의 평등처럼 어떠한 형태로든 평등을 전제로 한다. 반면 구체제 사회가 따랐던 정의의 기준은 '형평성'이었다. 형평은 각자가 자신의 조건과 지위에 따라 마땅히 받아야 할 몫을 받는 분배 정의의 원칙을 의미하며, 모두가 똑같은 대우를 받는 것을 의미하지는 않는다.[54]

과거와 마찬가지로 오늘날에도 자신들이 부당한 대우를 당하고 있다고 믿을 경우 반란이나 저항의 움직임이 일어나기 마련이다. 그러나 주목할 점은 산업화 이전 사회에서는 순수하게 경제적인 이유만으로 반란이 일어나는 경우는 드물었다는 점이다.[55] 이는 그러한 사회들이 상대적으로 높은 수준의 경제적 불평등을 문화적으로 더 잘 수용할 수 있었음을 보여준다. 그들이 받아들이기 어려웠던 것은, 기존에 그렇게까지 부자가 될 자격이 없다고 여겨졌던 사회 계층 내에서 부의 불평등이 생겨나는 상황이었다. 1347~1352년의 흑사병 이전 시기에 유럽에서 점차 커지고 있던 부의 집중 현상과 초부유층의 증가가 당대의 학문적 담론에서 감지되는 '부자에 대한 반감'을 촉발했다고 해석할 수 있으며, 이는 사회 전반에 퍼져 있던 감정을 반영한 것이었을 가능성이 크다. 2장에서 살펴보았듯이 흑사병은 불평등을 다소 감소시켰는데, 어떤 면에서 이는 향후 재발하게 될 사회적·문화적 문제를 해결할 기회이기도 했다. 그러나 15세기 이후 부의 불평등이 다시 증가하자, 부유층과 초부유층이 점점 늘어나며 자신들의 존재를 정당화하는 더 강력한 논리를 찾아냈다. 경제 구조의 변화는 문화적 변화를 촉진했고, 문화적 변화는 자기 강화 메커니즘을 통해 또 다른 구조 변화를 가능하게 했다. 예를 들어, 탐욕을 덜 부정적인 다른 개념으로 만드는 문화적 변화를 통해 공동체 안에서 초부유층에 용인할 수 있는 역할을 부여하는 구조적 변화를 가져오는 것이었다.[56]

유럽 전역에서 근대 초기에 걸쳐 부의 불평등은 지리적이고 시기적인 몇 가지 예외를 제외하고는 계속해서 증가하는 경향을 보였으며, 부유층은 더욱 부유해졌다. 부자들의 정당하고 점점 더 높아져만 가는 사회적 지위는 이제 완전히 자리 잡았고, 앞서 살펴보았듯이 그들은 자신들의 축적을 미덕으로 인식하기까지 했다. 그러나 이러한 사회적·경제적 불평등을 비교적 관대하게 수용하는 사회에서도 부의 불평등 수준이 너무 높아져 한계를 넘으면 문제가 되기 시작한다. 바로 18세기에 유럽에서 그런 일이 일어났는데, 사람들 사이의 불평등을 초래하는 요인에 대한 논의가 서서히 확산되고 있었던 것이다. 이 과정에는 프랑스 철학자 장 자크 루소가 1754년 발표한 『인간 불평등 기원론』이 발단이 된 것으로 보인다.[57]

루소의 저서는 근대 초기의 '자연법'이라는 특정한 철학적 성찰의 전통에 속한다는 것은 분명하지만,[58] 그가 이 저작을 발표한 시점 자체가 매우 의미심장하다는 점에 주목할 필요가 있다. 특히 루소의 이 책은 '인간 사이의 불평등의 기원은 무엇이며, 그것이 자연법에 의해 허용되는가'라는 주제를 제시한 디종 아카데미의 도전에 대한 응답이었다. 19세기 중반에 프랑스의 연구 기관이 이 주제를 더 연구할 가치가 있다고 판단했다는 사실은, 그것이 사회적·학문적으로 중요한 것으로 인식되었다는 것을 의미한다.[59] 확실한 증거를 통해 입증할 수 있는 것은 아니지만, 근대 초기가 끝나갈 무렵에 사람들 사이의 정치적·경제적 불평등의 원인이 루소 같은 철학자들의 관심을 끌었던 것은 실제 불평등이 너무 심해져 더 이상 용인하기 어려워졌기 때문이라는 추측이 합리적으로 보인다.[60]

같은 맥락에서, 몇십 년 후 일어난 프랑스 혁명에서 민중이 요구한 '평등'은 무엇보다 정치적 권리의 평등이었지만, 한편으로는 경제적 불평등도 혁명 발발의 원인 중 하나였다고 보는 것도 (논란의 여지가 있지만) 가능한 해석이다. 프랑스 혁명의 원인에 대한 복잡한 논쟁을 시작하지 않더라도, 오늘날 사회에 대한 연구조사들이 높은 경제적 불평등과 사회적 불안정 사이에 상관관계가 있고, 이것이 반란으로 이어질 수 있다는 사실을 확인한 점은 흥미롭다. 이는 공정한 사회는 평등한 기회를 보장해야 한다는 인식 그리고 평등과 정의의 개념이 경제적 영역으로까지 확산된 결과다. 중요한 것은 서구의 많은 지역에서 부의 불평등이 아직 제1차 세계대전 직전의 사상 최고치까지는 아니지만 지난 100여 년 동안 기록된 수치 중 최고 수준에 근접해 있다는 것이다.[61]

경제적 격차가 커질수록 사회는 불평등에 대해 더 민감해지고, 비판적이 되는 경향이 있다. 그러나 역사적 사례들로 미루어볼 때, 모든 다른 조건이 동일할 경우 공공의 이익을 위해 특정한 기능을 수행한 부유층은 전반적인 불평등 수준, 특히 공동체 내에 존재하는 초부유층의 존재에 대한 인식을 일정 부분 완화시켰다는 사실이다. 바로 이것이 15세기에 일어났던 일이며, 이로 인해 많은 유럽의 부자 가문들이 경제적·정치적 권력을 더욱 키워나갈 수 있는 길이 열렸다.

부유층이 15세기에 스스로 맡았던 역할은 19세기 말까지 계속 수행되었다. 그러나 20세기로 접어들면서 현대 경제의 규모가 전례 없이 커져 공동체의 이익을 위한 '저축' 기능을 수행하는 것이 현실적으로 어려워졌다. 게다가 그러한 역할은 점차 민주적 제도와 충돌하는 문제로 비춰지면서 대중의 반감을 사게 되었다. 국가와 사회의 전체적 기능에 영향을 미칠 정도의 힘을 가진 개인의 존재 자체가 문제가 될 수도 있다고 여겨졌기 때문이다. 1907년 금융 위기 당시, J.P. 모건은 최악의 상황을 막아낸 영웅으로 찬사를 받았지만, 동시에 그토록 거대한 영향력을 행사할 수 있을 만큼 국가 재정을 장악하고 있었다는 이유로 비판도 받기도 했다. 현대에도 부유한 개인이 공공의 구세주 역할을 수행하기 위해서는 극단적인 부의 집중이 필요하다는 점을 생각하면 이런 상황은 더욱 역설적으로 보인다.

이 관점에서 보면, 가장 최근인 2007~2008년의 금융 위기는 공공 기관의 개입에 의해 억제되었고, 민간의 개입은 거의 없거나 미미했기 때문에 부자들에 대한 비판이 덜했을 것이라고 생각할 수 있다. 그러나 월가 점령 운동 같은 대규모 시위가 일어난 것을 보면 오히려 반대 현상이 나타난 것 같다. 장기적 관점에서 보면 이는 놀랍지 않다. 이 위기는 초부유층, 특히 금융으로 재산을 쌓은 사람들이 더 이상 사회적으로 유용한 '돈의 곳간'이 아니라는 사실을 드러냄으로써 그들의 합당한 존재 이유에 대한 문제가 다시 제기되었기 때문이다. 게다가 금융 활동이 부의 경로가 되는 것은 서구 사회에서 늘 문제거리였기에 상황은 더욱 악화되었다. 최근 여러 위기에서 부자들의 행동(또는 무행동)은 11장에서 더 논의될 것이다.

이 책의 핵심 결론 중 하나를 미리 이야기하자면, 사회 전체의 관점에서 볼 때 부자들은 무엇을 하든 항상 잘못하는 것처럼 보인다는 사실이다. 이 사회적 난제에 만일 해결책이 있다면, 서구 문명은 아직 그것을 찾지 못한 상태다. 금융 위기의 경우에서 명확하게 드러나듯이, 부자들은 정치에 참여해도, 참여하지 않아도 유사한 딜레마에 직면하게 된다. 그 문제를 집중적으로 살펴보기 전에 부자들의 또 다른 전통적 역할을 깊이 살펴볼 필요가 있다. 세월의 시험대를 더 잘 견딘 것으로 보이는 이 역할은 부자들이 후원자, 자선가, 기부자로서 관대함과 후한 인심을 통해 사회에 기여하는 방식이다.

9

후원자, 자선가, 기부자

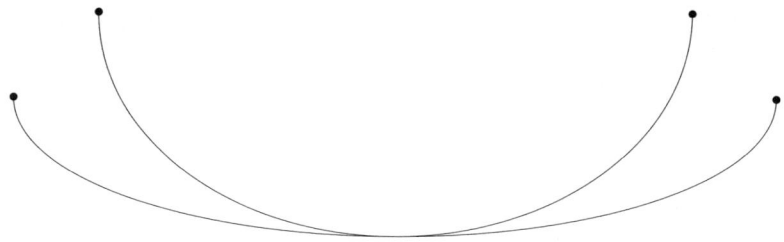

역사적으로 많은 부자들이 축적한 재산의 상당 부분을 사회에 환원했다. 고대부터 부유한 개인들은 예술과 과학의 후원자로서 중요한 역할을 했으며, 결코 그 역할을 저버린 적이 없었다. 그들의 자선가로서의 활동 역시 계속되어 빈곤하고 궁핍한 사람들, 병든 사람들 등 사회의 가장 약한 계층에 도움을 주고 자선 기관과 보호 기관을 설립하였으며, 그중 일부는 현재까지도 이어지고 있다. 이러한 방식으로 부유층과 초부유층은 근대 이전까지 매우 부족했고, 어떤 역사적 환경에서는 거의 전무했던 공공 복지 시스템을 보완하는 역할을 했다. 서구 사회에서 복지국가가 발전하자, 부유층은 자선 활동을 다른 지역, 오늘날에는 특히 아프리카로까지 넓히기 시작했다. 최근에는 매

우 부유한 사람들에게서 기부를 장려하는 조직적인 움직임이 나타났는데, 2010년 게이츠 가문과 워렌 버핏이 시작한 '기부 서약' 운동이 유명한 사례다. 이러한 운동의 목표 중 하나는 개인의 공로를 반영하지 않는 경제적 불평등이 뿌리내리는 것을 방지하는 것이다.

부유층, 특히 초부유층의 존재가 사회에 미치는 여러 가지 영향 중 후원과 자선 활동의 확산이야말로 가장 논란의 여지가 없이 긍정적인 것일 듯하다. 그러나 이 경우에도 좀 애매한 점들이 있다. 앞 장에서 살펴보았듯이, 중세 및 근대 초기 사회에서 부유층의 존재를 정당화하는 주요 이유 중 하나로 이해되었던 그들의 공적 기부 활동은 명확한 정치적 의미도 지니고 있었다. 산업화 이전 사회가 유력 인물들의 특성으로 '웅대함magnificence', 즉 공적 기부를 어떻게 개념화했는지 살펴보면, 오늘날의 사회를 이해하는 데도 도움이 될 수 있다. 왜냐하면 기부라는 행위의 본질 자체는 근본적으로 달라지지 않았기 때문이다. 이러한 연속성 외에도, 오늘날에는 부유한 기부자들의 활동에 대한 새로운 우려가 나타나고 있다. 미국, 또는 그와 유사한 세금 제도를 가진 국가에서는 기부가 세금 회피 수단으로 사용될 수 있다고 걱정하는 사람들이 많이 있다. 이번 장은 이 문제를 검토하고, 자발적인 개인의 기부가 과연 재산과 상속에 세금을 부과해 공공 기관이 재분배하는 것보다 사회적으로 더 바람직한지 여부에 대한 까다로운 문제를 논하는 것으로 끝맺기로 한다.

공익과 사익: 메세나 활동과 후원

메세나 활동의 역사를 논하기 위해서는 고대로 거슬러 올라가야 한다. 이 용어 자체가 로마 아우구스투스 시대의 유명한 예술 후원자 마에케나스Maecenas에서 비롯되었기 때문이다. 또한 더 중요한 이유는 그때부터 부자들의 공적 역할이 명확히 정립되었고, 이들이 다양한 활동에 대한 후원과 지출을 통해 사회에 기여하는 방식을 체계화했기 때문이다. 고대 부자들의 사회 참여 방식은 매우 독특해서, 현대사회를 고대의 관점을 통해 바라보면 평소에는 볼 수 없었던 새로운 측면들을 발견할 수 있다. 이러한 특징은 특히 그리스 사회와 문화에서 가장 뚜렷하게 나타난다. 좋은 예로, 크세노폰의 『경제학자』라는 솔직하고 직설적인 저작을 들 수 있다. 이 책은 부의 본질과 효율적인 가계 관리 방법을 다루는 소크라테스식 대화로 구성되어 있다. 소크라테스는 부유한 아테네의 사업가이자 지주인 크리토불로스에게, 겉으로 보이는 것과 달리 실제로는 크리토불로스가 자신보다 더 가난하다고 주장한다.

> 왜냐하면, 무엇보다도 당신은 비용이 많이 드는 희생제물을 헌납해야 하며, 이를 못 하면 신들도 사람들도 당신을 용납하지 않을 것이기 때문입니다. 다음으로 당신은 수많은 외국인들을 손님으로 환영하고 성대히 대접해야 할 의무가 있습니다. 셋째, 당신은 시민들을 잔치에 초대해 대접하고 온갖 종류의 호의를 베풀어야 하며, 그러지 않으면 지지자들로부터 버림받을 것입니다. 게다가, 지금도 이 나라가 당신에게 종마 사

육, 합창단 훈련, 체육학교 감독, 외국인 거주자 후원자로서의 영사 업무뿐만 아니라 각종 거액의 기부를 요구하고 있는 것으로 알고 있는데, 전쟁이 발생하면 삼단노선 三段櫓船 (아테네 해군의 주요 군함 - 옮긴이) 운영 비용, 군함 대금, 감당하기 어려운 전쟁세 등 더 많은 의무들이 추가될 것입니다. 이 모든 의무 중 어느 하나라도 소홀히 하면, 아테네의 선량한 시민들은 마치 당신이 그들의 재산을 훔치다가 들키기라도 한 것처럼 엄하게 대할 것입니다.[1]

크세노폰이 소크라테스의 대화를 통해 제시한 요점은 명확하다. 아테네 사회는 부유한 시민들에게 합창단, 학교, 신전 후원을 포함해 많은 것을 기대했다. 부자들은 다양한 분야에 재정적으로 기여하라는 요구를 받았고, 전쟁과 같은 위기 상황에서는 그 규모가 배로 늘어났다. 사회 안에서 부유층이 용인될 것인지 여부는 그들이 다양한 방식으로 공익에 기여할 의지가 있는지에 달려 있었으며, 그렇지 않을 경우에는 '신들도 인간들도' 그들을 용납하지 않았다. 소크라테스 시대(기원전 5세기)의 아테네 민주주의에서는 사회적 배척이 추방이나 심지어 사형 선고로까지 이어질 수 있었다. 인색한 부자는 지지자들로부터 완전히 버림받을 수도 있었기 때문이다.[2]

앞에서 언급했듯이, 산업화 이전 시기에 부유층, 특히 초부유층의 사회적 지위는 결코 당연하게 보장된 것이 아니었다. 이러한 관점에서 크세노폰의 견해는 중세 시기 부유층이 사회적으로 받아들여지기 위해 겪어야 했던 어려움과도 일맥상통하는 면이 있다. 물론, 당시의 사회문화적 맥락은 완전히 달랐으며, 중세 사회의 부유층에 대한 인식에는 기독교 신학이 깊이 스며들어 있었다. 여기서 주목해야 할 또 다른 측면은 고대 그리스 부유층의 '기부' 관행이 본질적으로 정치적 성격을 띠고 있었다는 점이다. 아테네뿐 아니라 다른 그리스 도시국가들에서도 공공 행정직과 기금 모금 같은 자발적 기부가 이루어졌는데, 특정 공공 지출을 책임지겠다고 한 부자들은 공공 행정직을 맡아 축제에서 합창단을 제공하거나 체육 경기에서 참가팀을 후원하는 등의 역할을 했다. 중요한 기부 활동에는 대규모 건축 프로젝트도 포함되었으며, 기원전 330년경 4년마다 열리는 판아테나이아 경기를 위해 아테네 외곽에 새로 지어진 경기장이 이러한 방식으로 자금을 조달했다. 물론 동료들 사이에서 지위를 잃지 않기 위해 따르지 않을 수 없었겠지만, 경제적 파멸을 초래할 수도 있는 이러한 사회적 의무에 압박감을 느낀 부자들도 일부 있었을 것이다. 그러나 일반적으로 이러한 자발적 또는 준자발적 기여 시스템은 경제 엘리트들이 정치 지배력을 유지하는 데 기여했다. 소크라테스의 위대한 제자인 플라톤에 따르면, 웅대함은 철인 군주의 특징적인 미덕 중 하나였다. 소크라테스의 제자인 크세노폰 또한 공익을 위한 주목할 만한 지출을 통해 위대한 일을 성취한다는 웅대함의 경제적 의미를 강조했다.[3]

아테네 민주정에서 부유층이 공공 후원에 나서는 이유에는 정치적 권력 획득의 목적뿐만 아니라, 사회적 기대를 충족하지 못했을 때 신변에 위협이 될 수 있다는 점도 있을 수 있다. 반면, 보다 안정적이고 사회적으로 보수적인 로마 공화정 체제에서는 공익을 위한 지출과 정치적 야망 사이의 연관성이 한층 뚜렷했다. 로마의 저명한 정치

가이자 웅변가였던 키케로는 저서 『의무론』에서 부자들의 기부에 대해 균형 잡힌 시각을 제시했다. 그는 부자들이 자신의 재원을 급격히 소진할 위험이 있으므로 기부에 신중해야 한다고 조언하면서도, 다른 한편으로는 적절한 상황에서는 충분한 관대함을 보여야 한다고 강조했다. 특히 정치적 경력을 추구하는 이들이라면 인색하다는 인상만으로도 평판에 치명적인 손상을 입을 수 있다고 경고했다.

키케로는 두 가지 대조적인 예를 통해 이를 설명했는데, 먼저 상당한 부를 지닌 마메르쿠스는 공공 축제와 경기 비용을 지불해야 하는 공공 행정직을 거절했고, 이후 집정관직 선거에서 패배했다. 반면, 키케로가 높이 평가한 젊은 정치가 푸블리우스 크라수스는 공공 행정직을 맡아 각종 경기를 훌륭히 후원함으로써 지지 기반을 강화하고 정치적 영향력을 확대할 수 있었다. 키케로는 크라수스가 덕이 있는 인물이었고, 그의 모든 활동은 궁극적으로 공익을 위한 것이었다고 평가했다.[4]

키케로의 견해에 따르면, 경기, 연회, 검투사 경기와 같은 여흥에 대한 지출은 시민들의 요구에 부응하거나 청렴한 정치가의 경력 발전에 기여한다면 정당화될 수 있었다. 그러나 그는 성벽, 부두, 항구, 수도 시설과 같은 사회기반시설 건설에 대한 기부가 훨씬 더 가치 있다고 보았다. 그의 관점에서 이러한 공공시설 개선 작업은 일시적인 여흥보다 후세에 더 큰 감사를 받을 것이기 때문이었다.[5]

공화정이 끝나고 기원전 27년에 아우구스투스에 의해 로마 원수정 체제가 수립된 이후에도, 웅대함을 보이며 큰 일을 하고 이를 위해 비용을 부담하려는 능력과 의지는 제국 체제 내에서 공직 경력을 쌓는 데 계속 중요하게 작용했다. 그 대표적 인물로는 안토니누스 황제 시기의 상원의원이자 막대한 부를 가진 아테네 가문의 후손으로 집정관직에 오른 헤로데스 아티쿠스가 있다. 그는 재임 중 이탈리아와 그리스 전역에서 극장, 목욕탕, 수도 등의 공공 사업을 후원하며 명성을 얻었는데, 특히 아테네의 판아테나이아 경기장을 대리석으로 재건하고 5만 석 규모로 확장한 대규모 공사가 잘 알려져 있다. 뛰어난 철학자이자 웅변가이기도 했던 아티쿠스는 예술과 문학의 후원자로도 활발히 활동했다.

이러한 형태의 후원은 공화정 시대보다 제정 시대에 더욱 강화되고 폭넓게 확산된 것으로 보인다. 주목할 만한 점은 로마제국의 시작과 아우구스투스의 측근이자 서구 역사상 가장 영향력 있는 문학 후원자로 꼽히는 마에케나스의 활동 시기(기원전 68~기원전 8)가 맞물린다는 사실이다. 그의 지원을 받은 지식인 집단에는 베르길리우스, 호라티우스, 리비우스와 같은 당대 최고의 문인들이 포함되어 있었다. 마에케나스는 현재의 토스카나 지역 아레초(고대 아레티움)에 해당하는 지역 출신의 에트루리아 귀족 가문 후손으로, 상당한 부를 상속받았을 뿐 아니라 탁월한 행정 능력으로도 인정받았다.

많은 학자들은 마에케나스가 아우구스투스와의 협력 관계 속에서 비공식적인 제국 문화부 장관 역할을 수행하며, 신생 정치 체제를 지지하는 문화적 선전을 담당했다고 주장한다. 그러나 이 견해에는 이견도 존재하는데, 마에케나스가 후원했던 예술가들에게 특정한 요구를 했다는 직접적 증거가 부재하며, 그가 이들을 단순한 피후원자보다는 동등한 친구로 대했다는 기록이 남아 있기 때문이다. 실제로

이 예술가들은 마에케나스와 정치적 견해를 공유했기에 자연스럽게 그의 주변에 모였을 가능성도 있다.

어떤 해석을 취하든, 원수정 체제의 부상과 함께 다양한 예술가들의 폭넓은 지지가 있었고, 많은 예술가들이 마에케나스를 중심으로 결집했다는 사실은 부인할 수 없다. 마에케나스와 아우구스투스 사이에 때로는 의견 차이가 있었다는 일부 가설에도 불구하고, 그는 생애 내내 황제와 긴밀한 관계를 유지했으며, 결국 아우구스투스를 자신의 전 재산 상속인으로 지명할 정도로 충성심을 보였다.[6]

여러 면에서, 로마 시대의 공공 후원은 중세 유럽에서 부자의 역할을 규정하는 하나의 모델로 여겨졌으며, 르네상스 시대에는 고대의 '공적 기부' 개념이 다시 소환되었다. 이는 경제 엘리트들이 무역, 산업, 금융을 통해 축적한 부로 인해 일반 시민들과 점점 더 멀어지는 상황에서도 사회에서 그들의 존재와 심지어 새로운 정치적 야망을 정당화하는 데 활용되었다. 8장에서 살펴보았듯이, 중세 후기에는 공동체에 큰 혜택을 제공하는 부자의 공적 기부가 공동체를 정치적으로 이끌려는 야망을 가진 사람들의 필수적 특성이라는 인식이 자리잡았다. 그 전형적인 인물이 바로 코시모 데 메디치였는데, 15세기 후반 이탈리아 작가 조반니 폰타노Giovanni Pontano에 따르면 코시모는 자기 시대에 로마인에 필적할 정도의 웅대한 공적 기부를 한 최초의 인물로, 훌륭한 궁전과 교회를 건축하고 도서관을 설립했으며, 그 사실은 그가 실질적인 통치자의 지위에 오르는 데 일정 정도 기여한 것으로 보인다.[7]

사회적 용인과 정치적 지지 확보를 위한 욕구 외에도, 중세 후기

부유층에게는 기부를 해야 하는 또 다른 강력한 동기가 있었으니, 바로 영적 보상의 획득이었다. 당시는 부유함 자체만으로도 죄인이 될 수 있었을 뿐 아니라, 부가 축적된 방식에 따라 추가적인 영적 위험이 따르는 시대였다. 금융 활동은 확실히 문제가 되었고, 토마스 아퀴나스 같은 신학자들에 의하면 대규모 무역 역시 영혼을 위협하는 행위였다.[8] 이러한 인식은 많은 부자들로 하여금 노년에 상당한 자선 활동을 펼치고 종교 기관을 후원하게 만들었으며, 사후에도 같은 목적으로 후한 유산을 남기도록 했다. 여기서도 코시모 데 메디치가 훌륭한 사례가 될 수 있으며,[9] 프란체스코 디 마르코 다티니 역시 마찬가지다. 다티니는 유산 대부분을 자선 활동에 기부했으며, 서구 역사상 최초로 유기 아동을 위한 전문 고아원인 스페달레 델리 인노첸티 Spedale degli Innocenti의 설립을 지원했다. 1419년에 착공된 이 건물은 유명 건축가 필리포 브루넬레스키의 설계에 따라 지어졌다. 스페달레 델리 인노첸티는 르네상스 건축의 초기 걸작 중 하나로, 자선 활동과 예술 후원이 긴밀히 연결되어 있었음을 보여주는 탁월한 사례 중 하나다.

  자선과 종교 기관에 대한 후원은 단순히 영적인 필요만을 충족시키기 위한 것은 아니었다. 자선은 '훌륭한 상인'에게 기대되는 덕목이었기에, 기부 행위는 사회적 지위를 얻고 정치적·경제적 엘리트 계층으로 진입하기 위한 중요한 수단이 되었다. 따라서 이러한 자선과 후원 활동은 미래의 이익을 창출하기 위한 일종의 전략적 투자로 볼 수 있다. 물론 그렇다고 해서 빈곤층과 다른 수혜자들에게 돌아가는 실질적 혜택을 부정하는 것은 아니다.[10] 이를 잘 보여주는 사례로

15세기 초반에 활동한 밀라노 상인 도나토 페라리오Donato Ferrario를 들 수 있다. 그는 원래 판틸리아테라는 시골 마을 출신으로, 밀라노에서는 신참자였기에 신분 상승 과정에서 여러 어려움을 겪었다. 그러나 그는 결국 성공을 거두었고, 1429년에 '모든 성인의 신학교'라는 종교 재단을 설립함으로써 자신의 사회적 지위 상승을 완성하고 이를 지역 사회에 공식연히 드러냈다. 이 재단의 공식적인 목적은 밀라노의 빈민들에게 구호금을 배분하는 것이었다. 페라리오는 자선 규정을 직접 마련했고, 특히 부동산을 포함한 재단 기금의 관리권을 놓지 않았다. 그는 자신이 직접 선별한 존경받는 인물들로 구성된 관리 이사회에서 중심적 위치를 차지했을 뿐 아니라, 자신의 사후에도 이 사회의 책임자와 이사 두 명은 반드시 페라리오 가문에서 선출되어야 한다고 규정했다.

토데스키니의 주장에 따르면, 페라리오는 재단을 설립함으로써 기꺼이 '개인 재산을 공공 재산으로 전환하려는' 의지를 보여주었다. 이는 교회나 수도원 같은 종교 기관의 재산 소유 모델을 따른 것으로, 그들의 재산을 성직자 개인의 소유가 아닌 모든 기독교도의 집단 재산으로 간주하고 성직자들은 단지 이를 관리하는 역할을 맡는 방식이었다.[11] 그러나 재단에 대한 상당한 수준의 세습 통제력을 유지함으로써 페라리오는 '공공' 재산을 활용해 지위, 정치적 영향력, 추가적인 사업 기회 같은 사적 이익을 얻을 수 있는 능력도 동시에 확보했다. 1435년부터 밀라노의 필리포 마리아 비스콘티 공작이 재단이 빈민들에게 분배하는 구호품에 대해 세금을 면제해준 것은 분명 대부분의 학자들이 해석했듯이 재단의 자선 활동을 인정한 조치라고 볼 수 있다. 그러나 이러한 세금 혜택은 동시에 페라리오와 그의 가문이 더 많은 자산을 안전하게 재단으로 이전할 경제적 유인을 제공했을 가능성이 있다. 실제로 페라리오는 유언장에 재단에 대한 추가 유산을 명시함으로써 이러한 전략을 실행에 옮겼다.[12]

15세기와 16세기 동안 유럽 전역에서 부유한 상인들이 설립한 종교 재단들이 급증했으며, 이들은 대개 '모든 성인의 신학교'와 유사한 제도적 틀을 채택해 설립자와 그 후손들이 기금에 대한 실질적 통제권을 유지할 수 있게 했다. 이러한 관행은 이후 여러 세기 동안 지속되었으며, 그 구조적 본질은 오늘날까지도 현대적 형태로 이어진다. 기부자들 중 상당수가 진정으로 선한 의도에서 행동했을 수는 있겠지만, 재단에 대한 통제권 자체가 귀중한 사회적·경제적 자산이었고 현재도 그러하다는 점을 간과할 수 없다. 현대 사회학자들의 분석에 따르면, 다양한 형태의 재단에 대한 통제권은 오늘날 미국을 지배하는 엘리트 계층이 보유한 제도적 권력의 핵심 구성요소로 작용하고 있다.[13]

15세기의 자선과 종교적 후원은 12세기까지 거슬러 올라가는 기부의 전통을 이어받았지만, 보다 깊은 사회적·문화적 변화를 반영하며 그 성격이 근본적으로 달라졌다.[14] 역사학자 새뮤얼 K. 코언의 분석에 따르면, 후기 르네상스 시대에는 종교적 자선 기관들의 성격이 완전히 변모하여, 부유한 기부자들은 영혼 구원보다는 토지와 가문의 이름을 영속시키는 데 더 큰 관심을 보였다.[15] 이러한 변화 과정에서, (이전 시대에 흔했던) 부동산 매각을 통해 재산의 상당 부분을 빈민들에게 무조건적으로 분배하도록 지시하는 유언장의 정형화된 문구는 15세기 후반부터 급격히 감소했다. 대신 종교적 유산 기부 관련 문구에는 점점 더 구체적인 조건이 추가되었으며, 유명한 교회에 가족 예배실을 설립하는 등 가문의 명예와 이익을 추구하는 방향으로 진화했다.

이러한 관행은 15세기 초까지만 해도 매우 드물었지만, 16세기 초에 이르러서는 부유한 가문들 사이에서 일반화되었다. 그들은 가문의 명성을 지속시키기 위해 사회적 명예를 축적하고자 했다. 이러한 변화는 부유층의 정치적 영향력 확대와 증가하는 자신감이 맞물려 진행된 것으로 보인다. 결국 부자들은 마침내 명확한 사회적 위치와 역할을 확립하게 되었는데, 이는 앞서 논의한 고대의 공적 기부 전통과 분명한 이념적 연속성을 보여준다. 무엇보다 이들의 위상은 풍부한 재정적 자원을 바탕으로 했으며, 이는 공동체가 위기에 처했을 때 (적어도 원칙적으로는) 의지할 수 있는 사회적 안전망의 역할을 했다.

중세와 근대 초기에 부자들이 후원자와 기부자로서 활동한 것은 분명 그들의 사적 이익을 위한 측면이 있었다. 그러나 그들의 웅대한 공적 기부가 남긴 결실이 시대를 초월해 많은 사람들에게 혜택을 주었다는 점 역시 부정할 수 없는 사실이다. 예를 들어, 1410년 프란체스코 다티니가 프라토 시의 빈민을 돕기 위해 설립한 자선단체 '카사 델 체포 데이 포베리'^Casa del Ceppo dei poveri'는 오늘날까지 운영되며 그 영향력이 계속되고 있다. 하물며 그들의 개인적 과시를 위한 노력조차도 오늘날 우리에게 혜택으로 이어지고 있다. 웅대함을 과시하고자 자신들의 도시를 더욱 화려하게 건축하며 경쟁했던 산업화 이전 시대 부자들이 남긴 미적 유산이 없었다면, 오늘날 우리가 베네치아의 대운하를 따라 배를 타고 유람하거나, 마드리드, 파리, 토리노와 같은 근대 초기 유럽의 번영했던 수도들을 거닐며 느끼는 감동을 경험하지 못했을 것이다. 따라서 15세기의 저술가 브라치올리니와 폰타노가 주장했듯이, 부자들이 궁전, 분수, 정원을 건축한 행위가 자신들의 이익을 위한 것이었을지라도 결과적으로는 도시 전체를 아름답게 만들어 공동체 모두에게 이익을 가져왔다는 견해는 어느 정도 인정할 수밖에 없다.[16]

산업화 이전 시기에는 공공 복지가 매우 제한적이었고 공공 예산에서 사회적 지출은 상징적인 수준에 머물렀다. 이러한 환경에서 계몽된 부유층은 기업가적 태도와 혁신 성향을 후원 활동에 접목함으로써 당시 대두되던 사회 문제를 어느 정도 완화시켰다. 예를 들어, 베네치아 공화국에서는 16세기부터 18세기 중반까지 중앙정부의 연간 예산 중 사회적 지출이 0.5%를 넘지 않았다.[17]

전체적으로 볼 때, 민간 자선과 후원은 이러한 심각한 사회적 지출 제약을 근본적으로 해결하지는 못했다. 최근 연구에 따르면 1500년경 잉글랜드에서는 빈민 구제를 위한 '직접 유증'이 GDP의 약 0.2% 수준에 불과했다. 이탈리아 중북부(1430년경 0.1%, 1640년경 0.2%)와 서부 네덜란드(1530년경 0.1%, 1760년경 0.3%)의 추정치도 이와 비슷한 수준이었다.[18] 그럼에도 불구하고, 지역적 차원에서는 부유한 기부자들이 설립한 일부 기관들이 빈곤층에게 실질적인 변화와 도움을 제공했다.

앞서 언급한 다티니가 자금을 지원한 자선단체가 그 좋은 예다.

또 다른 주목할 만한 사례로는 1521년 독일 아우크스부르크의 '부자' 야코프 푸거Jacob Fugger가 설립한 사회복지 주택 단지 '푸거라이Fuggerei'가 있다. 당시 도시의 최빈곤층은 대개 치명적인 전염병이 창궐하기 쉬운 비위생적이고 안전하지 않은 과밀 주택에서 생활했다. 이러한 환경을 개선하기 위해 푸거는 전례 없는 규모의 정착지를 조성했는데, 각 층에 한 가구씩, 한 건물에 여러 세대가 거주할 수 있도록 설계되었다. 총 52채의 주택이 지어졌고 500명 이상을 수용할 수 있었다. 이 건물들은 도시의 건축 기준을 준수했으며, 병원 시설도 갖추고 담으로 둘러싸여 마치 도시 안의 작은 도시 같은 모습을 띠고 있었다. 이러한 구조는 거주자들의 안전을 강화하는 동시에 규율을 따르게 하기 위한 것이었다. 실제로 거주자들은 통금 시간을 엄격히 지켜야 했으며, 규칙을 어길 경우 벌금을 내야 하는 등의 제약도 있었다.

푸거는 주택 단지 임대인들이 지켜야 할 몇 가지 규칙을 정했다. 우선, 주택은 무상 임대가 아니라 보조금을 받는 형태로 연간 임대료 1길더를 내야 했는데, 이는 시장가의 약 4분의 1 수준으로 당시 비숙련 노동자의 18~19일치 임금에 해당하는 금액이었다.[19] 또한, 거지들은 입주할 수 없었으며 거주자들은 다른 기관으로부터 구호금을 받는 것이 금지되었다. 마지막으로, 모든 거주자들은 야코프 푸거, 그의 어머니 그리고 그의 조카들을 위한 기도를 의무적으로 해야 했다.

이 마지막 조건은 당시로서는 특별히 이례적인 것이 아니었다. 신실한 가톨릭 신자였던 푸거는 자신이 천국에 들어가기 위해서는 영적인 도움이 필요하다고 믿었기 때문이다. 그러나 첫 번째와 두 번째 조건은 푸거의 특정한 개인적 이념을 반영한다. 거주자들은 직업이 없으면 보조금이 지원되는 임대료조차 감당할 수 없었는데, 이는 근면과 자립을 중시하는 동시에 극심한 빈곤을 일종의 도덕적 실패의 결과로 받아들이는 관점을 보여준다. 일부 부유층은 오늘날에도 이와 유사한 견해를 고수하고 있다. 따라서 단지 그 시대의 일반적인 사고방식을 따랐다는 이유만으로 푸거를 비판하는 것은 역사적 맥락을 고려할 때 공정하지 않다.

16세기 유럽에서는 '가치 있는 빈민'과 '가치 없는 빈민'을 명확히 구분하는 법률과 규정이 확산되었다. 이러한 맥락에서 보면 오히려 푸거의 선견지명을 칭찬하는 것이 더 적절할 것이다. 푸거가 사회복지 주택을 건설한 목적에 자신을 관대하고 인정 있는 선량한 상인으로 포장하고, 탐욕스러운 모리배나 고리대금업자라고 비난하던 사람들의 목소리를 잠재우려는 의도가 있었음은 사실이다. 그러나 그는 기존의 자선 기관을 통해 손쉽게 빈민들에게 기부할 수도 있었으며, 실제로 그가 이전에 설립한 자선 기관들도 있었다. 그럼에도 불구하고 푸거는 새로운 접근법을 개척해 점점 심각해지는 사회 문제에 대한 혁신적인 해결책을 제시했다. 그의 방식은 이후 수세기에 걸쳐 다른 이들이 모방하는 모범 사례가 되었다. 푸거의 초기 기탁금은 1만 길더로, 약 2.75톤의 은에 해당하는 막대한 금액이었다. 이렇게 넉넉한 자금을 제공한 덕분에 푸거라이는 오늘날까지도 빈곤층 노인들을 위한 주거 시설로 계속 운영되고 있다. 푸거라이는 유럽에서 가장 오래된 사회복지 주택 단지로 인정받고 있으며, 오늘날에도 푸거의 후손 중 한 명이 이 재단을 관리하고 있다.[20]

산업화 시대의 후원자와 자선가

부유층은 근대 초기에도 기부 행위를 지속했으나 중세만큼 활발하지는 않았던 것으로 보인다. 종교개혁이 일어난 유럽 지역에서는 선행이 연옥에서의 시간을 단축시키는 등의 영적 보상을 가져다준다는 믿음이 약화되면서, 특히 종교 관련 후원과 자선 활동이 감소했다는 주장이 제기되었다. 영국이 대표적이며, 독일의 경우 개신교 지역에서 빈민을 위한 민간 기부가 줄어들어 빈곤율이 상승했다는 증거가 있다.[21] 그러나 이 주제는 아직 충분히 연구되지 않은 상태다. 게다가 종교적 경계에 따라 유럽 지역 간에 차이가 나타났다고 해서 서구 전체에 걸쳐 나타난 근본적인 변화를 간과해서는 안 된다. 부유층의 사회적 지위가 더욱 확고해지고, 그들의 지배 엘리트 계층 참여가 도전받지 않게 되며, 지역사회 내 그들의 존재가 더 이상 논란이 되지 않게 되자, 그들은 자신의 부를 사회에 환원해야 한다는 의무감에서 점차 벗어나게 되었다.

다시 말해, 개인 재산을 공공의 이익으로 전환하는 행위를 통해 부유층의 존재를 정당화할 필요성이 줄어들면서, 기부는 점차 순수한 관대함의 표현으로 변모하게 되었고 또 그렇게 인식되었다. 이는 '웅대함'이 '관대함'으로 변화하는 중요한 개념적 전환을 나타낸다. 웅대함에는 부유층의 사회적 책임과 함께 경제적·도덕적 통치 자격이 수반되는 반면, 관대함은 어떠한 의무나 대가 없이 부유층이 자유롭게 선행을 베푸는 것을 의미한다. 이 두 행동 양식이 명확히 구분되는 것처럼 보이지만, 실제로는 현대의 후원과 자선 활동도 정치적 영향력을 포함해 여전히 공적 역할과 영향력을 얻기 위한 수단으로 활용되고 있는 것은 아닌지 의문을 제기하게 된다. 본질적으로는 고대와 중세 시대의 패턴이 지속되고 있으나, 그 메커니즘의 투명성이 훨씬 떨어졌을 뿐이다.

이 문제를 더 논의하기 전에, 산업화 시대의 후원자와 자선가의 몇 가지 일반적인 특성을 생각해보자. 첫째, 현재의 '자선 philanthropy'이라는 개념은 '인류에 대한 사랑'이라는 그리스어 어원을 갖고 있지만, 18세기 후반에 등장하여 19세기부터 본격적으로 발전했다. 1780년 파리에서 설립된 자선협회는 1787년에 발표한 선언문에서 자선은 종교적 요건이 아닌 시민적 의무라고 선언했다. 1788년에는 파리 자선협회에서 영감을 받은 로버트 영Robert Young이 젊은 범죄자나 전과자들의 자녀들이 정직한 삶을 살 수 있도록 돕는 런던 자선협회를 설립했다.[22] 근대적 자선사업은 이전의 자선활동이나 후원, 공적 기부와 밀접히 관련돼 있지만 새로운 특징들도 있었다. 일부는 자선사업이 산업화 이전 시대에 비해 더 체계적이라는 점을 지적하지만, 이는 의문의 여지가 있다. 앞서 본 바와 같이, 중세와 근대 초기의 자선과 후원 활동 역시 매우 체계적이고 기업적으로 조직되기도 했으며, 심지어 기부자와 그 후손들이 관리하는 재단 같은 제도적 장치까지 사용했는데, 이는 상당히 '현대적'으로 보인다. 진짜 차이점은 기부자의 동기에 있다. 단순한 영향력이나 지위 상승 정도라 할지라도 기부자가 어떤 대가를 기대한다면 그는 남에게 도움이 된다는 점에서 후원자는 될 수 있지만 자선가라고 할 수는 없다. 하비, 맥클레인, 서더비 같은 학자들이 주장하듯이 자선가는 직접적인 이익이 없더라도 남들에게 도움이 된다고 믿는 활동에 자신의 자원을 투자하는 사람이다. 이러한 관대한 행위는 비록 보이지도 않고 주관적인 경험이지만 자선가의 삶을 풍요롭게 하는 만족감과 보람을 준다.²³ 더 일반적으로, '자선'이라는 단어는 '선행의 규범'으로 해석되며, 이는 1755년 새뮤얼 존슨이 『영어 사전』에서 도입한 정의로 오늘날까지 유지되고 있다.²⁴ 특히 현대 미국 엘리트 문화에서는 특권적 지위를 누리는 사람들에게 자선이 의무라는 믿음이 널리 퍼져 있다.²⁵

이론적으로 자선가들이 자신들의 선행에서 물질적 혹은 영적인 이익을 일체 기대하지 않는다고 해서 그들이 실제로 의도했든 아니든 정말 아무것도 못 받는다는 의미는 아니다. 이 문제는 또 다시 산업화 이전 시대에 비해 현대의 후원과 자선은 모두 관대한 선행으로 규정되고 또 그렇게 인식된다는 사실과 연결되는데, 이는 앤드류 카네기의 사례에서 확인할 수 있다. 19세기 미국의 기업가적 자선 사업을 대표하는 인물인 카네기는, 평생 3억 5,000만 달러(2020년 기준 약 102억 달러)를 기부했다. 그중 3분의 1 이상은 고등교육과 연구 지원을 위해 1911년 설립된 뉴욕 카네기 재단으로 기부되었고, 나머지는 도서관 설립과 대영제국 및 미국 전역에서 다양한 목적을 가진 수많은 자선 기관을 설립하는 데 사용되었다. 그 예로는 스코틀랜드 대학을 위한 카네기 신탁기금, 현재 피츠버그에 소재한 카네기멜런대학교의 전신인 카네기 공과대학 등이 있다.²⁶

카네기는 재산 대부분을 기부했고 그의 기부 규모가 예외적이기는 했지만, 그렇다고 해서 그가 산업화 시대의 유일한 부자 기업가이거나 최초의 대규모 기부자인 것은 아니었다. 우리는 이전 장에서 이미 영국의 웨지우드와 벨기에의 솔베이 같은 사회적 책임감을 가진 기업가들을 보았다. 두 사람 모두 노동자들의 생활 여건과 전반적인 복지에 각별히 관심을 가졌으며, 야콥 푸거처럼 사회복지 주택에 막대한 투자를 해 공장 인근에 시범 단지를 조성했다. 이 방면에서 솔베이의 업적은 특히 인상적이다. 그의 회사가 다국적 기업이었던 만큼 '솔베이 마을'은 미국의 시러큐스, 스페인의 리에레스, 이탈리아의 로시냐노 마리티모 등 서구 곳곳에서 찾을 수 있다. 이 마을들은 주민들에게 그 당시 다른 곳에서는 꿈에서나 가능할 최소한의 생활 여건을 보장하고 다양한 서비스까지 제공했으며, 시러큐스 마을의 경우에는 1902년에 카네기 도서관의 혜택을 받기도 했다.

이러한 관행은 매우 광범위하게 퍼져 있었기 때문에 산업화 시대의 자선과 후원 활동에 대한 사례는 이 외에도 많이 있다. 예를 들어, 고등교육 분야를 살펴보면 사립 대학들이 많았던 미국이 두드러지지만 유럽의 사례도 없는 것은 아니다.[27] 영국에서는 1879년, 제약 사업가 토머스 할로웨이가 젊은 여성들의 교육을 위해 런던 근처에 로열 할로웨이 칼리지Royal Holloway College를 설립했다. 그는 특허 연고 '할로웨이 만병통치 가족 연고'를 팔아 막대한 재산을 축적한 인물로, 세상을 떠난 아내 제인 피어스 드라이버에게 영감을 받아 이 대학을 설립했다고 전해진다. 이는 당시로서는 논란이 많았던 시도였지만 민간 후원이 선도적으로 새로운 영역을 개척하고 미래의 공공 투자에 대한 지침을 제공한 또 하나의 사례라 할 수 있다. 이탈리아에서는 1902년, 부유한 페르디난도 보코니가 밀라노에 루이지보코니상업대학교를 설립했다. 그는 직물 노점상으로 시작해, 파리와 런던의 백화점을 본뜬 새로운 형태의 기성복 대량 유통 모델을 밀라노와 다른 이탈리아 도시들에 도입하며 큰 성공을 거둔 상인이었다. 루이지보코니상업대학교는 1896년 이탈리아가 에티오피아와 싸웠던 아두와 전투에서 사망한 그의 아들 루이지의 이름을 따서 명명되었다. 경영과 무역 분야에서 정식 학위를 제공한 이탈리아 최초의 대학으로, 이 역시 민간 후원이 시대를 앞서간 사례였다.[28]

19세기와 20세기 초, 산업혁명이 진행됨에 따라 기업가 자선가들은 대중과 엘리트 모두에게 더 나은 교육을 제공할 필요성을 강하게 느꼈다. 동시에 병원, 빈민, 고아, 노인 복지 기관과 같은 전통적인 분야에 대한 부유층의 기부도 계속되어, 토머스 할로웨이는 대학 설립 이전에 런던 인근 써리 주의 쾌적한 장소에 정신 질환자를 치료하는 시범 요양원을 설립하기도 했다. 또한 소스타인 베블런이 과시적 소비로 정의한 일부 부유층의 소비적 습관 중 일부는 결과적으로 대중이 혜택을 누리는 자산으로 전환되기도 했다. 오늘날 박물관에 전시된 수많은 미술품 컬렉션들이 바로 이 시기에 형성된 것들이다. 이 현상 역시 19세기 말에 예외적인 규모의 거대한 재산이 형성된 미국에서 특히 두드러지게 나타난다. J. P. 모건은 특히 열정적인 미술품 수집가로 앤트워프, 파리, 로마, 비엔나 등의 유럽 도시에 있는 거래 네트워크를 통해 드로잉, 그림, 필사본 같은 예술품을 사들여 주로 런던의 자택과 뉴욕의 개인 도서관에 전시했다. 이 중 뉴욕 도서관은 1924년 그의 아들이 모건을 기념하기 위해 박물관으로 개관했고, 모건의 또 다른 소장품 중 일부는 오늘날 뉴욕 메트로폴리탄 미술관에 소장되어 있다. 모건은 1870년 이 미술관의 설립에 기여했으며, 이사

직에 있다가 마침내 관장이 되어 1904년부터 1913년 사망할 때까지 직책을 유지했다.[29]

빈곤층의 생활 조건을 개선하고 더 넓게는 일반 대중들에게도 다양한 혜택을 제공할 수 있는 능력을 가졌음에도 불구하고 19세기와 20세기 초의 기부자와 자선가들은 비판을 피하지 못했으며, 특히 후원 규모가 클수록 비판은 더 심해졌다. 소스타인 베블렌은 이들에 대해 특히 혹독한 비판을 가했는데, 그는 예술품 수집이나 자선 활동과 같은 행위들이 경쟁적 성격을 띠는 경향이 있고, 후원자들의 궁극적인 목적은 자신들의 금전적 성공을 과시하는 데 있다며 "하류 계층의 삶의 편의를 증진한다는 애초의 동기는 점차 단지 표면적인 동기에 지나지 않게 된다"고 말했다.[30] 심지어 정신병원이나 병원을 짓는 경우에도, 베블렌은 이 목적을 위해 할당된 자금이 '명예로운 낭비'에 전용된다고 했는데, 이는 유한 계급의 미적 원칙에 따른 건물을 짓기 위해 지나친 경비를 쓰고 궁극적 효율성은 별로 고려하지 않는다는 뜻이었다.

베블렌의 견해는 분명 아주 극단적이었지만, 다수의 현대 논평가들도 당시의 대규모 후원과 기부를 단순히 관대한 선행으로만 이해할 수 없다는 점에 동의했다. 일부 평론가들은 베블렌만큼 가혹한 판단을 내리며, 예를 들어 악덕 기업가들이 행한 자선 활동은 "대규모 평판 세탁"에 해당한다고 주장하기도 했다.[31] 그 외의 온건한 비평가들조차 부유한 기부자들이 사회 개혁 운동이나 재단을 운영하는 방식이 가부장적이고 궁극적으로 권위적이라는 점을 지적했다.[32] 심지어 카네기 역시, 그가 교육 기관 설립에 큰 돈을 기부한 것은 스코틀랜드의 빈곤한 가정에서 자랐고 지역에 무료 도서관이 없어 책을 접하기 힘들었던 어린 시절의 경험에서 비롯된 것이라는 명확한 증거가 존재함에도 불구하고, 이기적인 동기로 기부를 했다는 비판에서 자유롭지 못했다.[33]

반면 역사학자 프레더릭 C. 제이어Frederic C. Jaher는 19세기 뉴욕과 보스턴의 도시 엘리트들의 행동에 대한 비교 연구를 통해 부유층에 대해 더 관대한 시각을 제시했으며 그들의 후원이 사회에 긍정적인 영향을 미쳤다고 주장했다.

> 도시 귀족 계층의 역사적 기능은 위대한 인물을 배출하는 것이 아니라 그들을 지원하는 것이었다. 후원은 귀족 계층의 문화적 자질에 대한 진정한 시험대다. 《노스 아메리칸 리뷰》, 보스턴 미술관, 보스턴 심포니 오케스트라, 하버드대학교 등 보스턴의 탁월한 문화 및 지적 기관들은 최상류층이 설립 혹은 자금 지원을 했거나 운영했다.[34]

그러나 동시에 제이어는 전체적으로 보면 이런 활동은 부유한 엘리트층의 사교생활을 위한 시간과 지출에서 극히 작은 부분에 지나지 않았고, 19세기 동안 문화 기관, 창작 예술가와 후원자가 보스턴보다 드물었던 뉴욕에서는 특히 더 그랬다고 했다. 실제로 1882~1883년 맨해튼의 사교 시즌을 조사한 결과, 《트리뷴》에 나온 849건의 행사(결혼식 제외) 중 자선 목적의 행사는 4%에 불과했고, 문화적 콘텐츠가 포함된 행사는 약 12%였다. 이 비율은 1900년 시즌에 이르러서는 약간 증가해 각각 8%와 13%였지만 그래도 여전히 미미한 수준이었다. 게다가 사교계 모임 '포 헌드레드'의 멤버들, 특히 가장 세속적인 부자들은 가치 있는 일에 재산을 남기는 것보다는 자기들의 가문을 구축하는 데 더 열심이었다. 맨해튼의 주요 상인 가문의 상속자이자 잘 알려진 사교계 인사 캐롤라인 셔머혼 애스터^{Caroline Schermerhorn Astor}의 남편인 윌리엄 B. 애스터는 자신의 유산 중 단 0.3%만을 공공 봉사 기관에 남겼고, 철도 사업가이자 사교계의 또 다른 주요 인사였던 알바 어스킨 스미스 밴더빌트^{Alva Erskine Smith Vanderbilt}의 남편 윌리엄 H. 밴더빌트는 자신의 유산 중 단 0.75%를 다양한 자선 기관에 기부했다. 이는 뉴욕 '포 헌드레드'의 전형적인 기부 수준이었던 것으로 보인다.[35]

19세기 미국 부자들의 자선 행태는 두 가지 중요한 사실을 상기시킨다. 첫째, 카네기 같은 예외적인 사례가 있다고 해서 대다수 부유층과 초부유층들에게 대규모 후원과 기부가 당연한 것이었다고 생각한다면 착각이라는 점이다. 이 점은 영국과 같은 서구 다른 지역에서도 마찬가지였다.[36] 실제로 카네기 같은 행동이 널리 퍼졌다면 앞에서 언급되었던 많은 부자 가문들이 세습을 통해 정착하는 현실은 볼 수 없었을 것이다. 둘째, 문화, 자선 혹은 기타 공익을 위한 기관에 직접 관여하면 세습, 혹은 세습과 유사한 방식을 통해 실질적으로 그 기관을 통제하고 되고, 그것은 많은 사회학자들이 주장했듯이 제도적 권력과 영향력을 구축하는 데 중요한 역할을 했다. 이런 종류의 제도적 권력은 경제적 권력의 추가 확장으로 이어질 수 있었고 지금도 마찬가지다. 그 선순환을 통해 통 큰 기부자들은 사실상 주요 수혜자가 된다. 대규모 자선 활동은 문화, 사회, 정치 영역뿐만 아니라 경제 영역에서도 결정권을 갖게 만드는 경향이 강하기 때문에, 이를 심각한 비민주적 행위라고 보는 비판적 시각이 존재한다.[37] 후원 활동에는 잠재적으로 따르는 경제적 이익 외에 정치적 이익은 서구 정치 시스템 작동 방식을 변질시킬 위험이 있으며, 이는 현대의 후원과 자선 활동이 비민주적이라는 비판을 받고, 상당한 우려를 불러일으키는 이유이기도 하다.

1906년, 거대 석유 재벌 존 D. 록펠러는 신설된 록펠러 재단에 5,000만 달러(2020년 기준 약 15억 달러)를 증여했다. 이 재단은 영구 자선 신탁으로 설계되었으며, 재단의 법적 목적은 매우 광범위해 기본적으로 이사들이 가치 있다고 판단한 임무는 무엇이든 수행할 수 있게 되어 있었다. 록펠러가 직접 선택한 초기 이사진은 그의 아들과 사위 그리고 1891년부터 록펠러의 자선사업 고문으로 활동했던 전 침례교 목사 프레더릭 T. 게이츠$^{\text{Frederick T. Gates}}$였다. 실제로는 존 D. 록펠러가 직간접적으로 재단과 그 자원을 완전히 통제할 수 있는 구조였다.

그러나 록펠러는 곧 중요한 문제에 직면하게 되었다. 재단의 목표는 사실상 전 세계를 망라하는 광범위한 사업이었기에, 그는 주 의회가 적용하는 규정에서 벗어나 자유롭게 활동하고 싶었다. 그래서 록펠러는 게이츠의 조언에 따라, 미국 의회로부터 직접 법인 인가를 받고자 했다. 이는 당시로서는 전례 없는 시도였고, 재단의 규모가 이례적이었을 뿐만 아니라 그 목표 또한 단순히 문제의 결과를 완화하는 것이 아니라 사회 문제의 근본적인 원인을 해결하려는 목적을 갖고 있었다. 따라서 록펠러의 계획은 워싱턴에서 강력한 정치적 반대에 부딪혔다. 이는 록펠러라는 인물 자체뿐만 아니라 그가 무자비한 방식으로 부를 축적했다는 것에 대한 편견과 혐오감도 적지 않은 영향을 주었다. 더 흥미로운 점은, 세계적인 규모의 다목적 재단이라는 개념 자체에 대한 반대였다. 예를 들어, 미국 산업관계위원회 의장이던 프랭크 월시 상원의원은 대놓고 "재단이라고 불리는 거대한 자선 신탁은 사회 복지에 위협이 되는 것으로 보인다"고 말했다.[38] 위원회에 출석한 많은 증인들은 이러한 종류의 기관이 민주주의 사회와 양립할 수 있는지에 대해 우려를 표명했다. 이 재단들은 기본적으로 자유롭고 실질적으로 책임지지 않는 방식으로 운영되며, 정치적 균형을 자신들이 원하는 방향으로 기울게 할 수 있고, 자신들이 바라는 정책을 추진하고 정치적 평등권이라는 개념 자체를 훼손할 수 있다고 생각했기 때문이다.

수년간의 로비 끝에, 재단 활동에 대한 공적 감시를 보장하고, 자산이 1억 달러(2020년 기준 약 30억 달러)를 초과하지 않도록 규모를 제한하며, 재단 설립 후 50년 이내에 원금을 모두 소진하도록 하는 조항을 추가하는 등 법안을 재작성했다. 1913년, 록펠러는 하원에서는 법안 승인을 받을 수 있었지만 상원에서는 끝내 부결되고 말았다. 결국 록펠러는 패배를 받아들여야 했다. 같은 해, 그는 뉴욕 주 의회로 눈을 돌려 원안 그대로의 법안을 승인하도록 설득하는 데 성공했다. 이에 따라 많은 이들이 우려했던 재단의 정치 개입 가능성을 견제할 수 있는 조항은 모두 사라지게 되었다. 정치학자 롭 라이히Rob Reich는 결과적으로 미국 상원이 심각한 실수를 한 것이라고 말한다.

만약 상원이 하원에서 통과된 록펠러 재단 승인안을 가결시켰다면, 규모와 기간에 대한 제한이 있고 명확한 공적 감시 조항이 있는 재단의 제도적 설계에 대한 법적 표본을 만들 수 있었을 것이다. 그랬다면 미국 내 재단 운영에서 부자들의 목소리와 민주적 목소리 사이의 균형은 훨씬 다르게 형성되었을 것이다.[39]

이 문제가 특히 미국에서 중요하게 다뤄지는 이유는, 이러한 형태의 재단들이 유난히 많이 존재하고 영향력도 크기 때문이다. 오늘날 서구 어디서나 유사한 우려의 목소리가 나오는 것을 들을 수 있다. 이를 비판하는 사람들에 따르면, 그 이유 중 일부는 재단이 최상위 부유층의 세금 회피 전략 도구가 되어 민주 정부가 사용할 수 있는 자원을 크게 축소시키는 결과를 가져왔기 때문이다.[40]

현대의 딜레마: 기부 vs. 세금

오늘날 부유층과 초부유층 중 일부에게는 기부가 단지 세금을 회피하는 수단일 뿐이며, 자신이 '기부'한 자산에 대해 사실상의 통제권을 유지하면서 동시에 세제 특혜를 이용한다는 우려가 커지고 있다. 물론, 이것이 후원자들의 유일한 동기는 분명 아닐 것이며, 역사적으로 살펴봐도 대규모 후원이 세제 특혜 없이 존재할 수 있다는 것은 확실하다. 중세와 근대 초기에도 후원 활동을 통해 어느 정도 경제적 혜택을 얻을 수 있었는데, 예를 들어 14세기 밀라노 공작들은 일부 자선단체에 세금 면제 혜택을 주기도 했다. 하지만 19세기의 상황은 크게 달랐다. 가장 잘 연구된 사례는 역시 미국으로, 20세기 초 미국에서는 후원과 기부 규모가 상당했음에도 불구하고 개인이나 기업이 기부를 통해 세제 혜택을 누리지는 못했다. 실제로, 당시 상속세는 자선단체 등을 포함하여 '혈연 관계가 없는 이들'에게 남기는 유산에 대해 친족에게 남기는 것보다 더 무거운 세금을 부과했고,[41] 1917년에 이르러서야 미국 시민들은 기부금을 과세 소득에서 공제할 수 있게 되었다. 이후 기부의 상대적 정도는 소득세 최고 세율과 반비례하는 추세를 보였는데, 이는 어느 시점에서 세금 회피가 기부자들에게 중요한 동기가 되었다는 것을 시사하며, 따라서 이들을 더 이상 자선가로 분류하기 어렵게 만든다.[42] 유럽 국가들의 장기적 기부 추세는 덜 알려져 있지만, OECD의 최근 연구에 따르면 오늘날 서구 국가들의 전반적인 세제 특혜 구조는 대체로 유사하며, 세금 회피나 심지어 탈세 가능성에 대한 우려도 비슷한 양상을 보이고 있다.[43]

　　세금 회피 용도로 기부를 이용하는 관행은 마땅히 비난받아야 한다. 첫째, 기부자가 자산에 대한 실질적인 통제권을 유지하거나 아니면 후원을 통해 상당한 경제적·정치적 이익을 얻는 경우, 기부는 면세 상품과 서비스를 취득하는 것과 다를 게 없어지며 관대함과 미덕을 보였다는 주장은 순전히 위선이 된다. 둘째, 이들이 세금을 내지 않음으로써 사회 전체에 서비스나 그 외의 혜택을 제공할 수 있는 공공 기관의 재정 능력이 감소하게 되므로 다른 사람들의 복지를 향상시킨다는 자선의 궁극적 목표와 정면으로 배치된다. 이 두 가지 문제는 좀 더 논할 필요가 있다.

첫 번째와 관련해, 기부자와 그 가족이 재단 또는 기부자가 지원하는 기금, 기타 수혜 기관에 직접 관여하는 것은 분명 복잡하고 매우 논란이 되는 주제다.[44] 한편으로, 기부자 자신이 상당한 조정 및 관리 능력을 가지고 있다고 믿는 경우, 기부금의 사회적 이익을 극대화하기 위해 자신의 노력과 시간까지 제공하고 싶어 하는 것이 자연스럽게 보일 수 있다. 헝가리 출신의 금융가 조지 소로스는 1990년대 전 세계에 설립한 오픈 소사이어티 재단 네트워크에서 자신이 추구하는 가치를 명확히 강조한 바 있다.

> 내가 떠나면 오픈 소사이어티 재단의 특징인 기업가적 혁신 정신은 사라질 것이다. 나는 빠르게 움직이고 큰 위험을 감수할 수 있었지만, 나를 계승할 이사회는 내가 한 것처럼 할 수는 없을 것이다. 그들은 신탁 의무에 얽매일 것이기 때문이다. 일부 이사회 회원은 설립자의 의도를 충실히 따르려 할 것이고, 다른 이들은 위험을 회피하려 할 것이다. 그러나 설립자는 결코 위험을 회피하는 사람이 아니다.[45]

그러나 자신이 기부한 자산에 대해 어떤 방식으로든 통제권을 유지하게 되면 기부자는 상당한 비판을 받게 된다. 특히 기부자가 사망하거나 은퇴한 후에도 가족이 자선단체나 기타 기관의 운영 이사회 자리를 계속 유지할 수 있도록 담보하는 특정 조항이 마련된 경우, 그것이 실제든 아니면 추측이든 간에 설립자의 자질을 미래 세대가 이어서 가지게 되리라는 보장이 없기 때문이다. 또한 이는 기부자의 진정한 동기와 궁극적 목표에 대해 큰 의혹을 불러일으키게 되며,

앞서 이야기한 존 D. 록펠러가 20세기 초에 직면했던 문제를 떠올리게 한다. 설령 기부자의 동기가 완전히 진실되고 경제적·정치적 이득 같은 보상을 전혀 기대하지 않더라도, 기부 자산 관리에 개입하는 것은 교만하고 권위적인 태도로 여겨질 수 있다. 이와 같은 재단들에 대한 비판은 빌 & 멜린다 게이츠 재단처럼 많은 재원을 가진 곳들을 포함해 반복적으로 제기되어 왔다.[46]

그뿐 아니라, 기부자의 개입은 권위적인 것을 넘어 비민주적인 태도로 오인되기 쉽다. 기부자들 중 많은 이들이 자선 목적을 위해 할애하려는 자원을 어떻게 사용할 것인가를 결정하는 데 있어 다른 이들, 특히 정부를 신뢰하지 않는다.[47] 이로 인해 그들은 재단 활동에 대한 공적 감시를 일체 받으려고 하지 않는다. 결국 재단은 책임을 지지 않고 투명하지 않은 구조를 유지하면서도 사회에 중요한 영향을 미칠 수 있고, 세제 혜택(대개 소득세 면제나 부가가치세 우대 혜택[48])형태로 공적 지원까지 받게 된다. 정치학자 롭 라이히에 따르면, 바로 이런 점 때문에 재단은 민주 사회에서 '제도적 이질성'을 갖게 되며, 그들이 민주주의를 해치는 것이 아니라 뒷받침하는 존재가 되기 위해서는 투명성을 높이는 등의 상당한 개혁이 필요하다.[49]

부유층 기부자들의 반정부적 입장(미국에서 특히 심하지만, 그렇다고 해서 미국에만 국한된 것은 아니다)[50]과 더불어 기부금은 자발적으로 '주는' 것이고 세금은 강제로 '빼앗기는' 돈이라는 인식은[51] 세금 회피의 수단으로서의 기부가 가진 두 번째 심각한 문제로 다시 이어진다. 즉, 민주적으로 설정된 목표를 달성하기 위해 공공 기관이 활용할 수 있었던 재정적 자원을 고갈시키는 것이다. 이에 대해 만약 사적 후원과 자선이 공공 기관과 동일한 수준의 혜택을 제공할 수 있고, 게다가 자원을 더 효과적으로 사용할 수 있다면 우려할 이유가 없다는 반론을 제기할 수 있다.

그러나 역사를 돌아보면, 사람들이 부유층의 선의에 의존하는 사회는 경제적·사회적으로 경직화되는 경향이 있음을 알 수 있다. 이는 개인들이 무상 지원에 중독되기 때문이 아니라, 사회의 광범위한 계층이 자신들의 지위를 향상시킬 수 있는 수단과 전반적인 조건을 구조적으로 박탈당하게 되기 때문이다. 베네치아 공화국이 그 좋은 예로, 그곳에서는 15세기부터 18세기까지 부의 집중화가 심화되면서 중간 계층은 감소했고, 사회는 소수의 극도로 부유한 개인과 가문 그리고 상대적으로 가난한 다수로 점점 더 양극화되었다. 10장에서 살펴보겠지만 이 같은 현상은 주로 지배 엘리트들이 수세기 동안 역진적 조세 제도를 유지한 결과였다. 그럼에도 불구하고 베네치아 공화국이 그 기간 내내 정치적으로 매우 안정되어 있었던 것을 보면, 최상위 계층에 축적된 자원 중 큰 부분이 어떤 식으로든 하위 계층으로 흘러 들어가 최빈곤층이 생계를 유지할 수 있도록 해준 것이 분명하다.[52]

당시 공공 복지 지출은 극히 제한되어 있었으므로 부유층의 체계적 기부가 중요한 역할을 했다. 예를 들어, 스쿠올레Scuole라는 민간 자선 단체를 통해 기부가 이루어졌는데, 그들이 최빈곤층을 위해 지출한 자원 규모가 16세기 중반부터 크게 늘어났다는 증거가 있다.[53] 그러나 사적 자선 활동이 조세 체계로 인해 발생한 불균형을 줄이는 데 도움이 되기는 했지만 사회 최하위 계층에 실질적인 기회 평등을 제공하지는 못했다. 또한 이러한 형태의 사적 재분배는 가난한 사람들이 부유층에 의존하게 만드는 경향이 있었으며, 사회 구조를 탄탄하고 안정적으로 만들기는 했지만 모든 사람을 위해 더 낫고, 더 개방적인 사회를 이루는 데 도움이 된 것 같지는 않다.[54]

부유층이 덜 관대했다면 베네치아 사회는 아마도 사회적·정치적으로 급격히 불안정해졌을 텐데, 이는 다소 역설적이다. 특히 18세기 초부터 지속된 안정성 덕분에 오래된 귀족 가문들은 하층 계급의 조용한 지지를 받으며 국가 정부에 대한 장악력을 유지할 수 있었지만, 동시에 그 안정성이 새롭고 더 역동적 잠재력을 가진 경제 세력이 정책 결정에 더 큰 영향을 미치지 못하도록 막음으로써 공화국의 전반적인 쇠퇴를 불렀기 때문이다. 당시 베네치아 공화국은 외견상으로는 안정되어 있었지만, 근본적으로는 여러 구조적 어려움에 직면해 있었던 것이다. 만약 그 같은 어려움이 사회적 긴장으로 표출되어 정치적으로 더 개방되고 적당한 경제 개혁을 촉발했다면 이러한 쇠퇴는 다소나마 피할 수 있었을 것이다.

다시 한 번, 산업화 이전 사회를 거울삼아 현대 사회를 들여다보면 몇 가지 우려가 든다. 일반적으로, 공공 기관이 모든 시민에게 인간다운 생활 조건을 보장하지 못하고 민간의 기여에 의존하는 사회는 가장 부유한 구성원의 선의에 종속될 수밖에 없다. 그러나 그런 선의가 영구적이거나 대가를 바라지 않는다고 단정할 수 없다. 따라서 우리의 원래 질문으로 돌아가 답하자면, 사회 복지를 보장하기 위한 수단으로 기부보다는 과세가 더 바람직해 보인다. 이는 또한 현대 서구 사회에서 민주주의를 강화하기 위해서도 권장할 만하다. 사회학자 엘리자베스 클레멘스Elisabeth Clemens는 "위대한 미국 민주주의의 시작부터 기부를 받는 것은 의존과 부채 위험을 동반하기 때문에, 시민적 자선과 민주적 통치의 공존을 관리하는 것은 결코 간단하지 않으며, 기부는 평등과 개인의 자주성이라는 자유민주주의의 공약과 배치되는 권력 관계를 만들어낼 수 있다"고 지적했다.[55] 대신 민주주의 사회는 유권자와 그들의 대표가 적합하다고 보는 수준의 과세 기준을 정하는 것이 합당하다. 이 경우, 부유층은 오직 법을 위반하지 않고 부과된 세금만 납부하면 된다. 기부로 인한 세금 혜택 역시 시민들이 선출한 대표들에 의해 도입된 것이기 때문이다. 그럼에도, 웅대한 공적 기부의 개념을 되돌아 볼 때, 후원을 포함한 부유층의 다양한 기부가 정치 과정에 영향을 미치지 않는다고 추정하는 것은 지나치게 순진한 생각일 것이다.[56]

현대의 후원과 기부에 대한 논의를 마무리하며, 2010년 빌과 멜린다 게이츠, 워렌 버핏이 창시한 기부서약 기빙 플레지를 간략히 살펴보도록 하자. 이 운동은 21세기 초의 대규모 자선 활동에서 가장 중요한 혁신이라 할 수 있다. 원래는 초부유층 미국인들로 구성되었지만 현재는 국제적 확산을 이루며 전 세계의 부자들이 참여하고 있다. 서명자들은 자신의 재산 대부분을 생전 혹은 유언을 통해 자선 목적에 기부하겠다는 약속을 공개적으로 선언한다. 빌 게이츠가 2021년 "누군가를 도울 수 있는 위치에 있다면, 마땅히 그래야 한다고 항상 믿어왔다"고 밝혔듯이,[57] 도덕적 이유를 선언함으로써 이 기부서약은 앤드류 카네기를 기준점으로 삼는 미국 자선 및 문화 전통에 정확히 들어맞는다. 기부서약 서명자들은 각자 독립적으로 자선 활동을 벌이기 때문에, 기부를 통해 사적 이익이나 혜택을 얻을 가능성에 대한 비판은 개별적으로 평가되어야 한다. 하지만 동시에, 기부 서약 서명자들은 대부분 상속세를 피함으로써 앞서 언급한 공공 자원을 고갈시킨다는 비판을 받는다. 흥미롭게도 빌 게이츠는 미국 초부유층에서는 비교적 드물게 상속세를 옹호하는 인물인데, 그의 아버지도 같은 입장을 가지고 있다. 따라서 상속세를 통한 공공 자원 획득을 막는 것은 기부서약의 의도치 않은 부작용이라고 생각할 수 있다. 그러나 여기에는 더 어두운 면도 존재한다.[58]

최근 수십 년 동안 서구 국가 전반에서 상속세와 유산세를 대폭 감축하는 추세가 나타났지만, 대규모 재산에 대해서는 아직도 상당한 세금이 부과된다. 예를 들어, 미국에서는 2021년을 기준으로 1,170만 달러를 초과하는 재산에 대해서는 연방 상속세율이 40%였고, 이 상한선 미만의 재산은 과세하지 않았다. 한편, 영국의 상속세도 동일한 40% 세율을 적용하지만, 면세 상한선은 약 32만 5,000파운드(약 45만 달러)로 훨씬 낮다. 분명 이 상황은 면세 상한선까지 기부하게 만드는 강력한 동인 역할을 할 위험이 있는데, 예를 들어 새로운 신탁, 기부자 자문 기금 또는 재단을 설립하여 자산을 기부한 후, 기부자가 자산에 대한 실질적 통제권을 유지하는 방법을 도모할 수 있다. 이와 같은 시각에서 보면, 최근 몇 년 동안 기부가 사상 유례없는 수준에 도달했다는 주장은 속임수 역시 전례 없는 수준에 도달한 것인지도 모른다는 의미일 수도 있다. 장기적 관점에서 보면, 이는 상당히 역설적이다. 소수의 손에 부가 집중되며 부자들이 진정으로 탁월한 웅대함을 보일 수 있는 시기에, 그들은 중세 후기부터 부자들에게 요구되었던 사회적 기능을 기피하고 있는 것이다. 그들은 재원을 정확히 어떻게 사용할 것인지를 본인이 결정할 수 있고, 이를 자신의 '자유로운 선택'이라고 생각할 수 있는 게 아니면, 심지어 위기 상황에서도 집단의 필요를 위해 더 이상 자신의 자원을 제공하려 들지 않는다. 그리고 자신들의 실제 위력과 그에 따른 정치적 영향력을 중립적이고 아주 순수한 '자선'이라는 가림막 뒤에 숨기고 있다. 이런 것들이 부자들의 존재와 역할이 또 다시 논의의 대상이 된 이유이며, 이 문제는 다음 장에서 살펴보기로 한다.

10

초부유층과 정치

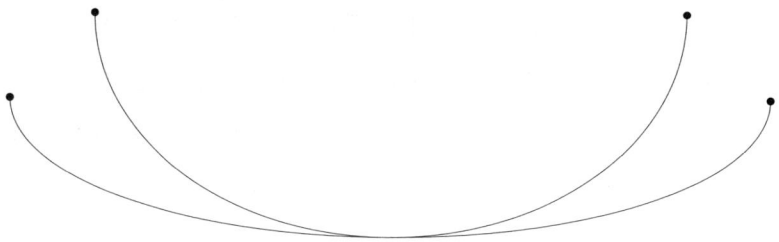

최근 몇 년 동안, 이탈리아의 실비오 베를루스코니^{Silvio Berlusconi}(기업인이자 정치인으로 2000년 《포브스》가 집계한 이탈리아 부자 순위에서 1위를 차지했다. – 옮긴이)나 미국의 도널드 트럼프 같은 억만장자들이 정부 수반이 되는 모습을 여러 서구 국가에서 목격했다. 이와 같은 초부유층의 고위급 정치 참여는 인류 역사에서 결코 새로운 현상이 아니며, 중세 후기 피렌체의 메디치 가문 같은 사례를 통해 이미 언급된 바 있다. 그럼에도 오늘날 초부유층들의 정치 활동은 매우 논란이 되고 있으며, 그들이 어떻게 정치 권력을 행사하게 되는지 그리고 그 과정이 시간이 흐르며 어떻게 변화했는지에 대한 의문을 불러일으킨다. 이 장에서 다룰 몇 가지 주제들은 부유층 전반에 관한 것이지만,

주로 최상위 부유층 또는 초부유층에 초점을 맞추게 될 것이다. 이는 그들의 정치적 활동이 제도와 사회의 균형을 무너뜨릴 가능성이 있기 때문이다.

초반부에서는 초기 공화국들에 초점을 맞추어 산업화 이전 시기를 살펴보고, 이후에는 근대에 주목할 예정이다. 이는 18세기 후반에 이르러서야 '혁명 시대'가 시작되었고, 정치적 권리를 포함한 평등의 원칙이 서구 사회의 초석이 되었기 때문이다. 20세기에 한동안은 정치가 자본으로부터 점차 독립해가는 것처럼 보였으나, 그러한 시기는 이미 끝났다고 볼 수 있다. 이는 일부 세습 재산이 역사적으로 유례를 찾아보기 힘들 정도로 거대해졌고, 새로운 기술이 부유한 개인들로 하여금 유권자에게 정치적 영향력을 행사할 수 있도록 해주었기 때문이다. 이에 따라, 극단적인 부의 집중이 서구 민주주의의 본질 자체를 근본적으로 변화시킬 수 있다는 우려가 확산되고 있다.

이 장의 주요 관심사는 엄청난 부가 어떻게 정치 권력의 획득으로 이어질 수 있는지를 규명하는 것이지만, 역사를 통해 많은 정치인들이 제도적 권한과 영향력을 이용해 부를 축적하거나 적어도 그러한 의심을 받은 사례가 많기에 반대 방향의 경로 또한 살펴볼 것이다. 부와 정치가 얽힐 때마다 제기되는 부패 문제는 다시 세금 제도 논의로 이어지는데, 이는 부자들이 사익에 유리하게 세금 체제를 조정하기 위해 정치적 영향력을 이용하려는 유혹에 빠질 수 있기 때문이다. 이번에도 먼 과거의 역사적 상황을 분석함으로써 현재의 딜레마에 관한 유익한 교훈을 제공할 것이며, 우리가 간과할 수 있는 잠재적 위험에 대해 살펴볼 것이다.

부를 통한 정치 진출

고대에서 근대 초기까지의 역사를 살펴보다 보면, 불편한 현실과 마주하게 된다. 대부분의 시대와 사회에서, 극도로 부유한 개인들은 귀족적 신분이나 정치적 우위를 세습하는 형태의 제도를 통해서 통치권을 인정받았다. 이는 봉건제 사회의 주요 특성이었으며, 정치 권력의 장악은 귀족 계층이 부를 축적해온 주요한 경로 중 하나였다. 따라서 산업화 이전의 오랜 시기를 이해하려면, 아테네 민주정, 중세의 도시 공동체commune, 근대 초기의 귀족 공화국 같은, 예외적이면서도 상대적으로 개방된 정치 체제에 주목해야 할 필요가 있다. 이러한 체제들은 당시에는 예외적인 경우였지만, 이를 연구함으로써 오늘날 의미 있는 보편적 함의를 끌어낼 수 있다. 무엇보다도 초기 공화국들은 최초의 '현대적' 의회 제도의 중요한 모델이 되었기 때문이다.

아테네 민주정은 기원전 6세기경에 발전하기 시작해 기원전 322년 마케도니아가 과두 정권을 수립하면서 막을 내렸다. 특히 고대의 가장 유명한 정치가 중 한 명인 클레이스테네스Cleisthenes가 기원전 508년에 개혁을 통해 전통적인 부족 집단의 권력을 분산시킨 후, 아테네 시민들은 상당한 정치적 평등을 누리게 되었다. 이는 500인으로 구성된 평의회라는 제도를 통해 실현되었으며, 평의회는 10개의 부족을 새로 편성하고 각 부족이 50명씩 평의회 위원을 선출하는 방식으로 구성되었는데, 이는 당시로서는 무척 개방적인 제도였다.[1] 정치적 평등과 경제적 불평등 사이에 존재하는 차이는 기부제도를 통해 상당 부분 완화되었다. 이 제도에 따라 사회 전체를 위해 필요한 비용을 부자들이 부담함으로써 사회 상위층에서 하위층으로의 자원 재분배가 상당 부분 이루어졌다. 앞에서 살펴보았듯이, 이 시스템은 큰 부자들이 명예를 쌓고 사회·경제·정치적 영향력을 확장할 수 있게 했을 뿐 아니라, 부유층이 사회에 존재하는 이유를 정당화하고 민중의 분노로부터 그들을 보호하는 역할도 했다. 이로 인한 재정적 부담은 매우 컸기에 고대 역사가인 크세노폰은 아테네 최고 부자들이 특별히 부러워할 만한 위치에 있는 것이 아니라는 견해를 밝히기도 했으며, 정치적 연설에서는 개인의 부를 정당화할 수 있는 유일한 방법은 그것이 공동체에 유용하게 쓰이는 것뿐이라는 주장이 지속적으로 등장했다.[2]

하지만 아테네가 황금기를 구가하던 시기의 정치 체제는 부유층에게 불리하게도, 유리하게도 기울 수 있는 다양한 취약성을 안고 있었다. 아리스토텔레스가 『정치학』에서 지적했듯이, 공동체 내에 다른 구성원들보다 현저히 뛰어난 덕목이나 정치적 역량을 지닌 개인들이 존재하고, 그 탁월함의 원천 중 하나가 그들의 막대한 재산이라면, 이들은 사실상 법 위에 군림하거나 심지어 '법 그 자체'가 될 수 있다. 사회의 나머지 구성원들이 이에 대해 불만을 표할 수 있었으나, 그 결과는 불가피하게도 안티스테네스Antisthenes의 우화에 등장하는 동물 회의의 장면을 연상시킨다. 토끼들이 모두가 평등해야 한다고 주장하자 사자들은 이렇게 반문한다. "네 말이 옳다, 토끼들아. 그런데 너희들의 이빨과 발톱은 어디 있지?"[3]

이러한 통찰을 바탕으로 아리스토텔레스는 아테네와 여타 고대 민주주의 체제에서 시행된 도편추방제를 사회 질서와 정치적 정의의 유지를 위한 필수적 장치로 정당화했다.⁴ 이 관점은 니콜 오레스메 같은 중세의 아리스토텔레스 해석가들에게도 계승되었다. 더 나아가 오레스메는 민주주의 정치 체제를 위협할 수 있는 위험 요소로서 당시의 초부유층을 지목하며, 그들을 도시에서 추방해야 한다고 주장했다. 실제로 중세 유럽의 도시 공동체들에서는, 과도한 정치적 영향력을 축적하려 했다는 의심을 받거나, 국가를 통제하려 했다는 비난을 받은 (대개는 막대한 부를 소유했던) 인물들을 추방하는 관행이 광범위하게 퍼져 있었다.⁵

1433년, 코시모 데 메디치는 추방과 망명이라는 가혹한 운명과 마주했다. 당시 그는 유럽에서 가장 부유한 인물 중 하나였으며, 그의 재산 규모가 피렌체의 일반 시민과 비교해 압도적으로 컸다는 사실은 누구나 알고 있을 정도였다. 그러나 그의 아버지 조반니 디 비치가 정치 관여를 의도적으로 피했던 것과는 달리, 코시모는 수년에 걸쳐 정치적 영향력을 꾸준히 축적해왔다. 부를 바탕으로 더 큰 정치적 발언권을 요구하던 피렌체 '신흥 세력'을 대표하는 코시모는 피렌체의 고질적인 파벌 다툼을 자신과 가문 그리고 메디치 가문의 지지자들에게 유리하게 활용하는 데 탁월한 수완을 보였다.

특히 1434년 유배에서 귀환한 후 코시모의 정치적 행보는 놀라운 성공을 거두었는데, 이는 그가 구체적인 목적을 드러내지 않았기 때문이었다. 코시모는 장기적인 관점에서 전략을 세웠으며, 막대한 자산을 바탕으로 여러 영역에서 동시다발적으로 영향력을 행사할 수 있었다. 폭력 사태가 빈번했던 15세기 피렌체의 무자비한 정치 환경 속에서, 그는 이러한 '유연한 기회주의적 전략' 덕분에 국가를 장악할 수 있었다.⁶ 코시모의 정치적 야망이 무엇이었든 간에, 그의 행보를 뒷받침했던 웅대한 공적 기부의 규모로 미루어 볼 때 그것은 대단히 야심 찬 것이었으며, 메디치 가문이 3세기에 걸쳐 피렌체를 지배할 토대를 구축하는 데 결정적인 역할을 했다.

그의 손자 '위대한' 로렌초는 1469년부터 1492년까지 피렌체를 실질적으로 통치했으며, 공식적인 귀족 칭호는 없었음에도 유럽에서 가장 모범적인 통치자 중 한 명으로 평가받았다. 로렌초의 시대에 이르러 메디치 가문의 정치적·외교적 영향력은 경제적 영향력을 능가하기 시작했는데, 이는 메디치 은행의 경영이 점차 어려워지고 런던에서 브뤼주에 이르기까지 수많은 지점들이 파산하거나 문을 닫으면서 메디치 가문의 경제적 기반이 실질적으로 약화되었기 때문이기도 했다.

아마도 로렌초는 정치에 지나치게 몰두한 나머지 가문의 사업을 효과적으로 관리하지 못했던 것으로 보이는데, 이는 말년의 코시모를 포함한 다른 메디치 가문 구성원들에게서도 나타났던 공통된 특징이었다. 더욱이, 코시모의 사망 이후 로렌초가 권력을 장악하기 전까지, 로렌초의 아버지 피에로가 추진했던 재정 긴축을 통한 가문 사업 재구조화가 정치적 고려로 인해 좌절되었을 가능성이 높다. 그가 추진한 '재정 긴축' 즉, 대출금을 회수하는 일은 정치적 의무와 상충될 수 있었다. 특히 그런 대출이 통치 군주들에게 이루어진 경우라면, 위기 상황에서는 정치적 호의와 영향력을 잃지 않으면서 자금 요청을 거절하는 것이 거의 불가능했다.⁷ 한편으로는 이러한 사업상의 어려움이 오히려 메디치 가문을 사회적·정치적 상승에 전념하게 만들어 그들의 국가 장악력을 강화하는 데 영향을 미쳤을 수도 있다. 로렌초는 피렌체 공화정의 제도들을 실질적으로 무력화하는 데 핵심적인 역할을 수행했다. 그의 적들은 그를 폭군이라 규정하고 메디치 암살을 시도했던 파치^{Pazzi} 가문의 인물들을 자유를 수호하는 투사로 미화했으나, 실상은 그렇지 않았다. 파치 가문의 1478년 로렌초 암살 음모는 실패했으나 그의 동생 줄리아노의 목숨을 앗아갔다.

흥미로운 사실은 파치 가문의 야코포^{Jacopo}가 '민중과 자유'를 외치며 피렌체 시민들을 반란에 동참시키려 했지만, 시민들은 오히려 야코포의 기마 부대에 맞서 메디치 가문을 지지하고 나섰다는 점이다.[8] 이 반란 사태의 여파로 로렌초는 가문에 유리한 방향으로 제도적 틀을 변화시키는 개혁안을 순조롭게 도입할 수 있었다. 특히, 그는 대부분 메디치 가문과 연계된 인물들로 구성된 70인 위원회를 창설하고 피렌체의 기존 의회들을 이 위원회 아래 종속시켰다. 이 사건으로부터 약 30년 후, 피렌체의 역사학자이자 정치가였던 프란체스코 귀차르디니$^{Francesco\ Guicciardini}$는 "음모의 날(파치 가문이 메디치가의 로렌초와 줄리아노의 암살을 시도했던 날 – 옮긴이), 로렌초는 도시의 통치자로 인정받았으며 국가를 완전히 장악하여 그 이후로 자유롭고 완벽한 중재자이자 사실상 군주로 군림하게 되었다. 그가 그날까지 누려왔던 상당하지만 불안정했던 권력은 강대하면서도 안정적인 권력으로 변모했다"라고 회고했다.[9]

메디치 가문의 부상 이전에 피렌체는 토스카나와 인근 지역의 다른 중세 자치 도시들과 마찬가지로 비교적 개방적인 정부 체제를 갖추고 있었다. 물론 대귀족 가문들이 제도와 정부에 강력한 통제력을 행사했던 시기도 있었지만, 하층 시민 계급 역시 주기적으로 대귀족 가문들과 번갈아가며 권력을 쥐곤 했다. 베네치아처럼 역사적으로 안정적이었던 공화국들을 포함한 다른 정부 체제들은 훨씬 더 뚜렷한 귀족적 성향을 띠거나, 더 정확히 말하자면 귀족 가문 중심의 특성을 지니고 있었다. 이러한 체제의 선례이자 주요 모델은 로마 공화국으로, 주로 원로원 가문을 주축으로 한, 비교적 동질적이고 서로 긴밀히 연결된 귀족 계층에 정치적 권력과 부가 집중되어 있었다.

본래 공직에 접근할 수 있는 권리는 이들에게만 주어진 특권이었으나, 대부분의 공직들이 상당한 액수의 사비 지출을 필요로 했기 때문에 실질적으로는 부자 중에서도 최상위 부유층만이 그 자리에 오를 수 있었다. 기원전 5세기부터 로마의 평민 즉, 귀족이 아닌 일반 시민들이 호민관을 선출할 권리를 획득했고 점차 다른 공직들에도 접근할 수 있게 되었다. 하지만 실상은 새로운 '평민 귀족층'이 형성된 것으로, 이들은 오히려 전통적 귀족들보다 더 막대한 재산을 소유한 것이 특징이었다.[10]

외부인이 로마 귀족 계층에 진입하기 위해서는 막대한 부가 필수 조건이었지만, 그것만으로는 충분하지 않았고 영향력 있는 귀족 가문의 정치적 후원과 개인적 연줄도 필요했다. 이러한 배제와 포용의 메커니즘은 중세 후기 및 근대 초기의 귀족 공화국들과 상당히 유사했으며, 심지어 16세기 말에 등장한 마지막 귀족 공화국인 네덜란드 공화국에서도 동일한 양상을 보였다. 네덜란드 공화국에서는 도시 귀족 계층에 진입하기 위한 전제 조건이었던 기존 재산에, 공직에서 비롯되는 상당한 수입까지 더해지면서 특정 계층에 부와 정치 권력이 집중되기 쉬운 환경이 조성되었다. 얀 더 프리스Jan de Vries와 아드 판 데르 보우더Ad van der Woude는 이 현상에 대해 다음과 같이 설명했다.

> 중앙 정부가 점점 더 복잡해지면서 각종 위원회나 평의회, 협의체들이 추가되었고, 새롭게 생겨난 직책들을 채우기 위해 더 많은 귀족 가문들이 공직에 참여하게 되었다. 직책을 맡은 귀족들은 자신의 영지를 장기간 떠나 있어야 했다. … 공화국 헌법 특유의 분권화된 환경에서 이러한 흐름은 도시 귀족 계층을 형성했고, 이들은 점차 행정 분야에서 주요 직책을 추구하고 확보하게 되었다. 귀족 계층에 진입하기 위해서는 적극적인 개인 경제 활동을 포기해야만 했기에, 상당한 부동산과 금융 자산 없이는 공직을 진지하게 고려할 수조차 없었고, 더욱이 자격이 있다고 인정받지도 못했다. 귀족 가문들의 경제적 토대였던 막대한 재산은 공직에 수반된 높은 급여로 인해 지속적으로 갱신되고 강화되었다.[11]

최근 경제사학자 바스 반 바벨Bas van Bavel은 16세기 말 네덜란드의 정치 및 경제 상황 전개에 관한 새로운 해석을 내놓았다. 그의 견해에 따르면, 15세기부터 저지대 국가들에서 토지, 노동력, 자본에 대한 유연한 시장이 일찍이 발달하면서, 정치 영역을 포함한 독립 생산자 협회들의 전통적 역할을 약화시키고 소수 부유층이 정치적·경제적 자원을 집중적으로 축적할 수 있는 길이 열렸다. 결과적으로 이는 사회적 양극화와 제도적 경직성을 초래하여 네덜란드 황금시대의 종말을 앞당기는 원인이 되었다.[12]

근대 초기에 베네치아 공화국도 이와 유사한 경로를 걸었을 가능성이 높은데, 우선 주목해야 할 점은 베네치아 공화국의 놀라운 회복탄력성이다. 베네치아 '공화주의'의 핵심 제도인 대평의회는 1130년에 설립되어 1797년, 나폴레옹이 이끄는 프랑스 혁명군의 침공을 받으며 투표로 자진 해체를 결정할 때까지 헌법적 특권을 유지했다. 베네치아 공화국의 귀족적 성격과 근대 초기에 귀족 계층에 진입하기 위한 재정적 부담은 이미 3장에서 논의한 바 있다. 베네치아에서는 전통적으로 귀족의 정치적 야망, 즉 그들이 정당하게 추구할 수 있는 공직은 세 가지 요인에 좌우되었는데, 귀족 계층에 진입한 시기를 따지는 가문의 유서 깊은 내력, 친족을 포함한 인적 네트워크 그리고 재산이 그것이었다. 그러나 18세기 중반에 이르러서 결정적인 요인은 오직 하나, 바로 재산뿐이었다.[13]

이를 증명하는 사례로, 1789년 베네치아 공화국의 마지막 도제 Doge(지도자)로 선출된 루도비코 마닌Lodovico Manin에 대해 살펴보자. 그는 당시 공화국에서 가장 부유한 인물이었다. 그러나 수많은 유서 깊은 귀족들은 그를 신흥 귀족으로 취급했는데, 그 이유는 그의 조상이 1651년에야 대평의회 자리를 돈으로 매입했기 때문이었다. 실제로 마닌은 신흥 귀족 출신으로 선출된 최초의 도제였으며, 당시 정세로 인해 또한 마지막 도제가 되었다. 마닌에게 사업가와 행정가로서의 역량이 없었던 것은 아니지만 동시대인들과 많은 현대 학자들은 그의 집권을 한때 명성을 떨쳤던 베네치아 공화국의 마지막 쇠퇴를 상징하는 사건으로 보았다.[14] 그러나 실제로는 귀족 공화국의 시대가 막을 내린 것이었고, 유럽의 다른 지역에서는 이미 정치적 변혁이 진행 중이었다. 프랑스는 물론이고, 근대 의회 체제의 선구자로 평가받는 영국에서도 마찬가지였다.

의회 민주주의와 부를 통한 정계 진출

역사학자 프레데릭 C. 레인Frederick C. Lane에 따르면, 베네치아 공화국이 소수의 한정된 정치 엘리트들이 통제하는 형태인 '과두 정치의 정점'에 도달하여 최상위 부유층에 의해 지배된 시기는 바로 공화국이 무너지기 전 몇 년 동안이었다.[15] 이러한 이유로 혈통이나 부와 무관한 정치적 평등을 옹호하던 프랑스 혁명 정부는 베네치아 공화국을 혁명 정신에 반하는 국가로 규정지었고, 이는 공화국의 유구한 역사에 종지부를 찍는 한 요인이 되었다. 보다 포괄적으로 말하자면, 많은 학자들은 북서부 유럽이 다른 경쟁국들보다 경제적·군사적 성공을 거둔 데에는 상대적으로 개방적인 정치 제도의 발달이 중요한 역할을 했다고 강조해왔다. 최근 해석에 따르면, 의회는 중세 남부 유럽, 특히 12~13세기에 스페인이 무슬림 왕국을 몰아내는 과정에서 스페인 군주들이 새로운 신민과의 정치적 유대를 구축하기 위해 도입했다. 이후 의회 제도는 유럽의 여러 지역으로 확산되었으며, 특히 북유럽, 그중에서도 영국 그리고 북부 저지대 국가들과 스웨덴에서 발전했다. 이 같은 정치적 혁신은 국가의 조세 징수 능력을 향상시키고 궁극적으로 경제 성장을 촉진했다.[16] 경제사의 고전적 해석에 따르면, 영국의 경우 1688년 명예혁명이 국왕의 간섭 없이 의회 의원을 선출할 자유, 의회의 동의 없이 세금을 부과받지 않을 자유 등 국가 전역에서 특정한 권리를 보장한 것이 결정적이었다고 강조했다. 특히 세금 관련 조항은 영국에서 재산권 보호에 중요한 역할을 했으며 기업가 정신 자극, 민간 및 공공 대출 비용 감소 등 다양한 측면에서 경제 발전을 촉진했다.[17]

정치 시스템의 '개방성'이라는 측정하기 어려운 추상적 개념에서 벗어나, 18세기에 확산되기 시작한 제도 및 정치 변화가 부유층에게 어떤 의미를 지녔는지를 구체적으로 고찰해보면, 영국뿐 아니라 전통적이고 어쩌면 시대에 뒤처진 귀족 공화국에서도 하나의 중요한 공통점이 나타났음을 인정해야 한다. 중세 시기, 부유층은 정치 활동의 주변부로 밀려나거나 정부에서 완전히 배제당할 뻔한 경우가 종종 있었으며, 이러한 경향은 봉건 정치 제도에서도 만연했고 신흥 귀족으로 등장한 부자들을 배척하는 정책과 관행은 근대 초기까지도 지속되었다. 그런데 이제 그 부자들이 정치의 핵심 인물로 부상하고 있었다. 실제로 의회 제도 발달 초기 단계에서 평민이면서도 정치 생활에 참여하고 특정 공직을 염두에 둘 수 있는 이들은 오직 부유층뿐이었다.

비교적 개방적인 근대 초기의 정치 체제는 본질적으로 경제 엘리트들의 요구에 더욱 수용적이었을 가능성이 높다. 그러한 제도적 환경에서, 거상을 비롯한 기타 주요 경제 주체들은 대서양 무역을 필두로 생겨난 새로운 기회들을 최대한 활용할 수 있는 정책들을 추진할 수 있었다. 이를 통해 그들은 더 많은 부를 축적하고 정치적 영향력을 강화하는 조건을 확립함으로써, 자기 강화 메커니즘을 통해 정

치 제도를 자신들의 이익에 부합하도록 더욱 개방시켰다.[18]

이후 부유층의 정치 장악력은 유럽의 초기 민주주의 국가들에서 더욱 명확히 드러났는데, 이들 국가는 정치적 혜택을 부유한 남성들에게만 제한했다. 이는 19세기 유럽에서는 보편적인 흐름이었으며 선거권 규정을 통해 뚜렷이 나타났다. 일반적으로 선거권은 일정 수준 이상의 재산이나 소득을 보유하거나, 특정 금액의 세금을 납부한 사람들에게만 부여되었다.

예외는 극히 드물었는데, 그리스만이 1843년 혁명 이후 25세 이상의 모든 남성을 대상으로 보통선거권을 도입했다. 그 외에는 1789년 혁명 이후의 프랑스에서조차 투표권을 행사하려면 비록 기준액이 비교적 낮긴 했으나 최소한의 세금 납부가 요구되었다. 보통선거권은 1793년의 헌법 초안에 포함되어 있었지만 프랑스 제1공화국에서도 실제로 발효되지는 않았다. 그러나 19세기에 접어들면서 참정권 확대를 요구하는 목소리가 점점 커졌고, 이에 따라 유권자의 권리도 점차 확장되었다. 예컨대, 영국에서는 세 차례의 개혁을 통해 참정권이 점진적으로 확대되며 정치 제도가 획기적으로 개방되었다. 1831년에는 전체 성인 남성의 약 5.7%만이 유권자였으나, 1832년 개혁 직후 14.3%로 증가했고, 1867년 이후에는 27.8%, 1884년에는 거의 60%에 달했다.[19]

하지만 당시 정치 엘리트들이 이러한 개혁을 추진한 동기는 상당히 타산적이었던 것으로 보인다. 당시 영국 총리 찰스 그레이(그레이 백작 2세)는 1831년 이른바 '대개혁법 Great Reform Act'을 지지하며 다음과 같이 역설했다:

내 목표는 갑작스러운 변화와 격렬한 혼란으로 국가의 정착된 제도를 위태롭게 하지 않으면서도 대중의 기대를 충족시킬 개혁안을 제시하는 것이다. 나의 개혁 원칙은 혁명의 필요성을 방지하는 데 있다. 내가 따르고자 하는 행동 원칙은 전복이 아닌 보존을 위한 개혁이며, 그 이상도 이하도 아니다.[20]

학계에서는 서구 전반에 걸친 19세기의 정치 개혁이 사회 질서의 폭력적 전복을 방지하기 위해 엘리트들의 주도로 도입되었다는 견해가 광범위하게 수용되고 있다. 그러나 일부 학자들은 처음에는 남성에게만, 이후 20세기에 들어서는 여성까지 포함하는 보통선거권 획득에 이르기까지, 하층 계급과 그들의 행동을 조직하고 참정권 확대를 위해 분투한 정당들의 효과적인 활동에 주목한다.[21]

어떤 요인에서 비롯되었든, 20세기 초에는 상황이 획기적으로 변화했으며, 부유층의 정치적 지배력이 이전의 장구한 시기보다 현저히 약화되었다는 점은 명백하다. 서구 역사에서 흔히 그러했듯이, 군사적 환경의 변화 역시 중대한 역할을 담당했다. 대규모 징집 시대에 국가를 위해 목숨을 바치라는 요구를 받는 이들에게 투표권을 부여하지 않는 것은 사실상 불가능했을 것으로 여겨진다. 이런 맥락에서, 스웨덴에서는 1901년 모든 남성을 대상으로 한 보편적 징병제 법안이 도입된 직후, 사회민주당이 "한 사람, 총 하나, 표 하나"라는 선명한 구호를 내세우며 보통선거권 운동을 전개했고, 이는 1909년 남성 보통선거권 도입으로 결실을 맺었다.[22]

현대 서구 민주주의를 모든 시민이 투표권을 가지며 누구나 의

원으로 선출될 수 있고 정부 고위직에 오를 수 있는 체제로 정의한다면, 이는 사실상 20세기 이전에는 존재하지 않았던 정치 시스템을 의미하는 것이다. 19세기 초 유럽에서 의회와 정부는 부유한 엘리트와 여전히 영향력을 유지하던 전통적 귀족 출신의 정치 엘리트들에 의해 장악되어 있었으며, 19세기 말의 수십 년조차도 완전한 변화가 아닌 과도기에 불과했다. 세계대전, 이탈리아와 독일 파시즘에 맞선 투쟁 그리고 전후 소련이 제기한 정치적·이념적 도전이 복합적으로 작용하여 서구 대부분 지역에서 유례없이 개방적이고 평등한 정치 체제를 확립할 수 있는 역사적 조건이 형성되었다. 물론 부유한 사람들이 여전히 의회와 정부에 용이하게 진출할 수 있었던 것은 사실이지만, 더 이상 부만으로는 정치적 성공을 보장받을 수 없게 되었다.

그러나 서구 민주주의의 역사적 예외성을 인정하는 것은 미래에 대한 심각한 우려를 불러일으키기도 한다. 투표할 수 있는 능동적 권리와 공직에 선출될 수 있는 수동적 권리를 모두 포함하는 정치적 평등권의 원칙이 실제로는 선거가 소수 엘리트층의 특권으로 변질되는 현실을 쉽게 은폐할 수 있는 것이다. 이들은 경제력에 더해 현대사회에서는 정치 권력까지 행사하고 있으며, 광범위한 대중들은 초부유층이거나 그들의 지원을 통해 특권적 자원을 소유한 인물들의 영향력 아래 놓일 수 있는 것이다. 이러한 현실에 대한 우려는 최근 수십 년 동안 서구 전역에서 사회과학자들뿐 아니라 (대체로 진보 성향이 많지만 그렇지 않은 정치인들까지 포함한) 다수의 정치권 그리고 시민사회 곳곳에서 꾸준히 제기되고 있다.[23]

초부유층의 정치 참여를 어떻게 생각하든, 제2차 세계대전 후 수십 년 동안 대부분의 서구 국가에서는 초부유층이 국가 최고 권력의 자리에 오르기가 비교적 어려웠다. 하지만 1990년대가 되면서 이와 반대되는 흐름이 나타나기 시작했고 최근 몇 년 동안은 그 빈도가 눈에 띄게 증가하고 있다.[24] 이를 확인하기 위해서는 주목할 만한 인물들을 살펴보는 것이 유익한데, 초부유층 인사들이 고위 공직에 도전하기로 결정한 내면적 동기를 고려하는 대신 이들이 보유한 남다른 경제적 자산과 그 외의 귀중한 자원이 그들을 일반 시민들과는 완전히 다른 입지에 놓이게 했을 가능성을 알아보는 것이다. 이에 대한 논의는 이탈리아에서 네 차례나 총리직에 오른 실비오 베를루스코니로 시작하는 것이 적절해 보인다. 그는 앞서 이야기한 새로운 추세가 본격화되기 시작한 시기의 대표적인 사례일 뿐만 아니라, 초부유층 정치인으로서 언론에 대한 특권적 접근권을 가졌으며, 또 이를 이용해 유권자들에게 영향을 미쳤다는 비판을 받기도 했다.

베를루스코니는 밀라노의 중산층 가정에서 태어났으며, 그의 아버지는 은행원으로 시작해 나중에는 관리직으로 승진했다. 베를루스코니는 법학 대학을 졸업한 직후인 1961년 25세의 나이에 건축업자로 사업을 시작했다. 이후 그의 야망은 점점 커졌고, 1960년대에 이탈리아에서는 아주 혁신적인 프로젝트를 개발했다. 그것은 밀라노 외곽에 중산층 수요를 충족시키기 위한 대규모 주거 단지를 건설하는 것으로, 영국, 프랑스 등지에서 확산되었던 '뉴타운' 도시계획 운동의 영향을 받은 것이었다. 이 프로젝트는 1972년에서 1979년 사이에 건설된 '밀라노 2' 단지로 결실을 맺게 되었는데, 보행자들이 보도와 다리 시스템을 통해 차량과 마주치지 않고 단지 내 어디든지 걸어서 갈 수 있었고 풍부한 녹지 공간 그리고 주요 서비스의 현지 제공 등 당시로서는 여러 가지 획기적인 특징을 갖추고 있었다. 특히, 주민들은 당시로서는 최첨단 기술로 여겨지던 케이블 TV도 이용할 수 있었다. 이를 위해 베를루스코니는 자신의 지주회사 피닌베스트를 통해 텔레밀라노라는 새로운 방송사를 설립했으며, 처음에는 밀라노 2단지에만 방송 서비스를 제공했지만 나중에는 롬바르디아 전역으로 서비스를 확장했다. 이것이 베를루스코니가 언론계의 거물로서 경력을 쌓기 시작한 첫 번째 단계였다.

1980년, 베를루스코니는 이탈리아 공영 방송사 RAI의 독점 체제에 정면으로 도전하여 이탈리아 최초의 민영 전국 TV 채널인 Canale 5를 출범시켰다. 이는 꽤 성공적이어서 경쟁사들을 깜짝 놀라게 했는데, 그들은 리촐리와 몬다도리와 같은 기존의 대형 출판사들로 근래에 자체 민영 채널을 설립한 터였다. 베를루스코니는 결국 경쟁사들의 TV 자산을 모두 인수해 두 개의 전국 방송 채널을 추가함으로써 이탈리아 내 서비스를 확장할 수 있었다. 오랜 기간 공영 방송사로서 독점을 누리던 RAI는 거세게 반응해 1984년, 공공 우편 및 통신법을 발동해 방송 신호를 일부 차단하고 피닌베스트를 상대로 법적 소송을 시작했다. 이는 베를루스코니의 기업가 생애에서 최고의 난제였으며, 그는 문제 해결을 위해 강력한 정치적 인맥을 활용하기로 결정했다. 베를루스코니가 후원하고 있던 이탈리아 사회당 지도자이자 당시 총리였던 베티노 크락시가 직접 개입한 덕분에 모든 기소는 각하되었고, 향후 동일한 문제를 예방해줄 특별 법안까지 도입되었다. 기업 역사가 프랑코 아마토리의 견해에 따르면 이러한 사건들이 베를루스코니의 이후 정치적 행보에 영향을 미쳤다고 한다.

베를루스코니는 사업을 하며 늘 경제 활동을 규제하는 당국과 상대해야 했다. '밀라노 2' 단지의 건설 과정은 매우 복잡했지만, 그보다 훨씬 더 까다로웠던 것은 전국 TV 네트워크를 구축하는 과정이었다. 그러나 그는 이 모든 난관을 극복해내는 과정에서 반독점법이 이탈리아에서 제정된 적도 없고, 앞으로도 제정될 일이 없다는 듯이 행동했다. 베를루스코니는 정치적 지원을 받아 자신의 방송사 3개와 이탈리아 공영 방송 RAI의 양자 독점을 승인하는 법안을 확보해냈다. 이는 힘든 싸움이었으며 베를루스코니에게 국가와의 협조가 얼마나 중요한지 확실히 일깨워주었다.[25]

베를루스코니는 미디어 제국을 출범시키는 한편, 관련 산업인 광고 분야로도 사업을 다각화했다. 이를 위해 피닌베스트의 새로운 TV 채널들에 광고를 제공하는 푸블리탈리아 '80 Publitalia '80이라는 새로운 회사를 설립했다. 이 회사는 당시 이탈리아의 기존 광고보다 더 매력적이고 타겟 시장을 잘 조준한 광고를 제작하는 혁신적 사업 모델을 도입하여 곧 큰 성공을 거두며 막대한 수익을 내기 시작했다. 1994년 초, 공식적으로 정치 활동을 시작하기 전에 이미 베를루스코니는 초부유층에 속해 있었고, 《포브스》에 따르면 2001년에 그의 재산은 103억 달러에 달했다. 베를루스코니가 보유한 막대한 자산은 선거에서 그의 영향력을 극대화하는 역할을 했다. 당시 이탈리아의 6개 전국 TV 채널 중 3개를 소유한 것 외에도, 베를루스코니는

1990년 몬다도리와 그외 중소 출판사들의 지분을 인수하여 일간지 《일 조르날레Il Giornale》 같은 주요 뉴스 매체를 통제할 수 있게 됨으로써 출판 부문도 강력히 장악했다. 그는 유명한 축구팀인 AC 밀란도 소유하고 있었는데, 그가 구단주로 있는 동안 팀이 연이은 성공을 거두면서 베를루스코니는 뛰어난 성과를 내는 인물이라는 명성을 굳혔다. 마지막으로, 광고회사 푸블리탈리아 '80가 큰 역할을 했다. 이 광고회사는 베를루스코니의 새로운 정당 '포르차 이탈리아Forza Italia'의 출범을 실질적으로 주도했는데, 1994년 총선에서 공천 후보자들을 물밑에서 선발하고 육성했다고 알려져 있다.[26]

실비오 베를루스코니의 선거운동이 그의 미디어 제국의 지원을 받은 것은 사실이지만, 이탈리아의 '제1공화국' 말기에 생긴 정치적 공백을 그가 메우고 있었던 것 또한 사실이다. 당시 정당 체제는 '뇌물의 도시'라고 불리는 대규모 부패 스캔들에 휘말려 매우 혼란스러운 상황이었다. 이러한 정국 속에서 (시간이 지나면서 점차 중도우파로 기울어지긴 했지만) 그의 중도적 정치 성향, 또 많은 유권자들이 이탈리아 좌파를 불신했고 일부는 그들이 구 공산당의 정치적·이념적 전통과 지나치게 가깝다고 여겼던 것이 그의 성공 요인이라고 볼 수 있다. 1994년 5월, 베를루스코니는 총리로 취임했다. 포르차 이탈리아는 당시 투표에서 전체 유권자의 약 5분의 1의 지지를 받았는데, 지극히 분열되어 있던 이탈리아의 정치 상황에서는 의미 있는 성과였지만, 독자적으로 정부를 구성하기에는 충분하지 않았다. 때문에 그의 첫 번째 정부는 연정 내 불화로 인해 얼마 못 갔지만, 베를루스코니의 카리스마 넘치는 리더십 아래 중도우파는 2001년과 2008년 두 번의 총선에서 승리했다. 경제 범죄에 대한 비난, 금욕과는 너무나 거리가 먼 그의 사생활과 관련된 반복적인 스캔들 그리고 자신의 회사와 개인 자원을 계속 동원해 정치 활동 지원에 사용하는 것에 대해 대중들의 비판에도 불구하고, 베를루스코니는 수십 년 동안 이탈리아 정치에서 핵심적인 인물이었다. 프랑코 아마토리Franco Amatori는 그를 "국가에 도전한 기업가"라고 묘사했는데, 그가 정치 활동에 적극적으로 참여하던 시기에도 개인 재산은 계속 증가해 2005년에는 최고치에 도달했다. 《포브스》에 따르면 당시 그의 재산은 121억 달러로 세계에서 25번째 부자였다. 그의 재산은 2021년에는 76억 달러로 다소 감소했다.[27]

    이탈리아 국민들의 정치 체제에 대한 만족감이 비교적 높았던 기간에 자국에서 수 차례 자유 선거에서 승리한 실비오 베를루스코니 같은 인물의 정치 활동을 평가할 때는 개인적 선호에 의해 지나치게 치우치지 않도록 각별한 주의가 필요하다.[28] 그러나 베를루스코니의 집권 과정이 초부유층의 정치적 출세의 교과서적 사례라는 점은 의문의 여지가 없다. 최근 몇 년 동안, 다른 초부유층 정치 지도자들이 등장했다. 이들은 대개 기업가 출신으로, 늘 주장하듯이 자신들이 민간 기업에서 보여준 것과 같은 효율성을 공공 기관 운영에도 적용할 수 있는 적절한 자격을 갖추고 있다고 공언했다.

    그중 가장 잘 알려진 사례는 2017~2021년 미국 대통령을 지내고 2025년에 다시 미국 대통령에 선출된 도널드 트럼프일 것이다. 트럼프는 뉴욕의 부유한 가문 출신으로, 태어났을 때부터 이미 부자였다. 가문 창시자인 프레드릭 트럼프는 독일 출신 이민자로

1896~1899년 클론다이크 골드러시 당시 광부들을 위한 식당과 호텔을 운영했고 기타 특별 서비스를 제공하여 큰 돈을 벌었다고 한다. 그럼에도 불구하고 트럼프는 내내 자신을 자수성가한 사람으로 내세우며 열심히 일하고 능력이 있으면 누구나 엄청난 부를 이룰 수 있다는 미국 문화의 신화를 활용했다. 그러나 이 신화는 19세기 말 도금 시대에 이미 허구임이 밝혀졌으며, 오늘날 미국의 사회경제적 이동성이 다른 많은 서구 국가들보다 낮다는 강력한 증거에 비추어 보면 지금도 전혀 사실이 아니다.[29]

베를루스코니와 마찬가지로, 도널드 트럼프 역시 강한 정치적 분열을 불러일으킨 인물로 평가된다. 따라서 그의 기업가적 성과를 균형 잡힌 시각으로 평가하는 일은 쉽지 않다. 《포브스》 추산에 따르면 그의 재산은 2001년에는 약 17억 달러였으며, 2016년 대선 직전에는 46억 달러로 정점에 달했고, 2021년에는 약 24억 달러로 감소했다. 그의 재산을 감안한다면 그는 전반적으로 매우 성공적인 사업가였음은 분명하다. 트럼프는 가업인 부동산 개발 사업을 이어가는 동시에, 1980년대부터 자신의 이름인 트럼프를 다양한 사업에 라이선스로 제공하며 트럼프라는 브랜드 자체를 수익화하는 전략을 취했다(이러한 사업들 중에는 직접 소유하지 않은 경우도 많았다). 이 과정에서 베스트셀러 『거래의 기술』[30] 출간과 2004~2015년 사이에 방영된 인기 리얼리티 TV 프로그램 〈어프렌티스 Aprrentice〉의 공동 제작 및 진행이 결정적인 역할을 했다. 이 프로그램을 통해 트럼프는 미국 사회에 널리 자신을 알리고, 능수능란하고 강인한 협상가로서 어려운 결정을 내릴 수 있는 의지와 능력을 갖춘 인물이라는 평판을 용의주도하게 쌓아갔다. 그가 실제로 이런 자질을 갖고 있었는지와는 별개로, 트럼프는 미국 대통령에게는 그런 특성들이 매우 유용할 것이라고 주장했다. 이런 방식으로 그는 정치적 기반을 다졌고, 2016년 대선에서 힐러리 클린턴을 상대로 치열한 접전 끝에 승리하게 되었다(전체 득표수에서는 패배했지만, 선거인단 제도에 따라 대통령으로 당선되었다).[31]

실비오 베를루스코니처럼 도널드 트럼프도 '국가에 맞선', 성공한 기업가로 평가받는다. 그리고 그 역시 베를루스코니처럼 여러 경제적·정치적 범죄와 더불어 문제의 소지가 많은 사생활로 비난받아 왔다. 하지만 우리가 주목해야 할 점은, 트럼프의 막대한 부와 미디어와의 연관성이 그의 정치적 부상에 유리하게 작용했다는 (의심의 여지가 없는) 사실이다. 이에 대해, 미국 정치 시스템에서는 궁극적으로 개인의 부보다는 지지자들이 제공하는 정치 지원금이 더 중요하다고 반박할 수도 있다. 이는 또다른 문제로 이어지는데, 즉 본인은 초부유층이 아니라 해도 초부유층에게서 지원을 받거나 어떤 방식으로든 초부유층의 지지를 받는 정치인들에 대한 문제가 바로 그것이다.

앞서 언급했듯이, 베를루스코니는 정치인이 되기 전에 사회당 지도자 베티노 크락시를 지원했으며, 이를 통해 자신의 사업에 유리한 법안을 추진할 수 있었다. 이처럼 일부 정치인들이 초부유층의 지원을 받고 있다는 전반적인 우려가 서구 국가들에 퍼져 있다. 예를 들어, 프랑스에서는 2007년부터 2012년까지 대통령직을 맡았던 니콜라 사르코지와 2017년에 첫 임기를 시작한 에마뉘엘 마크롱이 매우 부유한 기업가나 금융인들의 지원을 받고 그들의 요구를 따르고 있다는 비판을 받아왔다. 특히 마크롱은 2017년 선거운동 기간 동안에 LVMH 명품기업 지주회사의 회장이자 세계에서 최고 부호 중 한 명인 베르나르 아르노의 지지를 받았다.《포브스》추정에 따르면 2021년 아르노의 순자산은 1,500억 달러로 세계 부호 순위 3위에 올랐다. 마크롱은 또한 아르노가 지배하는 미디어의 지원을 통해 덕을 본 것으로 보이는데, 여기에는《레제코 Les Echos》등 프랑스의 주요 신문들이 다수 포함되어 있다. 이 때문에 마크롱 비판자들은 그를 '초부자들의 대통령'이라고 부르고 있는데, 이에 비해 사르코지는 그저 '부자들의 대통령'이었다고 부를 만하다.[32]

이와 비슷한 사례들이 넘쳐나지만,[33] 문제의 본질은 분명하다. 공직에 출마하든 특정 정치인이나 정당을 지원하든, 초부유층은 선거 과정과 더 넓게는 정치 및 정부에 대해 예외적인 영향력을 행사할 수 있다는 것이다. 그런 의미에서 그들은 '인간들 사이에 존재하는 신', 혹은 민주주의 맥락에서는 '유권자들 중의 신'으로 불릴 만하다. 한편, 현대 민주주의의 근본 규칙 중 하나는 누구나 공직에 출마할 권리가 있고, 부자와 심지어 초부자들에게서도 그러한 권리를 박탈할 수도 없고, 해서는 안 된다는 것이다. 그렇게 한다면 우리가 지키고자 하는 정치 시스템의 기반 자체가 훼손될 것이기 때문이다. 고대 아테네나 중세 피렌체에서는 어느 정도 용인되었던 부자들에 대한 억제 조치가 오늘날에는 용납될 수가 없는 것이다. 또한 한편으로는 이런 질문도 가능하다. 만일 어떤 초부유층이, 특정 후보나 정당이 공공의 이익에 심각한 피해를 줄 수 있다고 진심으로 믿는다면, 유권자들로 하여금 그를 지지하지 않도록 설득하려는 노력을 기울이는 것이 과연 윤리적으로 바람직할 것인가? 그렇다고 해서 초부유층의 정치 관여가 옳다고 말하는 것은 아니다. 역사적으로 볼 때 그들이 고위 공직을 위한 경선에 나설 경우, 압도적인 재원을 통해 의도하든 의도하지 않든 정치 시스템을 망가뜨리지 않는다고 보장할 현실적 방법이 없기 때문이다. 이러한 관점에서 현대 민주주의는 특히 취약하다고 할 수 있다. 이는 초부유층이 자발적으로 자신들의 행동에 제약을 두어야 하는가와 관련된 복잡하고 미묘한 문제로 이 책의 결론에서 더 자세히 논의될 것이다. 물론, 이 모든 논의는 초부유층 인물들이 직접적 또는 간접적으로 정치에 관여하는 것은 진정으로 공익을 위해 봉사한다는 순수한 의도 때문이라는 것을 전제로 하고 있다. 만약 정치 참여가 사익을 추구하고 개인의 경제적 이익을 극대화하려는 동기 때문이라면, 이는 명백히 비난받아 마땅하다.

정치적 권력을 이용한 부의 축적

이제 역사적으로 부유층은 항상 정치적 권력에 특권적으로 접근할 수 있었다는 점이 명확해졌을 것이다. 특정 문화와 정치적 전통에 따르면, 이는 심지어 바람직한 것으로 간주되기도 했다. 아리스토텔레스에 따르면, 정치 활동에 가장 적합한 사람은 시간적 여유가 있는 사람들로 '미덕을 개발하고 정치적 의무를 수행하자면 여가가 필요하기 때문'이었고, 이런 관점에서 그는 장인, 상인, 농부는 모두 정치에 부적합하다고 보았다.[34] 아리스토텔레스에게 완벽한 정치인은 재산을 가진 사람이었으며, 이 견해는 19세기 많은 서구 국가에서 일반적이었던, 재산을 근거로 한 참정권 제한과 완벽히 일치한다. 이는 또 어떤 방식으로 정치 체제를 조직하는 것이 최선인가 하는 18~19세기의 논쟁에서도 계속해서 재등장했다. 예를 들어, 미국 건국의 주역들 중에서도 초대 미국 대통령 조지 워싱턴의 최측근이었던 알렉산더 해밀턴은 사회적 질서와 안정을 보장하기 위해서는 정치 권력이 부유한 사람들의 손에 있어야 하다는 입장을 옹호했다.[35] 물론, 아리스토텔레스나 해밀턴 두 사람 모두 '초부유층'이 정치에 특히 적합하다고 생각한 것은 아니었다. 그들은 단지 어느 정도 개인 재산이 있는 것이 정치적 압력에 맞서 독립성을 유지하고 진정으로 공익을 추구하는 데 도움이 된다고 생각했던 것이다. 아무튼, 영토가 광대했던 19세기 미국에서 상대적으로 고른 부의 분배가 효과적인 민주주의 시스템을 가능하게 했다는 견해는 알렉시 드 토크빌을 포함하여 당시의 많은 정치 이론가들이 동의하는 바였다. 또한 바로 그 이유 때문에 부의 과도한 집중을 방지하기 위한 조건을 확립하는 것이 미국 독립 혁명 지도자들의 주요 관심사였다.[36]

흥미롭게도, 예를 들어 미국의 세 번째 대통령이 된 토머스 제퍼슨을 포함하여 많은 이들이 정치 체제로 인해 과도한 부의 불평등이 발생할 가능성을 우려했는데, 이는 역사학자 제임스 L. 휴스턴의 '귀족주의 정치경제학'을 근거로 한 것이다.

> 1780년대의 미국인들에게 귀족주의는 공화주의의 적으로 인식되었으며, 19세기에 이르러서는 대중적 광기로까지 발전했다. 공화주의는 정치적 평등에 기반을 두었으며, 귀족주의는 특혜, 계급 제도, 특권에 기

반을 두었기 때문이다. … 18세기 후반 유럽을 여행한 미국인들에게 가장 인상 깊었던 유럽 사회의 특징은 극악한 부의 불균형이었다. … 그래서 미국인들은 유럽 사회의 두 가지 특징을 연결시켜 인과 관계를 설정했다. 계급 사회제도와 소수에게 특별한 이익을 주는 귀족주의가 유럽사회를 지배하고 있기 때문에 유럽에는 귀족들에게 유리한 부의 불균형이 존재했다. 따라서 귀족주의 사회제도가 불평등과 부의 불균형을 초래한 것이다. … 정치적 통제력을 지닌 귀족들이 노동의 결실을 착취하고 부를 축적함으로써 대다수 사람들을 빈곤으로 내몰았다. 헌법이 작성될 무렵, 학식 있는 미국인들 사이에서는 부의 불균형이 거의 전적으로 정치적 행위의 결과라는 인식이 뚜렷이 자리 잡고 있었다.[37]

부의 불평등이 등장하고 부자 귀족주의가 정착되는 것을 방지하기 위해, 제퍼슨과 같은 생각을 가진 미국 정치 사상가들은 작은 정부를 주장했다. 낮은 세금, 작은 관료 조직 그리고 경제적 자유방임주의를 통해 정치 체제 자체가 불평등한 부의 재분배를 이룰 수 있는 자원을 확보하지 못하도록 만들어야 한다고 본 것이다. 그러나 3장에서 보았듯이, 이 계획은 실패했다. 19세기 말부터 미국에서도 '부의 귀족층'이 나타났기 때문이다. 휴스턴에 따르면, 1880년에서 1920년 사이 대기업의 부상은 대대적인 '의식의 전환'을 일으켜서 부의 불평등은 더 이상 정치와 정부 통치의 결과가 아니라 통제되지 않은 자본주의의 산물로 여겨지게 되었다.[38] 하지만 이 책의 목적상, 특히 공화주의와 민주주의 체제에서 정치가 부로 가는 길이 될 수 있는지에 대한 문제는 좀 더 깊이 논의될 필요가 있다. 근대 이전의 군주제와 제국의 경우에는 그런 상황이 논란거리가 되지도 않기 때문이다.

약 3,000년 전에 쓰인 '바빌로니아 신정론Babylonian Theodicy'이라는 시에는 "왕은 부와 함께 걷는 이"라는 구절이 있는데, 이는 왕이라는 정치적 권력에 쉽게 접근할 수 있는 사람들은 남다른 부의 축적 기회를 누린다는 뜻이다.[39] 하지만 정치적 평등을 포함하여 시민들 사이의 실질적 평등 원칙을 기반으로 세워진 현대사회의 정치 체제는 그런 방식으로 작동해서는 안 된다. 어떤 정치 체제든 부패를 완전히 근절할 수 있다고 생각하는 것은 순진한 발상이다. 그렇기에 중요한 것은 정치 또는 정치인들과의 관계를 통해 부를 축적할 수 있는 구조가 형성될 수 있는 역사적 상황과 제도적 틀이 무엇인지 알아보는 일이다. 그런 축재는 대부분 부패 혹은 공공 자원을 부적절하고 불법적으로 관리한 결과이기 때문이다.[40]

유감스럽게도 정치적 부패는 본질상 과거나 현재 어떤 사회에서도 정확히 측정하기가 어렵기 때문에 이에 대해 비교할 수 있는 자료를 제공하는 것은 현재로서는 불가능하다. 하지만 초부유층은 말할 것도 없고 부유층이 되기 위해서는 정치적 연줄이 매우 유용하다는 것에 대해서는 상당한 증거가 마련되어 있다. 베를루스코니가 당시 이탈리아 총리였던 베티노 크락시의 정치적 보호를 이용해 자신의 방송 제국을 구축했던 것처럼 말이다. 좀 더 일반적으로 보자면, 많은 초부유층 기업가들의 전기를 비교한 연구는 20세기와 그 이후 서구에서 정치적 연줄이 부를 향한 경로에 필수는 아니더라도 반복적으로 등장하는 특징임을 시사한다.[41] 그런 연줄들이 대가 없이 주어지는 경우는 드물지만 초부유층에게는 상대적으로 '저렴하게' 느껴질 수 있다. 게다가 부패를 정당화하고자 하는 시도는 오래전부터 있어 왔다. 1877년 미국 철도 거물 콜리스 포터 헌팅턴Collis Potter Huntington은 이렇게 주장했다. "옳은 일을 하기 위해 (정치인에게) 돈을 줘야 한다면, 그렇게 하는 게 그저 정당하고 공정하다. … 만약 (정치인이) 큰 해악을 끼칠 권력을 가지고 있고, 뇌물을 받지 않고는 올바른 일을 하려 들지 않는다면, 내 생각에는 … 가서 뇌물을 주는 것이 마땅한 의무다."[42]

물론 이는 무엇이 옳은가에 대해 부유한 산업가가 선출된 정치인보다 더 나은 판단력을 가지고 있다는 것을 전제로 한다. 물론 정치인들 중 일부는 뇌물을 기꺼이 받아들였다는 사실도 부정할 수 없다. 미국 도금 시대의 또 다른 초부유층이었던 윌리엄 H. 밴더빌트는 1882년에 이런 독설을 날렸다. "정치인을 매수하고자 하면, 항상 반독점주의자가 제일 매수하기 쉽다. 그들은 그리 비싸지 않다."[43] 밴더빌트는 뉴욕 센트럴 철도회사를 소유하고 있었고, 회사가 위치한 뉴욕 주 의회에서는 철도 산업 관련 독점 규제법을 회피하거나 아예 없애는 것이 매우 쉬운 일이었다. 이는 '블랙호스 기병대'라는 초당적 부패 정치가들이 존재했기 때문이다. 그들은 한 표당 5,000~1만 달러(2020년 기준 약 13만 1,000~26만 2,000달러)를 받고 특정 회사에 유리한 법안을 통과시킬 준비가 되어 있었다. 반대로, 이 파렴치한 정치가들은 특정 회사에 불리한 특별법을 도입하겠다며 그 회사들을 협박하기도 했다.[44]

이처럼 초부유층이 정치인에게 뇌물을 주거나 아니면 정치인들이 뇌물을 받거나 요청해 부를 축적한 사례는 과거와 현재의 서구 사회에서 불행히도 많이 찾아볼 수 있다. 특히 최근 몇십 년간 경제 자원이 점점 더 소수에 집중되며 이런 문제에 대한 우려가 시민사회 영역에서 확산되었다. 전례 없는 규모의 막대한 재산을 개인이 소유하게 되면서, 더 많은 초부유층이 직접 고위 공직에 출마해 앞서 이야기한 온갖 위험을 가져오게 될지 모른다는 우려를 불러일으키듯이 직업 정치가들이 점점 더 부자 엘리트들의 의지에 따라 움직이게 될지도 모른다는 두려움 역시 확산되고 있다.[45] 한 조사에 따르면, 전 세계적으로 정치와 연결된 억만장자의 재산 규모는 1980년대에서 1990년대 사이에 두 배로 증가했으며, 1996년에는 전체 억만장자들의 총 재산 중 최소 11%를 차지한 것으로 나왔는데, 실제 수치는 이보다 훨씬 더 높을 수 있다.[46]

유럽에서는 구 공산권 국가들의 상황이 주목을 받았다. 1989년 베를린 장벽 붕괴 이후 공산권이었던 나라의 국영 기업들을 재빨리 장악한 이른바 올리가르히oligarchs(과두 재벌)들의 정치적 연줄에 대한 연구가 상당히 많이 이루어졌다. 러시아 석유 재벌 블라디미르 예프투셴코프는 2014년 자금 세탁 혐의를 받았을 때 다음과 같이 명쾌한 발언을 남겼다. "당신의 사업 규모는 당신의 정치적 영향력 규모와 일치해야 한다. 만약 정치적 영향력이 사업 규모보다 작다면 사업을 빼앗길 것이다. 만약 정치적 영향력이 사업보다 크다면, 당신은 정치인이다."[47]

예프투셴코프는 러시아라는 특정 맥락에서 이야기하고 있었지만, 그래도 그의 발언은 초부유층이 돈을 위해 정치적 영향력을 획득하는 행위를 어떻게 정당화시킬 수 있는지를 보여주는 또 하나의 사례다. 이 논리에 따르면, 일을 성사시키기 위해서는 법과 제도든 아니면 사회·경제적인 것이든 현 체제의 저항을 극복하기 위해 정치적 지원이 필요하다는 것이다. 하지만 이 주장은 여러 가지 이유에서 결함이 있는데, 그중 하나는 그런 식으로 정치 체제를 이용하는 것은 체제를 더 악화시켜 공동체에 경제적으로 부정적인 결과를 초래할 수도 있다는 점이다.[48] 4장에서 소개된 경제학자 조지프 슘페터의 정의에 따르면 기업가는 혁신에 따르는 저항을 극복할 수 있는 사람이다. 하지만 슘페터는 기업가의 도구에 부패를 포함시키지 않았으며, 기업가적인 '창조적 파괴'의 중요성을 논할 때 민주주의 제도의 파괴를 이야기하지도 않았다. 이론적으로 민주주의 제도야말로 모두에게 성공하고 부유해질 기회가 주어지는 공정한 경쟁의 장을 보장하는 데 필수적이기 때문이다. 따라서 규칙을 지켜가며 어려움을 극복해내는 데 실패하고 돈으로 얻은 정치적 지원을 이용해 장애물을 우회하려는 기업가는 부자로 성공할 수는 있지만 좋은 기업가로서는 실패한 것이다. 결국, 그러한 기업가는 오늘날 서구 사회가 모든 '자수성가' 초부유층 인물들에게 기꺼이 부여하는 영웅적이고 때로는 낭만적인 인물로 내세워질 자격이 없다.[49]

    동유럽 올리가르히들의 사례는 초부유층 정치인이 종종 내세우는 주장에 대해 경계심을 가질 필요가 있음을 잘 보여준다. 즉, 그들은 이미 막대한 부를 가졌기 때문에 새로 획득한 정치 권력을 더 부유해지는 데 사용하지 않을 것이며 공공의 자원을 훔치고자 하는 유혹에도 면역이 되어 있다는 것이다. 마치 그런 유혹은 가난한 정치인들에게나 해당되는 문제라는 식이다. 하지만 상황에 따라서는 정치에 입문하는 것이 재정적 혹은 사업상 어려움을 해결하거나 더 많은 부의 축적을 막는 장벽을 넘는 쉬운 방법으로 인식될 수도 있다. 앞서 보았듯이, 실비오 베를루스코니는 공직에 있는 동안 재산을 크게 늘렸으며, 그의 정계 입문 결정은 그의 지주 회사인 피닌베스트를 파산으로부터 구하기 위한 것이라는 소문이 나돌았다. 하지만 그는 2000년에 이렇게 말했다. "이탈리아 최고의 부자가 나라를 다스리길 원하는 것은 더 부유해지고 싶어서가 아니라 국민들의 완전한 신뢰, 애정, 사랑 그리고 존경을 원하기 때문이라는 것을 대부분의 국민들은 안다."[50] 베를루스코니가 피닌베스트의 재정적 어려움이나 공직과 관련된 활동으로 인해 유죄 판결을 받은 적이 없기 때문에 성급한 판단을 내리는 것은 조심스럽다. 하지만 정계에 들어가기로 결정한 초부유층의 동기에 대해 열린 마음을 가져야 하는 한편, 동시에 초부유층이 정치적 영향력을 발휘해 제도를 자기들에게 유리하게 조절하는 여러 방법에 대해서는 눈을 크게 뜨고 있어야 한다. 그중에는 제도적 틀을 특정 방향으로 밀어붙이는 것도 포함되는데, 예를 들어 부유층에 유리한 조세 제도를 추진하는 것이 바로 그것이다.

정치와 과세

바람이 모래를 한 곳에서 다른 곳으로 옮기듯이, 피렌체의 부는 전쟁을 빌미로 한 세금이라는 이름으로 힘 없는 시민들로부터 권력 있는 시민들에게로 이동한다.[51]

15세기 피렌체 연대기 작가 조반니 카발칸티Giovanni Cavalcanti는 피렌체가 거대한 정치 권력을 가진 시민들에게 혜택을 주는 조세 제도를 시행하고 있다고 비판했다. 그의 저서『피렌체 역사Istorie Fiorentine』는 감옥에서 집필된 것으로, 카발칸티가 밀라노와의 전쟁 자금 조달을 위해 피렌체 시민에 부과된 특별 세금을 납부하지 못해 수감된 것에 대한 개인적인 분노가 일부 반영되었음은 분명하다. 그러나 다른 역사학자들도 그와 마찬가지로 르네상스 시대 피렌체의 조세 제도가 전반적으로 "현대의 어떤 기준으로 보더라도 말도 안 되게 역진적"이었다는 데 동의하고 있다.52 이는 체계적으로 가장 부유한 계층, 특히 카발칸티가 지적한 대로 '정치적으로 가장 강력한 부유층'에게 유리했다는 의미다.

산업화 이전 시대 조세 제도가 부의 분배에 미친 영향이 특정 연구 과제가 된 적은 드물지만 중세 말기부터 근대 초기까지 서구 전역에서 조세 체제는 한결같이 역진적이었다는 것은 확실하다. 그 이유로는 특정 계층, 기본적으로는 귀족들에게 주어진 조세 특권, (자신들에게 유리한 조세 규정을 도입한) 도시 지배 엘리트들에 비해 상대적으로 높은 농촌 주민들의 과세 부담 그리고 소비와 관련된 간접세 비중이 높다는 것을 들 수 있다. 특히 간접세는 최소한의 사회적 품위를 유지하거나 아니면 단순히 생존하기 위해 소득을 다 써야 하는 계층에 늘 불리하게 작용했다.

이런 조건들과 그외 다른 역진적 조세 자료들을 고려한 베네치아 공화국에 대한 최근 연구에 따르면, 1550년경 중앙정부에 납부하는 소득세율이 부유층 상위 5%는 3.9~4.4%였던 반면, 사회 계층이 내려갈수록 한결같이 증가해 최하위 빈곤층 10%는 5.4~6%에 이르렀다. 이 추정치가 연간 일반 과세라는 점을 고려하면 이는 상당한 차이다. 이후 몇 세기 동안, 소득 분포의 양극단에 대한 세율 격차는 1인당 세금 부담 증가에 비례해 늘어나며 더욱 벌어져, 1750년경에는 상위 5%의 세율이 6.6~7.6%인 반면, 최하위 빈곤층 10%는 9.3~10.3%를 내야 했다.[53]

2장에서 살펴보았듯이 역진적인 1인당 조세의 증가는 근대 초기 유럽에서 두드러진 역사상 가장 심한 부의 집중에 크게 기여한 것으로 보인다. 이러한 과정은 네덜란드 공화국처럼 경제가 번영하던 지역뿐 아니라, 17세기 중반부터 베네치아 공화국을 포함해 경기 침체를 겪던 지역에서도 마찬가지였다. 카발칸티에 의하면 이 과정을 촉진한 것은 전쟁이었다. 전쟁 수행 비용이나 영토 방어를 위한 비용이 증가하면서 세금 인상이 당연시되었고, 이에 따라 조세 체제가 경제적 자원을 더욱 집중시키는 결과를 초래했다.[54] 이 세금을 통해 얻은 자원은 군사비 외에 전쟁 자금을 급히 마련하느라 누적된 공공 부채 상환에도 사용되었는데, 이 역시 불평등을 더욱 심화시켰다. 한편, 불평등을 줄일 수 있는 '사회적' 지출은 극히 미미해 17세기 내내 베네치아 공화국 연간 예산의 0.1~0.5% 수준이었던 반면, 군사비는 40~60%, 공공 부채 상환 비용은 15~40%를 차지했다.[55]

이 과정의 정치적 측면을 살펴볼 때는 두 가지를 추가로 주목해야 한다. 첫째, 사회·경제적으로 가장 약한 계층을 체계적으로 혹사하는 것으로 보이는 체제와 비교적 안정적인 사회가 어떻게 양립할 수 있었는지 궁금해할 수 있다. 이 질문에 답하려면 산업화 이전의 유럽 사회가 스스로를 '구조적으로 불평등한 사회'로 인식하고 있었다는 사실을 이해해야 한다. 이런 문화적 맥락에서는 계층에 따른 차별 대우를 잘 인지하지 못했거나, 설령 알아차렸다 하더라도 큰 문제가 되지 않았다.[56] 이러한 상황에서 결과적으로 재정 능력이 높은 부유층이 빈곤층보다 절대 금액에서는 더 많은 세금을 납부하기 때문에 세율이 정당하다고 여겨진 것이다. 1550년경 베네치아 공화국에서는 상위 5%가 전체 세수의 47~49%를 부담했으며, 1750년경에는 58~59%로 증가했다. 그러나 그들이 낸 세금이 그들의 경제적 자원 점유율과 비례하지 않는다는 사실은 간과되거나 은폐되는 경우가 많았다.[57]

한편 경제적 자원을 명목상 소유하고 있는 것과 그것을 모두 소유주들(부자들) 마음대로 사용할 수 있느냐는 다른 문제였다. 즉 부유층이 점점 더 많은 자원을 소유하게 될수록 빈민층의 고통과 굶주림 그리고 그 결과 일어날 수 있는 폭동과 반란 같은 사회적 불안을 방지하기 위해서는 일정 수준 이상의 자선 활동을 통해 사회에 자원을 되돌려줘야 했기 때문이다. 또한 심각한 위기 상황에서는 부유층이 사재를 털어 공공의 필요에 기여할 것이 기대되었으므로, 부유층이 15세기 투스카나의 작가 포조 브라치올리니Poggio Bracciolini의 표현대로 공공의 '돈 곳간' 기능을 제대로 수행하자면 풍년에는 그 곳간을 가득 채울 필요가 있었다. 이러한 관점에서 특정한 사회 및 정치 조직 형태에서는 역진적 조세 체계가 유용했다고 볼 수 있다.[58]

그럼에도 불구하고, 그런 조세 체제가 공동체 전체의 이익을 위한 것이었다고 쉽게 인정하고 넘어가서는 안 된다. 이들 국가의 경제적·정치적 자원의 분배가 극도로 불균등했음에도 제 기능을 하고 장기간 살아남을 수 있었던 것은 사회적·정치적 안정을 달성하기 위한 필수 조건으로서 모든 사람에게 기본 필수품에 대한 접근을 보장했기 때문이다.

둘째, 지역적 편차는 있지만 산업화 이전 유럽 전역의 역진적 조세 체제는 수 세기 동안 형성된 정치 엘리트 계층에 제도적으로 유리하게 만들어진 것이며, 이 정치 엘리트는 점차 부유층과 겹치는 추세를 보였다. 이는 베네치아 공화국이나 네덜란드 공화국 같은 귀족 '공화국'에서 더 두드러졌을 것이다. 하지만 이 장의 시작 부분에서 언급한 것처럼, 서유럽 전역에서 의회 제도의 확산과 함께 부유층의 정치 장악은 점차 강화되며 19세기까지 계속되었고, 완전한 정치적 권리를 부여받기 위해서는 부가 대표적인 조건이 되는 최초의 민주주의가 등장했다. 따라서 유럽의 심한 경제적 불평등이 정치와 통치의 산물이라는 당시 미국의 혁명 지도자들과 정치인들의 주장은 어떤 의미에서는 그다지 틀린 게 아니었다. 그런 불평등은 물론 특정한 정치적·제도적 틀의 결과이기도 했는데, 이는 그 틀이 수 세기 동안 부유한 엘리트 계층에 의해 형성되었기 때문이었다.

앞서 보았듯이, 19세기 말이 될 즈음에 미국 정치인들은 경제적 불평등의 원인에 대한 관점을 바꾸었다. 다른 서구 국가들, 특히 유럽 대륙과 비교해 미국 정치에 작은 정부를 선호하는 경향이 여전히 남아 있었지만, 세금을 더 높이는 것이 불평등 상승으로 이어진다는 주장을 하는 사람은 거의 사라졌다. 오히려 누진적 조세 체제에 익숙해지다 보니 그것이 인류 역사에서 비교적 최근에 등장한 개념이었다는 것을 자주 잊곤 한다. 2장에서 이야기했듯이, 서구에서 조세 제도가 역진세에서 누진세로 전환된 것은 19세기 말에서 20세기 초 사이였다. 동시에 사회적 지출이 증가하고 정부가 수행하는 기능이 확대되며 마침내 최초의 복지국가들이 등장하게 되었다.[59] 이 과정은 또한 점진적인 선거권 확대를 동반했는데, 두 차례의 세계대전은 복지국가의 탄생과 누진세의 정당화에 중요한 역사적 계기가 되었다. 정치학자 데이비드 스태서비지David Stasavage는 이렇게 말했다. "전쟁을 위한 대규모 동원 상황에서, 정치적 좌파는 공정성에 입각한 급진적 누진 과세를 주장할 수 있었다. 노동력이 징발의 대상이 되어야 하면 자본 역시 마찬가지여야 했다."[60]

물론, 정치 체제에 따라 상황은 다를 수 있고 이데올로기는 부유층에 유리한 정책을 추진하는 동시에 대중 동원에 도움이 될 수도 있었다. 두 차례의 세계대전 사이에 독일과 이탈리아에서 등장한 전체주의 정권이 그 예라고 할 수 있다.[61] 그럼에도 불구하고, 역사상 가장 누진적인 개인 소득세와 가장 높은 상속세율이 도입된 것은 제2차 세계대전 직후로, 서구 거의 모든 지역에서 민주주의를 복원하는 상황 속에서 이루어졌다. 1975년까지도 일부 국가들(이탈리아, 미국, 영국 포함)에서는 근로소득의 최고 세율이 70% 이상이었다. 이 시기는 또한 서구 민주주의 역사상 정치에 대한 부의 영향력이 비교적 제한되었던 때로 볼 수 있다.[62]

최고 소득세의 역사에 대한 개요는 이미 2장에서 설명했고, 1970년대 후반부터 시작된 정치와 조세 정책의 변화가 부유층의 부를 급속히 축적시키는 국면을 초래하고 지금까지 이어지는 데 중요한 역할을 했다는 점도 이미 여러 차례 언급했다. 이 장의 목적을 위해서는 보다 좁은 질문에 초점을 맞추는 것이 필요한데, 정치를 이런 방향으로 전환시키는 데 부유층이 어느 정도 기여했는가 하는 점이다. 다시 말해 오늘날 서구 전반에서 나타나는 조세 체제가 어느 정도나 최상위 부유층들의 이익을 도모하기 위해 조성되었는가를 묻는 것이다.

지난 수십 년간의 조세 개혁이 최고 소득자들과 최대 재산 보유자들에게 유리했다는 것에는 별 의심의 여지가 없다. 실제로, 이러한 개혁을 옹호하는 이들은 그것이 바람직한 분배 결과를 초래한다는 것이 아니라, 더 빠른 경제 성장을 가능하게 하여 궁극적으로 모두에게 혜택을 준다는 점을 강조한다. 그 주장의 사실 여부도 의심스럽지만,[63] 설령 그 주장을 받아들인다 하더라도, 그 기간 동안 부유층이 정치 시스템에 대한 지배력을 적극 강화했는지를 고려해야 한다. 그들이 내세운 경제 성장이라는 결과와는 별개로, 그들의 정치 지배 자체가 현대 민주주의의 특징인 정치적 평등이라는 이상과는 상충되기 때문에 바람직한 것으로 볼 수 없다.

우리가 주목하는 조세 개혁의 유형, 즉 최고 세율의 대폭 감소를 포함한 개인 소득세율의 인하 그리고 상속세의 대폭 축소 또는 폐지를 포함하는 조세 간소화 정책은 1908년대 이후 우파 정당들의 주요 공약으로 자리 잡았다. 미국의 로널드 레이건과 영국의 마거릿 대처가 이러한 개혁을 강하게 추진한 바 있다. 이탈리아의 경우, 이러한 성격의 조세 정책은 1994년 실비오 베를루스코니가 상대적으로 누진적인 개인 소득세를 약 30%의 단일 세율로 대체하자고 주장하여 선거에서 승리한 이후 중도우파 연합의 대표적인 공약이 되었다. 베를루스코니는 집권 후에는 비교적 완화된 세제 개혁을 추진했지만, 그래도 이탈리아 조세 제도의 누진적 성격은 약화되었다. 이탈리아 중도우파 정당들은 오늘날까지도 단일 세율을 반복해 제안하고 있는데, 단 2022년에 제안된 목표 세율은 23%로 훨씬 낮아졌고, 극단적으로 15%로까지 하향 조정한 안건도 있었다. 미국에서는 도널드 트럼프가 2017년 세제 개혁을 통해 개인 소득세 구조를 수정했는데 이는 특히 최고 소득층에 유리하게 작용했으며 상속세 면제 한도를 560만 달러에서 1,120만 달러로 크게 확대했다. 이러한 조치들은 모두 2025년까지 유효하지만 원칙적으로 갱신이 가능한 한시적 조치로 도입되었는데, 이는 분명 민주당의 필리버스터를 피하기 위한 것으로 보인다.[65]

국가 혹은 정부 수장이 초부유층이라면, 부유층에 유리한 세제 개혁이 추진될 경우, 그 동기를 의심하지 않을 수 없다. 그러나 대부분의 경우, 부유층은 직접 공직에 출마하는 것보다는 훨씬 덜 직접적인 방식으로 정치에 영향을 미치려 한다. 그들은 정치 운동, 싱크탱크, 행동 단체 또는 특정 정책에 반대하는 시위 운동에 자금을 지원하거나, 심지어는 정치인을 매수하는 등의 불법활동을 벌이기도 한다. 이들이 영향력을 높이는 방식은 서구 각국의 특정 정치적·사회적 상황이나 체제에 따라 다르며, 거대 자금의 정치적 영향력은 서로 상반된 정강을 지지할 수도 있다. 모든 사람과 마찬가지로, 부자의 선택과 선호는 개인적 신념과 이념에 의해 형성되므로, 그들이 반드시 자신을 더 부유하게 만들 정책을 추진할 것이라고 단정할 수는 없다.

이는 자산이 보잘것없는 사람들 중에서도 많은 이들이 명백히 부유층에 유리한 선거 정책을 내세우는 정치 연합을 지지하는 것과 마찬가지다.

2005~2014년에 이루어진 독일에 대한 연구를 통해 부자들의 정치적 견해가 개인적으로는 각기 다르지만, 그래도 평균적으로 일반 사람들보다 (특히 경제 정책과 관련해서는) 우파 성향이 강하고 이는 더 부자일수록 더 강해진다는 것을 확인할 수 있다. 흥미롭게도, 개인의 정치적 태도를 형성하는 데는 소득보다 재산이 더 큰 역할을 하며,[66] 전반적으로 초부유층은 정치적으로 우파 또는 중도우파 입장을 나타낸다는 강력한 역사적 증거 또한 확인할 수 있다. 예를 들어, 미국에서는 19세기와 20세기 초에 태어난 초부유층 중 73%는 공화당원이고 겨우 24%만이 민주당원이었던 것으로 추정된다. 이는 1980년대에 공화당 선거운동 모금액이 민주당보다 훨씬 더 많아 의회 선거에서 2대 1의 비율로 앞선 것을 설명해준다. 21세기에 접어들며 이러한 격차는 상당히 줄어들었지만,[67] 서로 다른 정치 진영에 막대한 자금이 유입되는 구조는 정치 체제에 문제를 일으킬 수 있다. 많은 돈을 후원한 기부자의 의견이 일반 유권자의 의견보다 더 크게 반영될 수 있기 때문이다.[68]

문제의 복잡성과 불투명성을 고려할 때 우리가 할 수 있는 최선은 결과를 통해 최근 몇 년간의 정치 체제가 어떻게 작동했는지를 평가하는 것이다. 일단 부유층에게 친화적인 세제 개혁이 확산된 것은 분명하다. 이 새로운 정책들의 확산은 레이건이나 대처 같은 카리스마 있는 혁신가들에 대한 모방을 통해 이루어졌다. 예를 들어, 세금 구간의 세밀한 조정이나 최고 세율 시행 등의 특정 관행에서 벗어나 이념적으로 그리고 어느 정도는 과학적인 맥락에서 이루어졌다. 이러한 흐름은 정치적 좌파에게도 영향을 미쳤으며, 5장에서 설명된 금융 규제 혁신의 확산과도 여러 연관성을 지닌다.[69] 그럼에도 불구하고 이와는 별개로, 최근의 조세 개혁은 정치에 대한 부의 영향력이 강화되었기 때문에 이루어졌을 가능성이 매우 높으며, 이는 앞서 논의한 정치적 권력과 경제적 권력의 상호 연결성이 점점 더 증가하고 있다는 사실과 맥을 같이한다.

그렇다면 최종적으로 왜 부자들은 세금을 많이 내는 것에 그렇게 반대하는가라는 질문을 해볼 수 있다. 그 답은 당연해 보일 수 있지만, 문제는 부유층, 특히 초부유층 중에서 세금에 대한 반감을 그냥 단순히 탐욕 때문이라고 설명할 사람은 별로 없다는 점이다. 대신, 그들은 정부와 국가에 대한 광범위한 불신과 공공 기관의 사회 문제 해결 능력에 대한 회의론을 내세운다. 그래서 초부유층 중에서 사회적 책임 의식이 강한 이들조차도, 세금을 내기보다는 자선 활동에 재산을 기부하여 세금을 회피하려는 경향을 보인다(9장 참조). 어쨌든 많은 초부유층들이 주장하듯이 그들은 이미 절대액으로는 그 누구보다도 훨씬 더 많은 세금을 내고 있다. 이는 마치 17세기 베네치아 귀족의 입에서 나왔을 법한 발언인데, 단 과거의 그 귀족은 자신이 누리는 세금 우대 특권에 대해 별달리 정당성을 주장할 필요를 느끼지 않았을 것이다. 같은 논리를 통해 현대의 초부유층은 탐욕스럽고 무능해 보이는 정부를 상대로 한 세금 회피나 탈세는 어느 정도 (도덕적으로) 허용될 수 있다는 결론에 도달할 수 있다. 이러한 태도가 초부유층의 '숨겨진 자산' 추정치가 시사하는 엄청난 탈세의 이유를 설명하는 데 도움이 될 수 있다. 예를 들어, 영국에서는 19세기 말부터 2016년까지 부유한 가문들이 총 재산의 3분의 1 이상을 은닉한 것으로 추정된다.[70]

세금 회피 및 탈세는 마땅히 비난받아야 한다. 그러나 부유층의 도덕적 결함을 지적하는 것보다 더 중요한 것은, 그들이 세금을 회피하려 하거나 세제 개편을 추진함으로써 실제로는 그들 자신의 사회적 지위를 스스로 약화시키고 있다는 점을 인식하는 것이다. 지금까지 살펴본 바와 같이, 서구 문화에서 부유층이 사회에 자리 잡을 수 있었던 것은 그들의 사유 재산이 공공의 이익에 도움이 된다고 인식되었기 때문이다. 즉, 자선이나 기부 때문이 아니라, 공동체가 추가적인 자원을 필요로 할 때 기꺼이 거액의 세금을 납부함으로써 그들의 필요성을 입증한 것이다. 전쟁, 기근, 심각한 전염병과 같은 주요 위기 상황이 발생할 때마다 그들은 사회의 기대에 부응했다.

이러한 맥락에서 볼 때, 코로나19 팬데믹 시기에 초부유층에 대한 비판이 높아진 이유를 쉽게 이해할 수 있는데, 사회에 기여하기보다 자신의 이익이나 챙기는 사람들로 문제의 해결책이 아니라 문제의 일부로 인식되었기 때문이다. 이 같은 인식에 대해 초부유층 내부에서도 위기감이 감지되었다. 따라서 팬데믹 기간 동안 일부 초부유층들은 집단 행동에 나서 "우리는 세금을 믿는다 In Tax We Trust"라는 국제적 캠페인을 시작했다. 그들의 목표는 자칫 부유층 엘리트들의 뜻대로 움직인다고 인식될 수 있는 민주주의 제도에 대한 신뢰 그리고 사회의 유용하고 생산적인 구성원으로서의 부유층 자신들에 대한 신뢰를 회복하는 것이었다. 그들은 선언문에 "강력한 민주주의의 기반은 공정한 세제다"라고 명시했다.[71] 코로나 19와 그 외의 최근 위기 상황에서 초부유층이 어떤 태도를 취했는지에 대해서는 다음 장에서 더 알아보기로 한다.

11

위기의 시대와 부자: 흑사병에서 코로나19까지

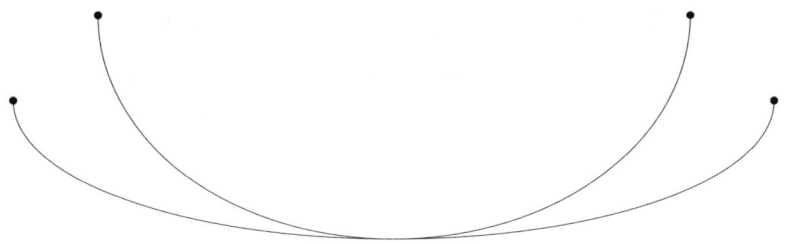

큰 위기는 모든 사회경제적 계층에 영향을 미치지만 그 결과는 매우 불균등하게 나타난다. 어떤 위기에서는 부자들도 다른 사람들과 마찬가지로 많은 것을 잃을 수 있는데, 예를 들어 흑사병 대유행기에는 그 누구도 진정으로 안전할 수 없었다. 하지만 다른 경우, 예를 들어 심각한 기근 동안에 부유층은 사용 가능한 자원이 있었기 때문에 최악의 결과는 피할 수 있었으며 그들 중 일부는 심지어 재산을 상당히 늘리기까지 했다. 그래서 부자들은 위기 때마다 이익을 취한다는 비난을 받아왔고, 이는 오늘날에도 마찬가지다. 최근의 코로나 19 팬데믹 기간에도 그런 비난은 여러 차례 들려왔다. 하지만 그런 의심이 정당한지, 아니면 단지 소수의 부유층이 저지른 잘못된 행동이나 단

순한 행운으로 인해 부자 전체에 대한 인식에 부정적인 영향을 미치고 확산된 것인지 의문을 가질 수 있다. 이 장에서는 위기 시대의 부유층에 초점을 맞추고자 한다. 위기 상황에서는 부유층도 피해자가 될 수 있지만, 가장 끔찍한 위기를 기회로 전환시켜 이익을 취하는 경우도 있다.

앞으로 논하게 되겠지만, 기근이나 전쟁 같은 종류의 위기는 부유층에게 상대적으로 유리한 경향이 있는 반면, 대규모 금융 위기 같은 경우는 그들도 심각한 타격을 입는다. 하지만 부자들만 살펴보더라도 모든 위기에는 승자와 패자가 있기 마련이며, 부유층 내에서도 개인에 따라 차이가 있고 또 역사적 위기의 특정한 종류에 따라서도 차이가 있다. 예를 들어, 흑사병은 코로나19보다 부유층에 훨씬 더 심각한 영향을 끼쳤다. 두 전염병의 사망률이 크게 달랐기 때문에 절대적 측면에서도 그랬지만, 사회의 다른 계층과 비교한 상대적인 측면에서도 그랬다. 마찬가지로, 1929년에 시작된 대공황은 2008~2009년의 경기침체와 그 이후의 국가 부채 위기 때보다 부유층의 재산에 더 지속적으로 부정적인 영향을 미친 것으로 보여, 최근 수십 년 동안 부유층이 전체 부에 대한 점유율만이 아니라 위기에 대한 상대적 회복력도 향상시킨 것인지 의문을 가질 수 있다. 이는 또한 위기의 시기에 부유층의 사회적 역할에 대해서도 의문을 제기한다. 그 역할은 고대에 시작된 문화적 전통에 기반한 것인데 부유층, 특히 그들 중 제일 꼭대기에 있는 초부유층은 이제 어떤 종류의 위기가 닥쳐도 그로 인해 피해를 입을 가능성이 훨씬 줄어들었기 때문에 그들에게 기대되는 사회적 역할을 점점 꺼리는 것일 수 있다.

부유층과 흑사병: 번영 아니면 파국?

산업화 이전의 심각한 위기 중에서도 1347~1352년의 흑사병은 상당한 부의 '평등화' 효과를 발휘했다는 강력한 증거가 있다. 2장에서 논의된 바와 같이, 흑사병은 중북부 이탈리아처럼 더 부유하고 경제적으로 발전된 지역을 포함하여 유럽 전역에서 장기간에 걸친 부의 불평등 감소를 가져왔다. 피에몬테, 토스카나, 남프랑스의 도시들에서 상위 5% 부자들의 부 점유율은 최소 8~10%p에서 최대 20~25%p까지 감소했고, 상위 1%의 점유율은 약 5%p에서 14~18%p까지 감소한 것으로 관찰되었다. 토스카나의 시골 마을에서도 감소 규모는 비슷해 산타 마리아 임프루네타Santa Maria Impruneta의 상위 5%는 부 점유율을 약 9%P 잃었고, 포기본시Poggibonsi에서는 약 16%p를 잃었다. 독일은 전체적으로 1350년에서 1400년 사이에 부유층의 부 점유율이 상위 5%는 4%P 이상, 상위 1%는 거의 3%p 감소했는데, 만약 이 수치를 흑사병 이전 상황과 비교한다면 감소 규모는 분명 더 컸을 것이다. 최상위 부유층의 부 점유율 감소와 함께, 자산 중간값의 10배 이상을 가진 기준 부유층의 비중은 더 크게 줄어들어 지역에 따라 3분의 1에서 3분의 2까지 감소했다.[1]

초부유층의 줄어든 재산이 사회 계층 피라미드를 타고 빈민들에게 흘러내려감에 따라 하위 계층의 상대적 위치는 몇 세기 중 가장 나아졌고, 그 상태는 비교적 오랜 기간 유지되었다. 이러한 현상은 노동력 부족과도 관련이 있는데, 흑사병으로 인해 유럽과 지중해 지역 인구의 절반이 사라지면서 노동자들은 더 높은 임금과 전반적으로 더 나은 근로 조건을 요구할 수 있는 유리한 위치를 점하게 되었다. 예를 들어, 잉글랜드에서는 사회적 품위를 유지할 수 있는 수준의 소비재를 감당할 수 없는 가구 비율이 수십 년 동안 약 40% 정도를 유지했으나 흑사병 이후 그 정도가 줄어들며 1381년에는 20% 미만이 되었고, 빈곤이라는 사회적 문제가 좀 더 관리하기 쉬워졌다.

최근 연구는 이러한 '빈곤층 친화적' 상황을 다른 각도, 즉 사회경제적 이동성에서도 확인했는데, 흑사병의 여파로 부의 상위 계층으로 올라가는 것이 중세와 근대 초기의 그 어느 때보다 더 쉬웠던 듯하다. 현재까지 이러한 계층 상승 과정을 측정하는 시도가 완료된 지역은 토스카나가 유일한데, 그곳에서는 부 분포에 따라 5단계로 나눈 계층 간 이동을 통해 자신들의 지위를 극적으로 향상시킨 가구 비율이 흑사병 직후 몇 년 동안 30~40% 증가했다. 사회경제적 이동성은 1360년대 중반부터 서서히 감소하기 시작했지만, 흑사병의 계층 이동 부양 효과는 사태가 발생하고 두 세대 후에도 여전히 나타났다. 이탈리아와 유럽의 다른 지역에서는 그 효과가 더 오래 지속되어, 이탈리아 북서부의 사보이아 공국 피에몬테와 독일에서는 부의 불평등에 대한 더 장기적인 평준화 현상이 관찰되었다.[2]

전체적으로 보아 흑사병은 (살아남은 이들 중에서) 출신 계급이 낮은 사람들에게 상대적으로 유리하게 작용한, 서구 역사에서 드문 재앙이었다는 점은 분명하다. 흑사병이 '노동의 황금기'를 촉발했다는 전통적 해석은 다소 과장된 것이긴 하지만, 대개 임금 노동자였던 하위 계층의 생활 조건이 중세 후기 경제에 두드러지게 개선되었으며, 그것이 흑사병의 결과였다는 점을 부인하기는 어렵다.[3] 노동자들에게 더 나은 경제적 조건을 제공해야 했던 부유층은 전염병 이후, 1인당 생산량이 대폭 증가하면서 매우 희소했던 자원이 갑자기 예외적으로 풍부해진 시기가 도래하자 그 결과물을 더 많이 공유해야만 하는 입장이 되었다. 이에 대응해 이탈리아를 비롯한 여러 도시 정부의 경제 엘리트들은 농촌 지역의 하층민의 '탐욕'을 억제하고자 노동자들을 규제하는 각종 법령들을 신속히 도입했다. 그러나 흑사병 이후 노동력이 귀해진 상황에서 이러한 법들은 실행이 불가능해지거나 철회되었으며, 프랑스나 아라곤 왕국의 왕령 또한 비슷한 수순을 밟았다.

그 결과 경제 엘리트들은 전체 소득과 부에서 자신들의 점유율이 감소하는 현상을 지켜봐야 했다. 이는 실질 임금 상승으로 하층 계급 사람들이 부동산을 취득할 수 있게 된 바로 그 시점에 토지와 그 외 다른 부동산 가격이 하락했고, 전염병으로 인한 대규모 사망이 유산의 분할을 초래했기 때문이었다. 유산은 당시 유럽 대부분 지역에서 보편적이었던 균분 상속 제도에 따라 자녀들에게 비교적 균등하게 분배되었는데, 그중 일부는 시장에서 매각되며 부동산 가격을 더욱 하락시켰고 이로 인해 부의 분배가 더욱 평등화되는 현상이 지속되었다.[4]

사망자의 대량 발생으로 인한 갑작스러운 대규모 유산 분할로 인해 기존의 부유층 중 일부는 상대적 지위에 손상을 입었다. 한편, 팬데믹 이전 시기에 경제적으로 여유가 있었던 이들 중에도 흑사병으로 인해 경제 활동이 붕괴되며 손실을 겪은 사람들도 있었는데, 이전 수 세기의 상업혁명 동안 막대한 부를 축적했던 부유한 상인 가문들이 그런 경우였다. 그 이유는 다음과 같다. 첫째, 부유한 상인들이 흑사병에 걸려 죽을 위험은 평균보다 높았는데, 전염병이 주요 상업로를 따라 퍼졌기 때문이다. 흑사병 기간 동안 지위나 직업에 따른 개인적 사망 위험에 대한 정확한 통계는 없지만 전염병이 주요 상업 도시들에 더 심한 타격을 줬다는 증거는 존재한다.[5] 따라서 부유한 상인과 그들의 가족들은 단순히 그곳에 거주하고 있었기 때문에 특히 위험에 처했다는 합리적 추정이 가능하다. 실제로 이전에 감염되지 않았던 지역에 그들이 전염병을 옮긴 경우도 많았을 것이다. 둘째, 그들의 경제력은 전염병 확산 경로인 주요 상업 중심지에 집중되어 있었기 때문에 더 빠르고 쉽게 붕괴되었다. 셋째, 흑사병 이후 수십 년 동안 인구는 역사적으로 매우 낮은 수준으로 감소한 다음 한 세기 정도 그 상태에 머물렀는데, 주로 유럽과 더 넓은 지중해 지역에서 흑사병이 반복적으로 재발하면서 신속한 인구 회복을 저해했기 때문이었다. 유럽 전역에서 이러한 상황은 경제적 기회와 무역 조건을 급격히 악화시켰으며, 스페인처럼 원래 인구가 많지 않았던 지역에서는 전체 무역망의 붕괴를 초래했다.

대규모 상업·경제·금융이 재편되는 환경에서는 늘 뭔가 잃을 것이 있는 기존 기득권층이 타격을 입기 마련이다. 피렌체의 사례를 보자면, 그곳에서는 이미 몇 년 전 바르디와 페루치 가문의 파산(5장 참조)으로 크게 흔들린 은행 부문의 자산에 흑사병이 추가로 손상을 입혔다. 이는 어느 정도는 단순히 규모의 문제였다. 인구의 절반을 잃은 유럽 대륙에서, 예를 들어 곡물 무역과 같은 전통적 무역의 규모는 축소되었고, 이에 따라 대규모 자금 조달의 필요성도 감소했다. 때로는 경제 활동에 대한 피해가 인구 감소 비율보다 더 커 피렌체 섬유 산업의 경우, 1338년에 연간 7만 5,000필 이상이던 직물 생산량이 1378년에 이르자 연간 2만 5,000필 밑으로 떨어지는 막대한 타격을 입었다. 프랑스의 마르세유와 벨기에의 이프르 같은 유럽의 다른 도시들에서도 유사한 상황이 보고되었다. 이로 인해 해당 지역의 부유층은 어려움을 겪었지만, 더 큰 문제는 경제 규모의 전반적인 축소로 이후 수십 년 동안 큰 재산을 축적할 기회까지 줄어든 것이었다.[6]

상인 그리고 더 넓게는 기업가 엘리트들이 흑사병으로 인해 상대적으로 심한 타격을 받기는 했지만 다른 부유층도 무사했던 것은 아니었다. 전체 사망률에서는 도시와 농촌 간 차이가 있었던 것을 보여주는 증거가 있지만, 흑사병의 두드러진 특징 중 하나는 농촌 지역에서도 강력하게 확산되어 그곳에 기반을 둔 귀족 계층에 심각한 영향을 미쳤다는 점이며, 이는 17세기 유럽에서 흑사병이 마지막으로 대유행했을 때 남부 유럽에서 두드러졌다. 예를 들어, 영국에서는 샤이델의 주장처럼 다음과 같은 현상이 확인되었다.

> 귀족 계층은 자신들의 영지에서 생산되는 농산물의 가치가 하락하고, 이를 생산하는 노동자들의 임금이 상승하면서 위기를 맞이했다. … 약 150년 동안 엘리트 계층이 얻는 잉여 수익은 줄어들고 다른 이들은 더 많은 몫을 받았다. … 중소 지주 계층은 신분 하락을 겪은 반면, 대귀족들은 줄어든 수입으로도 자신들의 지위를 유지할 수 있었다. 흑사병은 귀족 계층을 극적으로 감소시켰는데, 새로운 가문들이 등장하기는 했지만 두 세대 동안에 오래된 귀족 가문의 4분의 3이 상속자를 남기지 못

해 사라졌기 때문이다. 엘리트 계층은 그 규모뿐만 아니라 재산의 감소 역시 겪어야 했다.[7]

전염병의 확산이 다양한 부유층에 미친 영향은 비대칭적이었으며 그 결과는 더 자세히 탐구되어야 한다. 어쩌면 더 중요한 것은, 우리가 분석 대상을 기업가와 금융가들로만 한정하더라도 흑사병은 패자와 승자 양쪽을 다 만들어냈다는 점이다. 14세기 후반의 예외적으로 높은 사회경제적 이동성은 부의 계층 구조 상단에 위치했던 사람들과 가문을 추락하게 만들었고, 그 자리는 기업가 가문을 세우려고 열심인 '신흥 부자'들로 교체되었다. 이전 장들에서 이미 몇 가지 사례를 언급했는데, 예를 들어, 토스카나의 프라토 출신 상인 프란체스코 디 마르코 다티니는 흑사병으로 인해 고아가 되며 약간의 재산을 상속받았고 프랑스 아비뇽으로 이주한 뒤 흑사병 이후 유럽에 나타난 기회를 적극적으로 활용하여 개인적인 비극을 급속한 부 축적 기회로 바꾸었다. 피렌체에서는 새로운 가문들의 '거대한 물결'이 경제 및 정치 엘리트 계층에 밀려들었는데,[8] 메디치 가문이 부상할 수 있었던 것도 바로 이런 배경에서였다.

이처럼 흑사병 이후 새롭게 생겨난 기회를 통한 부의 축적 현상은 유럽 각지에서 확인할 수 있다. 예를 들어, 잉글랜드에서는 흑사병으로 기존 무역망이 망가지면서 와인 가격이 급등했고, 1인당 소득의 증가와 흑사병으로 인한 심리적 불안감 등으로 와인 수요가 크게 늘면서, 1350년대 내내 보르도와 가스코뉴 지역의 잉글랜드와 프랑스 무역업자들에게 전례 없는 상업적 이익을 낼 수 있는 기회를 제공했다. 대략 그 즈음부터, 잉글랜드산 양모 수출이 급격히 증가하기 시작해 이 또한 전례 없는 수준에 도달했고, 저품질 직물 시장에서 이탈리아와 플랑드르 생산품의 일부를 대체했다. 잉글랜드의 직물 생산 증가로 다른 이들에게도 새로운 기회가 생겼는데, 그중에서도 아시아 소아시아에 있는 광산에서 생산한 염료와 명반을 잉글랜드 섬유 사업자들에게 공급하던 제노바 상인들의 활동이 두드러졌다.[9]

이렇게 개개인의 실패와 성공이 혼재하다 보니 흑사병의 경제적 결과가 긍정적이었는지 혹은 부정적이었는지에 대한 논쟁은 장기간 이어졌다. 이 질문에 대한 답은 어떤 기간을 고려하는지에 따라 달라질 수 있다. 단기적으로 보면, 즉 보통 2년이 채 되지 않는 흑사병 발생 기간과 위기가 종료된 직후 몇 년 동안을 보면[10] 경제적 영향은 명백하게 부정적이었다. 이때는 기존의 많은 부유층이 상당한 피해를 입고 경제적 자원을 상당 부분 소실했던 시기다. 회복의 징후가 나타나고, 개인들의 행로가 더 복잡한 양상을 보이는 것은 흑사병이 발생하고 수십 년이 지난 후로, 이때는 기존 가문들 중 일부가 재산을 회복하는 데 성공하고 새로운 부자 가문들이 대거 등장했다. 오늘날 대부분의 학자들은 흑사병의 장기적인 경제적 결과가 대체로 긍정적이었다는 데 동의한다. 하지만 그 당시와 직후 몇 년 동안을 살펴보자면, 개인적 차원에서는 이 위기가 승자와 패자 모두를 발생시켰다는 점에 아무도 이의를 제기하지 않을 것이다. 이 장의 목적에 적합하게 단기적 관점에 초점을 맞추자면, 앞서 말한대로 흑사병은 부유층의 경제적 이익와 상대적 지위에 해를 끼쳤다는 점을 재확인할 수 있다. 흑사병은 경제 엘리트들에게 가혹한 교훈을 주었고, 그들

은 이 과정을 학습한 결과, 추후에 발생한 비슷한 충격에도 더 잘 대처하게 되었다.[11]

근대 초기의 위기: 전염병과 기근

14세기의 흑사병은 여러 면에서 이례적이었다. 전체 사망률의 규모가 엄청난 것도 물론 그랬지만 전반적으로 덜 불평등한 사회를 만들어냈다는 점에서도 그랬다. 이후에도 흑사병은 유럽에서 반복적으로 맹위를 떨쳤지만, 이때와 같은 평등화 효과는 다시 나타나지 않았다. 나중에 발생한 여타의 전염병들에 대한 완벽한 자료는 없지만 실질 임금을 봐도 그렇고, 최근에 나온 소득과 부의 불평등을 장기적으로 재구성한 자료를 살펴보아도 그 전염병들이 소득과 부의 분배를 재조정했다는 증거는 현재로선 없다. 많은 경우, 이 같은 결과는 흑사병 이후 발생한 전염병들이 덜 치명적이었기 때문일 수도 있고, 적어도 15세기 후반부터는 전염병이 주로 도시에 타격을 주었을 뿐 농촌은 피해갔기 때문일 수도 있다. 하지만 17세기에 남부와 중부 유럽 대부분이 또 다시 흑사병에 시달리며 지역별 사망률이 35~40%에 달했을 때도 실질적이고 장기적인 평등화 징후는 전혀 나타나지 않았다. 다만 30년 전쟁이 동시에 전개되고 있던 독일은 예외였는데, 이에 대해서는 추후 논의될 것이다. 이런 흐름을 볼 때, 근대 초기의 부자들은 14세기 부자들보다 위기와 불행으로부터 자신들의 재산을 보호하는 능력이 훨씬 더 뛰어났다는 결론을 내릴 수 있다.[12]

근대 초기의 부유층은 실제로 전염병에 의한 충격으로부터 가문과 혈통을 보호하기 위한 수단으로 재산을 적극적으로 지키려 했다는 증거들이 도처에서 발견된다. 대규모 역병이 발생할 경우 경제적·정치적 엘리트조차도 생존 가능성이 매우 불확실했던 상황에서 재산을 지키기 위한 그들의 노력은 최근의 심층적인 미시인구통계 연구를 통해 확인되었다.[13] 6장에서 언급했듯이, 이러한 문화적 전통은 "가문이 곧 재산이다"라는 격언에도 반영되어 있다. 따라서, 가문의 재산이 대대로 온전히 유지되도록 보장함으로써 가문의 지속적인 생존이라는 목표도 달성할 수 있는 것이다. 어쨌든, 흑사병이 대유행하기 전에도 단테 알리기에리는 『신곡』에서 자살한 자들과 가문의 재산을 탕진한 자들을 지옥의 제7층에 함께 배치함으로써 신체를 해치는 것과 재산을 해치는 것 사이에 밀접한 연관이 있음을 시사했다.

1347년 흑사병이 유럽에서 유행하면서 생물학적 환경이 급격히 변하고, 그에 따라 사회경제적 도전에 직면하게 된 유럽 사회는 그에 대응하기 위해 일반적인 분할 상속의 규칙에서 벗어난 제도들을 확산시키기 시작했다. 한사상속으로 대표되는 각종 제도들의 성격에 대해서는 이미 논한 바 있으므로,[14] 여기서는 이 제도들이 등장한 시기에 대한 세부사항을 더 상세히 살펴보고자 한다. 유럽의 일부 지역에서는 흑사병 이전에도 한사상속 같은 제도가 이미 존재하고 있었지만, 기록보관소 자료에 따르면 그런 제도들이 귀족 계층을 넘어 일반화된 것은 흑사병 이후로 수 세기가 흐른 16세기에 들어서면서 상당히 보편화되었다고 한다. 특히 분할 동등 상속에 더 호의적이었던 중세 남부 유럽 지역에서는 이 과정에 상당한 법 체제 변화가 수반되어, 토스카나 지역의 경우 피렌체에서는 15세기 후반부터 한사상속이 널리 적용되었지만, 시에나에서는 그로부터 몇십 년 후에 나타났다. 약간의 지역적인 편차가 있기는 했지만 중북부 이탈리아의 나머지 지역에서도 시행 시기가 비슷했던 것으로 보인다. 같은 시기에 다른 상속 제도들도 시행되었는데, 피에몬테 지역에서는 집단 상속이 보고되었고, 베네치아 상인 가문에서는 형제 간 공동 재산 소유와 이와 관련된 혼인 제약 제도 등이 뚜렷이 나타났다.[15]

이런 관습과 제도들은 다양한 형태로 유럽 전역에서 발견되는데, 그 목적은 다 비슷해 가문의 재산이 분산되는 것을 방지함으로써 혈통을 보호하기 위해서였다. 17세기 이후 남유럽 경제가 북유럽과의 경쟁으로 어려움을 겪기 시작하면서 이러한 제도들이 더욱 확산되었는데, 이는 이 제도들의 확산이 흑사병 이후 수십 년 동안 유럽에서 흑사병이 풍토병이 된 것과 직접적인 관련이 있다는 견해와 일견 일치한다. 이런 류의 환경적 도전에 대한 엘리트 계층의 회복력 측면에서 보자면, 이 제도들은 효과적이었던 것으로 보인다. 특정 제도들이 근대 초기 유럽에서 흑사병으로 인한 평등화를 막는 데 중요한 역할을 했음을 시사하는 증거들이 점점 더 많아지고 있는데, 이는 대규모 사망 시기에 가장 큰 규모의 재산들을 원치 않는 분할로부터 보호했기 때문이다.[16]

그래서 마지막 대규모 전염병이 17세기 유럽을 덮쳤을 때, 부유층은 이미 모든 준비가 되어 있었으며, 흑사병이 그들을 기습 공격했던 14세기 때보다는 자신들의 사회경제적 지위를 훨씬 더 잘 지킬 수 있었다. 그러나 이에 따른 안타까운 부작용도 있었다. 위기 수준의 높은 사망율이 경쟁 환경을 평준화하여 잠재적으로 새로운 사회경제적 활력을 창출할 기회가 차단된 것이다. 현재 진행 중인 다양한 연구들이 입증하듯,[17] 기득권층이 경제적·사회적·정치적 자원에 대한 강력한 지배력을 더욱 공고히 할 수 있었다는 사실 또한 다른 계층의 사회적 상승 가능성을 현저히 축소시켰다.

부유층의 사망 위험이 가난한 사람들과 완전히 똑같은 수준은 아니라도 비슷하게 증가했던 전염병 시기와 달리, 기근이 발생했을 때는 경제적 자원에 대한 불균등한 접근성 때문에 개인이 겪는 위기에 큰 편차가 있었다. 첫째, 정확히 정의하자면 기근은 아사 혹은 굶주림으로 유발된 질병으로 인한 사망률이 '정상' 수준을 크게 초과하는 사태를 의미하며,[18] 이 기간에 사망한 사람들은 주로 하층민이었다. 부자도 기근으로 유발된 발진티푸스 같은 전염병에 걸리거나 굶주림 때문에 발생하는 폭력 사태로 죽을 수는 있지만, 부자는 굶어죽지 않는다는 것은 불변의 진리다. 둘째, 이런 류의 위기가 닥쳤을 때 부자들은 재정적 여유뿐만 아니라 방대한 식량 비축량 덕분에도 유리한 위치에 있었다. 특히 도시에서 비축 식량을 보관하기 위해서는 곡물과 기타 식료품을 보존하는 데 적합한 저장 공간이 필요했는데, 소수의 가문만이 그런 여건을 갖추고 있었다. 북부 이탈리아의 경우, 16세기 말 파비아에서는 60개 가문이 도시에 있는 모든 곡물의 40%를 사적으로 비축하고 있었으며, 1613년 이브레아에서는 곡물, 콩류, 와인과 같은 식량을 비축한 가구가 전체 거주 가구의 11%가 채 되지 않았다. 도시 저택이든 농촌 별장이든 비축 식량을 가지고 있고 주변에 상당한 토지를 소유하고 있었던 초부유층은 단순히 위기를 견디는 것을 넘어 사회경제적 영향력까지 행사할 수 있었으며, 파렴치한 부자들은 이를 활용해 부당 이익을 취하곤 했다.[19]

부자가 기근을 이용해 농민과 소규모 토지 주인들을 희생시키며 어떻게 이익을 얻을 수 있었는지 살펴보기 위해 롬바르디아 출신의 단편소설 작가, 지오반 프란체스코 스트라파롤라Giovan Francesco Straparola가 16세기 중반에 쓴 문학작품의 한 부분을 인용한다. 그는 작중 인물인 코모의 부자, 안드리제토 디 발사비아의 행동을 다음과 같이 묘사하고 있다.

> 안드리제토는 매우 부유했고 농장에서 거둔 밀과 곡물을 많이 가지고 있었는데, 그는 자신의 농작물을 전부 가난한 농민들과 불쌍한 사람들에게 나눠줬으며 그것들을 상인이나 다른 사람들에게 돈을 받고 팔지 않았다. 그러나 그의 목적은 가난한 사람들을 돕기 위해서가 아니라 그들의 땅을 빼앗아 농장을 넓히고 수익을 확대하는 것이었다. 그는 늘 자신에게 이익이 되는 토지를 빼앗기 위해 애썼고 서서히 모두를 차지하게 되었다. 그 지역에는 큰 기근이 닥쳤고, 많은 곳에서 남자, 여자, 아이들이 굶어 죽은 채 발견되었다. 이에 저지대와 산지 인근의 농민들이 안드리제토에게로 몰려들었다. 어떤 이는 그에게 목초지를 주었고, 어떤 이는 숲을, 또 다른 이는 경작지를 주고 그 대가로 필요한 만큼의 밀이나 다른 곡물을 받아갔다. 이렇게 온갖 곳에서 수많은 사람들이 안드리제토의 집으로 몰려들어 마치 축제라도 벌어지는 것처럼 보였다.[20]

안드리제토라는 허구의 인물이 보여준 행동은 역사학자들이 확보한 증거를 근거로 반복적으로 보고한 내용과 완벽히 일치한다. 기근으로 생겨난 기회를 체계적으로 이용하여 토지를 확장한 대지주들은 근대 초기 유럽에서 흔하게 발견할 수 있다. 프랑스 역사학자 에마뉘엘 르 루아 라뒤리Emmanuel Le Roy Ladurie는 15세기부터 18세기 초까지 랑그도크 지역 농민들을 연구한 저서에서 이를 일종의 '자연 도태natural selection'로 설명했는데, 이는 특정 상황이 가장 큰 토지 소유자들에게 유리하게 작용하여 토지가 점점 더 소수의 사람들에게 집중되게 만드는 과정이다.[21] 다른 역사학자들은 '프롤레타리아화'라는 개념을 사용해 유럽 인구 중 점점 더 많은 사람들이 생산 수단에 대한 지배권을 잃고 생존을 위해 노동력을 팔아야 되는 과정을 언급했다. 프롤레타리아화는 인구 압박과 연결되어 있었고 대규모 위기로 촉발되었기 때문에 파도처럼 일어나곤 했는데, 그중 두드러진 사례는 특히 끔찍했던 1590년대와 1690년대의 대륙 전체에 걸친 기근이었다.[22] 스트라파롤라와 같은 당대 사람들은 이런 방식의 폭리를 대개 혐오했지만, 이는 단순한 도덕적 생각의 표출에 불과했다. 농촌 지역에서는 기근에 시달리는 농민들을, 그들의 재산을 빼앗을 준비가 되어 있는 자들(그리고 어쩌면 동료로부터 약간의 사회적 멸시를 감수하려는 자들)로부터 보호할 수 있는 수단이 거의 없었다. 반면, 도시에서는 위기 상황에서 폭리를 취하거나 비축 식량의 매점매석을 금지하는 엄격한 규정이 있었으며, 이를 집행하려는 진지한 시도도 있었다. 실제로, 유럽 대륙 전역의 도시 정부들은 기근으로 인한 최악의 사태를 막기 위해 노력했다. 당시 민중은 정당한 사유가 있는 상황에서는 (기근은 불확실한 수확과 마찬가지로 삶의 현실로 여겨졌기에) 심한 궁핍과 심지어 굶주림도 감수할 준비가 되어 있었지만 위기를 완화할 기회가 있는데도 기관들이 아무런 조치를 취하지 않는다거나, 또는 제빵업자나 곡물상 등 일부 사람들이 비축 식량을 매점매석하거나 부당한 가격을 요구한다는 의심이 들면 이를 용납하지 않았다. 그런 상황에서 민중 폭동의 위협은 매우 현실적인 문제였고, 지배 엘리트들은 이를 예리하게 인식하고 있었다.[23]

빵 부족 폭동에 대한 두려움은 기근 시기 특히 도시에서 부유층이 공적 구호 활동에 기꺼이 자금을 지원하려 한 이유를 말해준다. 이러한 행동은 고전고대시대에도 뚜렷한 선례가 있으며, 아테네에서는 부유층의 '자발적' 기부가 식량 위기 동안 공적 구호 자금을 지원하는 데 중요한 역할을 했고,[24] 이는 기독교 신학과 그에 의해 형성된 법적 전통에 확고한 기반을 두고 있었다. 토마스 아퀴나스를 포함한 많은 스콜라 신학자들은 이렇게 말했다. "극도로 긴급한 경우에는 모든 것이 공동 재산이 된다."[25] 산업화 이전의 농업 사회에서 심각한 기근보다 더 긴급한 상황은 생각할 수 없었으며, 이는 민중에게 끔찍하고 장기적인 고통을 초래했다. 따라서 민중의 고통을 덜어주기 위해 부유층이 다양한 방식으로 기여한 것은 단순히 감사한 일을 넘어 사회가 기대하는 일이었다. 궁극적으로 부유층이 '돈 곳간'으로서의 역할을 하기에 곡물 창고가 비어 있을 때보다 더 좋을 때가 언제 있겠는가? 이때야말로 부자들이 공동체에 기부나 대출을 통해 자금을 지원하고, 공동체는 그 자금을 활용해 멀리 떨어진 지역에서라도 식량을 수입하여 공급함으로써 부자들의 사회적 책임을 다할 수 있는 때였다. 때로는 그런 활동과 자원이 '사적'인지 '공적'인지 구별하기가 어려워지기도 했는데, 귀족 공화국의 경우에는 특히 그랬다.

일례로 1590~1593년 기근 시기의 제노바 공화국을 살펴보자. 당시 그 지역 부유층 귀족들이 통치하던 공공 기관은 (역시 귀족 계층에 속하거나 밀접히 관련되어 있던) 도시의 주요 상인 가문들의 집단 활동을 조직하여 그들의 인맥과 선박에 의지해 발트 해 지역에서 곡물을 들여오기 위한 새로운 무역로를 개척했다.[26] 이러한 노력 덕분에 (이탈리아의 다른 지역들보다 훨씬 빠르게) 1592년 12월부터 제노바와 그 영토에는 곡물이 원활히 공급되었고, 1593년 1월 18일 단 하루에만 곡물을 실은 배 130척이 제노바 항구에 입항했다. 이후 잉여 곡물을 다른 지역으로 수출할 수 있게 되면서 제노바 상인들이 엄청난 이익을 얻게 되었다. 그렇다고 해서 이 일에 관여한 이들의 목적이 진정으로 지역 주민들을 돕는 것이었다는 사실이 바뀌는 것은 아니다.[27]

산업화 이전 시대의 온갖 위기 중에서도 기근은 부자들이 가장 쉽게 재산을 더 늘릴 기회를 제공했고, 동시에 부자들이 개인 자산의 기여를 통해 위기 완화에 가장 큰 도움을 주었던 시기였다는 점은 역설적으로 보일 수도 있다. 사실 많은 경우에 부자들은 그냥 그래야 한다고 체념한 것일 수도 있다. 이는 또 폭리 추구를 위한 비효율적이거나 불공정한 분배를 기근의 원인이라고 주장하는 일부 기근 관련 연구의 흐름과 상충되는 것처럼 보일 수도 있다. 그러나 면밀히 분석해보면, 산업화 이전 시대에 발생한 대규모 기근 대부분은 자원에 대한 인구 압박이 심한 시기에 발생했으며, 각종 기상 재해가 몇 해 연속 농산물 생산을 크게 감소시켜 비축 식량이 고갈되며 흉작으로 인한 손실을 메울 수 없게 된 것이 주된 원인이라고 볼 수 있다. 이러한 상황에서, 부유층 중 많은 이들은 부족한 공적 예산을 보완하기 위해 사적 자원을 사용하는 것으로 자신들의 전통적인 사회적 역할을 완벽히 수행하며 빛을 발할 수 있었다. 그러나 19세기 초에 들어서면서 서구에서 기근은 드문 일이 되었다. 지난 200년 동안 극심한 자원 부족 상황이 없었던 것은 아니지만, 그것들은 보통 다른 종류의 위기인 전쟁이 촉발한 '인위적인' 것이었다.[28]

전쟁 시기의 부자, 부자들의 전쟁

역사적으로, 전쟁은 주로 평범한 사람들과 가난한 사람들이 부유하고 권력 있는 이들의 이익을 위해, 또 그들의 재산을 보호하기 위해 싸운 것이라는 주장이 반복적으로 제기되어 왔다. 오늘날 서구의 정치적 좌파 중 많은 이들이 이러한 견해에 동조하고 있다. 이는 마르크스주의 학파와 어느 정도 연결되어 있는데, 그들은 현대 전쟁을 세계 자본주의 체제의 내적 작동의 직접적인 결과로 보고 있다.[29] 따라서 전쟁은 본질적으로 자본가들, 더 일반적으로는 부유층의 이익에 부합한다는 것이다. 그러나 일반적인 전쟁 이론에 초점을 맞추는 대신 실제로 전시에 부유층의 상황이 어떠했는지에 대한 역사적 증거를 살펴보면 상황은 좀 더 복잡해 보인다. 기근과 마찬가지로 전쟁이 일부에게는 훌륭한 축재의 기회를 제공했다는 점은 의심의 여지가 없지만 동시에 많은 부자들에게는 직접적인 재산 약탈이나 금융 및 실물 자산의 파괴 같은 명백한 위협을 의미하기도 했다.

전쟁 중 부유층의 상황에 대해 균형 잡힌 논의를 하기 위해서는 부유하다는 것만으로도 약탈을 꾀하는 침략군의 표적이 될 수 있음을 인정해야 한다. 중세 및 근대 초기에 정복된 도시에서는 특히 이런 약탈 현상이 빈번했는데, 이는 승리에 대한 보상이자 항복을 거부한 도시에 대한 처벌로 정복군들이 지역 주민들을 거의 무차별적으로 약탈하고 해칠 수 있도록 허용된 특정 기간에 이루어졌다. 산업화 이전 시대의 전쟁에서는 도시 약탈이 흔했으며, 약탈이 지속되는 동안 대상인, 은행가, 기타 부유층 엘리트들은 가장 탐나는 표적이었다. 그들은 보통 막대한 비용을 치르고 더 인도적인 대우를 협상할 수 있었기 때문에 일반인들에 비해 생명을 잃을 위험은 적었으나, 그렇다 해도 적의 시달림에서 놓여나지는 못했다.

니콜로 마키아벨리는 『전쟁의 기술』에서 다음과 같이 말한 바 있다. "무장하지 않은 부자는 가난한 병사들에게 최고의 전리품이다."[30] 마키아벨리가 이 말을 한 직후인 1527년, 가톨릭의 중심지 로마가 독일 루터파 용병들에게 약탈당하면서 그의 말은 사실로 입증되었다. 전체 약탈 규모는 엄청났고 피렌체 출신 역사학자인 프란체스코 귀차르디니는 피해액이 100만 두카트를 넘는 것으로 추산했다. 하지만 그것도 부유층 가문들이 집이나 대저택의 약탈을 면하기 위해 지불한 보상금과 협상금 규모와 비교하면 무색할 지경이다.[31] 시간이 지나며 전쟁 방식이 달라지고 정복된 주민들에 대한 대우 역시 변화했지만 항복하지 않은 도시를 약탈하는 관행은 1899년이 되어서야 국제법에 따라 공식적으로 금지되었다. 실제로 나폴레옹 전쟁 동안에도 약탈은 빈번했으며, 그중 비교적 잘 알려진 사례는 1812년 영국군이 자행한 바다호스Badajoz 약탈 사건으로, 프랑스가 점령 중이던 스페인에서 발생한 '반도전쟁Peninsular War' 중에 일어났다.[32]

하지만 부자들이 정복군이 선호하는 표적인 것은 1899년 약탈이 공식적으로 금지된 이후에도 여전히 변함이 없었다. 때로는 특정 집단이 철저한 약탈의 대상이 되었는데, 제2차 세계대전 당시 부유한 유대인들이 가장 대표적인 사례였다. 독일이 점령한 유럽 전역에서 그들의 재산은 매우 체계적이고 관료주의적 방식으로 몰수되었으며, 각 항목마다 법적 소유권이 꼼꼼하게 정리되어 있었는데, 이는 나중에 독일 제국이 해당 재산을 처분하기 위해서였다. 나치는 유대인들을 강제 이송시킨 이후에 주인 없이 남겨진 재산을 국가가 대신해서 수거하는 것처럼 보이도록 만드는 법적 장치를 이용했다.[33] 이러한 접근 방식은 오히려 전쟁 후 생존자들에게 재산 반환을 용이하게 만들어 그들의 계획에 없었던 결과를 초래하기도 했다.[34]

제2차 세계대전 동안 유대인의 재산은 박해와 인종 말살이라는 보다 포괄적이고 궁극적인 계획의 일환으로 특정 표적이 되었지만, 그보다 덜 극단적인 상황에서 부유층을 위험에 처하게 한 요인은 바로 그들이 재산이 너무 눈에 띄었기 때문이다. 예를 들어, 도시의 대저택과 같이 일부 중요한 자산은 숨길 도리가 없었다. 2022년 러시아-우크라이나 전쟁 기간, 서구 전역에서 러시아 신흥 재벌과 그 친척들의 재산이 압류되고 자산이 동결되었다. 러시아 침략군의 전쟁 지속 의지를 억누르기 위한 조치였는데, 이는 그들이 러시아 정치 체제를 구성하는 집단의 일부일 수도 있다는 논리로 정당화되었다. 하지만 이러한 조치에는 실용적인 이유도 있었다. 그들은 막대한 재산을 보유하고 있었고, 그 재산은 대부분 해외에 매우 눈에 띄는 형태로 존재했기 때문이다. 예를 들어, 2022년 3월 이탈리아 경찰은 토스카나 항구에서 길이 140미터, 6층 규모의 요트 '셰헤라자데'를 압류했는데, 이 요트는 러시아 대통령 블라디미르 푸틴의 소유로 추정되었으며, 이런 호화 자산은 감추기 어렵기에 손쉬운 표적이 된다. 즉 러시아 신흥 재벌의 재산이 타깃이 된 이유 중 하나는 바로 눈에 잘 띄었기 때문이라는 이야기다.

따라서 전쟁 중에 부유층, 특히 초부유층은 가장 탐나는 사냥감이다. 그러나 그들은 최상위 포식자이기도 한데, 그 이유는 경제 부문에 대한 장악력, 재정 자원, 정보와 정치적 연줄에 대한 접근성 덕분에 어떤 전쟁에서든 생기기 마련인 기회로부터 이익을 볼 수 있는 최상의 위치에 있기 때문이다. 이와 같은 특수한 상황에서 전쟁 중에 이익을 보는 부자들이 크게 눈에 띄다 보니 서구 문화와 역사 전반에서 부유층은 '전쟁 폭리꾼 tout court'이라는 인식이 확산되었다. 이러한 평가는 일부 비양심적인 사람들에게는 물론 맞는 말이지만, 어떤 경우에는 그들의 기업이 비군사적 품목을 포함하는 병참 시장에 진입할 수 있는 등, 단순히 유리한 위치에 있었기 때문에 전쟁 중에 번영했을 수도 있다. 물론 여러 가지 이유로 전쟁으로부터 이익을 얻기는커녕 피해를 입은 부자들도 많았다. 이러한 양면성은 현대 투자자들 사이에서 회자되는 네이선 로스차일드의 "그게 당신의 피일지라도, 거리에 피가 흐를 때 사라"는 격언에서도 분명히 드러난다.

중세와 근대 초기에 대상인들은 군대의 장비와 보급품을 제공하는 데 핵심적인 역할을 했다. 그들은 대규모 계약업자로 활동하며 정부와 군 당국의 대량 주문을 충족시키기 위해 수많은 장인과 노동자들의 활동을 조직했다. 사실 그들은 비상 상황에서 급격히 늘어나는 병참 수요를 충족할 수 있는 준비된 자본과 지식, 인맥을 갖춘 유일한 집단이었다. 그중 잘 알려진 사례로는 베네치아 공화국을 들 수 있다. 1570~1573년 오스만 제국과의 키프로스 전쟁 당시, 해군 함대용 노 주문량은 한 번에 무려 1만 개에 달하는 대규모 계약으로 당시 단일 생산자가 감당할 수 있는 규모를 훨씬 초과했다. 계약을 수주한 상인들은 공화국 외부 지역을 포함해 다양한 지역에서 목재를 조달하고, 노를 제작하여 마지막으로 이를 베네치아의 병참고에 정시 납품하는 것까지 조직해야 했다. 이 모든 일은 물론 상당한 이익을 얻기 위한 것이었고, 같은 방식으로 철제 생산 지역인 베르가모와 브레시아에서 보병용 화승총 수만 자루, 검 수천 자루와 갑옷 등을 공급받고, 그 외에 군대와 함대에 필요한 각종 식량, 밧줄, 돛, 탄약 등의 물자가 조달되었다.[35] 하지만 군대가 더 긴급히 필요로 한 것은 물질적인 보급보다 재정적인 지원이었는데 돈이 없으면 아무것도 조달할 수 없었기 때문이었다. 긴 전쟁 중에는 평시에 상당한 '전쟁 자금'을 비치하고 있던 베네치아 공화국 같은 나라들조차 대규모 국제 은행가들의 도움을 필요로 했다. 은행가들은 기꺼이 도움에 나섰고 역시 이익을 보았는데, 이는 전쟁 중인 군주들에게 자금을 빌려줌으로써 상당한 위험을 감수한 데 따른 보상이기도 했다.

또 다른 관련 사업은 군대를 직접 양성하는 것으로, 이 경우에는 귀족 계층이 가장 큰 이익을 보았다. 정치적으로 분열된 이탈리아에서 용병 계약 제도는 귀족들에게 '위험한 상업 활동보다 훨씬 더 적합하고 효과적인 명예로운 부 획득 수단'으로 간주되었다.[36] 몬테펠트로Montefeltro 가문은 주로 용병 계약을 통해 수입을 올린 좋은 사례다. 15세기 중반, 우르비노의 공작 페데리코 다 몬테펠트로 이탈리아 연합의 총사령관은 전시에 12만 두카트 규모의 용병 계약을 체결했으며, 이 중 개인 수당은 무려 4만 5,000두카트에 달했다. 그는 이 계약을 통해 기병 600명과 보병 600명을 제공했다. 평화시의 계약 총액은 6만 5,000두카트였고, 그중 개인 수당은 2만 5,000두카트였다. 근대 초기 1494~1559년의 이탈리아 전쟁은 운이 좋은 콘도티에리condottierei(용병 지휘관)들과 그들의 영지에 막대한 부를 안겨주었다. 예를 들어, 사비오네타의 공작 베스파시아노 곤자가Vespasiano Gonzaga는 1554년부터 자신의 막대한 개인 수입을 사용하여 영지를 르네상스의 전형적인 '이상적 도시'로 재건했다. 이탈리아 전쟁 이후, 곤자가는 스페인 제국의 용병 지휘관으로서 유럽 전역에서 임무를 수행하며 큰 명예와 부를 얻었고, 1558년에는 스페인 대귀족 작위와 황금양모 기사단 훈장을 수여받았다.[37]

근대 초기에 군대 양성 사업으로 막대한 부를 축적한 가장 좋은 예로는 알브레히트 폰 발렌슈타인Albrecht von Wallenstein을 들 수 있다. 보헤미아의 가난한 하급 귀족 가문 출신인 발렌슈타인은 2개 국어를 구사할 줄 알았고 좋은 교육을 받았다. 독일어를 완벽하게 구사한 덕분에 그는 오스만 제국과 전쟁(1604~1606) 중이던 신성로마제국 황제의 휘하에 들어갈 수 있었다. 원래 개신교도였던 그는 1606년에 가톨릭으로 개종했고, 이는 그의 지위를 높이는 데 많은 도움이 되었다. 시간이 흘러, 1618년에 30년 전쟁이 시작되며 발렌슈타인은 뛰어난 군사 지휘관으로서 두각을 나타냈다. 그의 명성이 높아지면서 대출이 용이해졌고, 그는 이를 활용해 점점 더 큰 규모의 군대를 양성했다. 그는 막대한 이익을 얻어 토지를 매입했으며, 그중에는 몰락한 보헤미아 개신교 귀족들이 빼앗긴 영지도 많이 포함되어 있었다. 경력이 절정에 이르렀을 때 발렌슈타인은 복잡한 하청과 자금 조달 시스템을 활용하여 군대를 모집하고 무장시킬 수 있게 되었고, 1632년에 스웨덴 침략군과 싸우는 임무를 맡게 되자 12만 명의 군대를 조직하고 무장시켰다. 이후 황제는 발렌슈타인에게 너무 많은 재정적 부채를 지게 되어 1628년에는 메클렌부르크 공국을 하사했으며 그가 보헤미아 출신임에도 불구하고 공작의 지위를 부여해야 했다. 그때쯤 발렌슈타인은 아마도 신성로마제국에서 가장 부유한 인물 중 한 사람이었을 것이다.[38]

중세 말기부터 근대 초기까지 군대 규모도 크게 늘어나고 군사 장비도 점점 더 비싸졌기 때문에 전쟁과 방위 비용은 지속적으로 증가했다.[39] 이에 따라 전쟁 중 개인의 축재 기회도 비슷한 속도로 증가했다. 서구가 산업화되면서 이러한 추세는 계속되었는데, 이는 대부분의 산업 분야가 군과 밀접하게 관련되어 있었기 때문이었다. 이는 화약, 자동차, 항공기와 같은 신산업 부문뿐만 아니라 대규모 병력에 군복을 제공해야 하는 섬유 산업과 같은 전통적 산업에도 해당되었다.

현대의 대규모 전쟁, 특히 제1차 세계대전 동안 많은 사람들이 거대한 부를 축적하게 된 것에 이런 배경이 있었다. 한 추산에 따르면, 1914년 미국의 백만장자는 약 7,500명이었으나, 1920년대에는 그 숫자가 다섯 배 늘어 거의 3만 9,000명이 됐는데, 그 이유는 바로 전쟁으로 벌어들인 막대한 수익에 있었다. 예를 들어 유럽의 경우, 일부 연구조사들은 제1차 세계대전 중에 아일랜드의 린넨 제조업자와 조선업자 등 많은 상인 및 산업가들이 재산을 크게 늘렸다고 보고했다. 이들이 두 차례의 세계대전 사이에, 특히 1922년 이후에 어려움을 겪기도 했지만 말이다.[40]

제1차 세계대전과 두 차례의 세계대전 사이에 막대한 부를 축적한 사례로 마르셀 블로흐Marcel Bloch와 앙리 포테즈Henry Potez를 살펴볼 수 있는데, 두 사람 모두 프랑스 툴루즈의 항공공과대학을 졸업했다.[41] 이들은 전쟁 초기에 징집되어 프랑스의 여러 항공기 제조업체가 공군에 제안한 대체 프로펠러 설계를 평가하는 임무를 맡았다. 1916년 군 복무를 마친 후, 두 사람은 프로펠러를 제작하는 소규모 공장을 설립하려고 계획했으나 곧 더 큰 야망이 생겼다. 그리고 1917년 블레리오 회사로부터 라이센스를 받아 SPAD VII 전투기를 생산하기 위해 소시에테 데투데스 에로노티크SEA, Société d'Études Aéronautiques Bloch-Lévy를 설립했다. 동시에 이들은 SPAD에서 영감을 받아 자체적으로 2인승 전투기를 개발했고, 1918년 말에 완성했으나, 시제품 발표 당일인 11월 11일에 휴전 협정이 체결되었다. 표면적으로는 전쟁이 끝난 시점에 제품을 출시한 것이 불운처럼 보일 수 있겠지만, 이 덕분에 SEA는 전쟁 후 급격히 위축된 군사 수요 속에서도 대규모 생산 투자 손실을 피할 수 있었다. 당시 프랑스 항공 산업계는 지나치게 분산되고 파편화된 구조였기에, 많은 기업들이 전쟁 종식과 함께 몰락했다. 블로흐는 잠시 항공 산업을 떠나 부동산에 집중했고, 포테즈는 SEA에 남아 전간기에도 새로운 항공기 설계 계약을 따내며 사업을 성공시켰다. 실제로 생산된 항공기는 몇 대에 불과했지만 그중 1923년에 출시된 포테즈-15$^{Potez-15}$는 상업적으로도 성공을 거두며 프랑스와 폴란드 공군에 판매되었다.

포테즈는 새 항공기의 선급금으로 솜 지역 메올트^{Méaulte}에 대규모 공장을 신설했다. 이 마을은 제1차 세계대전 중에 완전히 파괴되었고, 그곳에서 새로운 사업체를 설립하는 사람들에게는 전쟁 배상금을 통한 추가 지원금 혜택이 있었다. 새로운 공장을 통해 SEA는 프랑스의 최대 항공기 제조업체인 브레게^{Bréguet} 같은 대기업들과 견줄 만한 강력한 경쟁사로 성장할 수 있었다. 1929년, 블로흐가 항공 산업에 복귀하면서 상황은 더욱 유리하게 흘러갔다. 블로흐의 형은 프랑스군 전시 계급 서열 4위였고, 따라서 그는 정치가와 군 관계자들과의 인맥을 활용해 SEA는 물론 두 사람이 함께 혹은 따로 운영하던 다른 회사들을 위해 상당한 계약을 확보할 수 있었다. 그와 같은 인맥은 또한 파산하거나 파산 직전의 경쟁사들을 유리한 조건으로 인수하는 데도 도움을 줘 1930년대 초반 항공 산업의 위기를 오히려 기회로 전환시킬 수 있었다. 그러나 최고의 선물은 프랑스 정부의 군수산업 국유화 정책이었다. 블로흐와 포테즈는 이 국유화 정책을 적극적으로 지지했는데, 단지 이익만을 추구하는 기업들의 지시로부터 발명가들을 보호하고 기술 혁신을 촉진할 수 있다는 것이 그 이유였다. 그들이 진심으로 그렇게 믿었는지는 알 수 없지만 어쨌든 국유화로 이들은 막대한 현금 보상금과 발명 특허에 따른 상당한 로열티까지 챙겼다. 동시에 그들은 자신들의 회사가 과거에 체결한 상업 계약에 대한 소유권을 계속 유지했고 회사 경영진의 일원으로 임명되어 국유화 이후에도 직접적인 경영권을 가지게 되었다.

이 모든 과정은 프랑스 항공 산업에 상당한 혼란을 초래했으며, 제2차 세계대적 직전 프랑스군의 최신형 전투기 공급 부족 사태를 불러왔다(납품된 항공기들도 품질에 결함이 있는 경우가 많았다). 이는 프랑스가 독일 공군을 상대로 효과적으로 대응하지 못했던 이유를 설명해준다. 포테즈와 블로흐가 제1차 세계대전과 1920년대의 전후 상황이 제공한 기회를 최대한 활용하면서 부를 쌓기 시작한 것은 의심의 여지가 없다. 하지만 그렇다고 해서 그들이 전쟁으로 인한 피해를 전혀 입지 않은 것은 아니다. 특히 블로흐는 유대인이라는 이유로 나치에 협력한 비시 정권에 의해 가택 연금을 당했고, 1943년에는 강제 수용소로 이송되었다. 그는 수용소에서 살아남았고 고향으로 돌아온 후, 나치의 눈을 피해 위장 회사에 은닉한 재산 중 일부를 되찾아 기업 활동을 재개했다. 이후 그는 자신의 성을 형의 레지스탕스 활동명이었던 다쏘^{Dassault}로 개명했다. 1986년에 사망했을 때, 그는 프랑스에서 최고 부자였다.[42]

블로흐의 사례는 전쟁 중 부유층이 겪는 이중적 상황을 다시 한 번 극명하게 상기시킨다. 여기서 주목해야 할 점은 개인적 경험이 어떠했든 파괴적인 전쟁은 엄청난 평준화를 유발하여 부유층 집단의 부 점유율을 크게 감소시킨다는 점이다. 그러나 이는 재분배 때문이라기보다는 도시 약탈 중에 부유층의 재산이 강탈되는 것처럼 단순한 부의 물리적 파괴에서 비롯된 경우가 많다. 이 점을 설명하기 위해 도시에 있는 부동산만이 유일한 자산이고 그 부동산이 시민들 사이에 불균등하게 분배되어 있다고 가정해보자. 제2차 세계대전 중 많은 유럽 도시에서 그랬던 것처럼 도시 전체가 융단폭격에 의해 완전히 파괴된다면 부의 분배는 자동적으로 훨씬 더 평등해질 것이다. 이는 완전히 아무것도 없던 사람들을 제외하고는 모두가 잃을 뿐 누구든 아무것도 얻지 못하는 상황이다. 하지만 이는 가정일 뿐 서구 역사에서 대대적 평준화를 초래할 만큼 파괴적인 전쟁을 찾기는 쉽지 않다.

산업화 이전 시대에 전쟁이 실질적인 부의 평준화를 가져왔다는 증거가 있는 유일한 사례는 현재로서는 1618년부터 1648년까지 독일에서 벌어진 30년 전쟁이다. 이 전쟁과 함께 흑사병 이후 독일을 강타한 최악의 전염병인 1627~1629년의 대규모 전염병도 동시에 발생했다. 1600년에서 1650년 사이에 독일 전역에서 상위 5% 부유층은 부 점유율의 약 3%를 잃었고, 상위 1%의 점유율은 2% 감소했다. 1600년 당시 하위 50% 전체의 부 점유율이 8%에도 미치지 못한 것을 감안하면 이는 상당한 것이었다. 독일 사례에서 전염병과 전쟁의 영향을 구분하기는 어렵지만 북부 이탈리아 지역, 특히 사보이아 공국과 대조해 분석하려는 시도는 있었다. 사보이아 공국은 신성로마제국의 일부로 독일과 마찬가지로 전염병의 영향은 받았지만 30년 전쟁의 영향은 거의 받지 않았기 때문이다. 이 분석 결과는 17세기 독일에서 관찰된 불평등 완화는 대부분 전쟁으로 인한 것이라는 견해를 강력히 뒷받침했다. 공동체 수준의 데이터에 기반한 이 결론은 지역 및 국가 수준의 초부유층의 부 점유율을 복원한 자료에서도 뒷받침된다. 〈그래프 11.1〉에서 볼 수 있듯이 약 1600년경까지 독일과 사보이아 공국의 부 불평등 경로는 흑사병 사태 이후 불평등 감소까지 포함해 거의 동일했지만 1618년에 30년 전쟁이 시작되면서 뚜렷이 달라지는 양상을 보였다.[43]

전쟁의 평준화 효과는 전쟁이 물질적 부를 크게 파괴할 수 있는 능력과 직접적으로 연관되어 있기 때문에 최근의 문헌들은 대표적인 사례로 두 차례의 세계대전에 초점을 맞추고 있다. 제2차 세계대전은 의심할 여지없이 인류 역사상 가장 큰 물질적 파괴를 부른 전쟁이었다. 그러나 금융자본 파괴까지 고려하면 제1차 세계대전 역시 대규모 평준화를 불러왔다. 이 점은 경제학자 피케티가 주장했고 몇 년 후 역사가 발터 샤이델Walter Scheidel이 강력히 재확인한 것으로 최근에 좀 더 정밀한 추정치를 얻으려는 시도가 이뤄졌다.[44] 특

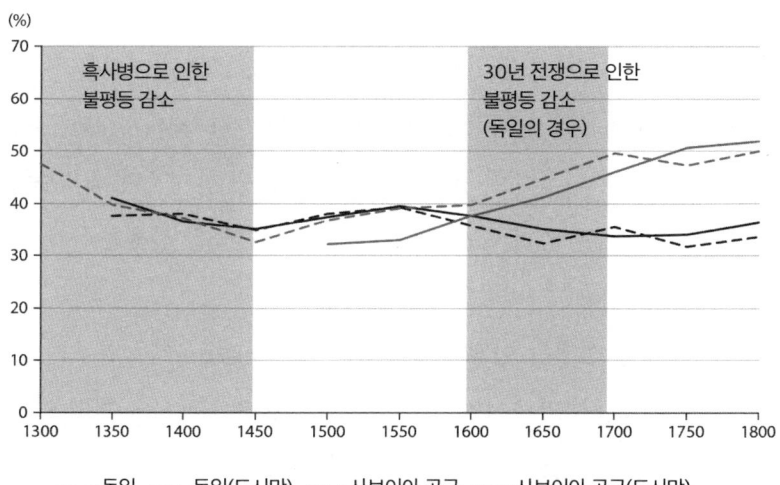

그래프 11.1. 독일과 사보이아 공국의 상위 5% 부유층 가구의 부 점유율(1300~1800)

히 경제사학자인 닐 커민스Neil Cummins는 제1차 세계대전으로 영국에서 1892~1920년 사이에 가장 부유한 빅토리아 시대의 1,500개 가문의 부가 59%가 사라졌다고 했는데 이에 영국 전체의 재산 손실률인 38%과 비교하면 상당히 높다. 제2차 세계대전 때도 영국 전체의 재산 손실률은 16%였던데 반해 빅토리아 엘리트의 재산 손실률은 26%였다.[45] 프랑스의 경우에는 더 심해 1914년부터 1920년대 중반까지 상위 0.01%의 재산 가치는 약 75%가 감소했고, 제2차 세계대전 동안에는 3분의 2가 추가로 감소했다.[46]

따라서 제1차 세계대전은 제2차 세계대전보다 부유층에게 더 불리했던 것으로 보이며, 이는 독일과 같은 다른 서구 국가들에서도 확인되었다.[47] 하지만 이런 결과들에 대해서는 몇 가지 보완 설명이 필요하다. 첫째, 제2차 세계대전 중 부유층의 재산 손실률이 제1차 세계대전보다 낮았던 이유 중 하나는 그들이 1914년에 비해 훨씬 덜 부유했기 때문이다. 그들의 재산은 이전 전쟁과 1920년대에 겪은 피해로부터 막 회복되기 시작한 상태였다. 둘째, 제1차 세계대전은 특정 부유층, 특히 영국 같은 곳에 남아 있던 구 귀족 지주와 대지주에게 특히 많은 해를 끼친 반면에[48] 산업가와 상인들은 전쟁을 통해 이익을 보았다.

그렇다면 전쟁은 어떻게 금융 자본을 파괴했을까? 일부는 해외 투자 자산 상실 때문이었다. 예를 들어, 1917년 러시아 혁명 이후에 재산이 몰수된 것 같은 경우다. 하지만 더 중요한 요인은 전쟁으로 인한 초인플레이션이다. 금본위제가 중단되면서 서구의 각국 정부는 전쟁 비용으로 급격히 증가한 공공 부채를 감당하기 위해 대규모로 화폐를 발행했다. 그 결과 인플레이션은 심각한 문제로 발전했으며, 특히 독일과 프랑스의 경우 1935~1950년의 연평균 인플레이션은 각각 17%와 13%에 달해 매우 높은 수준을 기록했다.[49] 이는 인플레이션을 통한 일종의 재산 몰수 효과를 일으켰는데, 이 현상은 금융 자본을 더 많이 소유하거나 고정된 임대 수익에 의존하여 고비용 소비 습관을 유지하던 사람들에게 더 큰 영향을 미쳤다. 실제로 경제 엘리트들, 특히 과소비가 신분을 과시하기 위한 수단이었던 이들의 소비 습관이 어느 정도 고착화되어 있었다고 가정한다면 고정 임대 수입, 경직된 소비, 초인플레이션이 합쳐져 부유층 중 많은 이들의 재산이 크게 감소했으리라는 사실을 쉽게 알 수 있다.[50]

'인플레이션을 통한 몰수'라는 개념은 보통 개인 재산의 파괴 과정을 개념화한 것이지만 동시에 사적 부와 공적 부의 재균형을 암시하기도 한다. 이러한 관점에서, 20세기 전반기에 부유층이 풍요로움을 상실하는 과정은 단순히 부의 파괴가 아니라 남은 부의 재분배에 관한 이야기이기도 하다는 것을 상기시킨다. 부분적으로, 이 재분배는 앞에서 자세히 설명한 대로 지주나 지대생활자 같은 부유층에서 상인, 사업가 등의 다른 부유층으로 이루어졌다. 그러나 일부는 사회의 상층에서 하층으로 향했으며, 이는 주로 급속히 증가하는 상속세와 고소득층에 대한 더 진보적이고 강도 높은 과세를 통해 이루어졌다.[51] 여기서 마지막으로 중요한 측면을 짚고 넘어갈 필요가 있다. 고전고대시대부터 서구 사회는 부유층이 사유 재산을 사용하여 전쟁 자금에 크게 기여할 것을 기대해왔다. 중세 후기와 근대 초기처럼 부유층의 기부금이 (자발적이든 강제적이든) 대출의 형식으로 이루어졌을 때, 이는 큰 위험을 수반하기도 하지만 훌륭한 축재의 기회가 되기도 한다. 20세기에 이르러서도 상황은 크게 달라지지 않았는데 여전히 부유층은 전쟁 채권에 투자할 것이란 기대를 모았기 때문이다. 애국심 때문이든 아니면 전쟁에 기여하라는 사회와 정부의 압력 때문이든, 그들은 대부분의 경우 기꺼이 응했지만 결국은 초인플레이션으로 인해 자본을 잃게 되었다. 그리고 그 과정에서 공공 부채의 감소를 돕게 되었는데 막대한 개인 재산 손실을 겪는 그들에게 그 사실이 그나마 위안이 되었는지는 알 수 없다.[52]

금융 위기와 부자

전간기에 많은 부자들이 전쟁으로 인한 초인플레이션으로 금융 자산 가치가 크게 하락하는 피해를 입었다. 이는 자산 가격의 변동성으로 인해 초부유층의 부가 절대적·상대적으로 급격히 요동칠 수 있음을 보여준다. 사실 부의 온갖 구성 요소 중에서도 금융 자산은 가장 불균등하게 분배되어 있는 자산 항목에 속하며, 바로 그 때문에 다양한 종류의 위기 중에서도 금융 위기는 특히 부유층에게 심각한 영향을 미친다. 대규모 금융 위기 사례들은 1340년대 피렌체의 은행 위기에서 1907년의 공황 그리고 대불황을 촉발한 2007~2008년의 금융 위기까지 5장에서 이미 설명되었으므로 여기서는 금융 위기의 원인과 전반적인 결과보다는 그것이 부유층에 영향을 미친 방식에 초점을 맞춰보겠다. 이를 위해, 1930년대의 대공황과 2007~2008년의 대불황의 분배 효과를 비교하는 것이 두 가지 이유로 특히 적절할 듯하다. 첫째, 2007~2008년의 대불황이 한창일 때 많은 이들이 1930년대의 사례를 근거로 특히 높은 소득과 부의 불평등이 위기의 공동 원인으로 작용했을 것이라는 주장을 했기 때문이다. 둘째, 두 위기가 부유층에게 미친 장기적 영향이 아주 달랐기 때문이다.

첫 번째 쟁점과 관련하여, 이미 2010년에 미국 의회 합동경제위원회의 보고서는 1929년과 2007년에 정점에 오른 소득 불평등이 경제 전체에 불안정한 영향을 미쳐 각각 대공황과 대불황으로 이어졌을 가능성이 있다고 주장했다.[53] 이 주장은 주로 소득 불평등에 초점을 맞추고 있지만 부의 불평등에서도 적용될 수 있다. 적어도 1980년대부터 부의 불평등이 증가하는 경향이 더 강했던 미국에서는 그렇다. 최근 추정치에 따르면 상위 0.1%에 해당되는 가장 부유한 미국인들의 2007년 부의 점유율은 16.8%로 1929년의 24.8%보다 훨씬 낮았고, 분석 대상을 상위 1%나 5%로 확장해도 마찬가지다(2007년에 각각 34.1%와 56.2%로 1929년의 50.6%와 74.1%보다 낮았다). 하지만 두 경우 모두 부의 집중도는 이전 년도에 비해 매우 높았고, 이는 긴 축적 기간의 결과였다. 특히, 미국에서는 제1차 세계대전에 의해 촉발된 불평등 감소 경향이 1920년부터 역전되었고, 1929년에는 부의 불평등이 일시적으로 전쟁 이전 수준으로 돌아갔다.[54]

1920년대에 독일에서도 부의 불평등 증가 추세가 보고되었지만 전쟁 이전 수준까지 회복되지는 않았다.[55] 스위스와 핀란드 같은 일부 예외는 있지만 다른 서구 국가들에서도 이와 유사한 패턴이 보고되지 않았다. 그러나 일부 국가의 경우 매년 추정치를 산출할 수 있는 자료가 부족하기 때문에 1920~1930년대의 단기적인 변동은 포착되지 않고 제1차 세계대전 발발부터 제2차 세계대전 직후까지 부의 불평등이 전반적으로 감소한 흐름만이 드러났을 가능성도 있다.[56] 이런 점을 고려하여 2007년의 상황까지 살펴봤을 때, 미국의 사례는 확실히 예외적이라고 할 수 있다(2장 〈표 2.1〉 참고).

미국의 상황이 서구 전체를 대표하는 것은 아니지만 1929년과 2007년의 위기 모두 미국에서 시작되어 이후 해외로 확산되었다. 따라서, 미국의 높은 불평등과 세계 금융 위기의 발생 사이에 인과 관계가 있는지 탐구해볼 필요가 있는데, 그 근원적 메커니즘에 대해서는 여전히 논쟁 중이다. 2010년 미국 의회 보고서는 2007~2008년의 금융 위기에 대해 부유층을 제외한 모든 계층의 소득 정체가 일정한 역할을 했을 가능성을 시사했다. 그 때문에 소비를 유지하기 위한 대출이 증가했고, 금융 규제 완화와 극단적인 탐욕이 결합하여 '지속 불가능한 신용 거품'이 생겨나는 데 일조했다는 것이다. 후속 연구들은 이 주장을 더 면밀하게 다듬어 위기 직전 수십 년 동안 대부분의 사회 계층에서 소득이 정체된 이유를 명확히 하고, 중산층과 하위 계층이 사회적 지위를 과시하기 위한 목적을 포함해 자신들의 소비 수준을 유지하고자 하는 욕구 때문에 소득이 정체하자 부채를 선택하게 된 과정을 설명했다. 심지어 이들은 초부유층을 모방하려는 욕구 때문에 부채를 지기도 했는데, 이는 초부유층의 소비 습관이 갈수록 사치스럽고 과시적이 되면서, 사회의 다른 사람들의 취향에도 영향을 미치게 된 탓도 있다. 다시 말해, 중산층은 상류층을 보며 경제적으로 유지할 수 없을 정도로 소비를 늘려 자신들의 상대적 지위를 유지하

려고 애썼고 너무 쉬운 대출이 그런 행동을 부추겼다는 것이다.[57]

이러한 관점에서 볼 때, 부유층은 의도치 않게 위기의 원인으로 지목당하기도 한다. 이는 사회의 다른 계층에 비해 높은 소비 수준뿐만 아니라, 특히 은행가와 트레이더 등의 금융 경제 활동 그리고 궁극적으로는 자신들의 탐욕 때문일 수도 있다. 소비 과잉과 탐욕에 대한 비판, 또한 중세부터 도금 시대 후반에 이르기까지 지속되어온 금융에 대한 전반적인 불신의 연속성이 다시 한 번 명확해진다.[58] 이는 많은 동시대인들이 1929년의 위기와 뒤이은 대공황의 원인을 사회의 가장 부유한 구성원들에게 돌리는 경향이 있었다는 점에서 추가로 재확인된다. 한편, 경제 및 금융 엘리트들이 다른 이들을 희생시키며 더 부유해졌고, 결국 그로 인해 국가 경제의 파탄을 불러왔다는 다소 감정적이고 본능적인 주장이 있었다. 그러나 일부는 보다 구체적인 비판을 제기하며, 1929년까지 하위 계층의 구매력이 그들의 소비 수준을 유지하기에 부족했다고 지적했다. 이는 앞서 이야기한 2007년의 위기에 대한 해석과 상당히 유사하다.[59] 다른 한편으로는, 도금 시대에 등장했고 미국 금융을 지배하는 '금전 신탁'을 조직한 것으로 알려진 초부유층에게 경제적 재앙과 국가 경제를 금융 위험에 노출시킨 데 대한 직접적인 책임을 묻는 경우도 있는데, 이 역시 그들의 탐욕과 어쩌면 권력 추구 때문이었다.[60] 이런 다양한 관점과 감정들이 결합되어 부유층은 위기에 책임이 있는 것으로 인식되었고 따라서 엄격한 반독점법과 금융 규제를 통하여 부유층의 경제적·정치적 권력을 분쇄하고, 또 전례 없이 높은 개인 소득세 최고 세율을 통하여 대중의 경제적 고통을 완화하는 데 기여하도록 하는 조처는 더욱 정당화되었다. 프랭클린 D. 루즈벨트는 1933년 미국 대통령이 되자 소득세 최고 세율을 63%로 인상했으며, 1937년에는 79%로 추가 인상했다. 상속세 최고 세율도 크게 인상되었다. 미국의 이러한 움직임은 서구 대부분 국가들에서 나타난 광범위한 추세에 동참한 것으로, 각국의 구체적인 시행 시점은 1929년 금융 위기 등 특정 사태에 따라 달랐지만 실질적 재분배를 목표로 하는 조세 개혁은 세계대전 기간에 두드러지게 나타난 특징 중 하나였다.

1929년의 경제 위기는 누진세와 경제 규제 강화를 촉진시킴으로써 특히 금융을 통한 대규모 축재와 부자 가문의 설립을 어렵게 만들어 부유층에 피해를 주기도 했지만, 더 즉각적이고 직접적인 피해를 준 것은 그들이 소유한 금융 자산의 가치 하락이었다. 1929년 10월 주식 시장 붕괴가 많은 미국인 부유층을 불시에 덮쳤다. 이 붕괴는 금융 시장의 급속한 확장 국면이 끝나갈 무렵에 일어났는데, 1917~1918년의 전쟁 채권인 '자유 채권'의 매입과 거래를 의도적으로 쉽게 만든 것이 시장 확장을 촉진시켰으며 수많은 미국 시민들을 투자자로 만들었다. 1928년 초부터, 주택 가격이 정체되고 채권 시장이 포화 상태가 되며 실질 수익률이 감소하자 투자자들은 주식 시장에 집중하기 시작했다. 그해 말에 이르자 다우존스 산업평균지수는 약 60% 상승했다. 주가가 높아지자 기업들은 자금 조달을 위해 더 많은 주식을 발행했고, 이는 시장을 더 달구며 1929년 내내 주가는 계속 오르기만 했다. 그러다 1929년 10월 말 자동차 업계 주식의 매도세가 촉발되면서 월스트리트에서 거래되는 주식의 전반적인 가격 하락이 일어났다. 1929년 10월 24일 '검은 목요일'에 공황이 시작되었고, 그 후 몇 달 동안 주가 회복을 위한 시도는 번번히 추가 하락으로 이어졌다. 11월 13일이 되자 다우지수는 고점 대비 48% 폭락했고 경기 침체가 시작되며 더욱 하락했다. 1932년 7월, 다우지수는 1929년 고점 대비 89.2%나 감소했다. 서구의 다른 어떤 국가도 이 정도의 극단적인 주식 시장 붕괴를 겪지는 않았으나 글로벌 주식 시장은 이미 서로 밀접하게 연결되어 있었기 때문에 손실이 엄청났다. 예를 들어, 프랑스에서는 1929년부터 1932년 사이 주가가 56% 하락했다.[61]

1929년 주식 시장 붕괴가 부유층에 끼친 영향은 상당했으며, 특히 대부분이 주식으로 구성되어 있던 자산이 심각한 타격을 입었다. 비교적 잘 알려진 사례로는 경제학자 어빙 피셔Irving Fisher의 경우가 있는데, 그는 제1차 세계대전 이후 형성된 부의 집중이 미국의 민주주의 제도에 부정적 영향을 미칠 수 있다고 경고했던 인물이었다. 피셔는 1920년대에 카드 인덱스 파일링 시스템을 발명하여 생산 및 상용화하고 주식 시장에 크게 투자해 막대한 재산을 모았다. 1925년, 피셔는 자신의 회사 인덱스 비저블 컴퍼니를 현금 66만 달러(2020년 기준 약 1,000만 달러)에 인수 회사인 카덱스 랜드의 우선주와 회사채까지 받고 매각했다. 그는 매각 대금을 혁신적인 제품에 주력하는 일련의 중소기업들에 투자했는데, 마침 앞서 말한 주식시장 확장으로 인한 이익을 온전히 볼 수 있는 적시였다. 1928년에 피셔의 순자산은 약 1,000만 달러(2020년 기준 1억 5,100만 달러)에 달했고, 그는 사실상 전업 투자자로 활동하고 있었다. 피셔는 위기 직전인 1929년 10월 16일에 주가가 "영구적으로 높은 고원에 도달한 것으로 보인다"고 단언한 것으로 유명하다.[62] 그는 주식 시장이 붕괴하더라도 수

개월 내에 빠르게 회복될 것이라고 믿고 있었는데, 결국 그 신념 때문에 파산했을 뿐 아니라 학자로서의 명성도 망치게 되었다. 오늘날에는 경제 이론에 기여한 바를 인정받아 명예는 대체로 회복되었다. 주가 붕괴로 인한 부의 손실은 피셔만의 일이 아니었다. 거시적 수준에서 보자면, 가장 부유한 계층의 부 점유율이 빠르게 감소한 것으로 나타났다. 미국에서는 가장 부유한 0.01%의 부의 점유율이 1929년 10.2%에서 1932년 7.5%로 2.7%p 감소했다. 분석을 상위 1%로 확장하면, 전체 감소는 증가하지만 그리 크지 않아 전체 부의 3.6%p로 나타났다.[63] 이는 최상위 부유층이 특히 큰 손실을 본 결과였다.

    1929년의 경제 위기와 1930년대 대공황 시절에도 결국 이득을 본 이들은 있었다. 특히 1932년 7월 주가가 바닥을 찍은 후 헐값에 주식을 매입한 사람들은 큰 수익을 거두었다. 그럼에도 불구하고 이 시기의 위기가 상대적으로 부유층에게 매우 큰 타격을 주었다는 데는 의심의 여지가 없다. 물론 대공황이 최빈곤층과 취약 계층에 끼친 엄청난 고통 역시 간과해서는 안 된다. 이 점에서 2007~2008년 금융 위기와 그에 따른 대불황의 경험은 전혀 다른 양상을 보였다. 이 시기에도 초기 단계에는 초부유층의 자산이 비교적 큰 타격을 입었다는 조짐이 보이기는 했다. 하지만 이는 실질적인 평가라기보다는 어느 정도 예전 사태, 특히 1929년 경제 위기의 사례에 근거한 예상에 더 가까운 것이었고, 제대로 된 추정치가 나오자 대불황으로 부유층의 자산이 전반적으로 감소했다는 증거는 찾아볼 수 없었다. 2007년에서 2009년 사이에 상위 1%의 부 점유율 감소폭은 미미했는데, 프랑스와 미국에서는 각각 0.9%p, 영국에서는 0.7%p였고 스페인에

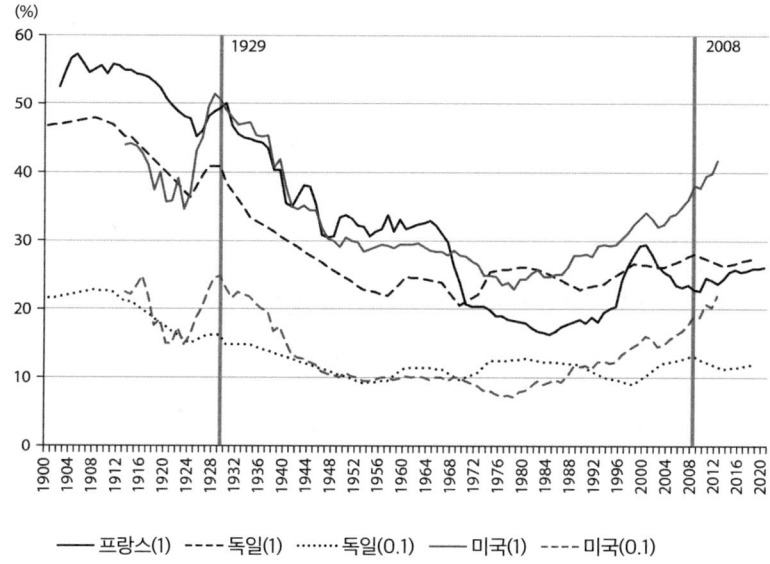

그래프 11.2. 프랑스, 독일, 미국에서의 상위 1% 와 0.1% 부유층 가구 부 점유율 (1900~2020)

서는 이보다 약간 큰 2.6%p였다. 또 전혀 감소하지 않은 곳들도 있었는데 미국의 경우 오히려 1.3%p 증가했을 수 있다는 대체 추정치가 나오기도 했다. 게다가 2010~2011년에 최고조에 달한 국가 부채 위기로 큰 타격을 받은 유럽 국가들에서도 부의 불평등 감소 효과는 매우 단기간에 끝났다. 심각한 피해를 입은 주요 국가 중 하나인 이탈리아에서는 2012년 상위 1%의 부 점유율이 18.6%로 2007년의 17.1%보다 오히려 1.5%p 증가했다.[64] 1929년 경제 위기 이후와 2007~2008년 위기 이후 부유층의 부 점유율 변화의 차이는 〈그래프 11.2〉를 통해 확인할 수 있다.

과거의 대공황과는 달리 대불황 시기에, 부자들은 자신의 재산을 성공적으로 지켜냈다. 그 이유는 여전히 논쟁의 대상이며 앞으로도 수년간 학문적 논의의 대상이 될 것이다.[65] 대불황과 대공황 사이의 가장 뚜렷한 차이점은 서구 각 국의 정책 개입 유형이었다. 대불황 시기에는 경제 활동에 훨씬 덜 개입하는 한편, 동시에 부자들에 대한 '처벌'도 훨씬 줄어들었으며 특히 금융 부문을 고려할 때 그들의 행동과 소득에 미치는 영향 또한 적었다.[66] 실제로, 위기 직후부터 옛 악습으로의 회귀라는 인식이 퍼지면서 2011년 '월가를 점령하라' 운동이 시작되었고, 강도는 다르지만 다른 나라들로까지 퍼져나갔다.[67] 시위를 부채질한 또 다른 요인은 '상위 1% 부유층'이 더 높은 세율이나 누진적 과세 혹은 그 외의 방식을 통해 공동의 경제적 고통을 분담하려는 의지가 전혀 없다는 인식이었다. 대불황이 끝난 직후, 코로나19 팬데믹과 그로 인한 급격한 경기 침체 동안에도 비슷한 우려가 다시 불거졌다.

부유층과 코로나19

2008~2009년의 대불황은 일부 국가에서는 국가 부채 위기를 불러와 2013년까지 지속되기도 했는데, 그 기간에 부유층은 많은 이들에게 사회의 고통에 무관심하고 둔감한 것으로 비쳐졌다. 자기들의 탐욕스러운 행동으로 위기를 초래했다는 비난을 받으면서도 상위 1% 부유층은 사적 자원을 피해 완화에 보태는 부자들의 전통적 역할을 집단적으로 거부하는 것처럼 보였다. 이와 같은 비판은 코로나19 팬

데믹과 감염 억제를 위해 실시된 공중 보건 정책으로 인한 경기 침체로 다시 불붙었다. 물론 이번에는 줄기찬 음모론자들을 제외하고는 부유층이 위기를 초래했다고 비난한 사람은 거의 없었다. 하지만 몇몇 국가에서는 위기 이전의 정책, 예를 들어 공공 보건 서비스의 민영화 같은 정책이 문제라는 비판이 제기되었다. 민영화는 부유층에게만 이익을 제공하며 사회 전체의 팬데믹 대응 능력을 약화시켰다는 것이다.[68] 그러나 부유층이 해결책을 찾기 위한 비용 부담에 적극적으로 나서지 않았다는 또 다른 비판은 대불황 시기에 제기되었던 것과 정확히 일치했다.

이미 깊이 논의된 바와 같이, 중대한 위기 때 부유층이 사적 자원을 통해 위기로 인한 피해 완화에 기여해야 한다는 기대는 서구 문화에 깊이 뿌리박혀 있으며, 1980년대 이후에 더 낮고 덜 누진적인 세금 제도로 가는 이념적 전환이 있었음에도 그런 기대는 사라지지 않았다. 하지만 그런 이념적 전환의 직접적인 결과인 오늘날의 세금 제도와 서구 전역에 만연한 정치적 대립 구도에서는 부유층이 그들에게 기대되는 역할을 이행하도록 유도하는 것이 이전 그 어느 때보다도 더 어려워졌다. 이는 아주 조심스럽게 접근해야 할 문제이기는 하지만, 서구 전역에서 위기 때 공공의 이익을 위해 부유층의 사적 자원을 활용할 수 있게 하기 위한 세금 개혁 사례는 극히 제한적인 것이 사실이다. 영구적으로, 아니면 일회성이나 임시 조처로 개인 소득세 혹은 재산세의 최고 세율을 인상하자는 제안이 많은 국가에서 정치적 논의에 들어가기는 했다. 하지만 아직까지 그런 논의가 행동으로 이어지지는 않았고, 최근 조사에 따르면, 코로나19 위기의 첫 해 동안에 소수의 서구 국가만이 개인 소득세 혹은 재산세 최고 세율을 소폭 인상했다. 가장 대표적인 예는 스페인으로, 스페인은 1,070만 유로(약 1,220만 달러)를 초과하는 순자산에 대한 재산세 최고 세율을 2.5%에서 3.5%로 크게 인상했다. 네덜란드 같은 다른 국가에서는 공정성을 높이고 동시에 국가 세수를 늘리기 위해 개인 소득세를 몇 가지 방식으로 소폭 조정하는 데 그쳤다.[69]

전반적으로 코로나19 팬데믹 기간 동안 서구 국가들이 도입한 세제 개혁이 부유층의 기여를 더 끌어올린 것으로 보이지는 않는다. 물론 그것이 코로나19의 경제적 충격을 완화하기 위한 목적의 일시적 세금 감면과 기타 임시 조치 전략에 부합하는 것으로 보이기는 한다. 이러한 세금 감면과 기타 조치들을 위한 자금은 대개 공공 부채를 늘려 공급되었는데, 이는 과연 누가 그것을 갚을 것인가 하는 의문을 낳는다. 현재 서구의 세금 제도가 과거에 비해 상대적으로 덜 누진적인 상황에서 앞으로 몇 년 내에 강력한 세제 개혁이 도입되지 않는다면 부유층이 짊어지게 될 코로나19 위기의 비용 부담은 다른 역사적 위기들과 비교해 극히 적을 것이다.

현재 많은 국가에서 논의가 진행 중인 부유층에 대한 세금 인상이 변화를 줄 수는 있다. 예를 들어, 미국에서는 2022년 바이든 행정부가 순자산이 1억 달러 이상인 사람들에 대해 미실현 수익까지 포함해 총소득에 20% 세율을 부과하는 '억만장자 최소 소득세billionaire minimum income tax'를 제안했다. 이는 대략 상위 0.01% 부유층에 해당하며, 정부 추산에 따르면 현재 미국의 억만장자들의 총소득에 대한 평균 소득세율은 평균 8.2%밖에 안 된다. 이 제안은 1930년대에 루스벨트 대통령이 도입했던 조치들과 비교하면 상당히 온건한 것이었음에도 불구하고 의회를 통과하지 못했다. 미실현수익 증가분을 산정하는 것이 기술적으로 어렵다는 이유가 있기는 했지만 주된 이유는 정치적 반대 때문이었다.

미국처럼 심하게 양극화된 정치 상황에서 세금 개혁은 특히 사회를 분열시키는 사안이지만 다른 서구 국가들이라고 해서 부유층의 기여를 더 성공적으로 이끌어내리라고 기대하기는 어렵다. 역설적으로, 위기가 부자들에게 혜택을 줬다는 인식에 따른 사회적 분노가 커지고 있음에도 불구하고, 부자들의 기여를 높이기 위한 목표에 대해서는 여전히 정치적 합의가 이루어지지 못하고 있다. 팬데믹 동안 부유층의 감염율과 사망율이 가난한 사람들보다 더 낮게 나타난 것도 사회적 분노를 더욱 악화시켰는데, 많은 경우 직장을 잃지 않기 위해 상대적으로 안전하지 않은 환경에서 계속 일해야 했던 가난한 사람들보다 부자들이 자신들을 더 잘 보호할 수 있었기 때문이었다.[70] 그러나 이러한 분노는 기껏해야 세율 인하 등 반대 방향의 세제 개편안을 무산시키는 데만 도움을 주었을 뿐이다. 예를 들어, 2022년 9월 영국에서는 트러스 단기 정부가 45%로 설정된 최고 소득세율을 폐지하려고 추진했지만, 여론의 반발로 철회되었다.

대개 그렇듯이, 위기가 부자들에게 유리하다는 인식은 특히 눈에 띄는 몇 가지 성공 사례를 근거로 한다. 대표적인 예로, 스위스 기업가 기욤 푸사즈Guillaume Pousaz는 코로나19 팬데믹 동안 그가 소유한 온라인 결제 서비스 회사인 체크아웃닷컴의 주가가 급등하면서 세계 최고 부호 반열에 올랐다.[71] 또 프랑스 기업가 스테판 방셀Stéphane Bancel은 코로나19 백신을 가장 먼저 개발하고 승인을 받아 세계적인 명성을 얻은 제약 및 생명공학 회사 모더나의 CEO 겸 공동 소유주로, 2021년 순자산 규모 40억 달러 이상을 기록해《포브스》억만장자 리스트에 올랐다. 그러나 코로나19 팬데믹 동안의 사업 성공과 관련해 일반인들이 가장 흔히 떠올리는 억만장자는 단연코 아마존의 창립자인 제프 베이조스다.

2020년에 이미 세계 최고 부자였던 베이조스는 아마존의 시장 가치가 폭등하며 자산이 급증했다. 물론 예기치 못한 사태에서 큰 이익을 본 몇 안 되는 경제 부문에서 사업을 하고 있었다는 이유로 베이조스를 탓할 수는 없다.[72] 그러나 아마존 직원들에 대한 그의 태도와 처우는 많은 사람들에게 탐욕스럽고 불공정하게 보였다. 아마존 직원들은 팬데믹 이전부터 상대적으로 열악한 근로 조건에서 일하고 있었고 공개적으로 불만을 제기하지 못하도록 조직적인 압박을 받았다는 이야기도 있었다. 팬데믹 동안에 그들은 회사가 누린 호황의 혜택을 입지 못했을 뿐만 아니라 오히려 더 큰 감염 위험에 노출되었다고 한다. 아마존은 팬데믹 기간에 대한 일시적인 임금 인상 도입 등을 통해 이미지 손상을 막으려고 했지만 큰 효과를 거두지 못했으며, 베이조스는 이런 이유들로 인해 부유층에 대한 세금 인상 캠페인의 주요 표적이 되었다. 국제구호단체 옥스팜이 내놓은 한 추정치는 전 세계적으로 공감을 받았는데, 여기서는 단지 당시의 사회적·문화적 분위기를 나타내는 지표로 인용하기로 한다.

"2020년 9월, 지구상에서 최고 부자인 제프 베이조스는 2020년 3월부터 8월까지 불어난 재산만 가지고도 아마존의 87만 6,000명 직원 모두에게 1인당 10만 5,000달러의 일회성 보너스를 지급할 수 있었으며, 그렇게 하고도 그의 부는 팬데믹이 시작되었을 때와 비교해 줄어들지 않았을 것이다."[73]

베이조스와 아마존은 2021년 바이든 행정부가 계획한 일부 세제 개혁에 대해 미온적인 지지를 표명했다. 그가 부유층에 대한 과세 수준에 대해 어떤 개인적 의견을 가지고 있든, 서구 사회 전반에서 적어도 일부 부유층은 세금을 꺼리는 입장과 거리를 두고 자신들이 더 많이 기여해야 할 책임이 있다는 견해를 수용했다는 점은 지적할 필요가 있다. 그 직접적인 표현 중 하나가 "우리는 세금을 믿는다"라는 슬로건의 캠페인으로, 그 정치적 중요성은 앞에서 논의된 바 있다. 그러나 2022년 다보스 세계경제포럼을 앞두고 이 단체가 작성한 공개 서한에 서명한 100명 이상의 인사들 중에 세계 최고 부자들은 아무도 들어 있지 않았다. 사실, 일부 초부유층 인사들은 코로나19 팬데믹 훨씬 이전부터 부유층에 대한 과세를 강화해야 한다고 주장했으며, 워렌 버핏과 빌 게이츠가 그 대표적 인물이다. 또 다른 이들은 2020년부터 2022년 사이에 사회에 대한 기여를 크게 늘렸으며, 주로 자신이 소유한 재단을 통하거나 그 외 다른 기부 방식을 사용했다. 예를 들어, 빌 앤 멜린다 게이츠 재단은 전 세계적인 코로나19 퇴치를 위해 수십억 달러를 기부했다.[74]

그러나 9장에서 논의했듯이 기부는 과세와 다르다. 가장 큰 이유는 기부는 대표성과 민주적 정당성을 갖춘 공공 제도를 통해 자원의 사용처를 결정할 수 없기 때문이다. 이는 극단적인 부의 집중이 서구 민주주의에 미치는 영향을 고려할 때 중요한 문제이지만, 주요 위기 상황에서는 이 문제의 성격이 달라질 수 있다는 사실이 이제는 분명해졌다. 서구 역사에서 위기는 부유층에게 사적 자원을 공공의 이익으로 전환함으로써 자신들의 사회적 유용성을 입증할 기회를 제공했다. 그러나 코로나19 팬데믹 기간에는 그런 일이 일어나지 않았고, 또 그 이전의 2008~2009년 대불황 때도 마찬가지였다. 이 때문에 부유층, 특히 초부유층 전체가 잘해야 '무임승차자', 최악의 경우에는 '폭리업자'로 간주될 위험이 생겨났다. 이것이 21세기의 패턴의 시작이라고 주장하기에는 아직 섣부른 판단일 수 있다. 그러나 위기 상황에서 부유층이 더 많이 기여해야 한다는 뿌리 깊은 문화적 규범이 정말로 사회 전반에 존재한다면, 그리고 21세기 들어 다양한 형태의 위기가 빈번히 발생하고 있다면, '무심하고 냉담한 부자들'은 머지않아 사회적으로 받아들여지기 힘든 존재가 될 수도 있다. 규범적인 판단을 내리는 것이 역사학자의 임무는 아니지만, 현재의 우려를 해결하기 위해 과거에서 얻을 수 있는 것이 무엇인지 살피고 제공하는 것은 역사가의 책임이다.

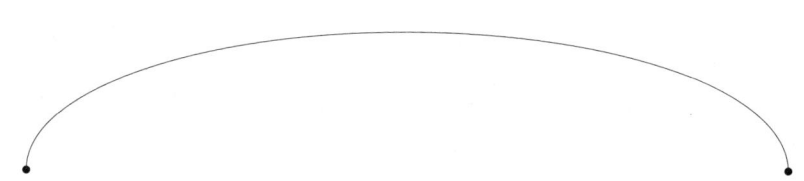

맺음말

부자들에 대한 이 연구의 마지막에 이르러, 여전히 남아 있는 질문이 하나 있다.

"사회 안에서 다른 계층의 불만이나 의심을 사지 않고 부유층이 자신들의 자리를 정당하게 마련하기 위해서는 무엇을 해야 할까?"

지금까지 살펴본 바에 따르면 서구의 문화적 전통 속에서 부유층 특히 초부유층은 사회에서 긍정적인 존재로 여겨지지 않았다는 점이 분명해졌다. 그들이 사람들의 관심을 사로잡고 있음에도 불구하고 말이다. 그들은 사회적 정당성을 확보하는 데 오랜 시간 어려움을 겪어왔으며, 노골적인 비판과 경멸까지는 아니더라도 끊임없는 의심의 대상이 되어왔다.

문제의 본질은 명확한데 유감스럽게도 그 해결책은 그렇지 못하다. 부유층은 무엇을 하든 비판을 받게 마련이고, 초부유층에 대한 비판은 그 정도가 더욱 격렬하다. 그들의 소비 행태가 너무 눈에 띄면, 과시를 한다며 사회적 질투를 자극하고, 그렇다고 해서 소비를 줄이고 저축을 늘리면 다른 계층과의 부의 격차를 더 벌리려 한다는 의심을 받는다. 약자나 빈곤층에게 아무것도 베풀지 않으면 인색하고 냉정하다고 비난받고, 재단이나 기금 등을 통해 상당한 재산을 환원하면 세금을 회피하려는 것이라며 손가락질 받는다. 정치에 관여하면 유권자나 정치 제도에 과도한 영향력을 행사할 것이라는 우려가 커지고, 정치를 멀리하면 서민의 삶에 무관심한 엘리트로 보일 위험이 있다. 이러한 딜레마는 끝이 없다.

역사는 인간의 행동에 대해 명확한 판단을 내리지 않으며, 대신 인간 행동의 다면성과 시간과 공간에 따른 변화를 이해하는 방향으로 이끈다. 하지만 서구의 역사적 경험을 전체적으로 보면 현재의 문제들을 다른 관점에서 바라볼 수 있게 해주고 어떤 패턴을 드러내 보여주기도 하며 어쩌면 배울 만한 교훈도 있다. 우리 사회를 역사의 거울에 비춰봄으로써 이 혼란한 시대에 무엇이 문제이고, 정말 어떤 위험이 있는지를 더 잘 이해할 수 있다.

이 책 전반에 걸쳐 이야기했고 모든 역사적 증거가 강력히 뒷받침하는 첫 번째 결론은 서구 사회에서 부유층의 위치는 본질적으로 불안정하다는 것이다. 이를 현재 상황에 적용해보면 이치에 맞지 않는 것처럼 보일 수 있다. 최근 수십 년 동안 부자들은 경제적 (그리고 사회적·문화적·정치적) 자원을 압도적으로 장악했고, 21세기 내내 그들을 괴롭힌 일련의 위기 속에서도 뛰어난 회복력을 보여주었기 때문이다. 그러나 더 큰 역사적 그림에서 보면 이는 불가피한 결론이며, 심지어 부유층도 자신들의 취약한 위치에 대한 인식이 커지고 있다는 몇 가지 조짐도 나타나고 있다. 그런 인식은 월가 점령 시위 같은 부자들에 대한 반대 운동보다는 "우리는 세금을 믿는다"처럼 자발적 캠페인으로 결집된 부유층의 집단 행동에서 더 잘 나타난다.

"세금이냐 쇠고랑이냐. 역사의 목소리에 귀 기울이고 현명한 선택을 하자." 이는 캠페인을 주도한 부유층 집단이 2022년 5월 다보스 회의 참가자들에게 보낸 공개 서한의 결론이었다. 장기적 관점에서 생각하면 이 주장은 두 가지 이유에서 적절해 보인다. 첫째, 역사를 통해 반복적이고 체계적으로 발생한 사태를 살펴보자. 부자들이 대중의 고통에 무감각하다고 인식될 때, 특히 그 고통을 이용해 이익을 취하는 것처럼 보이거나 그런 의심을 받을 때 사회가 불안정해지며 폭동, 봉기, 심지어 때로는 혁명과 부자들에 대한 노골적인 폭력 행위로 이어졌다. 이러한 사회적 반응과 행동이 윤리적으로 정당하다는 말은 아니지만, 이런 경우에는 사실이 아니라 인식이 모든 것을 좌우한다는 점은 분명하다.

둘째, 서구 역사에서 세금은 부유층이 제도적·문화적으로 사회에 기여하는 방식으로 자리 잡았고, 지금은 산업화 이전 시대보다 더욱 더 그렇다. 기부할 것이 아니라 세금을 내야 한다. 모든 기부 행위에 사심이 없다고 가정하는 것 자체가 말이 안 되지만, 설사 그것이 사실이라 해도 부자들의 관대함만으로는 충분하지 않다. 정말 필요한 것은 정치적 대의 기관을 통해 징수된 자원을 어떻게 사용할지를 사회에 맡기겠다는 의지를 보이는 것이다. 이는 부유층이 사회와의 연대와 기여에 대한 의지를 보여주는 인식의 문제일 뿐만 아니라, 사회에 대한 결정은 사회 전체가 공유해야 한다는 면에서 실질적인 문제이기도 하다. 특히 초부유층은 사회적 목표를 설정하고 그 해결을 위해 '자신들의' 재원을 사용하는 데 있어 의회와 정부가 본인들보다 더 잘할 것이라고 생각하지 않는다. 하지만 이는 자연스러운 것으로 부자뿐만 아니라 대부분의 사람들이 자기 돈을 어떻게 써야 하는지는 본인이 제일 잘 안다고 믿기 때문이다. 그리고 우리 중에 세금 내는 것을 좋아하는 사람이 정말 몇이나 될까?

모든 사람들과 마찬가지로 부유층과 초부유층도 얼마든지 실수할 수 있다. 이 경우 그들의 실수는 공공에 이전된 자원이 어떻게 사용되는지에만 집중한다는 데 있다. 그러나 정말 중요한 문제는 부유층에 전통적으로 부여된 중요한 사회적 기능을 수행하는가의 여부다. 중세 후반부터 서구 사회에서 부유층에 할당된 역할은 긴급하고 정당한 필요가 있을 때 공공이 사용할 수 있는 '돈 곳간'이었고, 심각한 위기 때는 그런 역할이 더욱 중요해진다. 코로나19 팬데믹에서 숨 돌릴 틈도 없이 바로 러시아-우크라이나 전쟁으로 이어진 것을 생각해보면, 불행히도 21세기에 접어들며 우리가 가졌던 모든 기대에 역행하며 대규모 위기가 너무 자주 발생하는 것 같다.

장기적인 관점에서 우려를 불러일으키는 것이 바로 이 대목이다. 부의 집중 수준이 역사적으로 봤을 때 매우 높고 위기가 매우 빈번하게 발생하는 중에도 부유층은 그 어느 때보다도 위기, 심지어 금융 위기까지도 무사히 잘 피해갈 수 있게 된 바로 그런 시점에 그들이 자신들의 전통적 역할 수행을 매우 꺼리는 것으로 보이기 때문이다. 서구 전역에서 부유층은 최근의 어떤 주요 위기에 대해서도 비용 부담 요구를 받지 않았는데, 그중에는 2007~2008년 금융 위기가 촉발한 경제 대불황과 같이 부유층이 위기의 원인이라는 비난이 일었을 때도 그랬다. 게다가 이런 일이 미국의 예처럼 누진세 원칙이 약화된 시점에 벌어지고 있다는 것도 큰 문제다.

이와 같이 사회 기여를 꺼리는 부유층의 행위는 명백히 문제가 있지만 원칙적으로 공공 기관을 통해 극복할 수 있는 문제다. 역사적으로, 부유층이 자신들의 역할을 수행한 데에는 국가와 동료 시민들에 대한 의무를 스스로 감수한 경우도 있지만 강제 기부와 대출 그리고 20세기부터는 소득과 상속에 대한 강력한 누진세도 그에 못지 않은 역할을 했다. 지금 서구 전역에서 일시적 과세 형태로라도 그런 일이 일어나지 않고 있다는 사실은 이런 의문들을 갖게 만든다. 오늘날 부유층은 역사적으로 유례없는 규모의 경제 자원을 자기들 수중에 집중시켜 놓고, 동시에 정치 제도에 대한 남다른 통제권을 얻거나 아니면 유권자들을 특정 견해로부터 유리시키기 위해 그 자원들을 사용하고 있는 것은 아닐까? 그들은 부유층을 대상으로 하는 모든 세금 인상 시도로부터 자신들을 보호하기 위해 조직적으로 정치적 자원을 동원하고 있는 것은 아닐까? 그들은 드디어 '인간들 사이의 신'처럼 행동하며 민주적 제도를 파괴하고 이미 중세에 상상했던 각본을 짜고 있는 것은 아닐까? 만약 그렇다면, 그들은 고전 신화라도 다시 들춰봐야 할 것이다. 왜냐하면, 서구의 전통에서는 신들도 몰락할 수 있으며, 그렇게 될 경우 그 충격은 파멸적이며 모두가 고통받게 될 것이기 때문이다.

어쩌면 위기가 반복되는 때가 지혜를 얻기에 최적의 시기일 수 있다. 그리고 이럴 때일수록 우리의 공통된 역사를 되돌아보는 것이, 오래된 듯하지만 사실은 비교적 최근에 형성된 경직되고 이념화된 시각들을 극복하는 데 도움이 될 수 있다. 우리는 현재 서구 사회를 특징지어온 결정적인 요소들을 보존하는 데 위협이 될 수 있는 길 위에 놓여 있는 것이 분명하다. 이러한 위험을 인식하는 것이야말로 사회 전체가 공유하며 모두에게 최선일 수 있는 해결책을 찾기 위한 불가피한 첫걸음이 될 것이다.

감사의 말

이 책을 완성하는 데 걸린 오랜 세월 동안 나를 위해 친절하게 조언하고 지원해준 동료들에게 깊은 감사를 드린다.

우선 기꺼이 이 원고의 각 부분들을 읽고 의견을 준 프란체스코 아만나티, 가브리엘레 발라리노, 새뮤얼 K. 콘, 안드레아 콜리, 마티아 포체사토, 로베르타 프리제니, 자코모 가부티, 알렉산더 켄티켈레니스, 피터 린더트, 루치아노 마피, 도나토 마시안다로, 마르턴 프라크, 사이먼 스즈레터, 자코모 토데스키니, 제니 트리니타폴리에게 진심으로 감사를 표하고 싶다. 그들의 지적 지원뿐 아니라 우정에도 진심으로 감사한다. 내 작업에 대해 그들과 (상황이 허락하는 한 화기애애하게) 논의하는 일은 정말 즐거운 경험이었다. 특별히 피터 린더트에 대해 언급하고 싶다. 그는 내가 이 탐구의 길로 들어서는 데 도움을 주었고, 내 주장의 문학적·과학적 질을 향상시키기 위해 크게 애썼을 뿐 아니라, 지적·과학적 관대함의 모범을 보여주었다. 틸로 알베르스, 댄 보카트, 닐 커민스, 조너선 레비, 주세페 데 루카, 마르셀로 메데이로스, 윌리엄 D. 로빈스타인, 시모나 페치도 데이터를 제공해주었을 뿐만 아니라 유용한 문헌에 대한 조언을 아낌없이 전해주었다.

처음에는 학생으로, 그다음에는 연구 조수로, 마지막에는 동료 연구자이자 공동 저자로 이 저서의 첫 단계부터 완성까지 나를 도와준 펠릭스 샤프와 소니아 스키파노에게도 감사의 인사를 전한다. 그들은 과거 제자였던 이들로부터 배운다는, 학자로서 느낄 수 있는 최고의 기쁨을 내가 온전히 누릴 수 있게 해주었다.

수년 동안 프로젝트를 진행하면서, 이제 어엿한 학자가 됐거나 그런 과정에 있는 연구 조수들도 다양한 과제들을 통해 도움을 줬다. 빈첸초 알파노, 조반니 안조니, 미켈레 볼라, 알레산드로 브리오스키, 비앙카 브루노리, 피에르 파올로 크레안자, 페데리코 마리, 엘리사 세리가 그들이다.

책을 쓰는 일이 결실을 맺기 위해서는 시간뿐만 아니라 그것이 자라날 수 있는 비옥한 토양도 필요하다. 보코니대학교, 특히 창설 때부터 내가 자랑스러운 회원으로 있는 돈데나 센터가 그러한 환경을 제공해주었다. 지속적인 지원과 격려, 또 사회과학에는 '하늘과 땅에 더 많은 것들이 있다…'는 점을 끊임없이 상기시켜준 그곳의 많은 동료와 친구들에게도 감사 인사를 보낸다. 프로젝트 초기 단계에 중요한 도움을 준 프란체스코 빌라르에게 특별히 감사한다.

이 책의 일부는 2019년 가을 내가 런던정치경제대학교^{LSE} 경제사학과에서 안식년을 보내는 동안 썼고, 초안은 2022년 여름 더블린 트리니티 칼리지 방문 기간 동안 완성했다. 양 기관과 런던과 더블린에서 나를 환영해준 모든 동료들에게 이상적인 연구 환경을 제공해준 것에 감사한다. 유감스럽게도 코로나19 팬데믹이 시작되며 2020년 봄, 이 책 작업을 위해 사회경제적 불평등 연구소인 뉴욕 스톤 센터에서 연구 기간을 보내려던 계획이 차질을 빚었다. 그래도 그런 기회를 제공하고 (원격으로라도) 학자 회원으로 환영해준 센터에 감사한다. 그곳 동료들과의 교류와 그들에 대한 지적 존경심은 지금까지 수년간 불평등과 사회적 이동성에 대한 내 작업이 틀을 잡는 데 기여했으며, 이 책도 혜택을 봤다.

보코니 도서관과 도서관 간 대출 서비스 직원들에게 특별한 감사를 전한다. 내 학자 생활의 시작부터 그들의 유능함이 내 연구에 중요한 역할을 했고 이 책을 쓰는 동안 그들이 내 '특별 요청'을 기꺼이 수용해준 것 역시 큰 도움이 되었다. 현재 내 사무실에 쌓여 있는 대출 도서들이 그 증거인데, 그 도서들을 아주 빨리 모두 반환할 것을 약속한다.

하지만 가장 큰 감사는 아내 엘리사와 훌륭한 내 아이들 플라비오와 줄리오에게 보낸다. 지난 몇 달 동안 내 가족은 남편과 아버지가 끝내야 할 책이 있다는 사실을 견뎌내야 했다. 그들에게 내 모든 사랑을 보낸다.

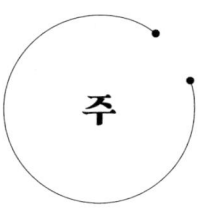

서문

1   경제적 불평등의 장기적 추세를 재구성하는 연구에 집중하던 시기에, 피터 린더트와 제프 윌리엄슨으로부터 역사적 불평등을 다루는 저널《클라이오메트리카Cliometrica》의 특별호에 기고해달라는 요청을 받았다. Williamson과 Lindert(2017) 참조. 그동안의 연구를 통해 나는 '부'를 탐구하는 새롭고 잠재적으로 유용한 방법을 알게 되었는데, 이는 부자들의 분포와 그들의 상대적 부의 강도를 결합시키는 방법이었다. 내가 수집해왔고 일부는 아직 미발표된 데이터에 이 새로운 분석 방법을 적용하여 부자들에 관한 논문을 기고하자는 생각을 하게 되었다. 당시 나는 유럽의 부자들에 관한 상당한 양의 문헌이 존재할 것이라고 추정했기에, 이러한 수치들을 맥락화하는 것이 비교적 쉬울 것이라고 생각했다. 하지만 예상과 달리, 특히 산업화 이전 시기의 부자들의 역사에 특별히 초점을 맞춘 학술 연구가 많지 않다는 것을 알게 됐다. 이로 인해 내가 모은 정량적 데이터에 적절한 맥락을 제공하기 위해 자체 기록 자료들을 더 깊이 파고들게 되었다. 이는 논문 Alfani(2017a)의 질을 상당히 향상시켰지만, 동시에 짧은 논문에서는 탐구할 수 없었고, 당시 내가 가지고 있던 제한된 정보로는 확실히 다룰 수 없었던 부자들의 역사의 모든 측면에 대해 깊은 호기심을 불러일으켰다. 이러한 과학적 호기심은 나로 하여금 훨씬 더 체계적이고 깊이 있는 조사를 시작하게 했고, 그 결과물이 바로 이 책이다.

2   부유층에 대한 비교 학술 연구의 드문 사례로는 Landes(2006)을 보면 된다. 부자들에 대한 대부분의 비교 서적들은 더 대중적인 접근방식을 취하는 경향이 있으며 언론인이나 작가들에 의해 출판되었다. 이러한 책들이 잘 연구된 경우에는 유용할 수 있다. 이 장

르의 초기 사례로는 Lundberg(1937, 1973)가 있으며, 최근의 좋은 사례로는 Kampfner(2014)가 있다.

3   이탈리아 마르크스주의 경제사학파가 계급 분류를 통해 인해 내린 분석적 선택과 그들이 받은 비판에 대해서는 Alfani(2014)를 보면 된다. 비슷하게, 독일의 경우는 Sreenivasan(2013) 참조.

4   장기적 관점에 초점을 맞춘 계급 기반 연구에 대한 비판이, 사회학적 계급 개념이 더 한정된 기간에는 유용하게 적용될 수 없다는 것을 의미하지는 않는다. 오늘날의 사회에 계급 개념을 유용하게 적용한 최근 연구의 예시로는 Savage(2015)와 Friedman과 Laurison(2019) 참조. 또한 베버에게서 영향을 받은 사회학 이론에 따르면 '계급'이라는 개념이 '지위'와 '정당'의 개념과 구별될 수 있다는 점에 주목해야 한다. 이러한 관점에서 보면, 한 개인이 속한 계급은 시장에서의 위치에 의해 결정되는데, 이는 개인의 삶의 기회를 정의하는 경향이 있으며, 이러한 방식으로 부의 위계에서의 위치에도 영향을 미치는 경향이 있다. 베버에서 영감을 받은 계급 정의의 현대적 적용에 대해서는 Goldthorpe(2007) 참조.

5   피케티 이전에도, 현대 사회에서 부의 분배의 중요성은 이미 일부 학자들에 의해 인정받고 있었다. 특히, 이는 경제학자 토니 앳킨슨과 그와 관련된 학자들의 연구 의제의 중심이었다. Atkinson(1974, 1980); Alvaredo 외(2013) 참조.

6   산업화 이전의 불평등에 대한 연구들의 개관은 Alfani(2021) 참조. 19세기 이후의 불평등에 관한 개관은 Roine과 Waldenström 2015, Alfani(2019) 참조. 미국의 경우는 Lindert와 Williamson(2016) 참조. 불평등의 장기적 경향에 초점을 맞춘 최근 연구의 좋은 예시로는 Milanović(2016)과 Scheidel(2017) 참조. 최근 이용 가능해진 산업화 이전 불평등에 대한 대부분의 정보는 유럽연구위원회ERC가 자금을 지원한 EINITE(이탈리아와 유럽의 경제적 불평등, 1300~1800) 프로젝트에 의해 생산되었다(www.dondena.unibocconi.it/EINITE).

7   오늘날 사회의 부자들에 대한 연구들의 유용한 개관은 Medeiros와 Ferreira de Souza(2015)를 보라. 19세기와 20세기 초에 대해서는 Rubinstein(1980)에 수록된 다양한 국가별 연구 참조.

8   Sorokin(1925, 627).

9   미국의 부자들에 관해서는 Jaher(1980); Wolff(2000, 2017, 436~91); Rockoff(2012); Korom, Lutter와 Beckert(2017); Sutch(2017) 참조. 영국의 부자들에 대해서는 Rubinstein(2006),(2018); Scott(2021) 참조. 오늘날 서구와 전 세계의 부자들에 대한 비교 연구의 예시로는 Freund(2016); Tsigos와 Daly(2020) 참조. 추가적인 국제적 참고문헌은 7장을 참조. 부자들에 대한 인식과 관련하여 미국과 유럽 간의 사회적, 문화적 차이에 대

한 비판적 논의는 McCall(2013) 참조.

1장 부는 무엇이며, 얼마가 있어야 부자인가

1   인류학자 프레데릭 H. 데이몬의 정의에 따르면, 쿨라는 '사회적으로 결정되고 사회적으로 생산된 형태의 부'다. 쿨라 무역에 대해서는 Malinowski(1922)의 고전적 연구(Mauss(1967[1925])의 동일하게 고전적인 논평/비판과 함께)와 Hage, Harari와 Brent(1986) 그리고 Damon(2002) 참조.

2   소규모 사회의 정의는 Benedict(2004) 참조. Borgerhoff Mulder 외(2009)와 Bowles, Smith, Borgerhoff Mulder(2010) 참조.

3   이 점에 대해서는 Roine과 Waldenström(2015, 514); Soltow(1989, 179~81) 참조. 솔토우에 따르면, 남북전쟁 이전의 미국처럼 노예가 매우 흔했던 곳에서는 노예가 전체 국부의 상당한 비중을 차지하기도 했다: 1800년경에는 약 12.5%, 1860년경에는 19%였다. 인적자본을 부의 정의에 포함시켜야 하는지에 대한 추가 논의는 Davies와 Shorrocks(2000) 참조.

4   Roine과 Waldenström(2015, 514~17).

5   Herlihy(1977, 5~7)의 데이터를 기반으로 한 분석이다. 1427년 카타스토catasto에 대해서는 Herlihy와 Klapisch-Zuber(1985), 중세와 근대 초기 투스카니의 부의 분배에 대해서는 Alfani와 Ammannati(2017) 참조. 중세 유럽의 주요 금융 중심지로서의 피렌체에 대해서는 5장을 참조.

6   1의 상관관계는 토지와 동산의 분배가 정확히 같다는 것을 의미하며, 상위 5%나 1%의 부의 점유율과 같은 상대적 측정치는 두 분배를 각각 따로 계산하거나 합친 분배로 계산하거나 같을 것이다. 영국에 대해서는 Alfani와 García Montero(2022)의 부록 H를, 피렌체에 대해서는 피터 린더트가 제공한 데이터셋을 기반으로 한 새로운 분석을 참조. 원래의 데이터 수집에 대해서는 Herlihy와 Klapisch-Zuber(1985) 참조(피렌체의 경우, 상관관계는 부동산과 공공부채 지분을 포함한 전체 투자자본 간의 것이다).

7   파리에 대해서는 Daumard(1980, 108), 밀라노에 대해서는 Licini(2020, 91) 참조.

8   Global Wealth Databook(2021, 135).

9   Milanović(2020).

10 Milanović(2011, 42~44)의 추정에 따르면, 크라수스는 연간 수입으로 3만 2,000명의 로마인에게 일을 시킬 수 있었고, 슬림은 44만 명의 멕시코인을 부릴 수 있었다.

11　부의 객관적 기준에 대한 논의는 Heilbroner(2008) 참조. 노동력 지휘에 기반한 부의 비교에 대해서는 Milanović(2011, 2020) 참조.

12　이 책의 구체적인 목표가 다양한 시대의 부를 직접적으로 비교하는 것은 아니지만, 때로는 과거의 화폐 단위로 표현된 부(예: 1830년의 파운드)가 현재의 화폐 단위(2020년 미국 달러가 기준 참조 단위로 선택됨)와 어떻게 비교되는지를 아는 것이 유용하다. 그러나 과거의 가치를 현재 가치로 변환하는 방법에는 여러 접근 방식이 있다. 모든 관점에서 선호될 만한 단일한 해결책은 존재하지 않으며 이 책에서는 문헌에서 일반적으로 사용되는 간단한 방법을 택했다. 즉, 소비자 물가지수(CPI)를 기반으로 화폐 가치를 변환하는 것이다. 원칙적으로 이는 서로 다른 금액의 실제 구매력을 비교할 수 있게 하며, 인플레이션을 고려 대상에 포함한다. 그러나 이러한 변환은 18세기 후반 이전 시기에는 적용되지 않았다. 물론, 과거 화폐 가치를 현재 가치로 변환한 모든 결과는 대략적이고 단지 참고용으로 간주되어야 하며, 변환 대상 기간이 길수록 그 차이는 점점 더 벌어질 것이다. 변환 작업은 Measuring Worth 프로젝트(www.MeasuringWorth.com)에서 제공하는 도구를 사용하여 이루어졌다.

13　Wade(2014, 118)에 따르면, 대공황이 시작되기 전까지 대부분의 경제학자들은 불평등을 '시장의 조정 메커니즘으로서 불가피한 결과이며, 시장이 인센티브 메커니즘으로 기능하기 위해 필요한 결과'로 간주하는 경향이 있었다. 즉, 일종의 필요악으로 여긴 것이다. 이 점에 대한 추가 논의(그리고 경제적 불평등을 비교적 '무해한' 현상으로 해석하는 것에 대한 비판)는 Wade 외에도 Piketty(2014), Lindert와 Williamson(2016), Alfani(2021) 참조.

14　다만, 많은 개인이 정확히 동일한 부를 보유한 거의 완벽에 가까운 평등 사회에서는 최상위 백분위에 속하는 사람을 정확히 파악하는 것이 불가능할 것이다.

15　Marcelo Medeiros와 Pedro Ferreira de Souza(2015, 871)가 지적했듯이, 오늘날의 사회에서는 "낮은 부유층 기준선을 사용할 경우 부유층은 대부분 '노동 부유층'이지만, 이러한 기준선이 높아지면 주로 자본가와 임대소득자들이 부유층에 해당된다"고 한다. 이 문제에 대해서는 Piketty(2014) 참조.

16　부유층의 부의 비중을 다룬 연구들에 대한 조사 내용은 2장을, 시간에 따른 부유층 구성에 대한 일부 정량화는 7장을 참조.

17　공식적으로, $R^{HC}(x) = \frac{1}{n}\sum_{i=1}^{n} 1_{x_i > \rho} = \frac{r}{n}$이다. 여기서 $1_{x_i > \rho} = 1$은 $x_i > \rho$인 경우이고, 그렇지 않은 경우에는 $1_{x_i > \rho} = 0$이다. n은 개인이나 가구의 수를, r은 부유한 개인이나 가구의 수를, ρ는 부자 기준선을 나타낸다. ρ의 정의 방식에 따라 부유층의 분포를 측정하는 다양한 지수가 구별된다. 자세한 내용은 Peichl, Schaefer, Scheicher(2010) 및 Alfani(2017a) 참조.

18 네덜란드에 대한 연구는 Robeyns et al.(2021), 독일에 대한 연구는 Arndt(2020, 143)을 참조. 일반적으로 절대적 부자 기준선을 설정하는 데 관련된 어려움에 대해서는 Medeiros와 Ferreira de Souza(2014, 10~11) 참조. 흥미롭게도, 영국에서 2003년 BBC가 실시한 설문조사에서는 응답자의 4분의 1이 10만 파운드의 '현금'을 보유하면 부자라고 간주했지만, 12%는 100만 파운드 이상, 또는 2020년 미국 달러로 200만 달러 이상이 필요하다고 답했다(Lansley 2006, 4~6).

19 현대사회를 위한 부자 기준선 설정에 대한 일반적인 논의는 Medeiros(2006), Peichl, Schaefer, Scheicher(2010), Medeiros와 Ferreira de Souza(2014) 참조. 전 산업사회의 부를 기반으로 한 부자 기준선 설정에 대해서는 Alfani(2017a) 및 Alfani와 Di Tullio(2019, 72~76) 참조. 이들 연구는 서로 다른 수준에서 부유선을 설정한 결과를 체계적으로 비교하고 있다.

20 "이브레아 시의 시민과 주민들이 만든 봉건적 부동산, 제분소, 오븐, 인구조사, 군대, 자본재, 사무실, 가축 및 식량의 인도". 이브레아 시립 기록 보관소, 카테고리 14(인구 조사), 번호 1750년.

21 'Sabaudian State' 또는 'Savoyard State'는 사보이아 가문이 통치한 영토를 지칭하는 집합적 용어다. 기술적으로, 이는 복합국가로, 근대 초기에는 사보이아 공국, 피에몬테 공국, 아오스타 공국 및 기타 소규모 영토를 포함했다. 이 책에서는 주로 오늘날 이탈리아에 속하는 국가의 일부, 특히 피에몬테 행정 지역을 지칭하는 데 쓰인다.

22 1613년 피에몬테 인구조사와 그 활용에 대해서는 Alfani와 Caracausi(2009), Alfani(2010a, 2017a) 참조.

23 근대 초기 사보이아 공국의 세금 제도에 대해서는 Stumpo(1979), Alfani(2013a) 참조. 근대 초기 유럽 세금 제도의 일반적인 발전에 대해서는 Yun-Casalilla와 O'Brien(2012) 참조.

24 주요 변화는 대체로 중세 말로 거슬러 올라가는데, 이 시기에 일부 지역에서는 재산세 기록을 단순화하고 부동산을 직접 과세의 유일한 기준으로 삼는 과정이 진행되었다. 1427년 이후의 토스카나가 좋은 예다.

25 부의 분배와 불평등을 연구하기 위해 이러한 자료를 사용한 사례로는 이탈리아의 Alfani(2015, 2017a), 독일의 Alfani, Gierok, Schaff(2022) 참조. 독일의 경우 사용 가능한 자료가 조금 더 다양하지만, 전반적으로 남유럽에서 사용된 자료와 유사하다. 남프랑스의 사례를 포함한 일반적인 개요는 Alfani(2021) 참조.

26 주택 임대 가치를 기반으로 저지대 국가의 소득 불평등을 연구한 사례로는 van Zanden

(1995), Soltow와 van Zanden(1998), Ryckbosch(2016), Alfani와 Ryckbosch(2016) 참조. 후자는 부의 불평등에 관한 일부 정보도 포함하고 있다.

27 이 점에 대한 추가 논의는 이 장의 '시대에 따른 부의 정의' 내용을 참조.

28 영국의 부 불평등에 대한 연구로는 평신도 보조금과 튜더 보조금을 기반으로 한 Alfani와 García Montero(2022) 참조. 또한, 영국 중세 및 근대 초기의 세금 제도에 대한 추가 정보는 Hoyle(1994), Dyer(1996), Schofield(2004) 참조.

29 영국의 유언 검인 기록을 사용하여 가구 부를 재구성한 연구로는 Lindert(1986, 2000) 그리고 1500년경부터의 데이터를 포함하는 Clark와 Cummins(2015a) 참조.

30 Jones(1980), Lindert(2000), Lindert와 Williamson(2016).

31 Bengtsson et al.(2018, 2019).

32 Alfani와 Schifano(2021, 107).

33 유산세estate tax는 개인 사망 시 '상속자산'에 대해 부과되는 세금이며(실제로는 집행인이 유산 자금으로 납부), 상속세inheritance tax는 각 상속자가 수령한 금액에 대해 납부하는 세금이다. 그러나 사망자의 재산과 관련하여 얻을 수 있는 정보는 유사하기 때문에, 부의 불평등에 관한 문헌에서는 두 용어를 종종 혼용하고 있다. Piketty(2014, 643~644). 상속세 데이터를 사용하는 사례로는 Acciari와 Morelli(2020) 참조.

34 Piketty, Postel-Vinay, Rosenthal(2006, 2014), Piketty(2014).

35 19세기 부 분포에 대한 이용 가능한 정보를 업데이트한 조사(20세기와의 비교 포함)는 Alfani와 Schifano(2021) 참조.

36 세계 불평등 데이터베이스World Inequality Database (https://wid.world, 2022년 5월 최종 조회). 현재 WID는 성인의 개인 순자산 정보를 제공하지만, 대부분의 국가에서는 가구 자산을 동등하게 분할한 데이터에서 파생되며, 따라서(분포적 측면에서) 이를 가구 자산으로 간주할 수 있다. 이는 세계 불평등 데이터베이스 연구팀이 따르는 접근 방식과 일치한다. 실제로, 정기적인 세계 불평등 보고서World Inequality Reports는 부를 측정하는 데 있어 '가구 자산'을 기반으로 하고 있다. Chancel et al.(2022) 참조.

37 Davies, Lluberas 및 Shorrocks(2010~2021), 크레딧 스위스Credit Suisse 〈글로벌 부 데이터북〉은 https://www.credit-suisse.com/about-us/en/reports-research/global-wealth-report.html에서 다운로드 가능하다.

38 20세기 부의 불평등 측정을 위한 데이터 소스에 관해서는 Davies와 Shorrocks(2000), Roine와 Waldenström(2015), Alfani와 Schifano(2021) 참조.

39 Davies와 Shorrocks(2000, 629), Roine와 Waldenström(2015, 513). 부의 측정 단위

로 가구가 개인보다 우월하다는 점에 대해서는 Lindert와 Williamson(2016, 20) 및 OECD(2013)의 권고사항을 참조.

40 부의 분배를 연구하기 위한 산업화 이전 시대 자료가 갖고 있는 잠재적 결함에 대한 추가 논의는 Alfani(2021) 참조. 산업화 이전 시대의 재정적 비행fiscal misbehaviour에 대한 사회적 통제 사례는 Alfani(2015, 1064) 참조. 현대 세금 회피와 탈세에 대한 논의는 Roine 와 Waldenström(2015, 518~519), Alstadsæter, Johannesen, Zucman(2019) 참조.

41 Davies와 Shorrocks(2000, 643).

42 부의 분포를 연구하기 위한 자료로서의 부자 명단에 대한 추가 논의는 Davies와 Shorrocks(2000, 642~643), Medeiros와 Ferreira de Souza(2014, 5~7) 참조. 사회과학 연구에서 이를 활용한 최근 사례로는 Rockoff(2012), Freund(2016), Korom, Lutter, Beckert(2017), Bonica와 Rosenthal(2018) 참조.

2장 부의 집중과 부자의 규모

1 소규모 사회에서 부의 구성 요소에 대해서는, 1장의 '시대에 따른 부의 정의'를 참조. 일반적으로 선사 시대의 불평등에 관해서는 Borgerhoff Mulder et al.(2009), Bowles, Smith, Borgerhoff Mulder(2010), Kohler et al.(2017), Bogaard, Fochesato, Bowles(2019) 참조. 또한, 상속 문제와 관련된 데이터 및 추가 논의를 위해서는 7장의 '첨예한 이슈: 상속'을 참조. 초기 도시 국가의 등장과 불평등에 미친 영향에 관해서는 Diamond(1997), Scheidel(2017) 및 Lenski(1966)의 초기 논의 참조.

2 Milanović(2011, 42); Scheidel(2017, 71~75); Lavan과 Weiswelier(2022, 228~233).

3 소득(부가 아닌) 불평등에 대한 대략적인 추정치를 토대로, 로마 제국의 절정기(약 서기 150년)에는 제국 전체의 지니 계수가 0.4를 약간 상회했을 것으로 보이며, 구체적으로는 0.413으로 추정된다. Milanović(2019, 12), Scheidel 및 Friesen(2009); Scheidel(2017, 78) 참조. 이전 시기인 서기 14년에는 지니 계수가 0.364~0.394 범위로 추정된다. Milanović, Lindert 및 Williamson(2007, 77). 이후 제국의 쇠퇴와 몰락과 함께 불평등은 급격히 감소해 서기 600~700년경에는 약 0.1 수준에 이르렀다. Milanović(2019, 8~10). 로마 시대의 불평등에 대해서는 Alfani(2021, 7~8)의 종합 분석 참조.

4 사보이아 공국과 피렌체 공화국을 대상으로 한 Alfani(2015) 및 Alfani와 Ammannati(2017)의 데이터셋을 기반으로 한 새로운 추정치; 현대 이탈리아에 대해서는 〈글로벌 부 데이터북〉(2021, 136) 참조.

5	흑사병의 사망률 추정치는 Alfani와 Murphy(2017, 316)에서 인용. 같은 논문은 전염병의 장기적 영향을 개괄적으로 설명한다. 이 주제에 대해서는 Jedwab, Johnson, Koyama(2022) 및 11장의 '부유층과 흑사병: 번영 또는 파국'에서 인용된 추가 문헌 참조.
6	흑사병과 관련된 메커니즘에 대한 자세한 논의는 11장의 '부유층과 흑사병: 번영 또는 파국' 참조. 툴루즈에 대한 새로운 추정치는 Alfani(2021)에서 소개된 데이터를 기반으로 한다. 저지대 국가의 소득 불평등에 대해서는 Ryckbosch(2016), 흑사병이 실질 임금에 미친 영향에 대해서는 Pamuk(2007), Campbell(2010), Fochesato(2018) 참조. 주요 전염병의 분배적 결과에 대한 일반적 논의는 Alfani(2022) 참조.
7	영국의 경우, 약 1500년경의 부의 불평등이 약 1300년경에 비해 약간 더 높아 보이지만, 두 시기 간 불평등이 계속해서 증가했다고 보기는 어렵다. 전체 자료에 따르면 흑사병 이후 불평등이 감소한 후 회복되었을 가능성이 매우 높다. 이 문제에 대해서는 Alfani와 García Montero(2022) 참조.
8	상위 5%의 부유층 비율 증가 사례는 다음과 같다. 예를 들어, 프로방스의 프랑스 도시 벤스Vence에서는 1550년 22.6%, 1679년 26.3%, 1777년 28.2%를 기록했다. 랑그도크의 농촌 마을 코르니용Cornillon에서는 1442년 32.7%, 1642년 36.7%, 1691년 44.1%로 나타났다. 스페인의 카탈루냐 지역의 경우, 세르베라Cervera에서 1400년경 상위 5%가 25.3%의 부를 소유했으며, 1500년에는 33.4%, 1600년에는 약간 감소한 32.5%를 기록했다. 그러나 1700년에는 약간 회복되어 32.8%를 기록했으며, 이후 1800년까지 37.4%로 크게 증가했다. 소도시 레우스Reus에서는 1450년 25.4%, 1550년 31.5%, 1650년 31.6%를 기록했다(EINITE 데이터베이스의 새로운 정보). 카탈루냐 남쪽의 발렌시아 지역 카스테욘Castellón에서는 상위 5%의 비율이 1398년 23.6%, 1464년 20.3%, 1497년 20.8%, 1499년 25.9%를 기록했다(Furió 2017). 1500년부터 1800년까지 스페인 마드리드 지방에서도 부의 불평등 증가 경향이 보고되었다(Santiago-Caballero와 Fernández 2013).
9	Lindert(1986, 2000); Alfani와 García Montero(2022).
10	Alfani, Gierok 및 Schaff(2022)에서 소개된 데이터셋을 기반으로 한 새로운 분석.
11	근대 초기와 초기 산업화 시기의 영국에서 개인 부의 축적 사례에 대해서는 4장을 참조. 1인당 GDP에 대한 최신 추정치는 Maddison Project Database(2020)와 Fouquet 및 Broadberry(2015) 참조. '불평등 추출비율' 개념에 대해서는 Milanović, Williamson 및 Lindert(2011), 이를 산업화 이전 사회에 적용한 사례에 대해서는 Alfani 및 Ryckbosch(2016)과 Alfani(2021) 참조.
12	1570년 플랑드르와 브라반트의 농촌 지역에서는 상위 1%와 5%가 각각 전체 토지의 13.7%와 34.4%를 소유했다. 이후 몇 세기에 걸쳐 토지 소유 집중도가 높아졌으며, 이는

기존의 추세가 지속된 결과일 가능성이 높다. 특히 코르트레이크Kortrijk 주변 농촌 지역의 경우, 상위 1%의 점유율이 1383년 6.1%에서 1570년 11.1%로 증가했으며, 상위 5%는 28.2%에서 37.9%로 증가했다. 자세한 내용은 Alfani 및 Ryckbosch(2016)의 부록 D와 EINITE 데이터베이스의 새로운 정보를 참조.

13 스웨덴에 대해서는 Bengtsson et al.(2018, 780); 핀란드에 대해서는 Bengtsson et al.(2019, 237); 스코틀랜드에 대해서는 Soltow(1990, 46) 참조.

14 순자산으로 정의된 부. Lindert(2000, 188)는 상위 1%와 10%(59%)에 대한 데이터를 제공하며, 이 수치는 자유 가구와 노예 가구를 모두 포함하고 있다. 상위 5%의 수치는 이러한 추정치와 자산 소득에 관한 다른 추정치를 보강하여 산출된 것이다. 자산 소득 데이터는 피터 린더트가 제공했으며, 이를 사용하여 순자산 추정치를 생성하는 방법에 대한 조언도 받았다. 1774년 미국에서 상위 10%가 소유한 모든 자산의 수익률이 동일하다는 가정을 기반으로 상위 5%의 순자산을 추정했다.

15 〈표 2.1〉에 보고된 동일한 출처의 데이터. 프랑스에 대해서는 Piketty, Postel-Vinay 및 Rosenthal(2006, 2014), Piketty(2014) 참조.

16 북미의 부의 집중에 관해서는 미국의 경우 Lindert 및 Williamson(2016, 121–122); 캐나다의 경우 Di Matteo(2018) 참조. 국가 및 세계 지역 간 비교에 대해서는 Alfani 및 Schifano(2021)의 최근 종합 분석(1820~2010년의 지니 계수 및 상위 10%의 부 점유율에 대한 데이터 포함)을 참조.

17 제1차 세계대전부터 제2차 세계대전까지의 불평등 감소에 관해서는 Piketty(2014, 182~185) 참조. 또한, 11장의 '전쟁 시기의 부자, 부자들의 전쟁' 및 '금융 위기와 부자'에서 심도 있는 논의를 하고 있다.

18 Alvaredo et al.(2013, 5~6).

19 미국 데이터는 Saez 및 Zucman(2016)에서 가져왔으며, 덴마크, 노르웨이 및 스웨덴의 데이터는 Roine 및 Waldenström(2015); 스페인의 데이터는 Alvaredo 및 Saez(2010, 543)에서 가져왔다. 또한 11장 〈그래프 11.2〉에서 독일에서 상위 0.1%의 부 점유율 추세를 확인할 수 있다.

20 Global Wealth Databook(2021, 136).

21 Piketty(2014); 상위 10%의 부 점유율 추세에 대해서는 Alfani(2021)를 참조.

22 자세한 논의는 Alfani(2019, 2021) 참조.

23 Piketty(2014, 184). 제1차 및 제2차 세계대전과 기타 주요 전쟁의 분배적 영향을 논의한 내용은 11장의 '전쟁 시기의 부자, 부자들의 전쟁'을 참조. 역사적 사례에서의 진보적·퇴

보적 재정 시스템에 관해서는 Atkinson(2004), Piketty(2014) 및 산업화 이전 시대에 대한 Alfani 및 Di Tullio(2019) 참조.

24   흑사병의 분배적 영향에 대한 선구적인 연구는 Herlihy(1967, 1968)에 의해 제기되었으며 그의 연구는 몇십 년 동안 유일한 자료였다. 일반적인 지식을 반박하려면 Herlihy의 결론이 토스카나 데이터의 오류에 기반하고 있음을 입증해야 했다. Alfani 및 Ammannati(2017), Alfani(2021, 17~18) 참조. 1348년 흑사병 이후 사바우디아 지역(이탈리아 북서부)의 불평등 감소를 처음으로 보고하고, Herlihy의 결론과의 차이를 논의한 최초의 연구는 Alfani(2015)다.

25   Scheidel(2017); Alfani(2021)의 비판적 논의도 참조.

26   추가 논의는 11장 참조. 전근대적 제도가 수행할 수 있는 역할에 대한 보다 낙관적인 해석은 van Bavel(2022) 참조.

27   Milanović(2016); Alfani(2021)의 비판적 논의도 참조.

28   부에 대한 쿠즈네츠 가설의 적용 가능성은 Lindert(1991, 215~219; 2014) 및 Alfani(2021) 참조. 쿠즈네츠의 결론에 대한 비판은 Lindert(2000), Alfani(2021), Alfani와 Schifano(2021) 참조.

29   Van Zanden(1995), Soltow와 Van Zanden(1998). 보다 최근에는 Van Bavel(2016)이 유사한 주장을 펼쳤다. 그는 초기 근대 네덜란드 공화국에서 소득 및 부의 불평등이 시장경제의 발전과 이와 관련된 효율적 무역 및 생산 규모 증가, 금융 거래 및 투기 기회 증가, 투자 기회 증가로 인해 심화되었다고 주장한다. 네덜란드 황금기에 개인적 부를 축적할 수 있는 기회에 대한 논의는 4장의 '기회의 신세계' 참조.

30   Alfani(2010a, 2015); Alfani와 Ryckbosch(2016); Alfani와 Ammannati(2017); Alfani와 Di Tullio(2019).

31   전근대 시기의 세금 증가가 가진 재분배 효과는 Alfani(2015, 2021); Alfani와 Ryckbosch(2016); Alfani와 Di Tullio(2019) 참조. 재정 국가의 부상이라는 역사적 과정에 대한 논의는 Yun-Casalilla와 O'Brien(2012) 참조.

32   추가 논의는 10장을 참조.

33   미국에서 최고 세율은 1944~1945년에 94%로 정점을 찍었다. 같은 기간, 영국에서는 97.5%에 달했다. Atkinson(2004); Alvaredo 등(2013) 참조.

34   세제 시스템의 점진적 변화 정도에 대한 전체 논의는 Atkinson(2004); Atkinson 등(2011); Alvaredo 등(2013); Lindert(2021a, 10장) 참조. 개인 소득세의 최고 세율은 Messere, de Kam 및 Heady(2003, 23), 유산세와 상속세의 최고 세율은 Piketty(2014,

644) 참조. 개인 소득세 최고 세율 변화가 임금 협상에 미친 영향을 논의하려면 Alvaredo 등(2013) 참조.

35 Lindert와 Williamson(2016). 1980년 이후 부와 소득 불평등 증가에 대한 다양한 설명을 개괄적으로 검토하려면 Roine와 Waldenström(2015) 참조.

36 추가로 기술적 논의를 위해 1장의 '부자는 누구인가'와 Alfani(2017a) 참조.

37 전근대 영국에서 부유층의 비율을 추정하는 것은 기술적인 이유로 불가능하다. 2장의 '흑사병(혹은 그 이전)부터 미국 혁명까지'에서 언급된 바와 같이, 1650~1800년의 영국 데이터는 사회적 지표에서 가져왔으며, 이 자료로는 이 목적에 필요한 상세한 분포를 생성하기 어렵다.

38 독일에서 30년 전쟁이 빈곤의 확산에 미친 영향에 대한 논의는 Alfani(2020a); Alfani, Ammannati 및 Ryckbosch(2022); Alfani, Gierok 및 Schaff(2022, 2023) 참조.

39 이 방법론적 선택에 대해서는 Alfani(2017a) 참조.

40 이탈리아 통일 이전 국가들의 상대적 경제 및 도시화 경향에 대해서는 Alfani와 Percoco(2019); Alfani(2020b, 203~206) 참조.

41 Global Wealth Databook(2012, 2021)에서 가져온 데이터.

3장 부의 상속자들: 새로운 귀족의 탄생

1 이 책에서 말하는 귀족은 특정 역사적 계급 체계를 반영하려는 목적이 아니라, 분석에 중요한 특성을 가진 사회 집단을 충분히 명확하게 식별하는 것을 목표로 한다. 귀족에 대한 정의(법적 정의와 실제로 사용된 정의)는 시간과 공간에 따라 크게 달랐다. 일반적으로, 모든 유럽 국가에는 고유한 특징이 있었다. 대부분은 사실상 혹은 법적으로 상류 귀족과 그에 해당하는 왕자, 공작, 백작, 후작, 남작 등으로 구분되었으며, 영국에서는 'peer'로, 프랑스에서는 'ducs et pairs'로, 독일의 개별 국가에서는 'Herrenstand'(귀족 계층)이나 'Hochadel'(상류 귀족)로, 'Ritterstand'(기사 계층)이나 일반 귀족을 구분하였다. 복잡한 계급 체계가 곳곳에 존재했으며, 명확한 경계가 없었다. 이베리아의 'grandes'나 'titulos'는 일반적으로 더 부유하고 강력한 'hidalgos'나 'nobres'의 변형이었다. 그러나 전자가 후자를 같은 사회적 계층으로 간주할지는 매우 의문이다. Lukowski(2003, 3) 참조.

2 Weber(1978 [1956]) 참조.

3 Dewald(1996); Mączak(2001); Lukowski(2003) 참조.

4   이것은 다시 Weber(1978 [1956])와 기본적으로 일치한다.

5   Weber(1978 [1956], 1064) 참조.

6   이 점은 3장 '귀족과 부에 대한 추가 고찰'에서 더 논의될 것이다.

7   Beresford와 Rubinstein(2007, 19~22) 및 기타 참조. Alan Rufus에 대한 추가 정보는 Fleming(1991); Golding(2013); Kampfner(2014) 참조.

8   Mitchell(1973) 참조.

9   Bringmann(1998, 9~14) 참조.

10   Mączak(2001) 참조.

11   Mączak(2001, 738) 참조.

12   Duby(1973, 1978); Mączak(2001) 참조.

13   Tilly(1992, 184) 참조.

14   이 점은 11장 '전쟁 중의 부자들과 부자들의 전쟁'에서 자세히 논의될 것이다.

15   산업화 이전 사회의 불평등한 자기 이해에 대해서는 8장 '불평등과 부자에 대한 인식'에서 더 논의된다. 추가적으로 Levi(2003); Alfani와 Frigeni(2016) 참조.

16   Weber(1978 [1956], 248) 참조.

17   Mousnier(1974, 107~8, 130~5); Dewald(1996); Mączak(2001) 참조.

18   크로자 왕조에 대한 더 많은 정보는 Ménard(2017) 참조.

19   Lane(1973, 112~14, 252~3) 참조. 모든 베니스의 귀족은 'nobiluomo' 또는 '귀족'이라는 칭호를 사용할 수 있었다. Cozzi(1995, 168) 참조.

20   Knapton(1995), 480; Alfani와 Di Tullio(2019, 82) 참조.

21   Lane(1973, 430); Sabbadini(1995, 15~16, 20~2). Lane에 따르면, 당시 10만 베니스 듀카트는 1970년 미국 달러로 약 1,000만 달러 또는 2020년 기준 약 6,700만 달러와 '사회적으로 비교할 수 있다'.

22   Mocarelli(2009, 118) 참조.

23   사보이아 공국에 대한 내용은 Alfani(2013a), 프러시아에 대한 내용은 Endres(1993, 90) 참조.

24   Lukowski(2003, 22) 참조.

25   Bayard(1988, 439) 참조.

26　Lukowski(2003) 참조.

27　Veblen(2007 [1899]) 참조.

28　Weber(1978 [1956], 692) 참조.

29　Piketty, Postel-Vinay, Rosenthal(2006, 244~6) 참조.

30　헌법 제1조, 제9항, 제8절 그리고 제10항, 제1절.

31　Romaniuk와 Wasylciw(2014, 111) 참조.

32　Rubinstein(2006, 312) 참조.

33　영국 부유층 중 귀족의 상대적 비율에 대해서는 7장에서 논의될 것이다.

34　Goody(1983) 참조.

35　Barker(2004) 참조.

36　집필 당시, 영국에서는 왕위 계승에 대해서만 남성 우선 상속 원칙이 절대적 상속 원칙으로 대체되었다.

37　이는 1920년대에서 1940년대에 걸쳐 발생한 상당한 사망세 증가 이후 관찰된 예로, 유산 상속에 미친 궁극적 영향은 다소 불명확하다. Hardbury(1962, 1980); Cannadine(1999, 95~8); Atkinson(2018) 참조.

38　19세기와 20세기의 영국 귀족에 대한 내용은 Becket(1986); Cannadine(1999); Friedman과 Reeves(2020) 참조. 영국 귀족과 부유한 산업가 딸들 간의 결혼에 대해서는 Rubinstein(2006, 250~1); Friedman과 Reeves(2020, 331~2) 참조. 보니 드 카스텔란과 안나 굴드의 결혼에 대해서는 Cannadine(1999, 25); Mension-Rigau(2008) 참조.

39　Lansely(2006, 101~5) 참조.

40　Tocqueville(2017 [1835~40]), Pakulski(2005, 155~7)의 통찰력 있는 논평을 참조.

41　Jaher(1972, 35) 참조.

42　Jaher(1972, 34~5) 참조.

43　Jones(1980); Kilbride(2006) 참조.

44　Burt(1999 [1963]) 참조.

45　Jaher(1972, 57) 참조.

46　Jaher(1973, 263~6) 참조.

47　Dewald(1996, 40~7) 참조.

48 Callahan(1972); Dewald(1996, 20); Lukowski(2003, 19~20) 참조.

49 귀족의 자격 박탈이라는 극단적 조치 외에도, 유럽 대륙 대부분의 지역, 예컨대 프랑스에서는 귀족 자격이 일시적으로 중지되고 '휴면 상태'가 될 수 있었다. 이를 자격 상실derogation이라고 하며, 이는 상선업이나 투자 등 더 수익성 있는 직업을 추구하는 것은 허용하되, 모든 특권(특히 세제 특권)을 포기해야 한다. 부를 회복하면 그 개인이나 후손은 귀족 자격 회복을 신청할 수 있었다. 하지만 어느 정도의 부르주아적 오점이 여전히 인식되었다. 이처럼 혈통 귀족의 원칙은 유지되었지만, 귀족의 특권 향유는 귀족다운 행동에 의존했다. Mousnier(1974, 137~8) 참조.

50 Paci(1987, 30) 참조.

51 Mousnier(1974, 137), 저자 번역.

52 Lane(1973, 264); Del Negro(1998, 18~19); Harivel(2019, 131) 참조.

53 Mousnier(1974, 137) 참조.

54 Dewald(1996, 93~94) 참조.

55 Temin과 Voth(2013(; Ventura와 Voth(2019) 참조.

56 Alfani와 Di Tullio(2019), 173; Pezzolo(2012, 279) 참조. 귀족 중 보다 적극적인 투자자들과 특정 환경을 배경으로 17세기 초 주식시장과 공공은행이 도입되면서 새로운 투자 기회가 생겼고(베니스는 암스테르담과 함께 선구적 역할을 함), 식민 제국의 확장과 대서양 무역의 성장으로 투자 기회가 더욱 증가했다. Dewald(1996, 95) 참조. 이 내용은 5장에서 더 자세히 다룰 예정이다.

57 Weber(1946, 188), 오늘날 사회에의 적용은 Doob(2013, 32~33) 참조.

58 Mörke(1996, 143).

59 Augustine(1994, 203)에서 인용.

60 Berghoff(1994, 183~186) 참조.

61 Augustine(1994, 239~242) 참조.

62 Berghoff(1994, 183) 참조.

63 Haseler(2000, xi) 참조.

64 Piketty(2014, 504~510, 538~540)가 제안한 연간 상속 흐름 예측 또는 이탈리아의 현재 동향에 대한 Acciari와 Morelli(2020) 참조. 새로운 글로벌 귀족제의 출현에 대한 우려는 Rothkopf(2009) 참조.

65 Mills(1956, 11)에 따르면, 권력 엘리트 구성원들은 서로를 수용하고 이해하며, 같은 그

룹 내에서 결혼하고, 비슷하게 일하고 생각하는 경향이 있다. 이는 그들이 이러한 행동을 반드시 의식하지 않아도 나타난다. 이 관점은 큰 영향을 미쳤으며, Dye(2002)와 Domhoff(2007, 2010) 같은 학자들이 미국 사회에 이를 적용하고 발전시켰다.

66 Reeves et al.(2017); Friedman과 Laurison(2019, 148~149).

67 Khan(2012, 372). 미국 사례는 Khan(2011) 참조. 미국은 매우 강력한 공립 중등 교육 전통을 가지고 있으나 최근 몇 년간 재분리 경향으로 약화되었다. Irvin(2008, 156) 참고. 일부 지역(특히 북동부)에서는 사립학교가 부유층 자녀 교육에서 중요한 역할을 하며, 아이비리그 대학 입학에서 공립학교 지원자보다 유리하다. Beeghley(2016, 196) 참조.

68 Independent School Council Census과 Annual Report (2020); Independent School Council Census (2017). 이튼Eton에 대한 데이터는 Independent Schools Inspectorate, *Regulatory Compliance Inspection Report, Eton College, March 2019*에서 발췌.

69 Reeves et al.(2017, 1161).

4장 새로운 부의 동력: 혁신과 기술

1 Schumpeter(1934, 1942) 참조.

2 로마 제국이 무역 및 기업 활동에 상대적으로 불리한 환경으로 해석된 사례: Lopez(1976, 6~10); Scheidel(2019) 참조.

3 Braudel(1992); 최근 해석: van Bavel(2016) 참조.

4 Weber(1978 [1956], 1099) 참조.

5 상업혁명의 초기 단계: Lopez 1976; Hunt와 Murray(1999) 참조.

6 역사가 로버트 로페즈에 따르면, "봉건 사회의 이론적 구조에서 고위 성직자와 세속 군주들 사이 그리고 계급은 낮지만 대체 불가능한 노동자들 사이에 중산층이 설 자리는 거의 없었다. 상인보다 빈민이 사회적으로 더 용인되었는데, 그들은 천국을 상속받을 것이며, 자선을 베푸는 부자들이 천국에 들어갈 수 있도록 돕기 때문이다. 베로나의 벨기에 주교 라티에르는 상인은 금에 굶주린 자들이라고 말했으며, 잉글랜드의 에인샴 수도원장 엘프릭은 상인은 전체 인구를 먹여 살리는 농부보다 덜 유용하다고 말했다. 카탈루냐의 병사이자 모험가 라몬 문타네르는 이들이 명예가 무엇인지도 모르는 자들이라고 했다. Lopez(1971, 60) 참조.

7 Todeschini(2002); Levi(2003); Alfani와 Frigeni(2016).

8 고드릭을 자주 방문했던 수도사 더럼의 레지널드Reginald of Durham는 그의 상승 과정을 다음과 같이 묘사한다. "이렇듯 점점 더 높은 곳을 열망하며, 온 마음으로 위를 향해 나아가며, 마침내 그의 위대한 노동과 염려는 세속적인 이익의 풍성한 결실을 맺었다. 그는 단순히 상인이 아니라 선원이기도 했다. 그는 덴마크, 플랑드르, 스코틀랜드 등지로 나아갔다. 이 모든 땅에서 그는 희귀하고 따라서 더욱 귀중한 상품들을 발견했고, 이를 다른 지역으로 옮겼다. 그곳 주민들은 이러한 상품들을 금값 그 이상으로 탐냈다. 그래서 그는 이러한 상품들을 다른 지역 사람들이 열망하는 상품들과 교환했다. 그는 자유롭고 열심히 거래했다. 이로 인해 그는 모든 거래에서 큰 이익을 얻었고, 자신의 노력으로 많은 부를 축적했다. 그는 다른 곳에서 저렴한 가격으로 산 상품을 한 지역에서는 비싼 가격으로 팔았다." 더럼의 레지널드 〈성 고드릭의 생애〉, Coulton(1918, 417~18)에서 인용.

9 핀클의 고드릭 사례: Coulton(1918, 415~20); Pirenne(1927); Tudor(1981).

10 이 시스템은 과거에 주로 상인 가문 전체의 노력으로 운영되었던 단일 기업 체제를 대체한 것으로, '네트워크-스타Network-Star' 소유 시스템으로 알려져 있다. 이 시스템에서는 지점을 직접 관리하지 않는 주된 파트너가 각기 다른 산업 또는 지역에서 지점 관리자들과 법적으로 독립된 파트너십을 설립했다. Padgett과 McLean(2006, 1465~7).

11 프란체스코 디 마르코 다티니의 사업 활동: Melis(1962); Luzzati(1987); Padgett와 McLean(2006); Nanni(2010); Nigro(2010).

12 Cohn(1988).

13 Padgett(2010); Lindholm(2017); Alfani(2022); Alfani, Ammannati 및 Balbo(2022).

14 Lopez와 Miskimin(1962, 423~5).

15 Franceschi(2020).

16 주요 위기 및 전염병이 부유층 및 부유 희망자들에게 미친 영향에 대해서는 11장에서 자세히 설명된다.

17 5장에 나온 멘데스 가문 사례를 참조.

18 더 자세한 내용은 5장을 참조. 대서양 무역로 개척과 역사적 중요성에 대해서는 Chaunu(1977); Braudel(1992); Findlay와 O'Rourke(2009); Miller(2015); de Zwart와 van Zanden(2018) 참조.

19 선원과 군인의 사망률은 각각 약 58%와 81%로 높았다. 이 수치는 아시아로 가는 여정 동안, 아시아에 머무는 기간 그리고 귀환 여정 동안의 사망률을 포함한 것이다. Lucassen(2004, 15~16) 참조.

20 Findlay와 O'Rourke(2009, 179).

21 얀 피터르스존 쿤에 대해서는 Findlay와 O'Rourke(2009, 178~84); Kampfner(2014); Prak과 van Zanden(2022) 참조.

22 De Zwart와 van Zanden(2018, 268). 초기 근대 상업 및 식민지 확장이 유럽 경제에 미친 영향과 이것이 산업혁명의 시작과 잠재적으로 어떤 관련이 있는지에 대한 문제는 까다롭고 많은 논쟁이 이루어진 주제라는 점에 유의하길 바란다. 비교 예: O'Brien(1982); David와 Huttenback(1987); Pomeranz(2000); Findlay와 O'Rourke(2009); de Zwart와 van Zanden(2018)에서 제시된 다양한 관점을 참조.

23 VOC 총독의 수익(특별히 얀 피터르스존 쿤을 지칭하지는 않음)과 회사가 지급한 연간 배당금 추정치는 Landes(1998, 145~146)에서 제공.

24 Lane(2015).

25 Andrews(1984, 154~5).

26 https://www.forbes.com/2008/09/18/top-earning-pirates-biz-logistics-cx_mw_0919piracy.html. 해당 기사에서는 해적 행위를 '식민지 시대의 투자은행업'으로 묘사하고 있다. 이는 부적절한 비교이며, 금융업자들에 쏟아진 지속적인 문화적 불신을 나타낸다.

27 Lane(2015).

28 이 사건 이후, 같은 장소에 네덜란드 모델의 새로운 도시 바타비아(오늘날 자카르타)가 세워졌으며, 이는 VOC의 본부가 되었고 1949년 인도네시아 독립까지 네덜란드령 동인도 수도로 남았다.

29 Findlay와 O'Rourke(2009, 179~81); Kampfner(2014, 166~9, 173~4); 쿤의 인물과 관련된 논란은 Johnson(2014) 참조.

30 프란체스코 피사로와 그의 가족의 신분 상승에 대해서는 Varon Gabai와 Jacobs(1987); Varon Gabai(1997); Kampfner(2014) 참조.

31 Lane(2015, 391)에서 인용.

32 Livi Bacci(2006).

33 Varon Gabai와 Jacobs(1987, 662).

34 Findlay와 O'Rourke(2009, 183).

35 Manning(1992, 119).

36 서아프리카에서 브라질로 노예를 이송하여 발생한 추정 수익에 대해서는 Miller(1988, 476~81) 참조. 다양한 시대에서 노예 무역의 실제 수익성은 논쟁의 여지가 많은 문제임

37 대서양 노예 무역 전반에 대해서는 Miller(1988); Eltis와 Richardson(2010); Antunes와 Ribeiro da Silva(2012); Richardson(2015); de Zwart와 van Zanden(2018) 참조.

38 Andrews(1984); Pomeranz(2000). 유럽 경제 발전에 있어 노예제의 중요성에 대한 최근 논의는 Burnard와 Riello(2020) 참조. 초기 경제 세계화의 본질과 장기적 영향을 균형 있게 해석하려는 시도는 de Zwart와 van Zanden(2018) 참조.

39 Hunt와 Murray(1999, 188~9).

40 De Vries와 van der Woude(1997, 249).

41 근대 초기 네덜란드 어업 산업에 대해서는 Prak(2005); de Vries와 van der Woude (1997, 243~54) 참조.

42 구체적으로 이는 물레방아 동력을 이용한 방사기로, 상당한 노동력을 절약할 수 있었고 비단 제품의 생산 비용을 크게 낮춰 잠재적 시장을 극적으로 확대했다. Lopez(1952, 76); Crippa(1990).

43 Van der Linden(2012, 293).

44 Van der Linden(2012, 294).

45 이는 16세기 후반부터 타소가 누려온 제국 우편 서비스 특권의 갱신이었지만, 황제 마티아스(루돌프 2세의 형제이자 후계자)는 이를 라모랄의 후손들이 상속할 수 있도록 허용했다. Behringer(1990).

46 타소 또는 투른 운트 타시스 가문에 대해서는 Behringer(1990); Bottani(2012); Cavarzere(2019) 참조.

47 Landes(1969, 1).

48 산업혁명의 본질에 대한 논쟁과 방대한 문헌 중 최근 몇 가지 예시를 들자면 Allen(2009); Mokyr(2016); Wrigley(2016)을 들 수 있다. 2차 산업혁명에 대해서는 Landes(1969) 참조.

49 이 관점은 칼 마르크스와 마르크스주의 경제사학자들이 강력히 지지했고, 애덤 스미스로 거슬러 올라가 정치적 좌파와 쉽게 연결되지 않는 학자들도 지지했다.

50 "내가 제시하는 명제는 서구의 기술 진보 폭발이 문화적 변화로 인해 가능했다는 것이다. '문화'는 자연 세계에 대한 태도를 변화시켜 직접적으로 그리고 '유용한 지식'의 축적과 확산을 자극하고 지원하는 제도를 만들고 육성함으로써 간접적으로 기술에 영향을 미쳤다." Mokyr(2017, 7).

51　McCloskey(2006, 2016).

52　리처드 아크라이트에 대해서는 Fitton(1989); Mason(2004); Beresford와 Rubinstein(2007, 359) 참조.

53　조시아 웨지우드에 대해서는 McKendrick(1960); Dolan(2004); Beresford와 Rubinstein(2007, 372~3) 참조.

54　솔베이에 대해서는 Bolle(1963); Despy-Meyer와 Devriese(1997); Bertrams 외(2013) 참조.

55　독일의 '날강도 기사들'(최근 몇 년간 그 유용성에 대한 의문이 꾸준히 제기되고 있는 역사학적 범주)에 대해서는 Görner(1987) 참조.

56　많은 이들이 '날강도 기사들'의 착취적 태도와 야망을 강조했지만, 경영사학자 알프레드 챈들러의 주장을 지지하는 이들은 그들의 기업가 정신이 미국 산업의 특정한 특징들을 확립하는 데, 특히 전국 철도망 건설로 만들어진 거대한 통합 시장을 활용하는 대기업의 존재에 긍정적 역할을 했다고 주장했다. Alfred Chandler(1959, 1977).

57　날강도 기사들에 대해서는 White(2011); Geisst(2012) 참조. 앤드류 카네기에 대해서는 Edge(2004); Livesay(2006); Harvey(2011) 참조.

58　굴드의 '독점'에 대해서는 Geisst(2000)을, 더 긍정적인 평가는 고전 Chandler(1977) 참조.

59　Klein(1978, 167).

60　Lindert와 Williamson(2016) 그리고 《뉴욕 트리뷴》 조사에 대해서는 Cashman(1993, 40) 참조. 토크빌의 관점에 대한 추가 논의는 3장 참조.

61　Carnegie(1889, 3~6).

62　3장의 '귀족의 1차적 정의' 부분에서 소개된 '귀족재'와 '귀족' 간의 구분을 참조.

63　Veblen(2007 [1899], 7).

64　대략 16세기 후반부터 17세기 후반까지.

65　De Vries와 van der Woude(1997, 586~96); Prak(2005, 126~7); Prak와 van Zanden(2022, 184~6).

66　Prak(2005, 127~8).

67　Cattini와 Romani(2005); Di Tullio(2014).

68　Alfani(2013b); Alfani와 Di Tullio(2019); Alfani와 Percoco(2019).

69　이탈리아에서 이러한 과정은 16세기와 17세기 초 기근으로 인한 잔존 공유 재산의 대부분이 소멸함으로써 더욱 악화됐다. 지역 공동체들이 이를 매각하자, 소작농들의 땅을 사들이던 자본가들과 가문들이 신속히 이를 매입했다. 이러한 역학 관계에 대해서는 Alfani와 Rao(2011); Alfani(2013c); Di Tullio(2014) 참조.

70　웨지우드-다윈 가문에 대해서는 Clift(2008) 참조.

71　Beresford와 Rubinstein(2007, 359).

72　Fitton(1989).

73　휘트브레드 가문에 대해서는 Fulford(1967); Rapp(1974) 참조.

74　Daunton(1989); Rubinstein(1991); Nicholas(1999).

75　Augustine(1994, 28).

76　Amatori와 Colli(1999); Colli(2003).

77　저커버그는 크리스 휴스, 앤드루 맥컬럼, 더스틴 모스코비츠, 에두아르도 사베린(현재 모두 억만장자)과 함께 페이스북(2021년 10월 메타Meta로 개명)을 공동 설립했지만, 회장 겸 CEO로서 오늘날까지 회사를 통제하고 있는 건 그다. 실리콘밸리 기업들의 부상에 대한 간단한 개요는 Levy(2021, 637~47) 참조.

78　J. Bick, 'The Microsoft Millionaires Come of Age', The New York Times, 2005. 5. 29, https://www.nytimes.com/2005/05/29/business/yourmoney/the-microsoft-millionaires-come-of-age.html.

79　빌 게이츠와 마이크로소프트에 대해서는 Cringely(1996); Kampfner(2014) 참조. 넷스케이프와의 브라우저 전쟁으로 생긴 반독점 소송에 대해서는 Geisst(2000, 317~19) 참조.

80　아마존 재판에 대해서는 2020년 11월 10일자 유럽 위원회 보도자료 https://ec.europa.eu/commission/presscorner/detail/en/ip_20_2077 참조. 구글에 부과된 벌금에 대해서는 2019년 3월 20일자 유럽 위원회 보도자료 https://ec.europa.eu/commission/presscorner/detail/en/IP_19_1770 참조.

81　Kampfner(2014, 353).

82　개요는 Alvaredo 외(2013) 참조.

83　기업 내 보수 불평등 증가는 방대한 과학 문헌의 대상이 되었다. 예: Bebchuk와 Fried(2004); Mueller 외(2017).

84　Freund(2016, 38, 41~2).

85 보다 자세한 논의는 7장을 참조.

86 Harvey, Maclean과 Suddaby(2019. 1). Melis(1962, 213)에서 인용.

5장 부자가 되는 지름길: 금융업

1   Melis(1962, 213) 인용.

2   예를 들어, 신약성경 누가복음 6:34~5에서 "너희가 받기를 바라고 꾸어주면 칭찬받을 것이 무엇이냐. 죄인들도 그만큼 받고자 하여 죄인에게 꾸어주느니라. 오직 너희는 원수를 사랑하고 선대하며 아무것도 바라지 말고 꾸어주라 그리하면 너희 상이 클 것이요"라고 하고 있다.

3   Le Goff(1964, 1986).

4   Le Goff(1986, 18).

5   Le Goff(1986, 26~7).

6   Fourquin(1969, 259);(1981, 428~54).

7   Todeschini(2009);(2011, 150~3);(2019).

8   Todeschini(2002).

9   De Roover(1963, 11~14). 중세와 근대 초기 유럽에서 환어음이 국제 무역에서 결제 수단으로 널리 사용된 것은 대량의 돈을 실제로 이동시킬 필요가 없었기 때문이다. 상업 활동에서 환어음은 단순히 A도시의 상인이 B도시의 대리인 또는 은행가에게 보내는 편지로, 다른 상인을 대신해 지불(B도시 통화로)하라고 지시하는 것이었다. 국제 은행업에서 이 단순하지만 매우 유용한 도구로 환어음은 다양한 방식으로 응용되었다. 예를 들어, 예비 어음recambium이 필요할 수 있는데, 이는 B도시의 수취인이 나중에 A도시에서 금액을 반환하도록 준비하는 것이다. 이자는 A도시와 B도시의 통화에 적용되는 환율을 반영해 환어음 가격에 포함될 수 있었다. 하지만 상인들의 주장은, 대부분의 신학자들도 이 견해를 받아들였는데, 환전 거래는 대출이 아니라 화폐의 교환 또는 외화의 매매라는 것이다. 대출이 없는 곳에 고리대금이 있을 수 없으므로 그들은 환어음이 고리대금이 아니라고 주장했다. De Roover(1963, 11) 참조. 하지만 합법과 불법 활동의 경계는 명확하지 않았다. 예를 들어, 환어음과 예비 어음이 발행되었지만 B도시에서 실제 결제가 이루어지지 않은 경우(가환)에는 중세 신학자들이 이를 위장된 대출이라며 비난했다. De Roover(1963, 132~4) 참조.

10 페루치, 바르디, 아치아이우올리에 대해서는 Sapori(1926); Hunt(1994); Hunt와 Murray(1999, 102~17) 참조.

11 Padgett과 Ansell(1993, 1262).

12 De Roover(1963, 30~1, 47, 55, 69~70)에 기초함.

13 De Roover(1963, 213).

14 Machiavelli(2006 [1532], 제4권, 제7장).

15 일반적으로, 메디치 가문의 부상에 대해서는 de Roover(1963); Kent(1975, 1978); Goldthwaite(1987); Padgett과 Ansell(1993); Najemy(2006) 참조.

16 Braudel(1966); Miskimin(1977), 173; Häberlein(1998, 37~8, 157~8).

17 이런 방식의 계약은 귀족과 금융가-기업가 양측 모두에게 이득이었다. 광물 매장지의 귀족 소유주들은 보통 이를 개발할 수단과 기술이 부족했기에, 채굴권을 임대하여 높고 정기적인 수입을 받고 싶어 했다. 물론 이 수입은 기업가들이 얻는 막대한 수익에 비하면 일부에 불과했지만, 기업가들 역시 채굴권과 기타 특권을 잃을까 두려워 귀족들의 끊임없는 대출 요청을 쉽게 거절하지 못했다. Hunt와 Murray(1999, 224~5).

18 1557년 안트베르펜에서 푸거 가문으로 향하던 아메리카 은화 선적분의 압류로 57만 스페인 두카트, 즉 약 95만 2,000플로린의 손실을 입었다.

19 푸거 가문에 대해서는 Häberlein(2012), Steinmetz(2015), Schneider(2016), Blendinger(2021) 참조. 필립 2세의 채무불이행으로 촉발된 금융 위기에 대해서는 Braudel(1966)의 고전적 설명을 참조. 최근 연구, 특히 Álvarez-Nogal과 Chamley(2014), Drelichman과 Voth(2014) 참조.

20 Álvarez-Nogal과 Chamley(2014), Drelichman과 Voth(2014), Neal(2015, 45~9).

21 Hunt와 Murray(1999, 224).

22 Parker(1988), Rogers(1995).

23 Bonney(1999, 7~9), 다만 로마제국 재정 체계의 '현대성'을 과대평가해서는 안 된다. Scheidel(2015, 233~42) 참조.

24 Pezzolo(1998, 54); Alfani와 Di Tullio(2019, 34~6).

25 De Vries(1976, 202); Kindleberger(1984, 169).

26 Bonney(1999); Yun-Casalilla와 O'Brien(2012).

27 Bayard(1988).

28 Collins(1988).

29 Miskimin(1977, 164).

30 이브레아 시 기록보관소, 분류 14(인구조사), n. 1750.

31 1613년 사보이아 공국의 경우를 다시 살펴보면: 수자에서는 지방 총독이 두 번째로 부유했고, 이브레아에서는 공작에게 청원을 제출하는 관리가 가장 부유했으며, 몬칼리에리에서는 공작의 시종장이 가장 부유했고 행정 총독이 두 번째로 부유했다.

32 Quinn과 Turner(2020). 금융 위기에 대한 추가 논의는 11장 참조.

33 VOC는 Vereenigde Oost-Indische compagnie의 약자이고 WIC는 West-Indische compagnie의 약자로, 각각 동인도 회사와 서인도 회사를 의미한다.

34 VOC의 사회적 특성 중 일부는 어업 산업에서 발전한 공동선주회사partenrederij와 같은 이전의 혁신에서 그 선례를 찾을 수 있다. 4장의 '구세계의 새로운 기회' 참조.

35 De Vries와 van der Woude(1997, 384~8); Neal(2015, 55~8).

36 Chaudhury(1999 [1965], 31~3); Smith(2021, 70~5).

37 Roy(2012, 15). EIC 투자자들에 대해서는 Chaudhuri(1978, 1999 [1965]), Mays와 Shea(2011)도 참조. EIC의 주식 보유가 VOC에 비해 훨씬 제한적이었던 이유는 1609년에 100파운드로 설정된 높은 최소 투자금액 때문이었다.

38 Dewald(1996, 95~6).

39 Neal(2015, 39); Alfani와 Di Tullio(2019, 272~3). 베네치아 공화국과 다른 이탈리아 산업화 이전 국가들의 공공부채 소유주들에 대해서는 Pezzolo(1995)도 참조.

40 De Vries와 van der Woude(1997, 119).

41 영국에 대한 이전 견해는 Hobsbawm(1968) 참조. 최근의 입장(귀족 지주들의 운하에 대한 특별한 관심에 대해 회의적)은 Ward(1974), Jones(2010) 참조.

42 Bogart(2019, 861~3).

43 역사학자 에릭 존스는 런던이나 브리스톨에서 재산을 모은 사람들, 심지어 북부의 산업가들 중 많은 이들이 영지를 구매하며 남부의 고상한 시골로 이주했는데, 이는 그들과 후손의 신사화 과정의 한 단계였다고 주장했다. 결과적으로 "자본이 상업에서 빠져나가 최소한의 사회적 수익만을 제공하는 시골의 무용한 일에 투자되었다." Jones(2010, 159).

44 Winkel(1968).

45 궁정 유대인 또는 궁정 상인에 대해서는 Israel(1989, 123~44) 참조.

46 로스차일드 가문에 대해서는 Davis(1983), Ferguson(1999, 2000), Landes(2006) 참조.

47 Veblen(2007 [1899], 150~1).

48 "산업 체계의 내부적 조정이나 교란으로부터 차별적 이득을 얻으려는 사업가에게 그의 행위가 전체 체계에 즉각적인 촉진 또는 방해 효과를 미치는지는 중요한 문제가 아니다. 목적은 금전적 이득이고, 수단은 산업 체계의 교란이다. 금전적 거래를 통한 산업 업무의 이러한 관리의 결과는 재량권을 행사하는 사람들의 이익을 공동체의 이익으로부터 분리시켰다." Veblen(1904, 28~9). 베블런의 관점에서, 사업가들이 이익을 얻은 '산업 체계의 교란'은 실업률 상승을 통해 직접적인 사회적 피해를 초래했다. 성공한 사업가들은 전체 공동체의 이익과 다른 이해관계를 가졌다. 8장에서 볼 수 있듯이, 역사적으로 많은 이들이 생각했던 것처럼, 초부유층은 어떤 면에서 사회에 잘 맞지 않았다.

49 예를 들어, Landes(2006) 참조.

50 실제로 "제1차 세계대전 이전의 월스트리트 금융은 그 이후 어느 때보다도 몇 배나 더 집중되어 있었다. 이러한 금융의 집중은 주요한 정치적 도화선이었다." De Long(1991, 207).

51 모건 가문에 대해서는 Carosso(1987), Chernow(1990), Landes(2006) 참조. 1907년 금융 위기에 대해서는 Bruner와 Carr(2007), Levy(2012, 268~72) 참조. 제1차 세계대전 이전 미국의 '머니 트러스트'에 대해서는 de Long(1991), Geisst(2000) 참조.

52 De Luca(1996, 198~9).

53 산업화 이전과 초기 산업화 시기 유럽에서 여성의 법적 행위 능력에 대해서는 Feci(2004, 2018), Pasciuta(2018) 참조.

54 Laurence, Malby와 Rutterford(2009, 7~10); Robb(2017, 6~7).

55 Dermineur(2018); Lorenzini(2021).

56 음성 채권 신용의 개념에 대해서는 Hoffman, Postel-Vinay와 Rosenthal(2019) 참조.

57 밀라노의 경우 Lorenzini(2021, 7); 프랑스의 경우 Hoffman, Postel-Vinay와 Rosenthal(2000, 66~8); Dermineur(2014, 6~9) 참조.

58 Lorenzini(2021, 10).

59 그라시아 나시는 기독교 이름 베아트리스 데 루나Beatriz de Luna로도 알려져 있다.

60 그라시아 나시와 멘데스 가문에 대해서는 Roth(1977), Muzzarelli(1991), Birnbaum(2003) 참조.

61 Acheson et al.(2021).

62 Carlos와 Neal(2004, 217~18); Laurence(2009), 47; Robb(2017, 3~5).

63 Robb(2017, 13).

64 Robb 외(2017, 40~61).

65 '실제로'는 분할이었지만, 기술적으로 모건 은행은 상업 은행업을 추구하기로 선택했고, 투자 은행 활동은 모건 은행의 전 직원들이 운영하는 새로 설립된 모건 스탠리 & Co에 넘겼다. Geisst(2000, 135).

66 뉴딜 정책과 글래스-스티걸 법에 대해서는 Geisst(2000, 126~38); Neal과 White(2012); Neal(2015); Eichengreen(2015) 참조.

67 Piketty(2014, 181~92).

68 그램-리치-블라일리Gramm-Leach-Bliley법으로도 알려져 있다.

69 유럽과 미국의 금융규제 완화에 대해서는 Barth, Brumbaugh와 Wilcox(2000); Dermine(2002); Davies et al.(2010); Eichengreen(2015, 68~73); Duffie(2019); Goddard, Molyneux와 Wilson(2019) 참조. 1990년대 '자유은행업'을 지지하는 주장들은 시장이 은행 자산을 적절히 평가할 수 있다는 가정을 따랐다. 이는 규제를 불필요하게 만들었고, 많은 이들은 규제를 없애면 금융 시스템의 회복력을 약화시키지 않으면서 더 효율적으로 만들 수 있을 것이라고 믿었다. 이러한 견해들은 회의적이거나 우려 섞인 견해들을 압도했다. 종합적 내용은 Dow(1996) 참조.

70 Neal과 White(2012); Eichengreen(2015, 70~7); Duffie(2019); Quinn과 Turner(2020). 주택 거품은 또한 지나치게 느슨한 모기지 대출 정책에 의한 것이라고 볼 수 있는데, 이는 금융 혁신(특히 모기지 담보부 증권의 도입)이 없었다면 그 정도로 가능하지 않았을 것이며, 금융 부문의 규제 완화와도 연관되어 있다고 볼 수 있다.

71 Dermine(2002, 13).

72 Cournède, Denk와 Hoeller(2015, 9~13).

73 OECD의 활동별 부가가치 데이터 기준, 2021년 1월 28일 검색, https://data.oecd.org/natincome/value-added-by-activity.htm.

74 예를 들어, Battiston et al.(2018).

75 이 문헌에 대한 최근 조사는 Hyde(2020) 참조. 미국의 특수한 경우에 대해서는 Tomaskovic-Devey와 Ken-Hou(2011) 참조.

76 Philippon과 Reshef(2012).

77 Denk(2015, 8).

78 이 과정은 7장 참조.

79 Bivens와 Mishel(2013); Denk(2015).

80 Alvaredo et al.(2013).

81 일부 연구는 미국에서 금융업 임금 프리미엄이 위기 동안 약간 하락했고, 이후 빠르게 위기 이전 수준으로 돌아왔으며, 도드-프랭크Dodd-Frank 월스트리트 개혁과 같은 새로 도입된 규제의 영향은 최소한이었음을 보여주었다. Capuano, Lai와 Schmererer(2014) 참조. 임원 보상과 위험 감수 간의 연관성에 대한 우려에 대해서는 Bolton, Mehran과 Shapiro(2011) 참조.

82 《파이낸셜 타임즈》의 조사에 따르면, 2018년 9월 기준으로 전 세계적으로 47명이 금융위기 때문에 감옥에 갔다. 유죄 판결 중 25건은 아이슬란드에서 발생했고, 위기가 시작된 미국에서는 단 1건이었다. Financial Times, 'Who Went to Jail for Their Role in the Financial Crisis?', 20.9.2018.

83 Bernanke, Testimony before the Financial Crisis Inquiry Commission, Washington, DC, 2.9.2010, https://www.federalreserve.gov/newsevents/testimony/bernanke20100902a.htm. 대마불사 은행 문제에 대해서는 Duffie(2019) 참조.

6장 부자들의 딜레마: 저축과 소비

1 Forbes, 'The Forbes Fictional 15', various years. https://www.forbes.com/special-report/2013/fictional-15/index.html. 고대 북유럽과 게르만 전통의 용에 대해서는 Evans(2005) 참조.

2 Weber(1946, 193).

3 Todeschini(2002, 107~11). 4장과 8장의 추가 논의 참조.

4 실제 볼로냐의 규정(라틴어)에 대해서는 Muzzarelli(2002, 150~1) 참조; 일반적 논평은 Muzzarelli(2003, 2020, 2022) 참조.

5 Alfani와 Gourdon(2009, 162~5).

6 최근 연구들은 이러한 사회적 규율 시도의 경제적 결과를 탐구했다. Ogilvie(2010); Desierto와 Koyama(2023).

7 몽펠리에에 대해서는 Bulst(2003, 131) 참조; 파엔차, 리미니, 파르마에 대해서는 Muzzarelli(2003, 22) 참조.

8   Kampfner(2014, 359~60).

9   Mension-Rigau(2007, 363).

10 Veblen(2007 1899, 52~3).

11 1883년 밴더빌트 가문이 뉴욕 저택에서 가장무도회를 개최했다. "웅장한 계단 꼭대기의 2층에 도달했을 때 손님들은 놀라움을 금치 못했다. 위엄 있는 홀의 양쪽을 장식하는 여러 기둥들 주위에는 높은 야자수들이 양치류와 장식용 풀들의 빽빽한 덤불 위로 솟아 있었고, 기둥 머리 사이에는 다채로운 일본 등불들이 매달려 있었다. 이 홀을 지나면 더 넓은 홀이 나오는데, 그곳에서는 작은 테이블들이 놓여 있었고, 저녁 식사가 제공되었다. 그곳은 마치 방이 아니라 열대우림 속의 정원 같았다. 벽이 보여야 할 자리에는 양치류와 야자수의 두터운 덤불이 있었으며, 야자수 가지에는 난초들이 매달려 있어 풍부한 색상과 환상적 형태의 변주를 보여주었다"(The New York Times, 27 March 1883, Kampfner(2014, 227) 참조). 대부분의 손님들은 옛 유럽 귀족들에게서 영감을 받은 의상을 입었다.

12 특히 주목할 만한 사건은 제롬이 다른 부유한 뉴욕 사람들 및 필립 셰리든 장군과 함께 1871년에 공동 주최한 대규모 버팔로 사냥이다. 그들은 버팔로 빌 코디를 서부 평원의 사냥 가이드로 고용했다. 원정대는 85명의 기병, 15대의 마차, 3대의 구급차로 구성되었다. 미군이 최고의 총기를 제공했고, 무장 호위대도 동행했다. 참가자에게 제공할 와인을 적절한 온도로 유지하기 위한 이동식 얼음창고를 포함한 모든 편의시설을 갖추었다. 40마리 이상의 버팔로 외에도 다양한 동물을 사냥한 후, 일행은 캔자스 태평양 철도가 제공한 '궁전 차량'을 타고 동부로 돌아왔다. Sutch(2017, 56); J. Wheston Phippen, 'Kill Every Buffalo You Can! Every Buffalo Dead Is an Indian Gone!', The Atlantic, 13 May 2016, https://www.theatlantic.com/national/archive/2016/05/the-buffalo-killers/482349/.

13 Beeghley(2016, 195).

14 Friedman과 Laurison(2019, 148).

15 추가 논의는 3장 참조. 고급 문화 소비가 계층 관계에서 '다리'보다는 '장벽' 역할을 하는 것에 대해서는 Lizardo(2006) 참조.

16 Geloso와 Lindert(2020, 421~4) 기준.

17 Sutch(2017, 55). 궁전과 저택의 유지 비용도 잊어서는 안 된다. 1890년대 뉴욕의 최고 부유층은 도시 저택 유지에 연간 20만~30만 달러(2020년 미국 달러 기준 600만~1,200만 달러)를 썼고, 뉴포트에도 저택을 가지고 있다면 추가로 10만 달러를 썼다. 이 비용은 대부분 하인들의 급여로, 여름 시즌에 알바 밴더빌트 같은 초부유층 사교계 인사

들은 뉴포트에서 무도회와 파티를 위해 수십만 달러를 썼다. Jaher(1980, 198~9) 참조. 하지만 이 정도의 지출은 부유층 중에서도 가장 부유한 0.001%에만 해당된다.

18 Geloso와 Lindert(2020, 424)의 추정치.

19 Gullino(1984, 4~5).

20 Gullino(1984, 5~6).

21 Jungnickel과 McCormmach(2016, 484)에서 인용. 캐번디시에 대해서는 Partington(1962); Rubinstein(2006, 24~7); Jungnickel과 McCormmach(2016, 481~7) 참조.

22 Cashman(1993, 41).

23 Carnegie(1889, 15).

24 Woolf(1963, 146~7).

25 Goldthwaite(1968, 114~5).

26 구이차르디니, 카포니와 다른 피렌체 가문들의 부에 대해서는 Goldthwaite(1968) 참조.

27 Alfani와 Di Tullio(2019).

28 De Vries와 van der Woude(1997, 120).

29 이 간단한 통계 분석은 15백분위까지는 저축률 0%(Alfani와 Di Tullio(2019)를 따름), 97백분위는 20~40%로 가정하여 수행되었다. 그런 다음 15백분위와 97백분위 사이의 지수적 성장률을 도출하여 100백분위까지 저축률을 추정했다.

30 Fesseau와 Mattonetti(2013, 42~3). 미국의 경우, 다른 접근법을 사용하여, Saez와 Zucman(2016, 564)은 2010~2012년 상위 1%의 저축률을 거의 40%로 추정했고, 하위 90%는 전혀 저축하지 않았다. 최상위층의 저축률은 이전 수십 년 동안 증가했지만, 1980년대 중반에 도달했던 약 45%의 역사적 최고치 아래에 머물렀다.

31 Carrol(2000, 477)에서 인용.

32 Friedman(1957).

33 Dynan, Skinner와 Zeldes(2004).

34 이 차이는 두 연구가 다룬 기간 사이의 10년 차이 때문일 수도 있다, 그 사이에 미국 부유층의 저축률이 증가했을 수 있기 때문이다.

35 Trump와 Schwartz(1987, 48).

36 Carroll(1998), 초록.

37 Carroll(2000, 478)에서 인용.

38 Jaher(1980, 259~60).

39 "사실, 이 윤리의 최고선인 더 많은 돈을 버는 것은 삶의 모든 자발적인 즐거움을 엄격히 피하는 것과 결합되어 그 자체로 하나의 목적으로 여겨진다. 그 결과 개인의 행복이나 효용의 관점에서 보면 완전히 초월적이고 절대적으로 비합리적으로 보인다. 인간은 돈을 벌고 축적하는 행위에 지배되며, 재산 축적은 이제 물질적 필요를 충족시키기 위한 수단이 아니라 삶의 궁극적 목적이 되어버렸다. 경제적 획득은 더 이상 인간에게 종속된 수단이 아니게 된 것이다." Weber(2005 [1930], 18).

40 Carnegie(1889, 19).

41 일반적으로 부자들의 심리적·사회경제적 동기에 대해서는 Jaher(1980); Carrol(2000); Sutch(2016) 참조. 자선활동에 대해서는 9장 참조.

42 Modigliani의 생애주기 모델의 분배적 함의에 대한 간단한 논의는 Carroll(2000)과 Sutch(2016) 참조.

43 Carroll(2000).

44 이러한 법적 측면에 대해서는 Leverotti(2005, 164~5); Garlati(2011, 4~5) 참조; 구체적 사례(베네치아 공화국) 분석은 Lanaro(2000, 2012) 참조.

45 저축만 하는 자들과 낭비만 하는 자들은 각자 무거운 돌을 굴리며 반원형의 길을 따라 끝없이 나아간다. 두 반원은 한 지점에서 서로 만나며, 그곳에서 그들은 부딪히며 서로에게 "왜 모으느냐?" 그리고 "왜 낭비하느냐?"라고 외친다. 그들은 다시 반대 방향에서 다시 부딪힐 때까지 다시 돌을 굴린다. 이 과정은 단테 알리기에리, 『신곡』, 제7곡.

46 Machiavelli(2006 [1532], 7권 1장).

47 Klein(1978, 192, 167). 굴드는 이러한 불행한 상황을 인식하고 있었던 것 같다. 그가 직접 설명한 바에 따르면, "나는 사교적이지 못하다. 월스트리트 사람들은 사교와 스포츠를 좋아한다. 누군가 10만 달러를 벌면 즉시 요트를 사고, 빠른 말들을 몰기 시작하며, 일반적으로 스포츠맨이 된다. 내 취향은 이들과는 다르다. 나는 업무 시간이 끝나면, 집에 가서 남은 시간을 아내, 아이들 그리고 책과 함께 보낸다. 모든 사람에게는 자신만의 성향이 있다. 내 성향은 가정적이다. 이는 월스트리트에서 나를 특별히 인기 있게 만들지는 않지만, 어쩔 수 없다." Klein(1978, 195) 인용.

48 Mandeville(1988 [1732], 428).

49 케인스의 맨더빌 해석에 대해서는 Lagueux(1998) 참조.

50 이 주제에 대한 고전 경제학자들의 입장에 대한 최근 의견은 Wrigley(2016, 22~7) 참조.

51 산업화 이전 환경에서 자본이 상대적으로 풍부했더라도, 더 많은 자본은 수익 체감의 법

칙을 따르겠지만 여전히 GDP 수준을 높였을 것이다. 이러한 이유로, 부유층의 손에 집중된 자본의 사적 축적이 일정 수준 이상에서 사회 전체에 긍정적 외부효과(사회적 안정성 측면의 부정적 결과를 상쇄할 수 있는 긍정적 결과)를 발생시켰는지 그리고 그 존재와 정도에 의문을 제기할 수 있다.

52   Allen(2009, 138~44).

7장 부의 정상을 향하여

1   1427년 피렌체 카타스토에 대한 분석은 피터 린더트가 제공한 데이터셋을 바탕으로 한 새로운 것이다. 이 자료와 원래의 데이터 수집 노력에 대해서는 Herlihy와 Klapisch-Zuber(1985) 참조.

2   베르가모의 추정치는 다음 자료를 기반으로 작성되었다. Public Library A. Mai of Bergamo, *Archivio Storico del Comune di Bergamo—Sezioneantico regime, Estimi*, folder 1.2.16-XIII A and B(1555); State Archive of Bergamo, Estimo Veneto, folders 6 and 7(1640) and folders 11–14(1704). 자세한 내용은 Alfani와 Di Tullio(2019) 참조.

3   베로나에 대해서는 Tagliaferri(1966); 비첸차에 대해서는 Scherman(2009); 베네치아 공화국의 전반적 상황 개요는 Alfani와 Di Tullio(2019) 참조; 추가 통찰은 Pezzolo(2021) 참조. 1613년 사보이아 공국의 상황은 다음과 같다. "이브레아의(중간값의 10배 이상으로 정의된) 부자들 중에는 고도로 숙련된 전문직 종사자들(변호사와 공증인, 의사, 약제사), 고위 관리들(세금 징수원, 민병대장 등), 상인들(특히 직물과 철 상인) 그리고 마지막으로 귀족 계층에 속하는 '신사들'이 있다. 가장 부유한 가문은 공작에게 청원이나 탄원을 전달하는 고위 관리의 집안이었다. 수자에서는 직업에 대한 정보가 상대적으로 부족하지만, 가장 부유한 가구는 '여관 주인'이었다. 하지만 여관 주인의 막대한 재산은(여관 운영)이 아니라 수자 수도원의 재산을 임대하여 얻은 부차적 수입과 세금 징수원으로서의 활동에서 비롯된 것으로 보인다. 그는 다치토dacito라는 수자 계곡을 통과하는 물품에 대한 간접세 하청권을 갖고 있었으며, 두 명의 징수원을 고용하고 있었다. 두 번째로 부유한 사람 역시 관직에 있었는데, 바로 지방 총독이다. 그 외에 수사의 부유층 중 직업이 명확히 확인되는 이들은 공증인, 상인 그리고 가죽공방 소유주 등이다. 한편 공국의 수도인 토리노에서는 상위 0.1%에 해당하는 최상위 부유층 중에 공작 궁전의 고위관리와 귀족이 포함되어 있음을 확인할 수 있다. 또한 이들의 재산 수준은 사보이아 공국의 2차 도시의 최상위 부유층과 비교했을 때 현저한 차이를 보인다." Alfani(2017a, 337).

4   전체 가구의 5.2%가 부자 기준선 위에 있었던 1409년 제외.

5   가장 우수한 정보는 15세기의 것으로, 상위 5% 부유층 중 40% 이상의 직업을 분류할 수 있는데, 이는 당시로서는 예외적으로 높은 수준의 포괄성을 보여준다. 17세기 역시 분류 가능한 범위가 매우 넓다(1616년에 약 35%, 1635년에 약 33%). 가장 자료가 부족한 시기는 1515년으로, 전체 부유층의 약 4분의 1만 분류할 수 있었다. 연도별 수치를 직접 비교할 수 있도록, 1409년을 기준으로 직업 정보가 확인된 부유층의 비율을 참조하여 모든 수치를 표준화했음을 유의할 필요가 있다.

6   영국에 대해서는 Munro(2010) 참조; 네덜란드 공화국에 대해서는 Prak과 van Zanden(2022, 특히 〈표 8.3〉, 186) 참조.

7   Alfani(2017a).

8   Mousnier(1974, 152).

9   Piketty, Postel-Vinay와 Rosenthal(2006, 244~6).

10 3장에서 보았듯이, 1847년 이후 부유층 중 귀족의 비율 감소는 1848년 혁명과 제2공화정 수립과도 연관되어 있다.

11 Piketty, Postel-Vinay와 Rosenthal(2006, 255).

12 Daumard(1980, 103).

13 상위 5% 부유층 중 공직자의 비중이 상대적으로 높은 이유는 고도로 중앙집권화된 관료국가의 수도인 파리가 지닌 특수한 위상 때문이기도 하다. 또한 1820년부터 1847년 사이에 부유층 내에서 '소유주propriétaires'의 비중이 증가한 것은 1830년 7월 혁명 이후 고위 공직자 집단에서 소유주 집단으로 귀족 재산이 이전된 결과로 보인다. Daumard(1973, 197, 저자 번역).

14 Licini(2020, 79~81).

15 Rubinstein(2018, xxi). 랜슬리는 영국 귀족의 실질적인 쇠퇴가 1870년대부터 시작되어 현재까지 천천히 이어지고 있다고 주장한다. 그러나 그의 분석에 따르면 "재산 면에서 귀족의 쇠퇴는 주로 소규모의 토지를 소유한 하위 귀족 그룹, 즉 시골 귀족의 몰락에 대한 것이며, 작위 계급 자체의 이야기는 아니다"라고 본다. Lansley(2006, 106). 그럼에도 불구하고, 3장에서 언급한 것처럼, '시골 하위 귀족'은 여전히 영국의 최상위 부유층에 상당 수 포함되어 있다.

16 Rubinstein(2018, xxi).

17 조지 레브슨 가워에 대해서는 Beresford와 Rubinstein(2007, 45~46); Rubinstein(2022) 참조. 그 외에도 100만 파운드 이상을 남긴 8명 중에는 은행가 네이선 로스차일

드와 과학자 헨리 캐번디시 같은, 이전 장에서 언급된 인물들이 포함되어 있다.

18 Rubinstein(2011, 53) 참조. 루빈스타인의 초기 작업과 비교했을 때, 이 책에서는 그가 수집한 데이터를 재구성하여 〈표 7.1〉을 제작했다는 점에 유의해야 한다. 특히, 루빈스타인은 금융 활동과 상업에서 축적된 재산을 함께 고려하는 경향이 있었는데, 이는 "영국의 부유층은 제조업이나 산업보다는 상업과 금융을 통해 불균형적으로 더 많은 부를 축적했다. 즉, 상인, 은행가, 선주, 주식 및 보험 중개인으로서 부를 이룬 것이다"라는 점을 입증하기 위한 목적이었다. Rubinstein(2006, 80) 참조. 그러나 18세기와 19세기 영국의 사회적·경제적 역학에 대한 이 해석은 많은 논쟁을 불러일으켰다. Daunton(1989); Rubinstein(1991); Nicholas(1999); Thompson(2001) 참조. 이 논쟁에 대한 추가적인 세부 사항에 대해서는 다루지 않을 것이다. 이는 금융을 산업 또는 상업 내 다른 기업 활동과 구분해서 분석하는 우리의 접근 방식과는 크게 관련이 없기 때문이다.

19 Rubinstein(2011, 28).

20 Albers와 Bartels(2023).

21 Augustine(1994, 28~30).

22 Rockoff 2012. Rockoff가 제공한 정보는 〈표 7.1〉과 〈7.2〉에 보고된 다른 수치들과의 비교 가능성을 극대화하기 위해 재구성되었다.

23 식민지에서 가장 부유한 10명 중 단 한 명(의사)을 제외하고 모두 이 범주에 속한다. 다른 지역을 별도로 살펴보면, 북부에서는 상인 계층이 두드러지는 등 다른 범주의 부자들이 나타난다. Jones(1980, 171~176, 218~219) 참조.

24 Rockoff(2012, 245)에 따르면, "금세기 말의 자본가들은 다른 부문에서 모으기 시작한 재산을 늘리기 위해 금융 및 부동산에 투자했다"는 것을 알 수 있다.

25 Jaher(1980, 232, 237).

26 이와 관련해서는 1850년부터 1870년까지 미국의 부의 불평등에 대한 솔토우의 연구에서 제한적이지만 확인 가능한 자료를 얻을 수 있다. 1870년에 1만 달러(2020년 기준 약 20만~35만 달러에 해당)의 재산을 소유한 사람들, 즉 상위 5%에 해당하는 사람들에 대한 연구에서 솔토우는 이들이 평균 49세의 비교적 고령층으로 외국 출생자 비율이 낮으며, 농민의 비율도 일반 인구에 비해 상대적으로 낮다고 기록했다. 특히 주목할 점은 제조업 종사자 비율이 1860년보다 1870년에 더 높게 나타났다는 점이다. Soltow(1975, 104~105). 이는 미국 경제 구조의 변화와 부를 축적할 수 있는 기회의 변화를 반영하는 것으로 보인다. 1870년 당시 생존해 있던 미국인 중 상위 0.06%를 대표하는 부유층 표본에서 추가적인 확인이 가능하다. 이 표본에 따르면 산업 및 상업에 종사하는 기업가들이 68.8%로 압도적으로 높은 비율을 차지하며, 금융(8.3%)과 토지(10.4%)를 크게 앞선다.

이 수치는 캘리포니아의 도시 설립자 카를로스 마리나 웨버나 채굴업자 존 보그스 같은 이들이 포함되었기 때문에 다소 부풀려졌을 가능성이 있다. 여성(대부분은 과부)도 표본의 10.4%를 차지한다. Sutch(2017) 기반 새로운 추정치.

27 이 수치는 Scott(2021, 〈표 3〉, 650)에서 가져온 데이터를 우리 〈표 7.1〉에서 사용한 직업 분류에 맞춰 적용하여 얻은 것이다.

28 Scott(2021, 653).

29 Piketty, Postel-Vinay 및 Rosenthal(2006, 239).

30 Borgerhoff Mulder 등(2009, 표 S5).

31 소규모 사회에서의 부의 집중과 세대간 이전에 대해서는 Borgerhoff Mulder 등(2009); Bowles, Smith 및 Borgerhoff Mulder(2010) 참조. '부'가 무엇을 의미하는지에 대한 정의는 1장에서 확인할 수 있다.

32 Piketty(2014, 2015b).

33 중세 초기, 즉 로마제국 몰락 이후부터 유럽 봉건제도가 정착되기 전까지의 기간 동안 일부 특정 상황에서는 토지의 공식 소유권 및 상속 가능성이 완전히 확립되지 않았다는 점을 감안해야 한다. 로마제국 몰락이 축적된 부와 그 분배에 미친 결과에 대해서는 Scheidel(2017) 참조.

34 지참금 제도의 실제 운영 방식은 유럽 전역에서 조금씩 달랐다. 이에 대한 정보는 5장에 나와 있다. 이 외에도 Goody와 Tambiah(1973); Botticini(1999); van Zanden 등(2019) 참조.

35 Meade(1964). 기술적으로 부유층일수록 저축률이 높다는 조건은 일반적으로 볼록한 형태의 저축 함수로 모델링된다(사회 전반의 저축률에 대해서는 6장에서 상세히 논의됨). 시기별 부의 축적에 대한 경제 모델 문헌에 대한 요약은 Piketty(2000, 436~45); Roine 및 Waldenström(2015, 552~3) 참조. 역사적 역학에 대한 이해의 함의에 대한 추가적인 통찰은 Alfani(2021)에서 확인할 수 있다.

36 유럽 상속 관습의 지리적 분포에 대해서는 Goody, Thirsk 및 Thompson(1978); Goy(1988) 참조.

37 이 점에 대해서는 6장 참조.

38 자녀가 한 명뿐인 사회, 즉 여성 1인당 출산율이 1명인 사회를 상상해보자(이는 2020년 이탈리아의 출산율 1.3명과 크게 다르지 않다). 부부가 정확히 한 명의 자녀를 낳으면 인구는 세대마다 절반으로 줄어들고, 아이는 결국 두 부모의 재산을 상속받게 된다. 이때 가난한 이민자들이 노동력을 보충하기 위해 인구 감소 사회로 유인되면, 이들은 부의 분

포도에서 '바닥'부터 시작하게 되며, 동시에 최상위 부유층은 상속을 통해 상대적으로 더 부유하게 된다. 이 조건들이 그대로 유지된다면 부의 불평등은 시간이 지날수록 심화될 것이다. 물론 이것은 여러 중요한 변수들은 고려하지 않은 단순화된 모델이지만, 저출산과 인구 감소 자체가 부의 불평등에 미치는 영향력은 분명하게 드러낸다.

39　이러한 요소들 중 일부는 2장에서 논의되었다.

40　Alvaredo, Garbinti, Piketty(2017, 240).

41　미국과 유럽의 상대적 위치가 뒤바뀐 것에 대해서는 Alfani(2019); Alfani와 Schifano(2021)도 참조. 소득 불평등에 대해서는 Lindert와 Williamson(2016, 118~121) 참조.

42　Acciari와 Morelli(2020).

43　Piketty(2014).

44　Sutch(2017, 28).

45　Clark와 Cummins(2015b).

46　Clark와 Cummins(2015b, 532).

47　1960년대 후반 미국 언론인 겸 작가 페르디난드 룬드버그는 다음과 같이 썼다. "현재 연간 수입이 100만 달러, 50만 달러 또는 심지어 연간 5만 달러를 초과하는 모든 고소득은 대부분 상속에 의해 축적된 과거의 재산에서 나온다. 이는 사람들이 돈을 벌기 위해 흔히 요구되는 어떤 활동도 하지 않았으며, 그것이 승인되었든 그렇지 않든, 창의적이든 비창의적이든 상관없이 재산을 모으기 위한 어떤 활동도 하지 않았음을 의미한다. 그리고 아무리 헌신적으로 사업을 일군 기업가라 하더라도 새로운 부유층이 상속자들과 동일한 수준의 부를 이루기는 어렵다는 것이 명백하다." Lundberg(1973, 132). 그는 1930년대부터 이와 유사한 견해를 꾸준히 밝혀왔다. Lundberg(1937).

48　Piketty(2014, 529~543).

49　Piketty(2014, 543).

50　Bisland(1897, 39~40), Sutch(2016, 26)에서 인용.

51　"엄청난 부를 아들에게 남기는 부모는 아들의 재능과 에너지를 약화시키며, 원래보다 덜 유용하고 덜 가치 있는 삶을 살도록 유혹한다." Carnegie(1891, 56) 참조. 카네기에 대해서는 4장을, 그의 견해에 대해서는 6장과 9장을 참조.

52　Holtz-Eakin, Joulfaian, Rosen(1993).

53　Daunton(1997, 1068)에서 인용.

54　"처칠의 협력과 안정화에 대한 비전은 상속된 부 대신 활동적 부에 대한 세금을 줄이는 것, 중산층 가정의 세금 부담을 줄이는 것 그리고 연금 확대에 의존했다." Daunton(1997, 1068).

55　Acciari와 Morelli(2020, 21~22).

56　미국의 경우, 잘 알려진 포브스 400 데이터베이스(https://www.forbes.com/forbes-400/)에 수록된 인물들은,《포브스》선정 억만장자 데이터베이스에 포함된 미국인들 중 하위 집합에 해당된다. 예를 들어 2020년 포브스 400에 포함되기 위한 최소 재산은 21억 달러였다.

57　예시 및 영국에서의 사례에 대한 추가 논의는 3장의 '20세기 이후, 새로운 귀족의 등장'을 참고하라. 또한 21세기 초에 영국 농지 소유 부유층 상위 4만 명(여왕의 크라운 에스테이트, 랭커스터 및 콘월 공작령 그리고 버클루, 애솔, 웨스트민스터, 노섬벌랜드 공작 등을 포함)이 약 2,800만 에이커를 소유하고 있는 반면, 영국의 약 1,700만 주택 소유주들은 이 수치의 10분의 1에 해당하는 280만 에이커만을 소유하고 있다. 영국의 토지 시장 과열 현상은 이와 같은 극단적인 토지 소유 불균형에서 비롯되었으며, 그 결과 주택 소유주들이 보유한 토지 면적은 평균적으로 0.16에이커에 지나지 않았다. Irvin(2008, 41).

58　여기서 우리가 살펴보는 억만장자들은 대부분 재산을 상속받았거나 스스로 축적한 인물들이다. 앞서 우리는 모든 대규모 자산 중 상속재산의 비율에 초점을 맞췄다.

59　빌 게이츠를 비롯해, 컴퓨터 및 정보화 시대에 재산을 축적한 다른 초부유층에 대해서는 4장 참조.

60　Korom, Lutter, Beckert(2017).

61　Freund(2016, 125~6)는 세계 억만장자들의 남성 우선 상속 관행에 대한 몇 가지 사례를 제공한다. 영국에서 귀족 칭호 상속에서 여성에 대한 차별이 지속되는 것에 대해서는 3장 참조.

62　1990년대 정보기술 부문에서 부를 축적한 북미 억만장자들의 사례는 매우 시사적이다. Tsigos와 Daly,(2020, 135) 참조. 1994년 이들의 평균 연령은 60세로 정점을 찍었다. 이후 1996년에서 2001년 사이에 45세로 급격히 감소했다. 2001년 이후 이들의 평균 연령은 꾸준히 증가하여, 서구 억만장자들의 전반적인 고령화를 이끌었다(2021년 기준 이들의 평균 연령은 다시 56.3세에 이르렀다).

63　내가 아는 한, SCF의 이후 반복 연구에서 이러한 정보를 제공한 사례는 없다.

64　Wolff(2000, 79~87).

65 이는 중세와 초기 근대 시대의 부의 구성을 다룬 7장에서 보고된 상황과 반대되는 경우다. 이 변화는 금융이 부의 주요 경로로 부상했음을 보여주며, 이는 앞서 논의된 대로 19세기에 시작되었다(중세 시대에는 금융을 통한 부의 축적 기회가 소수의 고도로 전문화된 엘리트에게만 주어져, 소수의 금융인이 부의 사다리 최상단에 집중되었다. 추가 논의는 5장 참조).

66 이 점에 대한 자세한 논의는 5장 참조.

67 Bakija, Cole, Heim(2012, 36~38).

8장 부의 집중이 사회적 문제가 되는 이유

1 "탐욕에는 두 가지 측면이 있다. 첫째는 하나는 소유한 것에 집착하는 것으로, 이는 무자비한 냉혹함 또는 인간성의 결핍으로 이어진다. 탐욕스러운 사람들은 자신들이 소유한 것을 다른 사람을 돕기 위해 나누지 않으므로 냉혹하다. 또 다른 측면은 지나치게 재물을 취하려는 태도다. 이는 탐욕스러운 마음에서 시작된다. 탐욕은 불필요한 걱정과 불안을 불러일으켜 사람을 불안하게 한다. 전도서 5장 10절 '은을 사랑하는 자는 은으로 만족하지 못하고 풍요를 사랑하는 자는 소득으로 만족하지 못한다'고 하듯이 말이다. 더 나아가 과도한 탐욕을 타인의 소유물을 강제적으로 취하게 만들기도 하며, 이는 폭력적인 행위로 이어진다. 때로는 속임수를 사용하기도 하는데, 말로 속이면 거짓말이며, 맹세로 속이면 위증이 된다. 그리고 행동으로 속이면 사기에 해당하며, 사람에 대한 배신으로 이어질 것이다." Thomas Aquinas(2003 [1269~72], 730~1).

2 Lopez(1976, 60).

3 Fanfani(1931, 560).

4 Babbitt(1985).

5 Oresme(1370~74, 142), 저자 번역. 이 구절에서 오레스메는 아리스토텔레스의 원문을 거의 그대로 따랐지만, 한 가지 차이가 있다. 아리스토텔레스가 일반적으로 미덕이나 정치적 역량을 가진 개인들의 문제를 언급한 것과 달리, 오레스메는 이를 정치적 권력으로 구체화했다. 그는 주석에서 과도한 정치적 권력이 일반적으로 과도한 부에서 비롯된다는 점을 시사한다.

6 Cohn(2006); 아래 참조.

7 Oresme(1370~74, 142~4) 참조. 오레스메는 더 일반적인 개념으로 '권력의 과잉'을 언급한다. 이는 매우 큰 부나 정치적 권력을 통해 얻을 수 있으며, 이는 대개 막대한 경제적

자원을 통제하는 지방 귀족들에게서 발견된다. 따라서 'superhabundance'를 과도한 부로 번역함으로써 오레스메의 분석 중 특정한 측면에 초점을 맞추기 위한 것으로 그렇다고 해서 그의 전체적인 의미를 왜곡한 것은 아니다. 실제로 오레스메는 과도한 부가 '해악과 반란'으로 이어지는 원인임을 명시적으로 언급한다. 관련 인용문은 본문에 추가로 보고되었다.

8 Babbitt(1985, 82).

9 "이러한 이유로 민주주의 국가는 도편추방제를 도입했다. 평등이 그들의 최우선 목표였기 때문에, 그들은 부나 친구 수, 혹은 정치적 영향력 면에서 과도하게 두드러지는 사람들을 일시적으로 도시에서 추방했다" Artistotle, Politics, book 3, part 13, B. Jowett 번역 참조. '도편추방제'라는 단어는 투표에 사용된 껍질이나 도편óstrakon에서 유래되었다.

10 Pampaloni(1971, 390).

11 Dumolyn과 Haemers(2015, 163). 또한 14세기 독일의 주요 상업 도시에서도 부유한 귀족들의 과도한 정치 권력을 제한하려는 시도가 빈번히 일어났다. 이러한 움직임은 이탈리아나 플랑드르에서 발견된 것만큼 극단적이지는 않았지만, 장인 계층은 도시 의회에서 의석을 확보했다. 예를 들어, 1370년 뉘른베르크와 1391년에서 1396년 사이 성공한 사례가 있지만, 1403년에서 1408년 사이 뤼벡에서는 실패했다. Hergemöller(2012, 60~1, 101~2, 112).

12 Oresme(1370~74, 144), 저자 번역.

13 Oresme(1370~74, 144), 저자 번역.

14 예수는 제자들에게 이렇게 말했다. "낙타가 바늘귀로 들어가는 것이 부자가 하나님의 나라에 들어가는 것보다 쉬우니라"(마태복음 19:24).

15 Fanfani(1931, 581).

16 중세에는 두 세계가 동요한다. 영혼의 세계와 육신의 세계. 그리고 이 둘을 조직할 이론은 단 하나뿐이다. 물질적 재화에 관한 유일한 이론은 정신의 고차원적 이익을 방어하기 위해 만들어졌다. 육체의 세계는 이 이론에도 불구하고 작동하지만, 자체적인 방어 체계를 구축하지 못했으며 이를 정당화하는 이론도 가지지 못했다. 따라서 이 세계의 행동은 합법적이지 않은 것으로 남아 있다. 합법성의 유일한 척도는 토마스 아퀴나스가 정립한 원칙들이다. Fanfani(1931, 581), 저자 번역 참조.

17 Todeschini(2002, 320~4).

18 Bracciolini(1428~9, 270), 저자 번역.

19 Herlihy(1977, 165). 비슷한 맥락에서 Garin(1994, 54~5), Fubini(1990, 202~16), Todeschini(2002, 322~4) 참조.

20 Todeschini(2002, 320), 저자 번역 및 강조.

21 중세 후기의 돈에 대한 유기적 은유는 Todeschini(2002)와 Nederman(2004)가 논의했다. 브라치올리니Bracciolini와 폰타노Pontano에서 재화의 올바른 사용과 잘못된 사용의 구분에 대한 논의는 Evangelisti(2016, 230~6) 참조.

22 Bracciolini(1428~9, 272), 저자 번역.

23 Pontano(1493~8), Herlihy(1977, 14)에서 인용 및 강조.

24 흑사병 이후 불평등 추세에 대해서는 2장 참조.

25 Howard(2008).

26 "현재 우리가 살고 있는 세계를 고려할 때, 공화국은 부자들이 필요하다. 과거의 포위전 때와 같이, 그들의 부를 필요할 때 사용할 수 있어야 한다. 당시 부자들의 집과 토지를 무작위로 분배하길 원했던 사람들의 자원에 의존했다면, 도시는 그렇게 영광스럽게 지켜내지 못했을 것이다." Giannotti(1531, 3권 16장), 저자 번역.

27 Todeschini(2008, 28, 32~3).

28 Todeschini(2008, 38).

29 Tawney(1926).

30 Fanfani(1935).

31 Braudel(1977, 65~6). Delacroix와 Nielsen(2001). 들라크루아와 닐센에 따르면, 이는 사회과학에서 여전히 인기 있는 단순화된 '일반적인 해석'으로, 원본의 모든 뉘앙스를 포함하지는 않으며 경제사학자들 사이에서는 여전히 이에 대한 논쟁이 진행 중이다. Hoffman(2006); Alfani(2012); Cantoni(2015); Kersting et al.(2020) 참조. 예를 들어, 데이비드 랜디스는 "오늘날 대부분의 역사학자들은 베버의 명제가 설득력이 없고 받아들일 수 없다고 본다. 한때는 영향력이 있었지만, 그 순간은 지나갔다는 것이다. 하지만 나는 동의하지 않는다. 기록에 따르면, 개신교 상인과 제조업자들이 무역, 은행업 및 산업에서 주도적 역할을 했다는 것을 알 수 있다. 또한 이론적으로도 그렇다. 문제의 핵심은 새로운 종류의 인간, 즉 합리적이고, 질서 있고, 근면하며, 생산적인 사람의 탄생에 있었다. 이러한 덕목들은 새로운 것은 아니었지만, 흔하지도 않았다. 개신교는 이러한 기준에 따라 서로를 평가하며 이러한 덕목들을 일반화시켰다." Landes(1998, 177).

32 이러한 관점은 사실상 종교개혁의 경제적 결과에 대한 토니의 해석과 일치하는 것으로, 최근 일부 실증 연구에서도 이를 뒷받침하는 결과가 나타났다. Tawney(1926); Becker

와 Woessman(2009); Dittmar와 Meisenzahl(2020).

33 그들의 평생에 걸친 탐욕이 죽음을 앞둔 시점의 이타주의만으로 동기부여된 것이 아님은 분명하다. 이는 이전 장에서 자세히 논의된 바와 같이 부유한 가문의 등장으로 증명된다.

34 "종교개혁에서 적어도 한 가지는 새로운 점이 존재했다. 그것은 바로 세속적 활동에서 자신의 의무를 성실히 수행하는 것이 개인의 도덕적 활동이 취할 수 있는 가장 고귀한 형태로 여겨졌다는 점이다. 이로 인해 일상의 세속적 활동이 종교적 의미를 가지게 되었으며, 이런 의미에서 '소명'이라는 개념이 처음으로 만들어졌다." Weber(1930 [1904], 40).

35 Schaff(2022).

36 흥미롭게도 이것은 중세 기독교 사회에서 명확한 역할을 가졌던 빈곤층과는 정반대의 상황이다(이 장의 첫 번째 부분 참조). 그러나 근대 초기에는 그들의 존재 자체가 점점 더 반감을 사게 되었다. 이러한 사회적 역학은 개신교 지역뿐만 아니라 가톨릭 지역에도 영향을 미쳤다. 자세한 내용은 Jütte(1994) 및 Alfani(2020a) 참조.

37 McCloskey(2006). 산업혁명 전후의 문화 변화와 경제 발전의 연관성에 대한 종합적 논의는 Mokyr(2017) 참조. 또한 맥클로스키가 주장한 바와 같이, 18세기에는 '부르주아적 덕목'이 당대 영향력 있는 여러 철학자들의 윤리 체계에 통합되기 시작했다. McCloskey(2006, 8~9) 참조. "18세기 유럽에서 몽테스키외, 볼테르, 흄, 애덤 스미스 같은 사상가들은 상업사회를 위한 균형 잡힌 윤리 체계를 명확히 정립했으며, 이는 상상력과 계산이 결합된 진정한 '부르주아적 덕목'이었다."

38 고전 그리스어로 '메갈로프레페이아megaloprépeia'라 불리는 이 덕목은 플라톤이 『공화국』의 제5권과 제6권에서 논의한 바 있다. 아리스토텔레스는 『니코마코스 윤리학』에서 이에 대해 논의하며, 웅대함magnificence의 미덕은 단순히 대규모 지출과 관련된 것이 아니라, 적절한 방식으로 지출이 이루어지는 것과 관련이 있으며, 이는 아름다움을 인식하고 감상하는 능력을 필요로 한다고 지적했다. Maclaren(2003, 42~6).

39 강제 대출에 대한 부정적인 경제 해석에 대해서는 North와 Thomas(1973) 참조. 특히 스페인의 경우에는 더 세밀한 관점을 위해 Yun-Casalilla와 Comín Comín(2012), Grafe와 Irigoin(2013), Sardone(2019) 참조. 베네치아에서 강제 대출의 초기 사용에 대해서는 Luzzatto(1963)와 Pezzolo(1996) 참조. 스페인 왕국이 '절대주의적' 체제로 여겨졌던 것에 대해서는 Acemoglu, Johnson, Robinson(2005) 참조.

40 예를 들어, 1917년 영국에서는 재무장관인 앤드루 보너 로Andrew Bonar Law가 모금된 자본이 최소 금액에 미치지 못할 경우 은행과 보험 회사의 자산을 몰수하겠다고 금융업자들을 위협한 사례가 있다. Cohen(2019, 28). 미국의 자유채권에 대해서는 Garbade(2012), Quinn과 Turner(2020, 116~18) 참조.

41   Piketty(2014, 184).

42   Thorndike(2013); Levy(2021, 416~18).

43   Carosso(1987).

44   Carosso(1987, 536)에서 인용.

45   *The Commercial & Financial Chronicle*, 27 June 1908, 1555~6.

46   Marx(1993 [1894], 36장).

47   금융화에 대한 최근 마르크스주의적 비판에 대해서는 Chesnais(2016)와 Manigat(2020) 참조.

48   Veblen(2007 [1899]) 참조. 베블런 사상의 이 측면에 대한 자세한 논의는 4장과 5장 참조.

49   Gilbert(2000, 471)에서 인용.

50   Fisher(1919, 14).

51   Piketty(2014, 34).

52   Alfani와 Frigeni(2016).

53   특히 Rawls(1971) 참고.

54   공평성aequitas과 공정성fairness의 구별에 대해서는 Levi(2003)을 참조. 그 의미에 대한 분석은 Alfani와 Frigeni(2016); Alfani와 Di Tullio(2019) 참조. 동등한 자를 동등하게, 불평등한 자를 불평등하게 대해야 한다는 생각은 아리스토텔레스의 니코마코스 윤리학에서 비롯되었다.

55   Cohn(2006).

56   Alfani와 Frigeni(2016, 55).

57   Alfani와 Frigeni(2016, 48과 64~5).

58   자연법은 인간의 행동을 지배하는 보편적이고 불변하는 규칙이 존재하며, 이는 실정법의 역사적 출현 이전부터 존재했다는 철학 이론이다. 근대 초기 자연법 이론가들에 따르면, 사회가 출현하기 전 '자연 상태'에서 모든 인간은 평등했다.

59   사람 간의 불평등을 개념화하는 방식의 변화에서 루소의 사상이 미친 영향에 대해서는 Alfani와 Frigeni(2016) 참조.

60   루소(2011 [1754])는 정치 권력과 부의 연관성을 명확히 언급하며, 부자들이 사회 전반의 평화를 유지하고 부유한 엘리트층의 재산을 보존시키는 불평등한 정치 체제를 수립하

는 데 가장 큰 이해관계가 있었다고 지적했다

61 불평등 수준의 추정에 대해서는 2장 참조. 경제적 불평등과 반란 성향의 상관관계에 대해서는 Alesina와 Perotti(1996); MacCulloch(2003) 참조. 프랑스 혁명의 '경제적' 해석은 Aftalion(1990) 참조. 다른 해석들에 대해서는 Alfani 와 Frigeni(2016, 55~6)의 간단한 요약을 참조.

9장 후원자, 자선가, 기부자

1 Xenophon, *Oeconomicus*, II, 2~6.

2 종교 의식인 전례제도는 부자들로부터 헌금을 받고 엘리트층에서 대중으로의 부의 재분배를 통해 계급 간 잠재적 갈등을 해소했다. 이러한 갈등은 아테네 사회의 정치적 평등과 경제적 불평등의 현실 사이에서 발생했다. Deene(2013, 74).

3 고대 그리스 사회에서 부자들에게 기대된 공헌과 그 정치적 의미에 대해서는 Maclaren(2003); Oulhen(2004); Deene(2013); Fawcett(2016) 참조.

4 Cicero, *De Officiis*, book 2, 52~9.

5 Cicero, *De Officiis*, book 2, 60.

6 로마의 공공사업과 예술 후원에 대해서는 Gold(1982); Parker(1991); Cecconi(2017)을 참조. 헤로데스 아티쿠스에 대해서는 Bowie(2013) 참조. 마에케나스에 대해서는 Graverini(1997) 참조.

7 메디치 가문이 정치적 목적을 달성하기 위해 막대한 부를 사용한 방식은 10장에서 더 자세히 다룬다.

8 교역과 관련한 성 토마스의 내용은 4장 참조.

9 5장 참조.

10 이러한 개인의 영리 추구는 도로나 다리 등 지방 기반시설의 후원에서도 찾을 수 있다. 최근 연구에 따르면, 이러한 후원 행위는 중세 영국의 기업가들 사이에서 특히 자주 있었던 일이며, 기부자들을 포함해 직접적인 사업 기회를 창출할 수 있었다. Casson과 Casson(2019).

11 Todeschini(2008, 33).

12 도나토 페라리오에 대해서는 Gazzini(2002); Todeschini(2008) 참조.

13 예시로 Dye(2002); Domhoff(2010) 참조.

14 Todeschini(2008, 33).

15 Cohn(1988, 248).

16 포지오 브라초리니와 조반니 폰타노의 견해에 대해서는 8장 참조. 이탈리아의 중세 후기와 근대 초기의 웅장함과 예술 후원에 대해서는 Guerzoni(2006) 참조.

17 Alfani와 Di Tullio(2019, 167).

18 van Bavel와 Rijpma(2016, 171)의 추정치. 천천히 진행된 빈민 구제의 역사적 발전에 대해서는 Lindert(2021a, 25~47)도 참조.

19 Pfister(2017), 온라인 부록 4번에 근거한 계산.

20 Tietz-Strödel(1982, 36~96); Steinmetz(2015, 166~71). '가치 있는' 빈민과 '가치 없는' 빈민의 개념에 대해서는 Alfani(2020a); Alfani, Ammannati와 Ryckbosch(2022)의 요약 참조.

21 영국에 대해서는 Burgess(1987); Kelly와 Ó Gráda(2010, 343) 참조. 독일에 대해서는 Schaff(2022) 참조. 독일의 빈곤 증가는 빈민의 다양한 범주에 대한 더 차별적인 태도 때문일 수도 있다. Jütte(1994); Schaff(2022).

22 Cunningham(2016, 48).

23 Harvey, Maclean과 Suddaby(2019, 443).

24 Phillips와 Jung(2016, 7).

25 Ostrower(1995, 12~13). Phillips와 Jung(2016, 7)은 사회과학에서 학문적 사용을 위해서는 자선을 '기부자의 동기나 자원 사용으로 인한 혜택에 대한 언급 없이, 공적 목적을 위한 사적 자원(재산, 시간, 재능)의 사용'으로 더 포괄적으로 정의하는 것이 좋다고 주장했다. 이 정의는 기부와 후원의 역사적 양상을 더 많이 포함하지만, 자선이라는 단어의 현대적 용법에 내포된 인식 변화를 감춘다는 점에서 이 책의 목적에는 유용하지 않다고 본다.

26 Harvey et al.(2011).

27 19세기 미국의 사립대학에 대해서는 Wren(1983) 참조.

28 토마스 할로웨이와 제인 피어슨 드라이버에 대해서는 Davis(1985~6); Corley(2004); Anderson(2005) 참조. 페르디난도 보코니에 대해서는 Gobbini(1969); Resti(1990); Cattini, Decleva와 De Maddalena(1992) 참조.

29 아트 컬렉터이자 예술 후원자로서의 J. P. 모건에 대해서는 Chernow(1990) 참조.

30 Veblen(2007 [1899], 225~6).

31 Kampfner(2014, 220).

32 예시로 Lansley(2006, 162).

33 Cashman(1993, 71).

34 Jaher(1972, 63).

35 Jaher(1972, 64~5); Jaher(1980, 205~6). 보스턴의 브라민 엘리트와 뉴욕의 포 헌드레드에 대해서는 3장 참조.

36 Lansley(2006, 162. 37).

37 Harvey, Maclean과 Suddaby(2019, 46).

38 Reich(2018, 5) 인용.

39 Reich(2018, 139~40).

40 록펠러 재단의 설립에 대해서는 Reich(2018)과 Clemens(2020, 116~18) 참조. 이 사건에 대한 재단 자체의 관점은 Abrahamson, Hurst와 Shubinski(2013, 24~44) 참조.

41 Wren(1983, 340~2).

42 기부의 역사적 강도가 세금 제도의 변화를 반영하는 방식에 대해서는 Duquette(2018, 2019) 참조.

43 OECD(2020).

44 기부자 자문기금DAFs은 최근 몇 년간 빠르게 확장되고 있는 프라이빗 자선 기금의 한 종류다. 재단과 달리 법적 실체가 아니며, 단순히 비영리 후원 조직 내에 설정된 '기부 계좌'다. 재단보다 더 적은 투명성 규칙의 적용을 받으며, DAF가 실제 기부를 지연할 수 있기 때문에 부유층이 쉽게 과세를 피할 수 있는 도구로 비판받고 있다. DAF에 대해서는 Andreoni(2018)을 참조.

45 Soros(2011, 42).

46 McGoey(2015).

47 예시로 Ostrower(1995, 113~22) 참조.

48 OECD(2020, 129~30).

49 Reich(2018, 168).

50 사회학자 오스트로워가 지적했듯이, 미국에서 '기부 유언에 관한 결정은 기부를 장려하는 세금 구조, 정부에 재산을 넘기는 것을 꺼리게 만드는 이념적 틀 그리고 부와 성공, 상

속에 관한 문화적으로 정의된 태도를 배경으로 이뤄진다.' Ostrower(1995, 100).

51 Ostrower(1995, 101).

52 여기서 설명한 베니스 공화국의 상황은 피렌체 공화국 같은 다른 이탈리아 근대 초기 국가에도 공통적으로 나타난 특징으로 보인다. 보다 일반적으로, SMITE(1300~1800년 이탈리아와 유럽의 사회적 이동성과 불평등 분석) 연구에 따르면, 17세기 초 남유럽의 많은 지역에서 경제적 불평등이 빠르게 늘어난 반면에 사회 이동은 줄어드는 경향을 나타냈으며 이는 상대적 경제 침체를 불렀다. 북유럽에서도 경제적(그리고 정치적) 자원의 집중은 네덜란드 황금시대의 종말에 중대한 영향을 미쳤다. Van Bavel(2016, 195~200).

53 Pullan(1971, 128~9), 근대 초기의 민간 자선 단체 체계가 급격히 확산된 현상에 대한 추가 정보는 MacKenney(2019, 316~18) 및 기타 참조.

54 Alfani와 Di Tullio(2019, 177).

55 Clemens(2020, 13).

56 기업 재단(특정 부자 개인이 아닌 기업이 설립한 재단)을 포함한 기업 자선에 대해서도 비슷한 우려가 제기됐다. 추정에 따르면 2014년 미국에서 기업 자선 기부의 약 6.3%가 정치적 동기에서 이루어졌다. Bertrand et al.(2020, 2069).

57 The Giving Pledge, Press Release, 14 December 2021, https://givingpledge.org/pressrelease?date=12.14.2021.

10장 초부유층과 정치

1   4개의 고대 부족은 혈통에 기초했으며, 누가 아테네인이고 군 복무 자격이 있는지를 결정하는 데 사용됐다. 클레이스테네스는 이를 혈통이나 부와 상관없이 거주지만을 기준으로 하는 10개의 새로운 부족으로 대체했다. 정치적 결속을 더욱 강화하기 위해, 각 부족은 아테네 시와 교외, 아티카 해안 지역, 내륙 지역에서 각각 3분의 1씩 구성된 데메 demes(지역 단위)로 고르게 이루어졌다. 500인 평의회인 불레의 의원들은 봉급을 받았으며, 30세 이상의 남성 중 데메 단위로 추첨을 통해 선발되었다. 각 데메는 인구 비례에 따라 각 부족에 50명씩 배정되는 인원을 채워야 했다. 한 추정에 따르면 이 제도가 시행된 지 약 한 세대 후에는 30세 이상 아테네 시민의 약 3분의 1이 평의원으로 최소 1년간 일했다. 이는 시민들의 광범위한 정치 참여를 보장했을 뿐 아니라, 정부 운영의 실무적 경험이 인구 전반에 널리 퍼지도록 했다. 클레이스테네스의 개혁과 아테네 정치 체제 전반에 대해서는 Ober(2015, 162~6) 및 기타 참조.

2   의례가 아테네 민주주의에서 사회 평화를 증진한 방식에 대해서는 Deene(2013) 참조. 정치 연설에서 부자들이 묘사된 방식에 대해서는 Seager(1973) 참조. 크세노폰의 견해와 추가 논의는 9장을 참조.

3   아리스토텔레스는 안티스테네스가 변형한 우화에서 사자들이 사용한 단어를 명시하지 않았지만, 이솝의 버전과의 유사성으로 추론할 수 있다(안티스테네스는 소크라테스의 제자이며 보통 견유학파의 창시자로 여겨진다).

4   아리스토텔레스는 민주정에 비판적이었는데, 민주정이 가장 덕 있는 자들에 의한 통치를 보장하지 못하며, 모든 이의 이익을 공평하게 반영하기 어렵다고 보았기 때문이다.

5   오레스메가 아리스토텔레스에 대해 남긴 논평에 대한 상세한 논의는 8장 참조. 또한 8장에서는 이탈리아 도시국가, 저지대 국가들, 독일 등에서 부유층의 권력을 제한하기 위해 시도된 다양한 역사적 조치들에 대한 정보도 다룬다.

6   Padgett와 Ansell(1993, 1263~4).

7   De Roover(1963, 360).

8   이에 대해 사람들은 "팔레palle"라고 맞받아 외쳤다고 한다. Bullard(1994, 36).

9   Guicciardini(1988 [1508~9], IV, 126~7), 저자 번역. 메디치 가문의 부(그리고 이후 큰 정치력)의 상승에 대한 자세한 내용은 5장을 참조. 코시모 데 메디치의 위대함에 대해서는 9장 참조. 로렌초 데 메디치의 통치와 파치 음모에 대해서는 Bullard(1994); Rubinstein(1997); Najemy(2006) 참조.

10   로마 공화정의 공직을 위한 개인 지출에 대해서는 9장을, '평민 귀족'의 발전에 대해서는 Mitchell(1973, 32) 및 기타 참조.

11   De Vries와 van der Woude(1997, 587).

12   Van Bavel(2016, 195~200).

13   Del Negro(1984, 333).

14   로도비코 마닌에 대해서는 Raines(2007) 참조. 더 일반적으로, 공화국의 마지막 시기에 대해서는 Lane(1973, 423~36); Scarabello(1995) 참조. 베니스의 최종 쇠퇴와 그에 대한 외국의 시각, 특히 영국의 시각에 대해서는 Fusaro(2015, 355~8) 및 기타 참조.

15   Lane(1973, 427~31).

16   Van Zanden, Buringh와 Bosker(2012). 중세 의회에 대해서는 Marongiu(1968)도 참조. 스페인의 초기 의회에 대해서는 O'Callaghan(1969) 참조.

17   명예혁명이 경제적으로 끼친 영향에 대해서는 North와 Weingast(1989)의 고전적 논문

을 참조. 더 일반적으로, 상대적으로 개방된 정치 제도가 세계 지역 간 장기적 차이에 미쳤을 영향에 대해서는 Acemoglu, Johnson과 Robinson(2005) 참조.

18　이 해석에 대해서는 Acemoglu, Johnson과 Robinson(2005) 참조.

19　참정권의 점진적 확대에 대한 개요는 Przeworski(2009), 추가 통찰은 Acemoglu와 Robinson(2000), Piketty(2020), Stavasage(2020) 참조. 프랑스 혁명 정부의 선거에 대해서는 Crook(1996) 참조. 영국의 투표자 비율 데이터는 Piketty(2020, 〈그래프 5.3〉, 178)에 대한 보충 정보(piketty.pse.ens.fr/ideology)에서 인용.

20　Evans(1983, 212)에서 인용.

21　Przeworski(2009).

22　Stavasage(2020, 266).

23　최근의 경향에 우려를 표하는 사회과학자들 중 토마 피케티는 특히 큰 영향력을 발휘해왔다. 그는 먼저 부의 양극화 현상이 정치 기관을 포함한 공공 기관에 대한 접근을 더욱 불평등하게 만들어 실제 운영 방식을 변화시킨다고 강조했다. Piketty(2014). 이에 더해 서구와 그 외 지역의 정치적·이념적 상황에 대한 포괄적 비판을 발전시켰다. 예를 들어, 그는 이렇게 지적했다. "현재 정치 체제의 (한) 측면은 시급한 관심이 필요하다. 그것은 바로 정치 캠페인 및 정치 활동 전반의 자금 조달 문제다. 이론상 보통선거제는 '한 사람, 한 표'라는 단순한 원칙에 기반을 둔다. 그러나 현실에서는 재정적·경제적 이익이 정치 과정에 불균형적인 영향력을 행사할 수 있다. 정당과 캠페인에 직접적으로 자금을 제공하거나 언론, 싱크탱크, 대학 등을 통해 간접적으로 영향력을 행사할 수 있기 때문이다." Piketty(2020, 1017).

24　가장 부유한 계층의 인물들이 고위 공직을 차지하는 경향이 최근 들어 더욱 뚜렷해지고 있음은 미국 주지사들을 살펴보면 쉽게 드러난다. 흥미롭게도 이 같은 추세는 공화당과 민주당 주지사 모두에게 해당되는 것으로 보인다(The Economist, 'The Rise of Rich Governors', 21 October 2017 참조). 또한 20세기 후반 미국은 다른 서구 국가들과 비교해 매우 부유한 개인들이 정치에 참여하는 데 상대적으로 더 개방적이었다(존 F. 케네디, 린든 B. 존슨, 조지 H. W. 부시를 포함해 많은 미국 대통령들이 매우 부유한 가문 출신이었다).

25　Amatori(2011, 176).

26　Donovan과 Gilbert(2015, 396).

27　실비오 베를루스코니에 대해서는 Amatori(2011); Mazzoleni(2011); Donovan과 Gilbert(2015); Friedman(2015) 참조. 국제 정치에서의 그의 역할에 대해서는 Diodato와 Niglia(2018) 참조.

28 이탈리아인들의 정치 체제에 대한 만족도는 2011년 경제·정치 위기가 닥치면서 감소하기 시작했다. Donovan과 Gilbert(2015, 400~1) 참조. 최소한 1994년부터 '제2공화국'의 정치 체제는 기독민주당DC이 40년간 정치적 우위를 점한 후 중도우파와 중도좌파 정부의 교체를 보장했고, 이는 일반 유권자들의 인정을 받았다.

29 미국과 다른 서구 국가들의 사회 이동성 비율에 대해서는 Osberg와 Smeeding(2006); OECD(2018) 참조.

30 Trump와 Schwartz(1987).

31 트럼프 가문에 대해서는 Blair(2015)를 참조. 미국 대선에서는 가장 많은 표를 얻은 후보(일반투표)가 반드시 승리하지 않는다. 승리는 연방의 여러 주에 나눠진 538개의 '선거인단 투표' 과반수를 얻은 후보에게 돌아간다.

32 Pinçon-Charlot와 Pinçon(2010, 2019).

33 예를 들어, 2022년 10월 영국 총리가 된 리시 수낙Rishi Sunak은 부인의 재산을 포함한 추정 순자산이 7억 3,000만 파운드(약 8억 5,000만 달러)였다. 흥미롭게도 수낙은 최고소득세율 대폭 인하와 기타 부자 친화적 개혁을 포함한 재정 정책에 대한 격렬한 비판으로 2개월 만에 무너진 리즈 트러스 정부(2022년 9~10월) 직후 권력을 잡았다.

34 Aristotle, *Politics*, book 3, part 9.

35 Tugwell과 Dorfman(1937, 224~5); Dorfman(1940, 98); West(1997, 121~6).

36 Huston(1993, 2017); 부분적으로 다른 견해는 Mettler(2015, 567~8) 참조. 19세기 미국에 대한 토크빌과 다른 유럽인들의 견해는 Huston(2017, 54~73, 102~15) 참조; 특히 부의 분배에 대해서는 Tocqueville(2017 [1835~40], 57~8) 참조.

37 Huston(1993, 1083~4).

38 Huston(1993, 1105). 이는 20세기 초 미국에서 '금권정치'의 수립을 막는 데 기여했을 수 있다; Dawley(2005) 참조. 일반적으로 미국 역사에서 부와 정치권력의 연관성에 대해서는 Phillips(2002); Gerstle와 Fraser(2005) 참조.

39 Scheidel(2017, 58)에서 인용. 샤이델에 따르면(43), "전근대 국가들은 소수에게 물질적 자원의 축적과 집중을 위한 전례 없는 기회를 만들어냈는데, 이는 상업 활동에 대한 보호 조치를 제공하고 정치권력 행사와 가장 밀접하게 연관된 이들에게 개인적 이익의 새로운 원천을 열어줌으로써 이뤄졌다. 장기적으로 정치적 불평등과 물질적 불평등은 이와 동시에 증가했다"고 한다.

40 최근 수십 년간의 현대사회를 대상으로, 부유한 엘리트층이 정치와 공공 정책에 행사하는 영향력이 어떻게 추가적인 부의 축적으로 이어지고 경제적 불평등의 심화에 크게 기

여하는지에 대한 연구가 늘고 있다. 종합적인 내용은 Brady와 Sosnaud(2010); Volscho와 Kelly(2012); Medeiros와 Ferreira de Souza(2015) 참조.

41 Villette와 Vuillermot(2009, 140).

42 McCloskey(2006, 493)에서 인용.

43 Geisst(2000, 25~6)에서 인용.

44 철도 부문의 정치적 부패와 블랙호스 기병대에 대해서는 Geisst(2000, 24~30); White(2011, 131~3) 참조.

45 이런 견해를 뒷받침하는 실증적 증거는 미국의 경우 Bartels(2008); Volscho와 Kelly(2012) 참조; 세계적 관점에서는 Bagchi와 Svejnar(2016) 참조.

46 이 추정치는 정치적 연줄로 명백히 이득을 본 《포브스》 선정 억만장자들의 누적 재산이 전체 억만장자 재산에서 차지하는 비율을 나타내며, Bagchi와 Svejnar(2015, 50)의 데이터 기반.

47 Freund(2016, 42~3)에서 인용. 동유럽 올리가르히에 대해서는 Guriev와 Rachinsky(2005); Markus와 Charnysh(2017) 참조; EU에 가입한 후공산주의 국가(폴란드)의 초부유층들의 정치적 연줄에 대한 연구는 Salach와 Brzezinski(2020) 참조.

48 Bagchi와 Svejnar(2016, 176)는 '정치적 연줄이 있는' 억만장자들의 부의 증가가 경제성장에 부정적 영향을 미친다는 정량적 증거를 제시했다.

49 이런 태도에 대한 논쟁적 논의는 Villette와 Vuillermot(2009, 1~6) 참조.

50 Interview with the *Financial Times*, 16 October 2000, quoted from Mazzoleni 2011, 37.

51 Giovanni Cavalcanti(1838 [1450 ca.], book I, 24), 저자 번역.

52 Herlihy(1977, 11).

53 Alfani와 Di Tullio(2019, 145~65).

54 산업화 이전의 역진적 과세에 대한 추가 세부사항은 2장 참조. 자세한 논의는 Alfani와 Di Tullio(2019)와 Alfani(2021) 참조. 산업화 이전에는 예외적으로만 전쟁이 대규모 부의 평등을 가져올 정도의 결정적인 피해를 주었다(전쟁 관련 역진적 과세의 효과를 극복). 11장에서 보듯이, 현재 우리가 가진 이런 종류의 유일한 명확한 예는 독일의 30년 전쟁(1618~1648)이다. Alfani, Gierok와 Schaff(2022) 참조. 일반적으로 전쟁의 평준화 잠재력에 대해서는 Scheidel(2017) 참조.

55 Alfani와 Di Tullio(2019, 167). 산업화 이전 공공부채 상환이 어떻게 부유층에 유리하고

불평등을 증가시켰는지에 대해서는 5장 참조.

56 이 점에 대한 추가 논의는 8장 참조.

57 베네치아 공화국에서는 상위 5%가 1550년경 전체 부의 50% 이상을, 1750년까지는 60%에 가까운 부를 소유했다. Alfani와 Di Tullio(2019, 157~62).

58 브라치올리니의 견해는 8장 참조. 사적 자선이 사회 안정성을 보장한 방식은 9장 참조.

59 Lindert(2021b, 79~80)의 최근 추정에 따르면, 1880년경 사회 지출(공교육 지출 제외)은 서구 국가들에서 GDP의 1% 미만이었으나, 이후 수십 년간 크게 증가했다. 1940년까지 일부 서구 국가들(이탈리아, 스웨덴, 영국, 미국 포함)에서 사회 지출이 GDP의 4% 이상이 되었고, 전후에 급격히 증가했다. 1960년까지 서유럽의 모든 민주주의 국가에서 GDP의 10% 이상이 되었고 독일이 최고(18%)였으며, 북미 국가들은 이보다 낮았다(캐나다 9%, 미국은 약 7%). 이 주제에 대해서는 Lindert(2004)도 참조.

60 Stasavage(2020, 274).

61 이탈리아 파시스트 정권이 도입한 부자 친화적 재정 정책에 대해서는 Gabbuti(2021, 2022) 참조; 독일 나치 정권의 정책은 Bartels(2019) 참조. 흥미롭게도 독일의 경우 나치 당원들과의 정치적 연줄이 있는 특정 기업들의 실적이 다른 기업들보다 크게 앞섰다는 정량적 증거가 제시되었다. Ferguson과 Voth(2008).

62 특히 1930~1960년 미국에서 부자들의 상대적으로 제한된 정치적 영향력에 대해서는 Dawley(2005) 참조.

63 부유국들의 성장률과 재정 개혁 패턴을 비교한 일부 중요 연구들은 재정 시스템의 누진세 감소가 GDP 성장 가속화 측면에서는 효과가 없었다고 주장하고 있다. 하지만 이는 경제적 불평등을 가속화시켰다. 정치적 함의 때문에 여전히 많은 논쟁이 있는 이슈이며 이에 대해서는 Alvaredo 외(2013); Piketty, Postel-Vinay와 Rosenthal(2014) 등 참조.

64 미국의 경우는 Lind(2005); Volscho와 Kelly(2012) 등 참조.

65 트럼프의 부자 친화적 재정 개혁에 대해서는 Saez와 Zucman(2019); Piketty(2020, 888~9) 참조.

66 Arnd(2020, 144, 152~3). 1948년부터 2020년까지 서구 민주주의 국가들의 선거를 조사한 최근 연구는 고소득자들이 우파와 중도우파 정당에 더 많이 투표하는 경향이 있다고 주장하고 있다. 비록 부를 체계적으로 관찰할 수는 없었지만, 프랑스처럼 관찰이 가능한 경우 정치적 선호도에 대한 부의 영향이 소득의 영향보다 더 강하고 시간이 지나도 더 안정적이었다. Gethin, Martínez-Toledano와 Piketty(2022, 21, n. 18).

67 Jaher(1980, 253); Bonica와 Rosenthal(2018, 41)의 추정치.

68 미국에서 부자들이 정치에 영향을 미치는 방식에 대해서는 Mills(1956); Domhoff(2010); Martin(2013) 참조; 역사적 관점은 Fraser와 Gerstle(2005) 참조. 모든 정당의 미국 상원의원들이 가장 부유한 유권자들의 선호도에 더 잘 반응하는 경향에 대해서는 Bartels(2008, 253~4) 참조, 비슷한 맥락에서 Mettler(2015, 252~3) 참조. 더 넓은 국제 비교는 Piketty(2020); Gethin, Martínez-Toledano와 Piketty(2022) 참조. 부의 분배가 민주주의 정치 시스템에 미치는 영향에 대한 문헌 개요는 Scheve와 Stavasage(2017) 참조.

69 이 이야기에서 이데올로기의 역할에 대해서는 Piketty(2020) 참조. OECD 국가들의 개인소득세 구조 변화의 간단한 역사는 Messere, de Kam과 Heady(2003); Scheve와 Stavasage(2016, 53~92) 참조. 금융 세계화 맥락에서 정치적 우파와 좌파 모두가 부자 친화적 재정 개혁을 추구하게 된 과정에 대한 논의는 Lierse(2022) 참조.

70 영국의 '숨겨진 부'에 대해서는 Cummins(2022) 참조; 관련 관행은 Collins(2021) 참조; 탈세가 부의 분포상 상위층에 집중되는 경향에 대해서는 Alstadsæter, Johannesen과 Zucman(2019) 참조.

71 'In Tax We Trust', https://www.intaxwetrust.org/,consulted 19 April 2022.

11장 위기의 시대와 부자: 흑사병부터 코로나19까지

1 흑사병의 불평등 감소 영향에 대해서는 사보이아 공국의 경우 Alfani(2015), 투스카니의 경우 Alfani와 Ammannati(2017), 독일의 경우 Alfani, Gierok과 Schaff(2022), 종합은 Alfani(2021, 2022) 참조. 부자들의 우세에 대해서는 2장과 Alfani(2017a) 참조. 재앙이 부의 평준화에 끼친 영향에 대해서는 Scheidel(2017) 참조.

2 흑사병이 빈곤에 미친 영향에 대해서는 영국의 경우 Broadberry 외(2015)와 Campbell(2016), 유럽 대륙의 경우는 Alfani(2020a, 2022) 참조. 흑사병이 사회경제적 이동성에 미친 영향은 Alfani, Ammannati와 Balbo(2022) 참조.

3 Dyer(2015, 195).

4 노동자 반대 법령과 흑사병 이후 노동 법규에 대해서는 Cohn(2007); Epstein(2009, 186~7) 참조. 상속으로 인한 평등화에 대해서는 Alfani(2021)의 종합 참조.

5 예를 들어 Benedictow 2004; Schmid 외(2015) 참조. 더 세밀한 관점은 Jedwab, Johnson과 Koyama(2022) 참조.

6 Hunt(1994, 246) 참조. "1340년대 이후, 흑사병 이전 수십 년 동안 존재했던 대규모 기

업super-companies에 필적할 만한 새로운 기업이 전혀 등장하지 않았다." 또한 흑사병이 유럽 섬유 생산에 미친 영향은 Lopez와 Miskimin(1962, 419~20) 참조; 피렌체의 금융과 곡물 무역은 Hunt(1994, 246~50) 참조; 스페인 무역망의 피해는 Álvarez-Nogal, Prados de la Escosura와 Santiago-Caballero(2020) 참조.

7   Scheidel(2017, 305).

8   Padgett(2010, 369).

9   영국-프랑스 와인 무역에 대해서는 Blackmore(2020) 참조. 흑사병 이후 섬유 시장의 변화는 Lopez와 Miskimin(1962); Hunt와 Murray(1999, 166~70) 참조.

10 흑사병의 시기는 유럽의 지역에 따라 달랐으며, 이는 대륙을 가로질러 퍼진 양상을 반영한다. 이러한 시기의 차이는 경제 활동, 특히 무역에 대한 혼란을 더 오래 지속시키는 데 기여했다.

11 흑사병의 경제적 결과에 대한 원래 논쟁은 Lopez와 Miskimin(1962); Cipolla(1964) 참조. 최근의 업데이트된 종합은 Alfani와 Murphy(2017); Jedwab, Johnson과 Koyama(2022) 참조.

12 17세기 페스트의 역학에 대해서는 Alfani(2013b); Alfani와 Murphy(2017) 참조. 흑사병과 17세기 페스트의 서로 다른 분배 영향에 대한 분석은 Alfani(2022) 참조.

13 Alfani와 Bonetti(2019); Alfani, Bonetti와 Fochesato(2023).

14 7장 참조.

15 이러한 사회 제도하에서는 한 세대에 오직 한 명의 형제만 결혼이 허용되었는데, 이는 그 자녀들이 아버지뿐만 아니라 숙부들의 공동재산 지분까지 상속받을 수 있도록 하기 위함이었다. 흥미롭게도, 이 제도는 베네치아 가문들의 계보가 비정상적으로 높은 비율로 단절되는 결과를 초래한 것으로 보인다. Davis(1962, 62~74). 이탈리아의 피데이코미숨 fideicommissum(신탁) 확산에 대해서는 Lanaro(2000, 2009); Leverotti(2005, 162~7) 참조. 투스카니의 경우는 Cohn(1998); Calonaci(2012) 참조. 유럽 비교는 Chauvard, Bellavitis와 Lanaro(2012) 참조. 베네치아의 공동재산 상속 체제는 Bellavitis(2013); Alfani와 Di Tullio(2019, 84~5) 참조. 피에몬테의 공동 책임in solido 상속은 Alfani(2010b) 참조.

16 페스트와 다른 사망률 위기에 대한 제도적 회복력과 이것이 분배 역학에 미친 영향에 대해서는 Alfani(2022, 19~20) 참조.

17 특히 ERC 지원 프로젝트 SMITE 맥락에서 수행된 연구(www.dondena.unibocconi.it/SMITE).

18 이 정의와 그 함의에 대해서는 Ó Gráda(2009, 2); Alfani와 Ó Gráda(2017, 1~4) 참조.

19 사적 식량 비축과 이를 투기에 이용할 수 있는 방법에 대해서는 Alfani(2013c, 73~8) 참조.

20 Straparola(1927 [1556]), book II, Night X, Tale IV, 저자 번역.

21 Le Roy Ladurie(1966).

22 Tilly(1984); Alfani(2021, 29). 주요 유럽 기근의 연대기는 Alfani와 Ó Gráda(2017) 참조.

23 Kaplan(1976); Guenzi(1995); Alfani(2013c, 70~8).

24 Fawcett(2016, 159).

25 '극단적 필요의 경우 모든 것은 공유된다'. Thomas Aquinas, Summa Theologiae, Fanfani(1931, 556)에서 인용.

26 제노바는 전통적으로 흑해 지역에서 곡물을 수입해왔지만, 오스만 제국의 적대적인 태도 때문에 이는 불가능해졌다. 또한 위기가 유럽 전역에 걸친 대륙 규모로 확산되었기 때문에, 시칠리아와 지중해의 다른 곡물 생산 지역에서도 곡물을 구할 수 없었다.

27 Alfani(2017b, 156~8).

28 분배에 초점을 맞춘 기근의 '권리 접근법'에 대해서는 특히 Sen(1981) 참조. 다양한 견해에 대한 논의는 Alfani와 Ó Gráda(2017, 1~4) 참조. 산업화 이전 유럽 기근의 근본 원인은 Alfani와 Ó Gráda(2018) 참조.

29 예를 들어, Hobsbawm(1989, 307~8).

30 Machiavelli(2018 [1521], 제7권, 1111), 저자 번역.

31 근대 초기의 약탈에 대해서는 Alfani(2013c, 27~9) 참조.

32 Daly(2019).

33 Dean(2010, 3).

34 Dean(2010, 4).

35 Pezzolo(1990, 163~8); 더 일반적으로 산업화 이전 군사 지출의 불평등하고 '부자 친화적인' 성격에 대해서는 Alfani와 Di Tullio(2019, 169~72) 참조.

36 Cattini(1988, 31), 저자 번역.

37 이탈리아의 콘도타 체제에 대해서는 Mallett(1974); Alfani(2013c, 114~16) 참조.

38 알브레히트 폰 발렌슈타인에 대해서는 Schilling(1994); Asch(1997); Whaley(2012,

571~2) 참조.

39 Parker(1988).

40 미국에 대해서는 Jaher(1980, 195) 참조; 아일랜드에 대해서는 Turner(2010, 636~7); Ó Gráda(1994, 602~3) 참조.

41 툴루즈의 항공공과대학École Nationale Supérieure de l'Aéronautique은 최초로 설립된 (1909년) 전문 항공공학 학교다.

42 포테즈와 블로흐에 대해서는 Chadeau(1987); Villette와 Vuillermot(2009, 121~8) 참조.

43 독일의 수치에 대해서는 2장과 Alfani, Gierok와 Schaff(2022) 참조; 30년 전쟁이 부의 평준화에 끼친 영향에 대해서는 Scheidel(2017) 참조. 30년 전쟁 이전인 1550년과 1600년 사이 독일 최상위 5%의 부의 점유율이 약간 감소한 것을 과대 해석해서는 안 된다. 이 기간 동안 최상위 10%의 부의 점유율은 변함없었고 전체 불평등 수준은 오히려 증가했기 때문이다(지니계수가 1550년 0.637에서 1600년 0.661로).

44 Piketty(2014); Scheidel(2017).

45 Cummins(2022, S4, 60~1).

46 프랑스의 경우는 Piketty(2007, 43~81)을 바탕으로 한 Scheidel(2017, 139~40) 참조.

47 2장에 제시된 수치들도 참조.

48 Scott(2021, 646).

49 Piketty(2014, 136).

50 Piketty(2014, 135~8, 181~6); Scheidel(2019, 130ff).

51 2장과 10장 참조. 세계대전 중의 '부의 징집'에 대해서는 Scheve와 Stasavage(2016, 135~69) 참조.

52 이 점에 대한 자세한 논의는 8장 참조; 고전고대시대 부자들에게 요구된 기여에 대해서는 9장 참조. 20세기 전쟁 공채를 사들인 사람들은 부자들만은 아니었다. 예를 들어, 제1차 세계대전 중 미국에서는 많은 노동자와 중산층이 정부의 적극적인 마케팅으로 자유공채를 구매했다(미국 보이스카우트까지 동원되어 가가호호 방문하며 공채 구매를 권유했다). Quinn과 Turner(2020, 116).

53 Income Inequality and the Great Recession, Report of the U.S. Congress Joint Economic Committee, September 2010.

54 Saez와 Zucman(2016, 521)과 온라인 부록.

55 Albers, Bartels와 Schularick(2022).

56 Roine와 Waldenström(2015, 520~40).

57 중산층 소득 정체의 원인에 대해서는 Milanović(2016) 등 참조. 불평등, 소비와 2007년 위기 발생의 연관성에 대해서는 Piketty(2014, 372~4); McCombie와 Spreafico(2017, 45~50) 참조.

58 6장의 '부자들의 소비 습관: 중세의(상대적) 절제에서 과시적 소비로'와 비교.

59 Geisst(2000, 126~7)의 예시들과 비슷한 맥락에서 Piketty(2014, 650) 참조.

60 '머니 트러스트'와 이에 대한 정치적 반응에 대한 자세한 내용은 5장 참조.

61 1929년 월스트리트 붕괴에 대해서는 White(1990); Quinn과 Turner(2020, 115~33) 참조.

62 Quinn과 Turner(2020, 123)에서 인용.

63 피셔에 대해서는 Allen(1993) 참조; 미국의 부의 점유율은 Saez와 Zucman(2016), 온라인 부록, 표 B1.

64 2007~2012년 동안 개인 상위 부의 점유율에 대한 자료는 세계 불평등 데이터베이스에서 확인한 것이며(조회일: 2022년 4월 15일), 미국에 대한 대체 추정치는 Saez와 Zucman(2016)의 온라인 부록 Table B1을 참고하였다. 금융 위기 이후 상위 부유층의 부의 점유율이 감소할 것으로 예상되었으나 실제로는 그렇지 않았던 사례에 대해서는 Volscho와 Kelly(2012, 694)를 참조하라. 위기 상황에서도 초부유층이 얼마나 유리한 위치에 있었는지에 대해서는 Milanović(2016, 39~45)도 참고할 수 있다.

65 Wolff(2016, 38~40)에 따르면 대불황 동안의 부의 불평등 증가는 여전히 수수께끼로 남아 있다. 그에 따르면, 부유층(주식을 상대적으로 더 많이 보유)과 중산층(부동산을 상대적으로 더 많이 보유)의 자산 구성 차이에 그 원인이 있을 수 있다. 부동산 가격의 지속적 하락과 주식시장 가격의 반등이 중산층 부자들에 대한 상대적 빈곤화를 초래했을 가능성이 있다는 것이다. 다른 이들은 부자 소비율의 '소비의 급등과 등락'을 지적하기도 한다. 대불황 발생 이후 그들은 소득 중 더 많은 부분을 저축하는 경향이 있었고(그들의 재산 절대값 하락으로 촉발된 큰 '부의 효과' 때문) 결과적으로 하위 계층보다 상대적으로 더 많은 부를 축적할 수 있었다. Bakker와 Feldman(2014).

66 대불황과 대공황 동안의 정책 개입 비교는 Eichengreen(2015) 참조.

67 추가 논의는 5장 참조

68 이런 종류의 비판에 대해서는 de Ceukelaire와 Bodini(2020); Williams(2020); Baum 외(2021); Cooper와 Szreter(2021) 등 참조.

69 코로나19 팬데믹 동안의 세제 개혁에 대해서는 OECD(2021) 관련 데이터베이스 참조 (2022. 4.19. https://www.oecd.org/ctp/tax-policy-reforms-26173433.html).

70 코로나19가 흑사병처럼 '평등한' 전염병이 아니었다는 점이 여러 연구를 통해 입증되었다(이 장의 첫 부분 참조). 대신 코로나19는 사망률뿐 아니라 '롱코비드' 같은 더 미묘하고 측정하기 어려운 증상들에서도 뚜렷한 사회경제적 격차를 드러냈다. 코로나19는 흑사병처럼 많은 사람들을 죽이지 않았고, 그것은 분명 긍정적인 일이지만, 바로 그 점 때문에 실질임금 상승, 소득 불평등 완화 또는 사회적 상향 이동성 증대 같은 결과를 기대할 수 없었다. 오히려 그 반대였다. 이는 1918~1919년의 스페인 독감과 정확히 같은 결과로, 여러 팬데믹 중에서도 역학적으로 코로나19와 가장 유사한 사례다. 전염병의 사망률과 사망 및 감염의 사회경제적 격차가 팬데믹의 전반적인 분배 영향을 결정하는 데 어떻게 기여하는지에 대해서는 Alfani(2022) 참조; 더 최근의 팬데믹에 대해서는 Alsan, Chandra와 Simon(2021) 참조.

71 푸사즈의 사례는 4장 참조.

72 코로나19에서 정말 예상치 못했던 것은 치명적 팬데믹의 발생(많은 전문가들이 수십 년간 경고해온 사건) 자체가 아니라, 이를 억제하기 위해 도입된 대규모 봉쇄였다. 그리고 팬데믹 자체가 아닌 봉쇄로 인해 온라인 판매와 다양한 상품의 가구 배달 같은 아마존의 비즈니스 모델이 위기 기간 내내 승승장구했다.

73 Berkhout 외(2021, 23).

74 코로나19 팬데믹 동안 재단들의 활동에 대한 초기 조사는 Finchum-Mason, Husted와 Suárez(2020) 참조; 한 재단 회장(포드 재단)의 성찰은 Walker(2020) 참조.

맺음말

1 In Tax We Trust', https://www.intaxwetrust.org/; 추가 논의는 10장과 11장 참조.

도표 출처 및 참고문헌

* 참고문헌 및 도표의 상세 출처는 지면상의 제약으로 본문에 모두 수록하지 않았으며, QR 코드를 통해 전체 내용을 열람하실 수 있습니다.

역자 최정숙

이화여대 독문과 졸업. 한국외신기자클럽 사무국장을 역임하였으며 로이터통신 온라인 선임기자로 근무하였다. 현재는 프리랜서 번역가로 일하고 있으며 대표 번역서로는 『네 이웃을 사랑하라』, 『우리는 평화를 원하지 않는다』, 『우리 딸 알파걸로 키우기』, 『초설득』, 『이주하는 인류』 등이 있다.

부의 한계를 넘어선 슈퍼리치 본격 탐구서

최고의 부는 어디서 오는가

초판 1쇄 발행 2025년 7월 25일

지은이 귀도 알파니
옮긴이 최정숙
펴낸이 성의현
펴낸곳 미래의창

편집주간 김성옥
편집 정보라·윤현아
디자인 공미향

출판 신고 2019년 10월 28일 제2019-000291호
주소 서울시 마포구 잔다리로 62-1 미래의창빌딩(서교동 376-15, 5층)
전화 070-8693-1719 **팩스** 0507-0301-1585
홈페이지 www.miraebook.co.kr
ISBN 979-11-93638-88-0 03320

※ 책값은 뒤표지에 표기되어 있습니다.

생각이 글이 되고, 글이 책이 되는 놀라운 경험. 미래의창과 함께라면 가능합니다.
책을 통해 여러분의 생각과 아이디어를 더 많은 사람들과 공유하시기 바랍니다.
투고메일 togo@miraebook.co.kr (홈페이지와 블로그에서 양식을 다운로드하세요)
제휴 및 기타 문의 ask@miraebook.co.kr